中國古代史學叢書

三國志集解

〔晉〕陳壽 撰 〔南朝宋〕裴松之 注

盧弼 集解 錢劍夫 整理

貳

上海古籍出版社

魏書四

三少帝紀第四〔一〕

〔一〕監本、官本作齊王芳、高貴鄉公髦、陳留王奐。趙一清曰：「此卷陳承祚本題云三少帝紀，故史通云：天子見黜者，漢、魏以後謂之少帝是也。今刻失其義矣。」沈家本曰：「官本先列齊王等一行，即趙所謂今刻也；馮、毛本題曰三少帝紀，尚是承祚原文。」

齊王諱芳，字蘭卿。明帝無子，養王及秦王詢；宮省事祕，莫有知其所由來者。〔一〕

魏氏春秋曰：或云，任城王楷子。

青龍三年，立爲齊王。景初三年正月丁亥朔，帝病甚，乃立爲皇太子。是日，即皇帝位，大赦。尊皇后曰皇太后。大將軍曹爽、太尉司馬宣王輔政。〔二〕詔曰：「朕以眇身，〔三〕繼承洪業，煢煢在疚，〔四〕靡所控告。〔五〕大將軍、太尉奉受末命，夾輔朕躬；司徒、司空、冢宰、元輔，總率百寮，以寧社稷。其與羣卿大夫，勉勗乃心，稱朕意焉。」諸所興作宮室之役，皆以遺詔罷之。〔六〕官奴婢六十已上，免爲良人。二月，西域重譯獻火浣布，詔大將軍、太尉臨試，以示百寮。

異物志曰：〔七〕斯調國有火洲，在南海中，其上有野火，春夏自生，秋冬自死。有木生于其中，而不消也。枝皮更活，秋冬火死，則皆枯瘁。其俗常冬采其皮以爲布，色小青黑；若塵垢汚之，便投火中，則更鮮明也。

傅子曰：漢桓帝時，大將軍梁冀以火浣布爲單衣。常大會賓客，冀陽爭酒，失杯而汙之，僞怒，解衣曰：「燒之！」布得火，煒燁赫然，如燒凡布；垢盡火滅，粲然絜白，若用灰水焉。〔八〕

搜神記曰：崐崘之墟，有炎火之山，〔九〕山上有鳥獸草木，皆生于炎火之中，故有火浣布，非此山草木之皮枲，則其鳥獸之毛也。漢世西域舊獻此布，中間久絶。至魏初，時人疑其無有。文帝以爲火性酷烈，無含生之氣，著之典論，明其不然之事，絶智者之聽。〔一〇〕及明帝立，詔三公曰：「先帝昔著典論，不朽之格言，其刊石于廟門之外及太學，與石經並，以永示來世。」〔一一〕至是西域使至，而獻火浣布焉。於是刊滅此論，而天下笑之。〔一二〕

臣松之昔從征，西至洛陽，〔一三〕歷觀舊物，見典論石在太學者尚存；而廟門外無之。問諸長老，云晉初受禪，即用魏廟，〔一四〕移此石于太學，非兩處立也。竊謂此言爲不然。

又東方朔神異經曰：〔一五〕南荒之外，有火山，長三十里，廣五十里。其中皆生不燼之木，晝夜火燒，得暴風不猛，猛雨不滅。火中有鼠，重百斤，毛長二尺餘，細如絲，可以作布。常居火中，色洞赤，時時出外，而色白；以水逐而沃之，即死。績其毛，織以爲布。〔一六〕

〔一〕說見明紀青龍三年。郭龍光曰：「莫知其所由來，與武紀所云莫能審其生出本末，語意正同。」

〔二〕晉書宣帝紀云：「齊王即位，遷侍中持節都督中外諸軍録尚書事，與爽各統兵三千人，共執朝政。更直殿中，乘輿入殿。」晉書職官志云：「持節都督，無定員。魏文帝黄初三年，始置都督諸州軍事，或領刺史。又上軍大將軍曹真都督中外諸軍事，假黄鉞，則總統内外諸軍矣。」又云：「録尚書事，位上公，在三公上，漢制遂以爲常。每少帝立，則置太傅録尚書事，猶古冢宰總己之意。魏、晉以後，公卿權重者爲之。」胡三省曰：「録尚書事，漢東都諸公之重任也。今爽、懿既督中外諸軍，又録尚書事，則文武大權盡歸之矣。自此迄于六朝，凡權臣壹是專制國命。」

〔三〕漢書昭帝紀，始元五年詔曰「朕以眇身」。師古曰：「眇，微也。」

〔四〕左傳哀公十六年「煢煢余在疚」，謂致我煢煢然，若在疚病之中也。

〔五〕左傳襄公八年：「翦焉傾覆，無所控告。」杜注：「控，引也。」

〔六〕晉書宣帝紀云：「初，魏明帝好修宫室，制度靡麗，百姓苦之。帝自遼東還，役者猶萬餘人，雕玩之物，動以千計，至是皆奏罷之。」胡三省曰：「以者，非遺詔真有此指也。」

〔七〕隋書經籍志：「異物志一卷，後漢議郎楊孚撰；交州異物志一卷，楊孚撰；南州異物志一卷，吴丹陽太守萬震撰；扶南異物志一卷，朱應撰。」章宗源隋志考證列舉異物志甚多，裴注所引之異物志，未著撰人，不能斷定爲何人所著。侯康曰：「據廣州先賢傳、百越先賢志諸書，楊孚爲章、和時人，然未知所本。劉昭注續五行志引楊孚卓傳，謂董卓也，則又似漢末人，未知孰是。水經注三十七卷所引者，又稱楊氏南裔異物志，餘諸書引者甚多。」姚振宗曰：「百越先賢志，楊孚字孝元，南海人，枚舉物性靈悟，指爲異品，著爲南裔異物志。隋志似敚南裔二字。南裔所包者廣，合交州七郡言之，似其書之總名。」

〔八〕宋、元本「絜」作「潔」。范書南蠻西南夷傳論章懷注引傅子，與此同。惟「若用灰水焉」作「如水澣也」。章懷注又云：「火毳，即火浣布也。」

〔九〕趙一清曰：「水經濡水注，黃水又東注武州川，又合火山西谿水，水導源火山西北流，山上有火井，南北六七十步，廣減尺許，源深不見底，炎勢上升，常若微雷發響。以草爨之，則煙騰火發，亦名焚臺。又濰水注引齊地記云：東武城東南有盧水，水側有勝火木，方俗音曰榁子。其木經野火燒死，炭不滅。故東方朔云，不灰之木者也。則火山、火井、火木，亦不一處矣。」

〔一〇〕列子湯問篇：「周穆王大征西戎，西戎獻錕鋙之劍，火浣之布。其劍長尺有咫，練鋼赤刃，用之切玉如切泥焉。火浣之布，浣之必投於火；布則火色，垢則布色；出火而振之，皓然疑乎雪。皇子以爲無此物，傳之者妄。蕭叔曰：皇子果於自信，果於誣理哉！」盧重元曰：「動植之類，其性不同，有因水火而生者，有因水火而殺者。故火山之鼠，得火而生；風生之獸，得風而活；人約空立，魚約水存。然則火浣之纑，非紵非麻，用火鼠毛，布名與中國等，與此復何足爲怪也？果於自信，不達矣夫！」何焯曰：「以魏文之多識，豈未讀列子湯問篇，乃著論以明其不然邪？法苑珠林載文帝語云：火功尚能鑠石銷金，何爲不燒其布？此語亦當有所本也。」俞正燮癸巳存稿卷十有火浣布說，辭繁未録，亦有與以上所引互見者。

〔一一〕典論見文紀黃初七年注，典論刻石見明紀太和四年。潘眉曰：「典論凡六碑，見水經注卷十六。按，漢蔡邕石經在太學講堂前東側，魏正始石經在太學講堂前西側。明帝刊典論時，魏石經尚未刊立，詔令與石經並，應在堂東。而酈道元云：魏石經樹於堂西，石長八尺，廣四尺，列石於其下。碑石四十八枚，廣三十丈；典論六碑，附於其次。是酈元所見典論石碑在堂西，魏石經之次，初不與漢石經並也。大抵初刊典論時，詔立堂東，與漢石經並；後魏自刻石經，乃遷典論石碑於堂西，自與魏石經並耳。」又曰：「魏石經有二，一爲三字石經，一爲一字石經。攷隋書經籍志，一字石經周易一卷、一字石經尚書六卷、一字石經魯詩六卷、一字石經儀禮九卷、一字石經春秋一卷、一字石經公羊傳九卷、一字石經論語一卷、一字石經典論一卷。三字石經尚書九卷、三字石經尚書五卷、三字石經春秋三卷。金石家咸謂一字、三字俱齊王正始年刊。眉以隋志目次攷之，一字石經當刊於明帝太和四年，是時詔以典論刊石，與石經並。所謂石經，即魏一字石經也。至正始年又刊三體石經，與一字石經並立。後人不攷，遂以爲俱在正始年刊，失其實矣。」弼按：漢、魏石經之辨，聚訟紛如，其開後世爭議之端者，始於後漢書儒林傳序「熹平四年，靈帝詔諸儒正定五經，刊於石碑，爲古文、篆、隸三體書法，以相參檢」之語，學者遂執此文，謂三體石經爲漢石經之證。然水經穀水注：「蔡邕以熹平四年奏求正定六經文字，靈帝許之，邕乃自書丹於碑，使工鐫刻，立於太學門外。于是後儒晚學，咸取正焉。魏正始中，又立古、篆、隸三字石經。」趙明誠金石録云：「儒林傳序云爲古文、篆、隸三體者，非也。蔡邕所書乃八分，而三體石經乃魏時所建。」劉傳瑩漢魏石經考云：「酈道元作水經注，身在洛陽，目驗石經，其紀漢石經不言三體，下乃云魏正始中又立古、篆、隸三體，玩其文義，漢石經非三體可知。隸釋據殘碑以漢石經爲隸書，其説最確。經義考、石經考異皆從之，以爲三體者，范蔚宗誤記耳。伽藍記、劉芳傳、集古録目皆沿此而誤。」又曰：「東京左傳不立學官，熹平刻經，以息博士之爭，無緣刻及左傳，即此可決三體左傳非蔡邕書，而漢石經非三體也。」錢大昕十駕齋養新録云：「萬季野執後漢書儒林傳序爲古文、篆、隸三體書法，以相參檢一語，謂蔚宗得於目覩，必不誣。甚矣！季野之惑也。蔚宗著書，在宋文帝之時，其時洛陽已非宋土，何由得石經而睹之？若云目睹在義熙、永初之前，則蔚宗未嘗官洛陽；晉世膏(梁)〔粱〕公子，豈有無故而跳身邊徼，更無此情理矣。」朱彝尊經義考云：「漢立石經，蔡邕所書本一字，惟因范史儒林傳云爲古文、篆、隸三體書法，以相參檢，樹之學門；而楊衒之洛陽伽藍記、北史劉芳傳因之，唐竇蒙，宋郭忠恕、蘇望、方匄、歐陽棐、董逌、姚寬等，均仍其誤。獨張縯謂邕以三體參檢其文，而書丹於碑，則定爲隸，其義爲允。載考衛恒及江式傳、酈道元水經注，皆以一字爲漢石經，迨趙明誠金石録、洪适隸釋、隸續，辨之甚詳，足以徵信。其載一字石經遺文，後列堂谿典、馬日磾等姓名，使一字石經出於魏，當更列正始中正字諸臣姓名，亦何取仍列典、日磾等諸人於經文之後哉！又史家體例，以時代爲先後，隋志列一字石經於前，次魏文帝典論，然後敘三字石經於後，是一字屬漢，而三字屬魏，不待辭説始明。其曰魏正始中又立一字石經，相承以爲七經正字，蓋雕本相沿，偶譌三字爲一字爾。」姚晉圻漢魏石經考序云：「石經之説，漢爲一字，魏爲三體，諒矣。其紛謬之故，昔人咎始范史。竊謂蔚宗所據，有華嶠、袁崧、謝承之舊文，非必率妄云爾。考盧植傳，始刻石經時，植上書求立古學，且以今之禮記，特多回穴，欲合尚書章句，考禮記得失，裁定聖典，刊正碑文。夫曰合、曰考，蓋當時今文諸家多作別字，不協古文、篆、隸相承之意，植意欲合三體考定。邕等書經，即沿其例耳。東京古文，不列學官，讀經皆以隸字；然隸之爲字，或從古變，或從篆出，體質雖殊，而點畫迭代，不可虛造。今立此碑，革時俗之亂，易依篆古，以正作務，使源流相應，雅俗區別，故云爲三體相參檢；非如魏石經，一碑中三體具書一字也。説蔡邕書者，謂割隸二分，取其八分，八分之名，不純乎隸。而衛恒序篆書亦云：邕采斯、喜之法，爲古今雜形矣。曹魏之世，遂推此旨，直作三體。後來華嶠之徒，亦各曉漢時是正文字之例，並載於書，范史因之，其或小有竄易；而後人直以爲誤，則非也。」弼按：據以上諸説，漢石經爲一字，魏石經爲三體，已有定論。證以近日出土之石，一字者，爲周易、尚書、魯詩、儀禮、春秋、公羊傳、論語，皆隸書；並有漢末諸臣姓名。三體者，爲尚書、春秋左氏傳，此與隋志所載一字石經、三字石經相合，兼有實物可證。朱、姚二氏謂漢石經乃以三體參校其文，非如魏石經之一字具書三體，雖本張縯之説，而能發揮三體參校之義，尤爲善解儒林傳序。至潘氏所論，以三體石經爲魏正始年刊，是也。以一字石經爲魏太和四年刊，殊爲無據。太和四年，惟以典論刊石爾，詔與石經並者，謂典論與石經並立，非謂並刊石經也。其云金石家謂一字、三字俱正始年刊者，殆惑於隋志魏正始中又立一字石經之語，朱氏已辨之矣。張國淦歷代石經考辨析極詳，可資參證。

〔一二〕據抱樸子論仙篇言，文帝自毁。見文紀黃初七年注。

〔一三〕宋書裴松之傳：「高祖北伐，領司州刺史，以松之爲州主簿，轉治中從事史。既克洛陽，高祖勑之曰：裴松之廊廟之才，不宜久尸邊務，今召爲世子洗馬。」宋書武帝紀：「公乃戒嚴北討，加領征西將軍，司、豫二州刺史。」

〔一四〕水經穀水注：「渠水南出，逕銅駝街，渠左是魏、晉故廟地。」宋書禮志三：「晉武帝太始元年十二月丙寅，受禪；

二年正月，有司奏營建七廟。帝重其役，詔宜權立一廟。於是羣臣奏議，舜承堯禪，受終文祖，則虞氏不改唐廟，因仍舊宫。可依有虞氏故事，即用魏廟。奏可。七月，又詔曰：主者前奏就魏舊廟，誠亦有準，然於祇奉神明，情猶未安。宜更營造，崇正永制。於是改創宗廟。」

〔一五〕毛本「又」字上不空格，「經」作「記」。水經濛水注引此，作東方朔神異傳。東方朔，漢書有傳。隋書經籍志：「神異經一卷，東方朔撰，張華注。」四庫提要云：「舊本題漢東方朔撰，所載皆荒外之言，怪誕不經，共四十七條。陳振孫書録解題已極斥此書之僞。今考朔本傳，歷敘所撰述，言凡劉向所録朔書，俱是世所傳，他事皆非；其贊又言後世好事者，取其奇言怪語，附著之朔云云。則朔書多出附會，在班固時已然。晉書張華傳亦無注神異經之文，則華注亦屬假借。隋志列之史部地理類，唐志列之子部神仙類，今核所言，多世外恍惚之事，既有異於輿圖，亦無關於修煉。今從文獻通考列小説類中，庶得其實焉。」

〔一六〕范書南蠻西南夷傳論章懷注引神異經曰：「南方有火山，長四十里，廣四五里，生不燼之木，晝夜火然，得烈風不猛，暴雨不滅。火中有鼠，重百斤，毛長二尺餘，細如絲，恒居火中。時時出外，而色白，以水逐沃之，即死。績其毛，織以作布，用之若汙，以火燒之，則清潔也。」與裴注所引，字句少異。杭世駿曰：「梁四公記云：有商人齎火浣布三端，帝以雜布積之，令杰公以他事至於布所。杰公遥識曰：此火浣布也。二是緝木皮所作，一是績鼠毛所作。以詰商人，具如杰公所説。因問木鼠之異，公曰：木堅毛柔，是可別也。以陽燧火山、陰柘木熱之木皮改常試之，果驗。吳録曰：南北景縣有火鼠，取毛爲布，燒之而精，名火浣布。」弼按：火浣布，即今之石綿也。互見烏丸鮮卑東夷傳注、魏略西戎傳。

丁丑詔曰：「太尉體道正直，〔一〕盡忠三世，〔二〕南擒孟達，西破蜀虜，東滅公孫淵，功蓋海內。昔周成建保傅之官，近漢顯宗崇寵鄧禹，所以優隆儁乂，必有尊也。其以太尉爲太傅，持節統兵都督諸軍事如故。」〔三〕三月，以征東將軍滿寵爲太尉。夏六月，以遼東東沓縣吏民渡海，居齊郡界，以故縱城爲新沓縣，以居徙民。〔四〕秋七月，上始親臨朝，聽公卿奏事。〔五〕八月，大赦。冬十月，以鎮南將軍黃權爲車騎將軍。〔六〕

〔一〕錢大昭曰：「太尉，即司馬宣王也。因詔書中不便稱司馬宣王，故不書姓名。他如甘露五年、咸熙元年、二年書司馬炎者，皆後人所改。」

〔二〕武、文、明也。

〔三〕曹爽傳：「丁謐畫策，使爽白天子發詔，轉宣王爲太傅，外以名號尊之，內欲令尚書奏事，先來由己，得制其輕重也。」晉書宣帝紀：「爽欲使尚書奏事，先由己；乃言於天子，徙帝爲大司馬。朝議以爲前後大司馬，累薨於位，乃以帝爲太傅。」弼按：爽傳及晉書宣紀皆謂爽陽尊懿爲太傅，陰收奏事先由己之權，不知志文明言持節統兵都督諸軍事如故。兵權在握，一旦有事，屯兵洛水浮橋，即可爲所欲爲，爽豈懿之敵乎？

〔四〕郡國志：「幽州遼東郡沓氏。」本志公孫淵傳注引魏略，載淵表作沓津，又作沓。通鑑青龍元年載陸瑁疏云「沓渚，去淵道里尚遠」。蔣濟對明帝亦云：「沓渚之間，去淵尚遠。」胡三省曰：「遼東郡有沓氏縣，西南臨海渚。景初三年，東沓縣民渡海，即沓渚之民也。」吳增僅曰：「東沓、沓氏，似是一地，然魏略作沓，不曰東沓，亦不曰沓氏，疑漢末去氏爲沓。魏以齊郡立有新沓，故於遼東之沓，加東以別之。承祚或由後言之耳。」謝鍾英曰：「沓氏縣城南臨海渚，亦謂之沓渚，故城在今奉天府金州廳東南；新沓故城在今山東濟南府淄川縣西六十里。」趙一清曰：「寰宇記卷十九，淄州淄川縣有故反蹤城。齊記云：齊景公失馬，尋蹤，遂失於此，故有反蹤城。一清案：續郡國志有沓氏，此云東沓，疑魏改。」

〔五〕八歲小兒，如何能聽公卿奏事？此真以國事爲兒戲也。

〔六〕黃權降魏及拜鎮南將軍，見文紀三年及注引魏書。蜀志權傳：「遷車騎將軍，儀同三司。」錢大昭曰：「車騎將軍，特書除授，始見于此。而前此曹仁、張郃，不知何以不書。」

十二月，詔曰：「烈祖明皇帝以正月棄背天下，臣子永惟忌日之哀，其復用夏正；雖違先帝通三統之義，斯亦禮制所由變改也。又夏正於數爲得天正，其以建寅之月爲正始元年正月，以建丑月爲後十二月。」〔一〕

〔一〕宋書禮志一云：「景初三年正月，帝崩，齊王即位。是年十二月，尚書盧毓奏：烈祖明皇帝以今年正日棄離萬國，禮，忌日不樂，甲乙之謂也。烈祖明皇帝建丑之月棄天下，臣妾之情，於此正日，有甚甲乙？今若以建丑正朝四方，會羣臣，設盛樂，不合於禮。博士樂祥議：正日旦受朝貢，羣臣奉贄，後五日乃大宴會作樂。太尉屬朱誕議：今因宜改之際，還修舊則建寅，於制爲便。大將軍屬劉肇議：宜過正一日乃朝賀大會，明令天下，知崩亡之日不朝也。詔曰：省奏，五内斷絶，柰何、柰何！烈祖明皇帝以正日棄天下，每與皇太后念此日至，心有剝裂，不可以此日朝羣辟，受慶賀也。月二日會，又非故也；聽當還夏正月，雖違先帝通三統之義，斯亦子孫哀慘永懷。又夏正朔得天數者，其以建寅之月爲歲首。」潘眉曰：「明帝以景初三年正月崩，齊王即位，踰年改元爲正始，以今攷之，實踰兩年。蓋魏景初以建丑爲正月，春正月者，夏正之十二月也；明帝以三年正月崩，於夏正爲二年十二月，齊王以是月即位，後仍用夏正，以三年正月爲二年後十二月，至三年之十二月，不得復爲正月，故再踰年而後改元也。明帝崩與齊王改元，相距凡十四月。」

正始元年〔一〕春二月乙丑，〔二〕加侍中中書監劉放侍中中書令孫資爲左、右光禄大夫。〔三〕

丙戌，以遼東汶、北豐縣民流徙渡海，規齊郡之西安、臨菑、昌國縣界爲新汶、南豐縣，以居

流民。〔四〕

〔一〕晉書宣帝紀：「魏正始元年春正月，東倭重譯納貢，焉耆、危須諸國，弱水以南鮮卑名王，皆遣使來獻。」

〔二〕潘眉曰：「二月當爲正月。是年二月無乙丑，乃正月十六日。」沈家本曰：「下文書丙戌，乙丑、丙戌相去二十一日，乙丑爲正月十六日，則丙戌不得同在一月。疑二月非誤，而乙丑爲乙酉之訛。」

〔三〕侍中見武紀建安元年；中書監令見明紀景初二年注。晉書職官志：「左、右光禄大夫，假金章紫綬。」洪飴孫曰：「光禄大夫，青龍中分置左、右，後還復舊。漢屬光禄勳，魏時位次三公，則不當復屬矣。」

〔四〕郡國志：「幽州遼東郡汶；青州齊國臨菑、西安、昌國。」通鑑胡注：「汶縣故城，在平郭西。」一統志：「平郭故城，今奉天府蓋平縣南北；豐城今奉天府承德縣西北；臨菑故城今山東青州府臨菑縣北八里；西安故城今臨菑縣西三十里；昌國故城今濟南府淄川縣東北三十五里。」齊乘：「南豐縣即古益城。益縣故城今青州府壽光縣西。」趙一清曰：「郡國志遼東郡有汶而無北豐，疑公孫氏所立。方輿紀要卷三十五，山東青州府壽光縣西四十里有益城，晏謨云，司馬宣王伐公孫淵，徙豐人於益縣，謂之南豐城。一云，南豐城在縣西二十里，亦曰豐城。又卷三十七，北豐城在瀋陽中衛西北，後漢末公孫度據遼東，置城於此，謂之豐城；司馬懿伐遼東，豐人南徙青、齊，其留者曰北豐。新汶無考。」謝鍾英曰：「汶縣故城，今蓋平縣西；新汶故城，今臨淄縣界。」

自去冬十二月至此月，不雨。丙寅，詔令獄官亟平寃枉，理出輕微。〔一〕羣公卿士，讜言嘉謀，各悉乃心。夏四月，車騎將軍黄權薨。秋七月，詔曰：「易稱損上益下，節以制度，不傷財，不害民。方今百姓不足，而御府多作金銀雜物，將奚以爲？今出黄金銀物百五十種，千八百餘斤，銷冶以供軍用。」八月，車駕巡省洛陽界秋稼，賜高年、力田各有差。〔二〕

〔一〕潘眉曰：「自去冬十二月至三月，不雨也。陳志以此句屬之二月之下，讀者誤以爲二月，不知二月既是正月之譌，又乙丑與丙寅相距六十一日，丙寅乃三月十八日也。平冤枉，求讜言，正爲不雨。」沈家本曰：「宋書五行志，魏齊王正始元年二月，自去冬十二月至此月，不雨。然則上文二月不誤，丙寅上奪三月耳。」

〔三〕後漢書明帝紀：「賜三老、孝悌、力田，人三級。」章懷注：「三老、孝悌、力田，三者皆鄉官之名。三老，高帝置；孝悌、力田，高后置。所以勸導鄉里，助成風化也。文帝詔曰：孝悌，天下之大順也；力田，爲生之本也；三老，衆人之師也。其以户口率置員。」

二年春二月，帝初通論語，使太常以太牢祭孔子於辟雍，〔一〕以顔淵配。〔二〕

〔一〕後漢書光武紀：「中元元年，初起明堂、靈臺、辟雍。」漢官儀曰：「辟雍去明堂三百步，車駕臨辟雍，從北門入。三月、九月皆於中行鄉射禮。辟雍以水周其外，以節觀者。諸侯曰泮宫，東、西、南有水，北無，下天子也。」後漢書儒林傳序云：「中元元年，初建三雍，明帝即位，親行其禮，坐明堂而朝羣后，登靈臺以望雲物，袒割辟雍之上，圜橋門而觀聽者蓋億萬計。」漢官儀曰：「辟雍四門，外有水以節觀者。門外皆有橋，觀者水外，故云圜橋門也。」鄭氏詩箋云：「辟廱者，築土雝水之外，圓如璧；四方來觀者，均也。」孔穎達云：「辟雝之宫，内有館舍，外無牆院，故得圜門觀之也。」

〔二〕宋書禮志：「齊王每講經，使太常釋奠先聖先師於辟雍，弗躬親也。」周壽昌曰：「齊王十歲，即通論語，知祀孔子，以顔淵配，其質性亦非凡矣。」

夏五月，吴將朱然等圍襄陽之樊城，〔一〕太傅司馬宣王率衆拒之。

干寶晉紀曰：吴將全琮寇芍陂，〔二〕朱然、孫倫五萬人圍樊城，〔三〕諸葛瑾、步騭寇柤中，〔四〕琮已破走，而樊圍急。宣王曰：「祖中民夷十萬，隔在水南，流離無主，樊城被攻，歷月不解，此危事也，請自討之！」議者咸言，「賊遠圍樊城不可拔，[五]挫于堅城之下，有自破之勢，宜長策以御之。」宣王曰：「軍志有之，將能而御之，此爲縻軍；[六]不能而任之，此爲覆軍。今疆埸騷動，民心疑惑，是社稷之大憂也。」六月，督諸軍南征，車駕送津陽城門外。[七]宣王以南方暑溼，不宜持久，使輕騎挑之，然不敢動。于是乃令諸軍休息洗沐，簡精鋭，募先登，申號令，示必攻之勢。然等聞之，乃夜遁；追至三州口，[八]大殺獲。[九]

六月辛丑，退。己卯，以征東將軍王淩爲車騎將軍。[一〇]冬十二月，南安郡地震。[一一]

[一]襄陽、樊城俱見武紀建安十三年。

[二]芍陂見武紀建安十四年。吴志孫權傳：「赤烏四年，遣衛將軍全琮略淮南，決芍陂，燒安城邸閣，收其人民。琮與魏將王淩戰于芍陂，中郎將秦晃等戰死。」本志王淩傳：「正始二年，吴大將全琮數萬衆寇芍陂，淩率諸軍逆討，與賊爭塘，力戰連日，賊退走。」

[三]本志胡質傳：「質遷荆州刺史。吴大將朱然圍樊城。質曰：樊城卑下兵少，當進軍爲外援，遂勒兵臨圍，城中乃安。」

[四]吴志朱然傳注引襄陽記曰：「祖，音如租税之祖。祖中在上黄界，去襄陽一百五十里，魏時夷王梅敷兄弟三人，部曲萬餘家屯此，分布在中廬、宜城西山鄢、沔二谷中，土地平敞，宜桑麻，有水陸良田。沔南之膏腴沃壤，謂之祖中。」通鑑釋文辯誤曰：「史炤釋文云：祖，之加切。春秋魯襄公會吴於祖，即此。余按，春秋祖之會在沂、沭間，此祖中在沔上，非春秋會吴之地也。杜佑通典曰：祖中在襄州南漳界。以此言之，史炤誤矣。」周壽昌曰：「祖，即漢地理志漢中郡房陵之沮水也。説文，沮水出漢中房陵縣，从水，且聲。本作雎。左傳襄六年：江、漢、雎、漳，楚之望也。此作祖，與沮、雎同一字。自祖中之祖字出，後遂少有作沮、雎者矣。」段玉裁曰：「沮，左傳作雎，皆七餘反；後譌爲

柤，讀曰租。今襄陽沮水左右地皆曰沮中，亦謂之柤中。」方輿紀要：「八疊山在南漳縣東南六十里。自八疊山西北山谿險阻，古所謂柤中也。」

〔五〕晉書宣帝紀作「賊遠來圍樊，不可卒拔」。

〔六〕宋本「糜」作「縻」。

〔七〕水經穀水注：「穀水又南東屈逕津陽門南，故津門也。」續百官志：「雒陽城十二門，有津門。」伽藍記：「漢曰津門，魏、晉曰津陽門。」錢大昭曰：「雒陽南面西門也。」

〔八〕胡三省曰：「三州口，謂荆、豫、揚三州之口。魏荆州之地，東至江夏；豫州之地，南至弋陽；揚州之地，西至六安。三州口當在其間。又按王昶傳：昶督荆、豫諸軍事，自宛徙屯新野，習水軍於三州，則三州蓋地名；口，水口。」趙一清曰：「水經沔水注，襄陽城東有東白沙，白沙北有三洲，三洲東北有宛口，即淯水所入也。方輿紀要卷七十九，白河在襄陽府東北十里，其入漢之處名三洲口。」吳熙載曰：「三州口疑在襄陽府襄陽縣。」謝鍾英曰：「三州口當在樊城南漢水中。」弼按：胡氏謂三州口爲荆、豫、揚三州之口，近於穿鑿。又謂王昶習水軍於三州，當指此地，其說誠是。晉書宣帝紀：「追至三州口，斬獲萬餘人，收其舟船軍資而還。」此即王昶習水軍之地也。趙說是。

〔九〕晉書宣帝紀：「天子遣侍中常侍勞軍于宛，增封食邑，子弟十一人皆爲列侯。」

〔一〇〕官本作「己酉」。李龍官曰：「本月有辛丑，不得有己卯。據王淩傳，賊退即封南鄉侯，遷車騎將軍，其非他月可知。」

〔一一〕宋書五行志作「十一月」。南安郡見武紀建安十九年。是年，鄧艾建議開廣漕渠，資食有儲，而無水害，見艾傳。

三年春正月，東平王徽薨。三月，太尉滿寵薨。〔一二〕秋七月甲申，南安郡地震。乙酉，以領軍將軍蔣濟爲太尉。冬十二月，魏郡地震。

〔一〕晉書宣帝紀：「三月，奏穿廣漕渠，引河入汴，溉東南諸陂，始大佃於淮北。」

四年春正月，帝加元服，〔一〕賜羣臣各有差。夏四月乙卯，立皇后甄氏，〔二〕大赦。五月朔，日有食之，既。〔三〕秋七月，詔祀故大司馬曹真、〔四〕曹休、征南大將軍夏侯尚、太常桓階、司空陳羣、太傅鍾繇、車騎將軍張郃、左將軍徐晃、〔五〕前將軍張遼、右將軍樂進、太尉華歆、司徒王朗、驃騎將軍曹洪、征西將軍夏侯淵、後將軍朱靈、文聘、執金吾臧霸、破虜將軍李典、立義將軍龐德、武猛校尉典韋於太祖廟庭。〔六〕冬十二月，倭國女王俾彌呼遣使奉獻。〔七〕

〔一〕漢書昭帝紀：「元鳳四年，帝加元服。」如淳曰：「元服，謂初冠，加上服也。」師古曰：「如氏以爲衣服之服，此說非也。元，首也；冠者，首之所著，故曰元服。」後漢書安帝紀：「永初三年，皇帝加元服。」章懷注：「元服，謂加冠也。士冠禮曰：令月吉辰，加爾元服。鄭玄云：元，首也。」宋書禮志一云：「魏天子冠一加，其說曰，士禮三加，加有成也。至於天子、諸侯無加數之文者，將以踐阼臨民，尊極德備，豈得復與士同？此言非也。夫以聖人之才，猶三十而立，況十二之年，未及志學，便謂德成，無所勸勉，非理實也。魏氏太子再加，皇子、三公世子乃三加。孫毓以爲一加、再加，皆非也。」

〔二〕后爲文昭皇后兄儼之孫女。宋書禮志一云：「魏齊王正始四年，立皇后甄氏，其儀不存。晉太康八年，尚書朱整議：按魏氏故事，王娶妃、公主嫁之禮，天子、諸侯以皮馬爲庭實，天子加以穀珪，諸侯加以大璋。漢高后制，聘后黄金二百斤，馬十二匹；夫人金五十斤，馬四匹。魏聘后、王娶妃、公主嫁之禮，用絹百九十匹。太始十年將聘，拜三夫人、九嬪，詔依魏氏故事。於是臨軒使使持節兼太常拜夫人，兼御史中丞拜九嬪。」錢大昭曰：「齊王后甄氏及高貴鄉公后卞氏、陳留王后卞氏，並位列中宮，母儀天下，自應作傳。然三少帝歷年未久，享位不終，諸后亦無事可紀，故於文昭甄后、武宣卞后傳末附見之。」弼按：齊王甄后，嘉平三年七月崩。四年二月，立皇后張氏；六年三月廢。四月，立皇后王氏，至九月而齊王歸藩矣。高貴鄉公被弒，卞后亦不知所終，此亦史之闕文也。

〔三〕錢大昭曰：「晉志作五月丁丑朔。」

〔四〕監本「真」作「直」，誤。

〔五〕晃傳作「右將軍」。

〔六〕晉書宣帝紀：「四年秋九月，帝督諸軍擊諸葛恪，車駕送出津陽門。軍次於舒，恪焚燒積聚，棄城而遁。」

〔七〕詳見烏丸鮮卑東夷傳。

五年春二月，詔大將軍曹爽率衆征蜀。夏四月朔，〔一〕月有蝕之。五月癸巳，講尚書經通，使太常以太牢祀孔子於辟雍，以顏淵配；賜太傅、大將軍及侍講者，各有差。〔二〕丙午，大將軍曹爽引軍還。〔三〕秋八月，秦王詢薨。九月，鮮卑內附，置遼東屬國，立昌黎縣以居之。〔四〕冬十一月癸卯，詔祀故尚書令荀攸於太祖廟庭。

臣松之以爲故魏氏配饗，不及荀彧，蓋以其末年異議，又位非魏臣故也。〔五〕至於升程昱而遺郭嘉，先鍾繇而後荀攸，則未詳厥趣也。〔六〕徐佗謀逆而許褚心動，〔七〕忠誠之至，遠同於日磾。〔八〕且潼關之危，非褚不濟；〔九〕褚之功烈，有過典韋。今祀韋而不及褚，又所未達也。〔一〇〕

己酉，復秦國爲京兆郡。〔一一〕十二月，司空崔林薨。

〔一〕錢大昭曰：「脱丙辰二字。」

〔二〕趙一清曰：「晉書扶風王駿傳，駿字子臧，幼聰慧，年五六歲，能書疏，諷誦經籍。魏景初中，封平陽亭侯。齊王芳立，駿年八歲，爲散騎常侍侍講焉。」

〔三〕晉書宣帝紀：「尚書鄧颺、李勝等欲令曹爽建立功名，勸使伐蜀，帝止之不可，爽果無功而還。」本志曹爽傳：「正始五年，爽西至長安，大發卒六七萬人，從駱谷入。入谷行數百里，賊因山爲固，兵不得進，乃引軍還。」漢晉春秋曰：「費禕據三嶺以截爽，爽爭嶮苦戰，僅乃得過，所發牛馬運轉者死失略盡。」又詳見蜀志王平傳。

〔四〕漢書地理志：「遼西郡交黎，東部都尉治。」應劭曰：「今昌黎。」續郡國志：「遼東屬國昌遼，故天遼，屬遼西。」水經大遼水注：「白狼水又東北逕昌黎縣故城西。地理志曰：交黎也，東部都尉治。應劭曰，今昌黎也。」齊召南曰：「前志，遼西無天遼縣。顧炎武考古録疑續志昌遼故天遼五字，當作昌黎故交黎，是也。又考安帝紀注，鮮卑攻夫黎營，章懷注：夫黎，縣名，屬遼東屬國。鮮卑傳作扶黎，注文同。然則前漢交黎，後漢名夫黎，又改昌黎也。」王先謙曰：「據應説，後漢爲昌黎，竊謂昌遼即昌黎，遼、黎雙聲轉變，夫、扶一字，天乃夫之誤也。」馬與龍曰：「據大遼水注，白狼水（一統志，即今大淩河。）逕昌黎城西，故城當在今錦州府義州西北境。或謂漢交黎縣今永平府昌黎縣地，誤。」周濟云：「魏昌黎縣，今錦州府寧遠州東北三十里。」洪亮吉曰：「昌黎郡，漢遼東屬國都尉，魏升作郡。」吴增僅曰：「據齊王紀，則遼東屬國漢已省廢。魏志公孫瓚傳，瓚爲遼東屬國長史，時在光和前；建安十八年省州併郡。獻帝起居注所載幽州屬郡，猶有遼東屬國，蓋廢於公孫氏，至是復置也。晉志，昌黎縣漢遼東屬國，魏置郡，是漢有昌黎也。」楊守敬曰：「地形志，晉分遼東置昌黎郡，是魏無昌黎郡，晉志誤也。（謝鍾英曰：「洪氏從晉志，非也。」）寰宇記，交黎城後漢改爲昌黎縣，漢志交黎縣下應劭曰，今昌黎，則昌遼之誤，不待辨矣。」趙一清曰：「據應説，則知東京之季，已立是縣，旋廢，而魏復立耳。」

〔五〕李安溪曰：「即此一端，可以爲文若昭雪。」

〔六〕官本攷證云：「文類作先鍾、華，華蓋謂歆也。」何焯曰：「遺郭嘉者，亦以非魏臣也。景元三年，復祀嘉，蓋司馬氏以厲其黨。」趙一清曰：「是時配饗不及郭嘉，何焯以爲非魏臣之故，而後景元三年，仍以嘉祀太祖廟庭，蓋司馬氏以厲其黨，此語不可解。豈誤記郭淮爲奉孝族屬乎？此則潁川，彼乃太原人也。奉孝子奕，亦非典午之黨。又按，四年所詔定從祀廟庭者，自曹真以下至典韋二十人，後即繼以荀攸，其中並無程昱；且終魏之世，程昱並未升配。而裴注以爲升程昱而遺郭嘉，未詳厥趣，則竊所未解矣。」潘眉曰：「松之此論，以功臣配祀，有程昱而無郭嘉，然郭嘉後終得與配祀之典。至從祀二十一人，其中實無程昱，不知松之何所見而云然？」周壽昌曰：「趙一清駁裴注云，終魏之世，程昱並未升配。趙氏此語，殆忘檢明帝紀青龍元年之詔耶？」陳景雲曰：「郭嘉與程、鍾、荀三人，其配饗但有先後，非獨遺也。景元三年詔可證。」

〔七〕事見褚傳。

〔八〕漢書金日磾傳：「莽何羅謀爲逆，日磾陰獨察其動靜。上行幸林光宮，日磾小疾卧廬，何羅矯制夜出，殺使者發兵。明旦，上未起，何羅亡何從外入，日磾奏廁心動，立入坐內户下。須臾，何羅裦白刃從東箱上，見日磾，色變，走趨卧內，欲入，行觸寶瑟，僵。日磾得抱何羅，投何羅殿下，得禽縛之。繇是著忠孝節。」

〔九〕事見褚傳。

〔一〇〕何焯曰：「祀典韋者，以其死事也。」

〔一一〕郡國志：「司隸京兆尹，治長安。」本志倉慈傳注引魏略：「顏斐爲京兆太守，京兆豐富，爲雍州十郡最。」是曹魏以京兆隸雍州，改尹爲太守矣。吳增僅曰：「黄初二年，封曹禮爲秦公，以京兆郡爲國；三年，改爲京兆王；六年，改封元城縣王，國還爲郡。青龍三年，封皇子詢爲秦王，改京兆郡爲秦國；正始五年，詢卒，復秦國爲京兆郡。」

六年春二月丁卯，南安郡地震。〔一〕丙子，以驃騎將軍趙儼爲司空。〔二〕夏六月，儼薨。〔三〕八月丁卯，以太常高柔爲司空。癸巳，以左光禄大夫劉放爲驃騎將軍，右光禄大夫孫資爲衞將軍。〔四〕冬十一月，祫祭太祖廟，〔五〕始祀前所論佐命臣二十一人。〔六〕十二月辛亥，詔故司徒王

朗所作易傳，令學者得以課試。〔七〕乙亥，詔曰：「明日大會羣臣，其令太傅乘輿上殿。」〔八〕

〔一〕晉書五行志：「是時曹爽專政，遷太后於永寧宮。太后與帝相泣而別。連年地震，是其應也。」弼按：明元郭皇后傳云：「齊王即位，尊后爲皇太后，稱永寧宮，初非曹爽專政所遷，與連年地震毫不相涉。弼於五行休咎多不録，因各家多引此條，特爲辨明於此。」

〔二〕蔣超伯曰：「山左金石志有魏銅爐隸書二十二字云：正始六年五月十五日，中尚方造銅香爐，重三斤，第廿六。」

〔三〕馮本「六月」作「四月」。

〔四〕續百官志：「將軍比公者四：第一大將軍；次驃騎將軍；次車騎將軍；次衛將軍。」錢大昭曰：「衛將軍特書除授，始見于此。是後惟胡遵爲衛將軍，書之于紀。此外如司馬景王、文王及司馬望並爲此官，史不備載。」

〔五〕說文：「祫，大合祭先祖親疏遠近也。」禮記王制：「天子犆礿、祫禘、祫嘗、祫烝。」鄭注云：「祫，合也。天子諸侯之喪畢，合先君之主於祖廟而祭之，謂之祫，後因以爲常。天子先祫而後時祭；諸侯先時祭而後祫。」正義云：「天子之祭，當祫之歲，以春物未成，不爲祫祭，唯犆爲時祭之礿，故云犆礿。夏秋冬之時，先爲祫祭，後爲時祭，故云祫禘、祫嘗、祫烝也。」後漢書章帝紀：「有司奏言，四時禘祫於光武之堂，如孝文皇帝祫祭高祖故事。」章懷注引續漢書曰：「五年再殷祭，三年一祫，五年一禘，父爲昭，南向；子爲穆，北向。禘以夏四月，祫以冬十月。禘之爲言諦，諦審昭穆尊卑之義；祫者，合也。冬十月，五穀成，故骨肉合飲食於祖廟，謂之殷祭。」

〔六〕合青龍元年從祀之三人，當爲二十四人。

〔七〕本志朗傳：「朗著易、春秋、孝經、周官傳，奏議、論記，咸傳於世。」朗子肅傳：「肅善賈、馬之學，而不好鄭氏。采會同異，爲尚書、詩、論語、三禮、左氏解，及撰定父朗所作易傳，皆列於學官。」隋書經籍志：「周易十卷，魏衛將軍王肅注。」侯康曰：「齊王紀，詔王朗易傳，學者得以課試，則當時甚重其書。又北魏書闞駰傳稱駰注王朗易傳，學者藉以通經，則其學並行於數百年後矣。」姚振宗曰：「朗之原本，與所作春秋、孝經、周官傳，當時或合爲一袠，其後肅取以重訂，遂別出一本，而歸之肅。隋、唐志所載是也。闞駰所注，或猶是朗之原書。」弼按：王肅傳注引世語云：「肅女適司馬文王，即文明皇后，生晉武帝、齊獻王攸。」又肅傳云：「時大將軍曹爽專權，任用何晏、鄧颺等，肅正色曰：此輩即弘恭、石顯之屬。」據此，是肅與司馬氏爲姻親，且左袒仲達矣。後漢書鄭玄傳：「玄孫名小同。」章懷注引魏氏春秋，有司馬文王酖小同事，而王肅之學，專與康成立異，是當時不但政爭有黨派之分，即學術亦存門户之見也。

〔八〕晉書宣帝紀：「六年秋八月，曹爽毁中壘、中堅營，以兵屬其弟中領軍羲。帝以先帝舊制，禁之，不可。冬十二月，天子詔帝朝會，乘輿升殿。」

七年春二月，幽州刺史毌丘儉討高句驪，夏五月，討濊貊，皆破之。韓那奚等數十國各率種落降。〔一〕秋八月戊申，詔曰：「屬到市觀，見所斥賣官奴婢，年皆七十，或癃疾殘病，所謂天民之窮者也。且官以其力竭而復鬻之，進退無謂，其悉遣爲良民。若有不能自存者，郡縣振給之。」

臣松之案：帝初即位，有詔「官奴婢六十以上免爲良人」。既有此詔，則宜遂爲永制。七、八年間，而復貨年七十者，且七十奴婢及癃疾殘病，並非可售之物，而鬻之於市，此皆事之難解。

〔一〕事見毌丘儉傳及東夷傳。

己酉，詔曰：「吾乃當以十九日親祠，而昨出已見治道，得雨當復更治，徒棄功夫。每念百姓力少役多，夙夜存心。道路但當期於通利，聞乃撾捶老小，務崇修飾，疲困流離，以至哀歎。吾豈安乘此而行，致馨德於宗廟邪？自今已後，明申勑之。」〔一〕冬十二月，講禮記通。〔二〕

使太常以太牢祀孔子於辟雍，以顏淵配。

習鑿齒漢晉春秋曰：是年，吴將朱然入柤中，〔三〕斬獲數千。柤中民吏萬餘家渡沔。司馬宣王謂曹爽曰：「若便令還，必復致寇，宜權留之。」〔四〕爽曰：「今不修守沔南，〔五〕留民沔北，非長策也。」宣王曰：「不然。凡物置之安地則安，危地則危。故兵書曰：成敗，形也；安危，勢也。形勢御衆之要，不可不審。設令賊二萬人斷沔水，三萬人與沔南諸軍相持，萬人陸鈔柤中，君將何以救之？」爽不聽，卒令還；然後襲破之。〔六〕袁淮言于爽曰：〔七〕「吴、楚之民，脃弱寡能，〔八〕英才大賢，不出其土，比技量力，不足與中國相抗。然自上世以來，常爲中國患者，蓋以江、漢爲池，舟楫爲用，利則陸鈔，不利則入水，攻之道遠，中國之長技無所用之也。孫權自十數年以來，大畋江北，繕治甲兵，精其守禦，數出盜竊；敢遠其水，陸次平土，此中國所願聞也。夫用兵者，貴以飽待饑，以逸擊勞，師不欲久，行不欲遠，守少則固，力專則彊。當今宜捐淮、漢以南，〔九〕退卻避之。若賊能入居中央，來侵邊境，則隨其所短，中國之長技得用矣。若不敢來，則邊境得安，無鈔盜之憂矣。使我國富兵彊，政修民一，陵其國，不足爲遠矣。今襄陽孤在漢南，賊循漢而上，則斷而不通；一戰而勝，則不攻而自服；故置之無益於國，亡之不足爲辱。自江夏已東，淮南諸郡，三后已來，其所亡幾何，以近賊疆界，易鈔掠之故哉！若徙之淮北，遠絶其間，則民人安樂，何鳴吠之驚乎！」遂不徙。

〔一〕紀中載連日兩詔，皆有勤政愛民之意，不似漢昌邑王也。

〔二〕何焯曰：「帝即位五年，（弼按：當作七年。）凡通三經。自八年以來，頗事游燕；繼以君臣相猜，學荒而位亦替矣。」

〔三〕柤中見前正始二年注。

〔四〕晉書宣帝紀：「七年春正月，吴寇柤中，夷夏萬餘家，避寇北渡沔。帝以沔南近賊，若百姓奔還，必復致寇，宜權留之。」

〔五〕宋本「修」作「備」。

〔六〕晉書宣帝紀：「爽不從，卒令還。南賊果襲破柤中，所失萬計。」

〔七〕姚範曰：「淮疑作準，見袁涣傳。」

〔八〕後漢書循吏傳：「許荆遷桂陽太守，郡濱南州，風俗脃薄。」章懷注：「脃薄，猶輕薄也。」

〔九〕官本「捐」作「損」。

八年春二月朔，日有蝕之。〔一〕夏五月，分河東之汾北十縣爲平陽郡。〔二〕

〔一〕晉書天文志：「正始八年二月庚午朔，日有蝕之。是時曹爽專政，丁謐、鄧颺等轉改法度。會有日食之變，詔羣臣問得失，蔣濟上疏，（疏見濟傳。）旨譬甚切，而君臣不悟，終至敗亡。」

〔二〕郡國志：「司隸河東郡，二十城。」建安十八年，郡屬冀州。魏復置司隸，自冀州移還，至是復分汾北十縣爲平陽郡，治平陽。一統志：「平陽故城，今山西平陽府臨汾縣西南。」見武紀卷首。洪亮吉據晉志，謂平陽郡「領縣十二：平陽、楊、端氏、永安、蒲子、狐讘、襄陵、絳邑、濩澤、臨汾、北屈、皮氏。」吴增僅曰：「平陽祇領十縣，何時增益二縣，史志無考，似不得率據晉志。考端氏縣在沁水東，濩澤縣在沁水西，皆非汾北之地。澤州志云，端氏、濩澤二縣屬河東郡，後漢及魏皆因之。晉改屬平陽郡。一統志沿革表於曹魏平陽郡下亦不列此二縣，較爲近實。」弼按：錢大昕以平陽郡爲文帝時置，見徐邈傳注，已駁之。

秋七月，尚書何晏奏曰：「善爲國者，必先治其身，治其身者，慎其所習。所習正，則其身正，其身正，則不令而行；所習不正，其身不正，則雖令不從。〔一〕是故爲人君者，所與游必擇正人，所觀覽必察正象，放鄭聲而弗聽，遠佞人而弗近，然後邪心不生，而正道可弘也。〔二〕季末闇主，不知損益，斥遠君子，引近小人，忠良疏遠，便辟褻狎，亂生近暱，譬之社鼠；〔三〕考其昏明，所積以然，故聖賢諄諄以爲至慮。舜戒禹曰：鄰哉鄰哉！言慎所近也；〔四〕周公戒成王曰：其朋其朋！言慎所與也。〔五〕詩云：一人有慶，兆民賴之。〔六〕可自今以後，御幸式乾殿〔七〕及游豫後園，皆大臣侍從，因從容戲宴，兼省文書，詢謀政事，講論經義，爲萬世法。」〔八〕冬十二月，散騎常侍諫議大夫孔乂奏曰：〔九〕「禮，天子之宮，有斲礱之制，〔一〇〕無朱丹之飾，宜循禮復古。今天下已平，君臣之分明，陛下但當不懈于位，平公正之心，審賞罰以使之。可絕後園習騎乘馬，出必御輦乘車，天下之福，臣子之願也。」晏、乂咸因闕以進規諫。〔一一〕

〔一〕論語：「子曰，其身正，不令而行；其身不正，雖令不從。」何晏蓋本此。晏有論語集解，於正始中奏上。

〔二〕論語：「顏淵問爲邦。子曰：放鄭聲，遠佞人。鄭聲淫，佞人殆。」

〔三〕晏子春秋内篇問上：「景公問于晏子曰：治國何患？晏子對曰：患夫社鼠。公曰：何謂也？對曰：夫社束木而塗之。鼠因往託焉。熏之則恐燒其木，灌之則恐敗其塗。此鼠所以不可得殺者，以社故也。夫國亦有焉，人主左右是也。内則蔽善惡于君上，外則賣權重於百姓。不誅之則亂，誅之則爲人主所案。據腹而有之，此亦國之社鼠也。」

〔四〕書益稷篇：「帝曰，吁，臣哉，鄰哉！鄰哉，臣哉！」孔傳云：「鄰，近也；言君臣道近，相須而成。」

〔五〕書洛誥篇：「周公曰，孺子其朋，孺子其朋！其往。」孔傳云：「少子慎其朋黨，少子慎其朋黨，戒其自今以往。」

〔六〕此書呂刑篇之辭。「詩云」當作「書云」。吴志孫權傳嘉禾二年詔引此，亦作「書云」。

〔七〕胡三省曰：「參考魏、晉所記，式乾殿當在皇后宫。坤爲母，乾爲父，言皇后爲天下母，以乾爲式，從夫之義也。」

〔八〕李安溪曰：「晏之言自可傳緬。惟曹爽、何、鄧之獄，蓋亦懿、昭勢成之後，録其瑕，甚其罪，當日是非之實，未必爾也。」何焯曰：「史家於平叔等既附見曹爽傳，不能爲之平反，特録此奏於紀，使百世下因其言而知其人，不欲盡没其實於異同之口耳。」姚範曰：「諸紀不載奏諫，而此録之者，蓋何晏、孔乂所論，與後少主之廢以耽淫游晏相發，故晉臣著魏事者録之；而陳氏仍其故，豈爲平叔輩申其惋抑乎！果爾，則孔乂又何以云也？其切著明直，何如明紀注中諸疏？大凡承祚之書，能芟薙繁彷，檢核事實而已。李、何諸君以春秋五體求之，亦已過矣。」蔣超伯南漘楛語卷六曰：「觀晏此奏，藹然儒者之風，魯論一書，晏功尤鉅，非丁謐、鄧颺一流可比。王坦之廢莊論以荀卿、揚雄、何晏爲三賢，非過譽也。范武子乃以晏與王弼罪深桀、紂，過矣！陳壽于魏末事，多爲典午回護，毫無直筆，魏末傳、魏略等書亦多失實，甚至謂晏好服婦人之服，寃哉！」弼按：李、何二説，極爲平情之論。觀王肅傳曹爽戒何晏等之語，未嘗不自警惕。適遇仲達巨奸，狼顧猜忍，而膏(梁)〔粱〕子弟，非其匹敵，又驕奢無度，㹠犢昏庸，遂爲所誅夷耳。

〔九〕散騎常侍見文紀延康元年。續百官志：「諫議大夫，六百石。」齊職儀曰：「漢武帝始置諫大夫，皆名儒宿德爲之。光武增議字，爲諫議大夫，置三十人。」孔乂，各本均作孔晏乂。官本攷證曰：「孔乂字元儁，見後倉慈傳注中。下文晏、乂咸因闕以進規諫，謂何晏及乂也。此晏字疑衍。」何焯、杭世駿、錢大昭、潘眉、梁章鉅諸家説同。

〔一〇〕國語：「趙文子爲室，斲其椽而礱之。張老夕焉而見之，不告而歸。文子聞之，駕而往，曰：吾不善子，亦告我何其速也？對曰：天子之室，斲其椽而礱之，加密石焉；諸侯礱之，大夫斲之，士首之，備其物義也，從其等禮也。今子貴而忘義，富而忘禮，吾懼不免，何敢以告！」

〔一一〕晉書宣帝紀：「八年夏四月，曹爽用何晏、鄧颺、丁謐之謀，遷太后於永寧宫，專擅朝政，兄弟並典禁兵，多樹親黨，屢改制度，帝不能禁，於是與爽有隙。五月，帝稱疾不與政事。時人爲之謡曰：「何、鄧、丁，亂京城。」胡三省曰：「據後魏起永寧寺於銅駝街西，意即前魏永寧宫故處也。又據陳壽志太后稱永寧宫，非徙也。意者，晉諸臣欲增曹爽之惡，以遷字加之耳。晉書五行志云，爽遷太后於永寧宫，蓋亦承晉諸臣所記也。」

九年春二月，衛將軍中書令孫資，癸巳，〔一〕驃騎將軍中書監劉放，三月甲午，司徒衛臻各遜位，以侯就第，位特進。〔二〕四月，以司空高柔爲司徒，光禄大夫徐邈爲司空，固辭不受。〔三〕秋九月，以車騎將軍王淩爲司空。冬十月，大風發屋折樹。〔四〕

〔一〕「癸巳」二字，疑在「二月」之下。

〔二〕胡三省曰：「雞棲樹之言固中，而三馬食一槽矣。」

〔三〕魏之三公，多以老病充數，就位數月，旋即死亡。故徐邈有「三公論道之官，無其人則缺，豈可以老病忝之哉」之言也。盧欽稱邈志高行潔，誠無愧矣。沈家本曰：「固字上當有邈字。」

〔四〕杭世駿曰：「魏略云，正始元年，商風大起數十日，發屋拔樹，動太極東閣，正會大風，又甚傾楹。案，曹爽將誅之徵。」侯康曰：「正始九年事，藝文類聚及御覽引魏略作元年，當是傳寫之譌。」趙一清曰：「宋、晉五行志，正始九年十一月，大風數十日，發屋折樹；十二月戊午晦尤甚，動太極東閣。嘉平元年正月壬辰朔，西北大風，發屋折樹木，昏塵蔽天，此大臣執政之憂也。後踰旬而曹爽等誅滅。一清案，正月朔是壬辰，則十二月晦當作辛卯矣。」

嘉平元年春正月甲午，車駕謁高平陵。〔一〕

孫盛魏世籍曰：〔二〕高平陵在洛水南大石山，去洛城九十里。〔三〕

太傅司馬宣王奏免大將軍曹爽、爽弟中領軍羲、武衛將軍訓、散騎常侍彦官，以侯就第。戊戌，有司奏收黄門張當付廷尉，考實其辭，爽與謀不軌。又尚書丁謐、鄧颺、何晏，司隸校尉畢軌，荆州刺史李勝，大司農桓範皆與爽通姦謀，夷三族。語在爽傳。〔四〕丙午，大赦。丁未，以太傅司馬宣王爲丞相，固讓乃止。〔五〕

孔衍漢魏春秋曰：詔使太常王肅册命太傅爲丞相，增邑萬户，〔六〕羣臣奏事不得稱名，如漢霍光故事。〔七〕太傅上書辭讓曰：「臣親受顧命，憂深責重，憑賴天威，摧斃姦凶，贖罪爲幸，功不足論。又三公之官，聖王所制，著之典禮。至於丞相，始自秦政，漢氏因之，無復變改。〔八〕今三公之官皆備，横復寵臣，違越先典，革聖明之經，襲秦漢之路，雖在異人，臣所宜正；况當臣身而不固爭，四方議者將謂臣何！」書十餘上，詔乃許之，復加九錫之禮。太傅又言：「太祖有大功大德，漢氏崇重，故加九錫，此乃歷代異事，非後代之君臣所得議也。」又辭不受。

〔一〕宋書禮志二云：「晉宣帝遺詔，子弟羣官皆不得謁陵。於是景、文遵旨。」弼按：仲達深謀遠慮，或亦有鑒於齊王謁陵，閉之城外，爲人所乘者乎？梁章鉅曰：「齊王在位九年，而謁陵止此一舉，故鄭重書之。」弼按：此爲族滅曹爽之機，司馬氏潛移政柄之關鍵，皆因此而起，不專爲謁陵典禮而大書特書也。

〔二〕沈家本曰：「孫盛魏世譜，隋、唐志不著録，此紀所引三條，嘉平元年一條，引作魏世籍，籍字爲譜字之訛；餘二條不稱孫盛，省文也。文選注引之，首見魏都賦，又見陸機答賈謐詩，不及此紀所引之詳。御覽皇王部亦引魏世譜，皆不著撰人。」

〔三〕水經伊水注：「伊水逕大石嶺南，開山圖所謂大石山也。山在洛陽南，山阿有魏明帝高平陵。」趙一清曰：「寰宇記卷三，大石山一名萬安山，在洛陽西南四十五里。魏武樂府城南篇云，南上大石山，即此山也。」

〔四〕晉書宣帝紀：「誅曹爽之際，支黨皆夷及三族，男女無少長，姑姊妹女子之適人者，皆殺之。既而竟遷魏鼎云。」明帝時，王導侍坐，帝問前世所以得天下，導乃陳帝創業之始，及文帝末高貴鄉公事。明帝以面覆牀曰：「若如公言，晉祚安得復長遠？」何焯曰：「莽之殺賢，懿之族爽，皆稔知其中外殫微，猝起乘之。」弼按：懿責爽兄弟典兵，然是時司馬師爲中護軍，深謀秘策，陰養死士三千，一朝而集，將兵屯司馬門，懿列陣闕下，據武庫，屯兵洛水浮橋，將何辭以說耶？

〔五〕晉書宣帝紀：「二月，天子以帝爲丞相，奏事不名。固讓丞相。冬十二月，加九錫之禮，朝會不拜。固讓九錫。」弼按：此與建安時以曹操爲丞相，加九錫情事相同，所謂美惡不嫌同調也。阿瞞亦悔其作俑乎！

〔六〕晉書作「二萬户」。

〔七〕漢書宣帝紀：「地節二年，大司馬大將軍光薨，詔書不稱名。」師古曰：「尊之，故不名。」

〔八〕丞相見武紀建安十三年。漢書百官公卿表：「相國、丞相皆秦官，金印紫綬，掌天子助理萬機。秦有左右。高帝即位，置一丞相。十一年，更名相國，緑綬。」

夏四月乙丑，改年。丙子，太尉蔣濟薨。〔一〕冬十二月辛卯，以司空王淩爲太尉。〔二〕庚子，以司隸校尉孫禮爲司空。〔三〕

〔一〕濟傳注引世語曰：「濟書與曹爽，言宣王旨唯免官，爽遂誅滅。濟病其言之失信，發病卒。」

〔二〕淩傳：「司馬宣王既誅曹爽，進淩爲太尉，假節鉞。」通鑑：「即拜王淩爲太尉。」胡三省曰：「即拜者，就壽春拜爲太尉。」

〔三〕禮爲曹爽所劾，爽誅後，入爲司隸校尉，遷司空。

二年〔一〕夏五月，以征西將軍郭淮爲車騎將軍。〔二〕冬十月，以特進孫資爲驃騎將軍。十

一月，司空孫禮薨。十二月甲辰，東海王霖薨。〔三〕乙未，征南將軍王昶渡江，掩攻吳，破之。〔四〕

〔一〕晉書宣帝紀：「二年春正月，天子命帝立廟于洛陽，置左右長史，增掾屬舍人，滿十人歲舉掾屬任御史、秀才各一人；增官騎百人，鼓吹十四人。封子肜平樂亭侯，倫安樂亭侯。帝以久疾，不任朝請，每有大事，天子親幸第，以諮訪焉。」

〔二〕淮傳：「嘉平元年，遷征西將軍，都督雍、涼諸軍事。二年，詔曰：淮在關右三十餘年，功績顯著。今以淮爲車騎將軍，儀同三司，持節都督如故。」

〔三〕霖傳作「嘉平元年薨」。此書月日，當爲霖傳之誤。

〔四〕吳志孫權傳：「赤烏十三年十二月，魏大將軍王昶圍南郡，荆州刺史王基攻西陵，遣將軍戴烈、陸凱往拒之，皆引還。」朱績傳：「魏征南將軍王昶率衆攻江陵城，不克而退，績便引兵及昶於紀南，紀南去城三十里，（紀南在今江陵縣西北三十里。）績先戰勝而諸葛融不進，績後失利。」本志王昶傳：「昶詣江陵，兩岸引竹絙爲橋，渡水擊之。賊大將施績（朱績本姓施氏。）夜遁入江陵城。」胡三省曰：「吳引沮漳之水浸江陵以北之地，以限魏兵，故昶爲橋以渡水。」弼按：紀云王昶渡江，指渡漢水言，非渡大江也。吳荆州南郡江陵在江北，可證。

三年春正月，荆州刺史王基、新城太守州泰攻吳，破之；〔一〕降者數千口。二月，置南郡之夷陵縣，以居降附。〔二〕三月，以尚書令司馬孚爲司空。〔三〕四月甲申，以征南將軍王昶爲征南大將軍。〔四〕壬辰，大赦。丙午，聞太尉王淩謀廢帝，立楚王彪，太傅司馬宣王東征淩。五月甲寅，淩自殺。六月，彪賜死。〔五〕秋七月壬戌，皇后甄氏崩。辛未，以司空司馬孚爲太尉。

戊寅，太傅司馬宣王薨。〔六〕以衛將軍司馬景王爲撫軍大將軍，録尚書事。〔七〕乙未，葬懷甄后于太清陵。庚子，驃騎將軍孫資薨。十一月，有司奏：諸功臣應饗食於太祖廟者，更以官爲次，太傅司馬宣王功高爵尊，最在上。〔八〕十二月，以光禄勳鄭沖爲司空。〔九〕

〔一〕州泰各本皆作陳泰，誤。官本攷證盧明楷曰：「陳泰，正始中爲并州刺史，嘉平初代郭淮爲雍州刺史，未嘗典新城，何有與王基同破吴之事？或作州泰。鄧艾傳中州泰注云：宣王擢爲新城太守，是其人與？」陳景雲曰：「玄伯本傳，具載前後歷官，未嘗典郡。嘉平中，方代郭淮爲雍州刺史，安得與基同建破吴之功乎？」弼按：王昶傳云：「遣新城太守州泰。」晉書景帝紀云：「嘉平四年，諸葛誕、毌丘儉、王昶、陳泰、胡遵都督四方，王基、州泰、鄧艾、石苞典州郡。」是陳泰爲州泰之誤無疑。

〔二〕宋本、馮本、監本「置」作「致」。趙一清曰：「當作置。南郡夷陵本漢舊縣，魏武平荆州，置臨江郡於此；赤壁敗歸，地入於蜀，先主改曰宜都。章武元年猇亭之役，地又爲吴陸遜所取。今此所置，蓋與吴對境，而各立名耳。」弼按：王基傳：「基爲荆州刺史，隨征南王昶擊吴，納降數千口，移其降民，置夷陵縣」，即此；此魏之夷陵也。至吴之夷陵，詳見文紀黄初三年；魏夷陵詳見王基傳。

〔三〕晉書安平獻王孚傳：「孚字叔達，宣帝次弟也。初爲魏陳思王植文學掾，遷太子中庶子。魏武帝崩，太子號哭。孚曰：天下恃殿下爲命，柰何效匹夫之孝乎！羣臣號哭，無復行列。孚曰：今當早拜嗣君，以鎮海内，而但哭邪？魏明帝選度支尚書，問左右孚有兄風不？答云，似兄。天子曰：吾得司馬懿二人，復何憂哉！遷尚書令。及宣帝誅曹爽，孚與景帝屯司馬門，以功進爵長社縣侯，遷司空。」

〔四〕胡三省曰：「以破吴兵進位也。」錢大昭曰：「征南將軍特書除授，唯見于此；而前此之夏侯尚，何以不書？」

〔五〕事見淩傳。晉書宣帝紀：「以淩歸于京師，道經賈逵廟，淩呼曰：賈梁道！王淩是大魏之忠臣，惟爾有神知之。至項，仰酖而死，收其餘黨，皆夷三族，并殺彪，悉録魏諸公置于鄴，命有司監察，不得交關。天子遣侍中韋誕持節勞軍于五池，帝至自甘城，天子又使兼大鴻臚太僕庾嶷持節策命帝爲相國，封安平郡公，孫及兄子各一人爲列侯，前後食邑五萬户，侯者十九人。固讓相國、郡公，不受。」琅邪王伷傳：「伷爲寧朔將軍，監守鄴城。」石苞傳：「魏世王侯，多居鄴下。」弼按：王淩之獄，爲千古疑案，已於淩傳中論之。謂彦雲以幼主制於彊臣，曹爽横被誅戮，欲清君側，則有之；謂其勾結朱虎，恐出於事後周内，藉此爲翦除魏氏宗室之計。不然，魏諸王公何罪，奚必悉録置鄴下乎？

〔六〕晉書宣帝紀：「六月，帝寢疾，夢賈逵、王淩爲祟，甚惡之。秋八月戊寅，崩于京師，時年七十三。九月庚申，葬于河陰，謚曰文貞，後改謚文宣。」唐太宗曰：「司馬懿受遺二主，佐命三朝，既承忍死之託，曾無殉生之報，天子在外，内起甲兵，陵土未乾，遽相誅戮，貞臣之體，寧若此乎！夫征討之策，豈東智而西愚；輔佐之心，何前忠而後亂？故晉明掩面，恥欺僞以成功；石勒肆言，笑姦回以定業。雖自隱過當年，而終見嗤後代也。」胡三省曰：「史以懿死爲王淩之祟，信乎？儻其果能然，固忠勇之鬼也。通鑑不語怪，今著之，以示爲人臣者。」潘眉曰：「戊寅上當有八月，此闕文。」梁玉繩曰：「司馬懿謚宣文，晉書文帝紀可據，禮志亦同。而宣帝紀云，謚文貞，後改文宣，恐誤。」錢大昕曰：「晉書禮志，魏朝初謚宣帝爲文侯，景帝爲武侯。文王表不宜與二祖同，於是改謚宣文、忠武。然則初謚文無貞字也。禮志及文帝紀並稱舞陽宣文侯，宣帝紀作文宣者，轉寫之誤。」弼按：本志陳留王紀，咸熙元年五月癸未，追命舞陽宣文侯爲晉宣王，可爲謚宣文之證，晉書宣帝紀誤也。

〔七〕晉書景帝紀云：「景帝諱師，字子元，宣帝長子也。宣帝薨，議者咸云，伊尹既卒，伊陟嗣事。天子命帝以撫軍大將軍輔政。」胡三省曰：「魏、晉之制，驃騎、車騎、衛將軍、伏波、撫軍、都護、鎮軍、中軍、四征、四鎮、龍驤、典軍、上軍、輔國等大將軍，位皆從公；至録尚書事，則專制朝政矣。」

〔八〕或曰，千古諂諛，自能隨時撰成典章，可爲太息。

〔九〕續百官志：「光禄勳卿一人，中二千石，掌宿衛宫殿門户。」晉書沖傳：「字文和，滎陽開封人。魏文帝爲太子，命爲文學；大將軍曹爽引爲從事中郎，轉散騎常侍、光禄勳。嘉平三年，拜司空。高貴鄉公講尚書，沖執經親授，與侍中鄭小同俱被賞賜，俄轉司徒。常道鄉公即位，拜太保，位在三司之上，封壽光侯。魏帝告禪，使沖奉策；武帝踐阼，拜太傅，進爵爲公。」王鳴盛曰：「論語集解，正始中所上，序稱光禄大夫臣鄭沖，本傳但云光禄勳，不言光禄大夫，史文略也。」

四年春正月癸卯，以撫軍大將軍司馬景王爲大將軍。〔一〕二月，立皇后張氏，〔二〕大赦。夏五月，魚二，見於武庫屋上。〔三〕

漢晉春秋曰：初，孫權築東興隄以遏巢湖，後征淮南，壞不復修。〔四〕是歲諸葛恪率軍〔五〕更於隄左右結山，挾築兩城，使全端、留略守之，引軍而還。〔六〕諸葛誕言于司馬景王曰：「致人而不致于人者，此之謂也。今因其内侵，使文舒逼江陵，仲恭向武昌，〔七〕以羈吳之上流，然後簡精卒攻兩城，比救至，可大獲也。」景王從之。

冬十一月，詔征南大將軍王昶，征東將軍胡遵，鎮南將軍毌丘儉等征吳。十二月，吳大將軍諸葛恪拒戰，大破衆軍於東關，不利而還。〔八〕

漢晉春秋曰：毌丘儉、王昶聞東軍敗，〔九〕各燒屯走。朝議欲貶黜諸將，景王曰：「我不聽公休，〔一〇〕以至于此，此我過也，〔一一〕諸將何罪？」悉原之。時司馬文王爲監軍，統諸軍；唯削文王爵而已。〔一二〕是歲，雍州刺史陳泰求勑并州并力討胡，〔一三〕景王從之。未集，而鴈門、新興二郡以爲將遠役，遂驚反。〔一四〕景王又謝朝士曰：「此我過也，非玄伯之責！」〔一五〕於是魏人愧悦，〔一六〕人思其報。

習鑿齒曰：司馬大將軍引二敗以爲己過，〔一七〕過消而業隆，可謂智矣。夫民忘其敗，而下思其報，雖欲不康，其可得邪？若乃諱敗推過，歸咎萬物，常執其功，而隱其喪，〔一八〕上下離心，賢愚解體，是楚再敗，而晉再克也。謬之甚矣！君人者，苟統斯理而以御國，則朝無秕政，身靡留愆，行失而名揚，兵挫而戰勝，雖百敗可也，況於再乎！

〔一〕晉書職官志：「大將軍，古官也。漢東京不常置，爲之者皆擅朝權。至景帝爲大將軍，亦受非常之任。」宋書百官志：「漢東京大將軍自爲官，位在三司上。晉宣帝自大將軍爲太尉，然則大將軍在三司下矣。其後又在三司上。晉景帝爲大將軍，而景帝叔父孚爲太尉，奏改大將軍在太尉下，後還復舊。」

〔二〕通鑑：「后故涼州刺史既之孫，東莞太守緝之女也。召緝拜光禄大夫。」胡三省曰：「爲司馬師殺緝張本。」

〔三〕宋書五行志四云：「此魚孽也。王肅曰：魚生于淵而亢於屋，介鱗之物失其所也。邊將其殆有棄甲之變乎！後果有東關之敗。干寶又以爲高貴鄉公兵禍之應。二説皆與班固旨同。」

〔四〕巢湖見武紀建安二十二年、明紀青龍二年。吳志諸葛恪傳：「初，權黄龍元年遷都建業，二年，築東興隄遏湖水。後征淮南，敗以内船，壞不復修。」胡三省曰：「謂正始二年芍陂之敗也。遏巢湖所以利舟師，而反爲湖内之船所敗，故廢不治。」

〔五〕宋本「率」作「帥」。

〔六〕諸葛恪傳：「恪以建興元年（按即嘉平四年。）十月，會衆於東興，更作大隄左右結山，俠築兩城，各留千人，使全端、留略守之，引軍而還。」通鑑：「使將軍全端守西城，都尉留略守東城。」胡三省曰：「今栅江口有兩山，濡須山在和州界，謂之東關；七寶山在無爲軍界，謂之西關。兩山對峙，中爲石梁，鑿石通水。唐志，廬州巢縣東南四十里有故東關。俠讀曰夾，古者，俠、夾二字通。」又曰：「東關即濡須口，亦謂之栅江口，有東、西關。東關之南岸，吳築城；西關之北岸，魏置栅。後諸葛恪於東關築大隄，以遏巢湖，謂之東興隄，即其地也。」（見通鑑魏紀太和二年。）魏書任城王澄傳：「梁頻斷東關，欲令巢湖泛溢。湖周回四百餘里，東關合江之際，廣不過數十步。」水經沔水注：「湖水又東逕右塘穴，北爲中塘，塘在四水中，水出格虎山北，山上有城，故東關城也。昔諸葛恪作東興隄，以遏巢湖，傍山築城，塘即東興隄，城亦關城也。」通鑑地理通釋：「東關東南有石渠，鑿山通水，是名關口。相傳云夏禹所鑿，一號東興，今其地高峻險狹，實守阨之所。」一統志：「東關在今安徽和州含山縣西南七十里；濡須塢之北與廬州府巢縣接界，其地峻險，周圍皆山，三國時爲戍守重地。」濡須口、濡須塢見武紀建安十八年。

〔七〕王昶字文舒，毌丘儉字仲恭。

〔八〕此所謂東關之役也。本志諸葛誕傳：「諸葛恪興東關，遣誕督諸軍討之，與戰，不利，還。」毌丘儉傳：「諸葛誕戰於東關不利。」吳志諸葛恪傳：「魏以吳入其疆土，恥於受侮，命大將胡遵、諸葛誕等率衆七萬，欲圍攻兩塢，圖壞隄遏。恪興軍四萬，晨夜赴救。」水經沔水注：「魏遣司馬昭督鎮東諸葛誕率衆攻東關三城，將毀隄遏諸軍，作浮梁陳于隄上，分兵攻城。恪遣冠軍丁奉等登塘，鼓譟，奮擊。朱異等以水軍攻浮梁，魏征東胡遵軍士爭渡，梁壞，投水死者數千。塘即東興隄，城亦關城也。」案，是役諸葛誕實督諸軍，而紀文不書誕者，或以誕爲鎮東，在征東胡遵之下耶？

〔九〕通鑑：「詔王昶等三道擊吳。十二月，王昶攻南郡，毌丘儉向武昌，胡遵、諸葛誕率衆十萬攻東興。」胡三省曰：「時三道擊吳，東關最在東，故曰東軍。」

〔一〇〕諸葛誕，字公休。

〔一一〕三道進兵，本用公休之策，所謂不聽公休者，或別有兵略也。嚴衍通鑑補存疑云：「伐吳之議，倡自諸葛誕，而諫止之者，惟傅嘏耳。嘏字蘭石，則公休當作蘭石。不然，不聽公休當作誤聽公休，兩者必有一誤。」姚範曰：「前云攻兩城，從諸葛之言，此又云我不聽公休，未詳其事。」

〔一二〕晉書文帝紀：「文帝諱昭，字子上，景帝之母弟也。爲安東將軍，持節鎮許昌。進號都督，統征東將軍胡遵、鎮東將軍諸葛誕伐吳，戰于東關，二軍敗績，坐失侯。」宋書百官志：「晉世都督諸軍爲上，監諸軍次之，督諸軍爲下。」

本志王脩傳注引王隱晉書曰：「司馬文王爲安東，王儀爲司馬。關東之敗，文王曰：近日之事，誰任其咎？儀曰：責在軍帥。文王怒曰：司馬欲委罪於孤耶？遂殺之。」

〔一三〕「胡」，各本皆作「恪」，誤。官本攷證陳浩曰：「東關之敗，與并州無涉，注中所引，明是二事。宋本作并力討胡，則恪字爲胡字之譌。」弼按：通鑑作「討胡」。

〔一四〕通鑑「郡」下有「胡」字。胡三省曰：「雍州在并州西南，而雁門、新興二郡，并州北鄙也，其道里相去遠。漢末，曹公集塞下荒地爲新興郡。」郡國志：「并州雁門郡，治陰館。」王先謙曰：「漢末，郡荒廢，三國魏移郡南度句注，見寰宇記；治廣武，見魏志牽招傳。」一統志：「陰館故城，今山西代州西北四十里；廣武故城，今代州西十五里。」新興郡見武紀建安二十年。

〔一五〕陳泰字玄伯。通鑑作「非陳雍州之責」。

〔一六〕胡三省曰：「司馬師承父懿之後，大臣未附，引咎責躬，所以愧服天下之心，而固其權耳。盜亦有道，況盜國乎？」

〔一七〕胡三省曰：「二敗，謂東關師敗及并州胡反也。」

〔一八〕喪，息浪反。

五年夏四月，大赦。五月，吴太傅諸葛恪圍合肥新城，〔一〕詔太尉司馬孚拒之。〔二〕

漢晉春秋曰：是時姜維亦出圍狄道。〔三〕司馬景王問虞松曰：〔四〕「今東西有事，二方皆急，〔五〕而諸將意沮，若之何？」松曰：「昔周亞夫堅壁昌邑，而吴、楚自敗，〔六〕事有似弱而彊，或似彊而弱，不可不察也。今恪悉其鋭衆，足以肆暴，而坐守新城，欲以致一戰耳。〔七〕若攻城不拔，請戰不得，師老衆疲，勢將自走，諸將之不徑進，乃公之利也。姜維有重兵而縣軍應恪，〔八〕投食我麥，〔九〕非深根之寇也。且謂我并力於東，西方必虚，是以徑進。今若使關中諸軍，倍道急赴，出其不意，殆將走矣！」景王曰：「善！」乃

使郭淮、陳泰悉關中之衆，解狄道之圍；勑毋丘儉等案兵自守，以新城委吴。姜維聞淮進兵，軍食少，乃退屯隴西界。〔一〇〕

秋七月，恪退還。

是時，張特守新城。

魏略曰：特字子產，涿郡人。〔一一〕先時領牙門，〔一二〕給事鎮東諸葛誕，誕不以爲能也，欲遣還護軍，會毋丘儉代誕，遂使特屯守合肥新城。及諸葛恪圍城，特與將軍樂方等三軍衆合有三千人，吏兵疾病及戰死者過半，而恪起土山急攻，城將陷，不可護。特乃謂吴人曰：「今我無心復戰也。然魏法，被攻過百日而救不至者，雖降，家不坐也。〔一三〕自受敵以來，已九十餘日矣。此城中本有四千餘人，而戰死者已過半，城雖陷，尚有半人不欲降，我當還爲相語之，條名别善惡，〔一四〕明日早送名，且持我印綬去，以爲信。」乃投其印綬而與之。〔一五〕吴人聽其辭而不取印綬。不攻。頃之，特還，乃夜徹諸屋材柵，補其缺爲二重。〔一六〕明日，謂吴人曰：「我但有鬬死耳！」吴人大怒，進攻之；不能拔，遂引去。朝廷嘉之，加雜號將軍，〔一七〕封列侯，又遷安豐太守。〔一八〕

〔一〕合肥新城見明紀青龍二年，又見滿寵傳。

〔二〕晉書孚傳：「吴將諸葛恪圍新城，以孚進督諸軍二十萬防禁之。孚次壽春，遣毋丘儉、文欽等進討。諸將欲速擊之，孚曰：夫攻人者，借人之力以爲功，且當詐巧，不可力爭也。故稽留月餘，乃進軍，吴師望風而退。」吴志諸葛恪傳：「恪有輕敵之心，於是違衆出軍，大發州郡二十萬衆，意欲曜威淮南，迴軍還圍新城，攻守連月，城不拔，士卒疲勞，病者大半，死傷塗地。魏進救兵，恪引軍而去。」

〔三〕狄道見武紀建安十九年。

〔四〕虞松事見鍾會傳注引世語，又見高貴鄉公紀甘露元年注。

〔五〕胡三省曰：「謂吳攻淮南，蜀攻隴西也。狄道縣屬隴西郡。」

〔六〕昌邑，山陽郡治，見武紀初平元年。漢書周勃傳：「景帝三年，吳、楚反，亞夫至，會兵滎陽，吳方攻梁，梁急請救。亞夫引兵東北走昌邑，深壁而守。吳、楚既餓，迺引而去。亞夫出精兵追擊，大破吳王濞。凡相守攻三月，而吳、楚破平。」

〔七〕胡三省曰：「致者，猶古所謂致師也。」

〔八〕「縣」讀曰「懸」。

〔九〕胡三省曰：「謂維軍後無轉餉，投兵魏地，擬其麥以爲食耳。」

〔一〇〕蜀志姜維傳：「延熙十六年夏，維率數萬人出石營，圍南安，魏雍州刺史解圍至洛門，維糧盡，退還。」胡三省曰：「果如虞松所料。」

〔一一〕郡國志：「幽州涿郡，治涿。」一統志：「涿縣故城，今順天府涿州治。」

〔一二〕通鑑：「揚州牙門將涿郡張特守新城。」洪飴孫曰：「牙門將軍，或稱牙門將，無員，第五品。黃初中置。諸葛誕傳：誕被徵，請諸牙門，置酒飲宴。是牙門將軍所置甚多，無定員也。」

〔一三〕胡三省曰：「言雖身降，而其家不坐罪也。」

〔一四〕通鑑無「名」字。

〔一五〕各本「而」均作「以」，通鑑無「而」字。

〔一六〕重，直龍反。

〔一七〕雜號將軍，見明紀太和二年。

〔一八〕晉書地理志：「豫州安豐郡，魏置，統縣五，治安風。」一統志：「安風廢縣，在今安徽潁州府霍丘縣西南二十里。漢置，縣屬六安國；後漢屬廬江郡，晉初爲安豐郡治。安帝時，與郡俱廢。」方輿紀要卷二十一云：「三國魏置安豐郡，治安風縣。正元二年，毌丘儉舉兵壽春，進屯項。司馬師遣豫州刺史諸葛誕自安風向壽春是也。後省。」杜佑曰：「霍丘城北有安風津，曹魏安風都尉理。毌丘儉敗走安風津見殺處也。或謂風爲豐。」弼按：宋書州郡志云：「安豐太守治安豐，魏文帝分廬江置。」又於尋陽太守安豐縣云：「晉武帝立爲安豐郡。」前後兩歧。又云：「安豐縣，前漢無。」不知班志實有此縣，此蓋沈約之誤，不足置辨。安豐郡又互見王基傳、毌丘儉傳。

八月，詔曰：「故中郎西平郭脩，〔一〕砥節厲行，秉心不回。乃者，蜀將姜維寇鈔脩郡，〔二〕爲所執略。往歲僞大將軍費禕驅率羣衆，陰圖闚闟，道經漢壽，〔三〕請會衆賓，脩於廣坐之中，手刃擊禕，〔四〕勇過聶政，〔五〕功逾介子，〔六〕可謂殺身成仁，釋生取義者矣。夫追加褒寵，所以表揚忠義；祚及後胤，所以獎勸將來。其追封脩爲長樂鄉侯，食邑千户，謚曰威侯。子襲爵，加拜奉車都尉。〔七〕賜銀千餅，〔八〕絹千匹，以光寵存亡，永垂來世焉。」

魏氏春秋曰：脩字孝先，素有業行，著名西州。姜維劫之，脩不爲屈。劉禪以爲左將軍，脩欲刺禪而不得親近，每因慶賀，且拜且前，爲禪左右所遏，事輒不克，故殺禕焉。

臣松之以爲古之舍生取義者，必有理存焉，或感恩懷德，投命無悔；或利害有機，奮發以應會，詔所稱聶政、介子是也。事非斯類，則陷乎妄作矣。魏之與蜀，雖爲敵國，非有趙襄滅智之仇，燕丹危亡之急。且劉禪凡下之主，費禕中才之相，二人存亡，固無關于興喪。郭脩在魏，西州之男子耳，始獲於蜀，既不能抗節不辱，於魏又無食禄之責，不爲時主所使，而無故規規然糜身於非所，義無所加，功無所立，可謂折柳樊圃，其狂也且，〔九〕此之謂也。

〔一〕通鑑作「中郎將郭偱。」續百官志：「五官中郎，比六百石，無員。」西平郡詳見武紀建安十九年。水經河水注：「湟水又東逕西平城北，魏黃初中立西平郡，憑倚故亭，增築南、西、北三城，以爲郡治。」洪亮吉曰：「西平郡，漢末分金城置。通典、元和志、寰宇記，建安中立西平郡，魏、晉因之。」謝鍾英曰：「水經注謂黃初中立，晉志序例謂魏武所置，皆非也。通鑑郭脩作郭偱。」胡三省曰：「偏考字書無偱字。又考三國志三少帝紀、蜀志張嶷傳均作郭脩。裴注亦云，脩字孝先。費禕傳、後主傳均作郭循。今三國志舊本凡書循者，多從偱。余謂此偱即脩字之誤也。後人以偱字無所出，又改亻爲彳，遂爲循字耳。盤洲洪氏曰：自東漢以來，凡盾字皆作偱字。又曰：漢隸循、脩頗相近；隸法，脩、循只爭一畫。」潘眉曰：「脩、循字形相近，故易誤。如後漢書袁紹傳吳循，魏書袁紹傳作吳脩；吳書孫皓傳滕循，禪國山碑亦作滕循，王隱交廣記及晉書皆作滕脩。凡此之比，不可枚舉。」

〔二〕後主傳：「延熙十三年，姜維復出西平，不克而還。」

〔三〕郡國志：「益州廣漢郡葭萌。」晉書地理志：「劉備據蜀，分廣漢之葭萌、涪城、梓潼、白水四縣，改葭萌曰漢壽，又立漢德縣以爲梓潼郡。泰始三年，分益州立梁州，於漢中改漢壽爲晉壽。」華陽國志：「梓潼郡本廣漢屬縣，建安二十二年，分廣漢置梓潼郡。晉壽縣本葭萌城，劉氏更曰漢壽。」一統志：「晉壽故城在今四川保寧府昭化縣南。」李兆洛曰：「在今保寧府廣元縣東南五十里。」葭萌見蜀志劉璋傳。

〔四〕費禕傳：「延熙十六年，歲首大會，魏降人郭循在坐。禕歡飲沈醉，爲循手刃所害。」

〔五〕史記刺客傳：「聶政獨行，仗劍至韓，韓相俠累方坐，府上持兵戟而衛侍者甚衆。聶政直入上階，刺殺俠累。」

〔六〕漢書傅介子傳：「詔曰，樓蘭王安歸嘗爲匈奴間候，遮漢使者。平樂監傅介子持節使誅斬樓蘭王安歸首，縣之北闕，以直報怨。」

〔七〕續百官志：「奉車都尉，比二千石，掌御乘輿車。」

〔八〕潘眉曰：「鉼字不誤。一本作餅者，非。陳矯傳注引世語：以金五鉼授之，亦作鉼。爾雅釋器：鉼金謂之鈑。司馬温公類篇：鉼，金鉼。法苑珠林：樹神以金一鉼賜之。音釋：鉼，金鈑也。墨莊漫録：韓滉與擔夫白金一版。按，版與鈑同。一版猶言一鈑，即一鉼也，正作鉼。」

〔九〕詩齊風東方未明篇：「折柳樊圃，狂夫瞿瞿。」毛傳云：「柳，柔脆之木；樊，藩也；圃，菜園也。折柳以爲藩園，無益於禁矣。」

自帝即位至於是歲，〔一〕郡國縣道多所置省，俄或還復，不可勝紀。〔二〕

〔一〕凡十四年。

〔二〕趙一清曰：「晉書荀勗傳：魏太和中，遣王人四出，減天下吏員。正始中，亦并合郡縣，此省吏也。水經河水注，柏谷水出弘農縣南石隄山，山下有石隄祠，銘云：魏甘露四年，散騎常侍征南將軍豫州刺史領弘農太守南平公之所經建也。魏時弘農屬司隸，不屬豫州，豈所謂置省復還者邪？石銘如是，足以相證。」

六年春二月己丑，鎮東將軍毌丘儉上言：「昔諸葛恪圍合肥新城，城中遣士劉整出圍傳消息，爲賊所得，考問所傳。語整曰：諸葛公欲活汝，汝可具服。整罵曰：死狗，此何言也！我當必死爲魏國鬼，不求苟活，逐汝去也。〔一〕欲殺我者，便速殺之！終無他辭。又遣士鄭像出城傳消息，或以語恪，恪遣馬騎尋圍跡索，得像還。四五人的頭面縛，〔二〕將繞城表，勑語像，使大呼言大軍已還洛不如早降。〔三〕像不從其言，更大呼城中曰：大軍近在圍外，壯士努力！賊以刀築其口，使不得言。像遂大呼，令城中聞知。整、像爲兵，能守義執節，子弟宜有差異。」詔曰：「夫顯爵所以褒元功，重賞所以寵烈士。整、像召募通使，越蹈重圍，冒突白刃，輕身守信，不幸見獲，抗節彌厲，揚六軍之大勢，安城守之懼心，臨難不顧，畢志傳命。昔解楊執楚，有隕無貳，〔四〕齊路中大夫以死成命，〔五〕方之整像，所不能加。今追賜整像爵關中侯，各除士名，使子襲爵，如部曲將死事科。」

〔一〕各本皆作「不苟求活，逐汝去也。」

〔二〕「的」，宋本作「的」，或疑作「拘」。潘眉曰：「似當爲靮，言羈靮其頭。」

〔三〕毛本「如」作「知」，誤。

〔四〕左傳宣公十五年：「宋人告急于晉，晉使解楊如宋，使無降楚。曰：晉師悉起，將至矣。鄭人囚而獻諸楚，楚子厚賂之，使反其言，不許；三而許之。登諸樓車，使呼宋人而告之，遂致其君命。楚子將殺之，對曰：受命以出，有死無實，又可賂乎！楚子舍之以歸。」

〔五〕史記齊悼惠王世家：「齊王使路中大夫告於天子，天子復令路中大夫還告齊王善堅守，吾兵今破吳、楚矣。路中大夫至，三國兵圍臨菑數重，無從入。三國將劫與路中大夫盟曰：若反言漢已破矣，齊趣下三國，不且見屠。路中大夫既許之，至城下，望見齊王曰：漢已發兵百萬，使太尉周亞夫擊破吳、楚，方引兵救齊，齊必堅守無下。三國將誅路中大夫。」張晏曰：「路中大夫，姓路，爲中大夫。三國，膠西、菑川、濟南也。」索隱云：「史失名，故言姓及官。顧氏按路氏譜，中大夫名卬也。」

庚戌，中書令李豐，與皇后父光禄大夫張緝等謀廢易大臣，以太常夏侯玄爲大將軍，事覺，諸所連及者皆伏誅。〔一〕辛亥，大赦。三月，廢皇后張氏。〔二〕夏四月，立皇后王氏，大赦。

五月，封后父奉車都尉王夔爲廣明鄉侯光禄大夫，位特進；〔三〕妻田氏爲宣陽鄉君。秋九月，大將軍司馬景王將謀廢帝，以聞皇太后。〔四〕

世語及魏氏春秋並云：此秋，姜維寇隴右。時安東將軍司馬文王鎮許昌，徵還擊維，至京師，帝于平樂觀以臨軍過。〔五〕中領軍許允與左右小臣謀，因文王辭，殺之，勒其衆以退大將軍。已書詔于前；文王入，帝方食栗，優人雲午等唱曰：青頭雞，青頭雞。青頭雞者，鴨也。〔六〕帝懼不敢發。文王引兵入城，景王因是謀廢帝。〔七〕

臣松之案：夏侯玄傳及魏略，許允此年春與李豐事相連。豐既誅，即出允爲鎮北將軍，未發，以放散官物收付廷尉，徙樂浪，追殺之。允此秋不得故爲領軍而建此謀。〔八〕

甲戌，太后令曰：「皇帝芳春秋已長，不親萬機，耽淫内寵，沈漫女德，〔九〕日延倡優，〔一〇〕縱其醜謔。迎六宮家人，留止内房，毁人倫之敘，亂男女之節，恭孝日虧，悖慠滋甚，不可以承天緒，奉宗廟。使兼太尉高柔奉策，〔一一〕用一元大武，告於宗廟，〔一二〕遣芳歸藩于齊，以避皇位。」〔一三〕

魏書曰：是日，景王承皇太后令，詔公卿中朝大臣會議，〔一四〕羣臣失色。景王流涕曰：「皇太后令如是，諸君其若王室何！」咸曰：「昔伊尹放太甲以寧殷，霍光廢昌邑以安漢，夫權定社稷，以濟四海，〔一五〕二代行之于古，明公當之于今。今日之事，亦唯公命。」景王曰：「諸君所以望師者重，師安所避之？」於是乃與羣臣共爲奏永寧宮曰：〔一六〕守尚書令太尉長社侯臣孚、〔一七〕大將軍武陽侯臣師、〔一八〕司徒萬歲亭侯臣柔、〔一九〕司空文陽亭侯臣沖、〔二〇〕行征西安東將軍新城侯臣昭、〔二一〕光禄大夫關內侯臣邕、〔二二〕太常臣晏、〔二三〕衛尉昌邑侯臣偉、〔二四〕太僕臣嶷、〔二五〕廷尉定陵侯臣繁、〔二六〕大鴻臚臣芝、〔二七〕大司農臣祥、〔二八〕少府臣襃、〔二九〕永寧衛尉臣禎、〔三〇〕永寧太僕臣閎、〔三一〕大長秋臣模、〔三二〕司隸校尉潁昌侯臣曾、〔三三〕河南尹蘭陵侯臣肅、〔三四〕城門校尉臣慮、〔三五〕中護軍永安亭侯臣望、〔三六〕武衛將軍安壽亭侯臣演、〔三七〕中堅將軍平原侯臣德、〔三八〕中壘將軍昌武亭侯臣廙、〔三九〕屯騎校尉關內侯臣陔、〔四〇〕步兵校尉臨晉侯臣建、〔四一〕射聲校尉安陽鄉侯臣温、〔四二〕越騎校尉睢陽侯臣初、〔四三〕長水校尉關內侯臣超、〔四四〕侍中臣小同、臣顗、臣酆、〔四五〕博平侯臣表、〔四六〕侍中中書監安陽亭侯臣誕、〔四七〕散騎常侍臣瓌、〔四八〕臣儀、〔四九〕關內侯臣芝、〔五〇〕尚書僕射光禄大夫高樂亭侯臣毓、〔五一〕尚書關內侯臣觀、〔五二〕臣嘏、〔五三〕長合鄉侯臣亮、臣贊、臣騫、〔五四〕中書令臣康、〔五五〕御史中丞臣鈐、〔五六〕博士臣範、〔五七〕臣峻等〔五八〕稽首言：「臣等聞：天子者，所以濟育羣生，永安萬國。三祖勳烈，光被六合，皇帝即位，纂繼洪業，春秋已長，未親萬機，耽淫內寵，沈漫女色，廢捐講學，棄辱儒士，日延小優郭懷、袁信等於建始芙蓉殿前，裸袒游戲，使與保林女尚等爲亂，親將後宮瞻觀。又于廣望觀上，使懷、信等於觀下作遼東妖婦，嬉褻過度，道路行人掩目，帝於觀上以爲讌笑。於陵雲臺曲中施帷，見九親婦女，帝臨宣曲觀，呼懷、信使入帷共飲酒。懷、信等更行酒，婦女皆醉，戲侮無別。使保林李華、劉勳等與懷、信等戲，清商令令狐景呵華、勳曰：〔五九〕諸女上左右人，各有官職，何以得爾？華、勳數讒毀景。帝常喜以彈彈人，以此恚景，彈景不避首目。景語帝曰：先帝持門戶急，今陛下日將妃后游戲無度，至乃共觀倡優，裸袒爲亂，不可令皇太后聞。景不愛死，爲陛下計耳。帝言：我作天子，不得自在邪？太后何與我事！使人燒鐵灼景，身體皆爛。甄后崩後，帝欲立王貴人爲皇后，太后更欲外求。帝恚，語景等：魏家前後立皇后，皆從所愛耳，太后必違我意，知我當往不也？後卒待張皇后疏薄。太后遭合陽君喪，〔六〇〕帝日在後園，倡優音樂自若，不數往定省。清商丞龐熙諫帝，皇太后至孝，今遭重憂，水漿不入口，陛下當數往寬慰，不可但在此作樂。帝言：我自爾，誰能柰我何！皇太后還北宮，殺張美人及禺婉，帝恚望，語景等：太后橫殺我所寵愛，此無復母子恩。數往至故處啼哭，私使暴室厚殯棺，〔六一〕不令太后知也。每見九親婦女有美色，或留以付清商。帝至後園竹間戲，或與從官攜手共行。熙白：從官不宜與至尊相提挈。帝怒，復以彈彈熙。日游後園，每有外文書入，帝不省，左右曰：出！帝亦不索視。太后令帝常在式乾殿上講學，不欲；使行來，帝徑去。太后來問，輒詐令黄門答言在耳。景、熙等畏恐，不敢復止，〔六二〕更共諂媚。帝肆行昏淫，敗人倫之序，亂男女之節，恭孝彌穨，凶德浸盛。臣等憂懼傾覆天下，危墜社稷，雖殺身斃命，不足以塞責。今帝不可以承天緒，臣請依漢霍光故事，收帝璽綬。帝本以齊王踐阼，宜歸藩於齊。使司徒臣柔持節，與有司以太牢告祀宗廟。臣謹昧死以聞。」奏可。

是日，遷居別宮，〔六三〕年二十三。〔六四〕使者持節送衛，營齊王宮於河内重門，制度皆如藩國之禮。〔六五〕

魏略曰：景王將廢帝，遣郭芝入白太后，太后與帝對坐。芝謂帝曰：「大將軍欲廢陛下，立彭城王據。」〔六六〕帝乃起去，太后不悅。芝曰：「太后有子不能教，今大將軍意已成，又勒兵于外，以備非常，但當順旨，將復何言！」太后曰：「我欲見大將軍，口有所說。」芝曰：「何可見邪？但當速取璽綬！」〔六七〕太后意折，〔六八〕乃遣傍侍御取璽綬著坐側。〔六九〕芝出報景王，景王甚歡。〔七〇〕又遣使者授齊王印綬，當出就西宮。〔七一〕帝受命，遂載王車，與太后别，垂涕；〔七二〕始從太極殿南出，〔七三〕羣臣送者數十人，太尉司馬孚悲不自勝，餘多流涕。王出後，景王又使使者請璽綬。太后曰：「彭城王，我之季叔也，今來立，我當何之！〔七四〕且明皇帝當絶嗣乎？吾以爲高貴鄉公者，文皇帝之長孫，明皇帝之弟子，〔七五〕於禮，小宗有後大宗之義，其詳議之！」〔七六〕景王乃更召羣臣，以皇太后令示之，乃定迎高貴鄉公。〔七七〕是時，太常已發二日，待璽綬于温。〔七八〕事定，又請璽綬。太后令曰：「我見高貴鄉公小時識之，〔七九〕明日，我自欲以璽綬手授之。」

〔一〕事詳夏侯玄傳。前已誅夷曹爽，禁錮魏之宗室，此則魏之親舊肺腑，亦不能容。太初已早見及此，而不與其從叔仲權同赴蜀，可謂視死如歸矣。

〔二〕晉書景帝紀：「三月，乃諷天子廢皇后張氏，因下詔曰：姦臣李豐等靖譖庸回，陰構凶慝。大將軍糾虔天刑，致之誅辟，周勃之克吕氏，霍光之擒上官，曷以過之？其增邑九千户，并前四萬。帝讓不受。」胡三省曰：「曹操殺漢后伏氏，而司馬師殺魏后張氏，此不惟天道，亦操之有以教之也。」弼按：廢與殺異，不能謂廢即殺也。胡注殺魏后張氏，殺字疑誤。又案，是獄在嘉平六年二月，亦見玄傳。晉書景帝紀書「正月」，誤。

〔三〕續百官志：「奉車都尉，比二千石，無員，掌御乘輿車。」晉書職官志：「晉武帝亦以宗室外戚爲奉車、駙馬、騎三都尉，而奉朝請焉。」

〔四〕晉書景帝紀：「天子以玄、緝之誅，深不自安，而帝亦慮難作，潛謀廢立，乃密諷魏永寧太后。」

〔五〕范書靈帝紀：「中平五年，燿兵於平樂觀。」章懷注：「平樂觀在洛陽城西。」薛綜東京賦注：「平樂，觀名也。爲土場於上以作樂，使遠觀之，謂之平樂觀，在城西也。」

〔六〕顧炎武曰：「鴨者，勸帝押詔書耳。時以親署爲押，南北朝謂之畫勑。」

〔七〕胡三省曰：「平樂觀在洛陽城西，昭已過軍，復引入城，帝事去矣。」

〔八〕裴説是。齊王此舉，爲何等重大之事，許允既不與謀，豈有左右二三小臣，能建此議者？果有此舉，師、昭等豈不大肆殺戮？當時矯太后之令，及師、昭等之上言，焉有不敘述之理，如高貴鄉公紀所載者？且晉書景文兩紀亦無一字及此，有以知世語及魏氏春秋所云爲不足據，宜承祚之不採録也。

〔九〕潘眉曰：「沈漫，晉書景帝紀作沈嫚，當從女旁。賈子道術云：接遇肅正謂之敬，反敬爲嫚。」胡玉縉曰：「沈漫女德，與上耽淫内寵並列，猶言沈溺女色耳。晉書漫作嫚，乃叚字。方言卷十三郭注，漫淹，皆謂水潦漫澇壞物也。史記晉世家：子不疾反國，報勞臣，而懷女德，竊爲子羞之！（齊女告重耳語。）可證其義。潘説泥德字，謂當從女旁，失之。」

〔一〇〕晉書景帝紀「延」作「近」。弼按：注引魏書云：「日延小優郭懷、袁信等。」以作「延」爲是。

〔一一〕柔時爲司徒，故曰兼。

〔一二〕禮記曲禮下：「凡祭宗廟之禮，牛曰一元大武。」鄭注云：「元，頭也；武，迹也。」正義云：「牛若肥則腳大，腳大則迹痕大，故曰一元大武也。」

〔一三〕姚範曰：「承祚書魏末事，皆仍舊載。蓋以亡國之俘，羈仕新朝，不敢自遂，故有愧於直筆也。」何焯曰：「芳臨御數載，非若昌邑始徵，若果君德有闕，播惡于衆，師何難執以爲辭？今稱太后之令，發牀笫之私，有以知其爲誣矣。」梁章鉅曰：「齊王臨御之初，即罷宮室工作，免官奴婢六十以上爲良人，出内府金銀，銷冶以供軍用。二年，通論語；五年，通尚書；七年，通禮記。三祀孔子，以顏子配。良法美政，史不絶書。今矯太后之令，有以知其非事實矣。」趙翼曰：「據魏略，司馬師遣郭芝入宮，太后方與帝對坐，芝謂帝曰：大將軍欲廢陛下。是齊王之廢，全出於師，而太后不知。乃魏紀反載此令，其誣亦太甚矣。」弼按：禪讓之詔，勸進之章，皆僞也。存其僞，使後世得以燭其奸，乃爲良史。諸家議承祚之載此令，過矣！

〔一四〕胡三省曰："矯太后令，以召羣臣。"

〔一五〕晉書景帝紀"濟"作"清"。

〔一六〕明元郭后傳："齊王即位，尊后爲皇太后，稱永寧宮。"

〔一七〕司馬孚也。見前嘉平三年注。

〔一八〕潘眉曰：（下文省作"潘曰"。）"司馬師也。景帝紀：初封長平鄉侯。嘉平四年，遷大將軍，不載進封武陽侯，當據此奏補之。是年三月，增邑九千户，并前四萬户；則已有三萬一千户，其非鄉侯可知。"弼按：武陽當作舞陽。司馬懿封舞陽侯，師襲爵。本志陳留王紀，咸熙元年五月癸未，追命舞陽宣文侯爲晉宣王，舞陽忠武侯爲晉景王。通鑑亦書舞陽忠武侯司馬師卒於許昌，以作舞陽爲是。潘説誤。

〔一九〕潘曰："高柔也。本傳，初封延壽亭侯，後太傅誅曹爽，以功進封萬歲鄉侯。由亭侯進封，當爲鄉侯，此作亭侯者，誤。"

〔二〇〕潘曰："鄭沖也。晉書本傳不言封文陽亭侯，當以此奏補之。"

〔二一〕潘曰："司馬昭也。文帝紀，景初二年，封新城鄉侯，轉安東將軍。東關之敗，坐失侯。後行征西將軍，降北虜，以功復封新城鄉侯。至高貴鄉公立，始進封高都侯。奏永寧宮時，實鄉侯，非邑侯也。此脱鄉字。於書例當云：安東將軍行征西將軍新城鄉侯。"弼按：潘説新城侯脱鄉字，是。惟書例實不誤，應以行征西在前，本官在後，上尊號碑可證。其例甚多，上文司馬孚太尉本官，亦在下也。

〔二二〕潘曰："孫邕也。管寧、鮑勛等傳中屢見。論語集解序有光禄大夫關内侯臣孫邕，後由關内侯進封建德亭侯，見任城太守孫夫人碑。"

〔二三〕錢大昕曰：（下文省作"錢曰"。）"晉書任愷傳，父昊，魏太常。晏、昊字形相似，疑即其人。"

〔二四〕潘曰："滿偉也。滿寵傳，寵封昌邑侯，子偉嗣，官至衛尉。"

〔二五〕潘曰：「庾嶷也。晉書宣帝紀，齊王嘉平三年，天子使兼大鴻臚太僕庾嶷持節命帝爲相國。魏志張䇮傳，亦載太僕庾嶷。」

〔二六〕陳景雲曰：「繁當作毓，此鍾毓也。本傳可考。」潘曰：「鍾繇封定陵侯，子毓嗣。毓傳云：爲侍中廷尉。」

〔二七〕潘曰：「魯芝也。晉書良吏傳，芝以綏輯有方，遷大鴻臚；高貴鄉公即位，賜爵關内侯。」弼按：魯芝見曹爽傳注引世語。

〔二八〕潘曰：「王祥也。晉書本傳，累遷大司農。」

〔二九〕陳景雲曰：「襃當作袠。袠時爲少府將作大匠，渾之從子也。名見渾傳注。其歷官及迎立少帝事，並詳晉史。」潘曰：「鄭袠也。下注云少府襃，字亦誤。晉書本傳，拜侍中，遷少府，迎高貴鄉公于元城。」

〔三〇〕潘曰：「何楨也。永寧，太后宫名。甘露二年，司馬昭奉天子及皇太后征諸葛誕，假廷尉何楨節。按，禎字誤，當从木旁。張䇮傳，宏農太守何楨，注引文士傳云：楨字元幹。楨、幹字相應，从木旁作楨是也。」

〔三一〕錢曰：「閦未詳其族姓。」潘曰：「此張閣也。閦字譌。邴原傳，永寧太僕東郡張閣，即此人。閣字子臺，臺、閣字相應。故知閦字誤也。」

〔三二〕錢曰：「模未詳其族姓。」潘曰：「此疑是尹模。晉書何曾傳云，撫軍校事尹模，憑寵作威，朝野畏憚。亦見程曉傳。」趙一清曰：「宋書百官志，太后三卿各一人。應氏漢官曰：衛尉、少府，秦官；太僕，漢成帝置，皆隨太后宫爲號，位在正卿上，無太后乃闕。魏改漢制，在九卿下。大長秋，皇后卿也，有后則置，無則省。」

〔三三〕潘曰：「何曾也。晉書本傳，嘉平中爲司隸校尉，正元中進封潁昌侯。以此奏考之，則此時已封潁昌侯，晉史恐誤。」

〔三四〕潘曰：「王肅也。本傳，嗣父朗爵蘭陵侯，爲河南尹。」趙一清曰：「續百官志，河南尹一人，主京都，特奉朝請，秩中二千石。」惠棟曰：「應劭漢官儀：河南尹所治，周地也。雒陽本成周，周之衰微，分爲東、西周。秦兼天下，置三川守河、雒、伊、漢，始更名河南，孝武皇帝增曰太守。世祖徙雒陽，故號爲尹。尹，正也。詩曰：赫赫師尹。」

〔三五〕續百官志：「城門校尉一人，比二千石，掌雒陽城門十二所。」錢大昕攷異「慮」作「憲」。潘曰：「其人未詳。」錢儀吉曰：「蓋郗慮。」弼按：建安十八年，郗慮已爲御史大夫，不應此時尚作城門校尉，決非其人。

〔三六〕晉書職官志：「魏武爲相，以韓浩爲護軍，非漢官也。建安十二年，改護軍爲中護軍，魏初因置護軍將軍，主武官選，隸領軍。」潘曰：「司馬望也。高貴鄉公紀注中護軍司馬望，晉書，司馬望封永安亭侯，遷護軍將軍。」

〔三七〕武衛將軍見明紀景初二年。潘曰：「曹演也。曹仁傳，仁弟純，封高陵亭侯，子演嗣官，至領軍將軍。」沈家本曰：「鍾繇弟演，文帝封爲列侯，但不詳侯名官號，此當存疑。若曹演則官爵並與此不同，恐非。」互見曹仁傳。

〔三八〕趙一清曰：「司馬懿奏曹爽罪狀云，破壞諸營，盡據禁兵。謂毀中堅、中壘二營，以屬中領軍也。今此復有二將軍之號，蓋復置。德，郭德，即爲甄氏後者，襲公主爵爲平原侯，見文昭甄皇后傳。」洪飴孫曰：「中堅將軍一人，第四品。」

〔三九〕續百官志：「北軍中候掌監五營，舊有中壘校尉，領北軍營壘之事，中興省，中壘但置中候。」洪飴孫曰：「中壘將軍一人，第四品，掌宿衛兵。案，西漢有中壘校尉，營壘門內，又外掌西域，後漢省中壘，但置北門中候；魏置中壘將軍，蓋亦因此。晉志：中領軍，領五校、中壘、武衛三營，則亦掌宿衛兵也。晉書宣紀，正始六年，曹爽毀中壘、中堅營，以兵屬其弟中領軍羲，即此。」錢曰：「荀彧孫霬與司馬景王、文王親善，官至中領軍。此奏有中壘將軍昌武亭侯廙，疑即霬也。」潘曰：「夏侯玄傳注引世語云：散騎常侍荀廙，晉書侯史光傳亦作荀廙。」趙一清曰：「司馬朗封昌武亭侯，子遺嗣。遺、廙聲相近。」

〔四〇〕屯騎校尉見文紀黃初六年。錢曰：「陔當是武陔。」潘曰：「晉書武陔傳，累遷司隸校尉，司隸即屯騎之譌。」弼按：武陔事見胡質傳注，又見陳泰傳。

〔四一〕步兵校尉見文紀黄初六年。錢曰：「建，當是郭建。」潘曰：「明元郭皇后傳，甄悳及建，皆封列侯，並掌宿衛。」

〔四二〕續百官志：「射聲校尉一人，比二千石，掌宿衛兵。」服虔曰：「工射也。冥漠中聞聲，則射中之，故以爲名。」温即甄温，見文昭甄皇后傳注引晉諸公贊。趙一清曰：「文昭甄皇后傳云：父逸，以中山魏昌之安城鄉千户追封，適孫像襲爵。像薨，子暢嗣；又封暢弟温、韡、豔爲列侯。裴注引晉諸公贊曰：咸熙初，封温本國侯，領射聲校尉。似此時暢既失爵，温附司馬氏，故得還封本國，以支庶而奪大宗。又文德郭后傳云，后蚤喪兄弟，以從兄表繼后父永後，封表安陽亭侯，進爵鄉侯，又進爵觀津侯。甄氏本封，始於安城，不應冒郭氏安陽之號，抑或表既進封觀津，而以安陽鄉封温乎？然云本國侯，則故是安城，而非安陽也。疑陽字是城字之誤。」沈家本曰：「案甄后傳，暢以嘉平三年薨，子紹嗣。是暢初未失侯，嘉平五年，紹尚在也。惟郭表以青龍三年進封觀津侯，温封侯亦在是年，其爲表改封而更封温，事正相接，初非甄氏冒郭氏之號，陽字不誤，趙説非。」

〔四三〕續百官志：「越騎校尉一人，比二千石，掌宿衛兵。」如淳曰：「越人内附，以爲騎也。」晉灼曰：「取其才力超越也。」臣昭曰：「越人非善騎所出，晉灼爲允。」錢曰：「初，未詳其族姓。」潘曰：「疑是曹初，曹仁孫也。」

〔四四〕長水校尉見文紀黄初元年。錢曰：「超，未詳其族姓。」潘曰：「疑是徐超。唐書宰相世系表，徐超，魏散騎常侍。」

〔四五〕趙一清曰：「小同，鄭小同；顗，荀顗；酆，趙酆，趙咨子。」潘曰：「侍中鄭小同，見高貴鄉公紀；侍中荀顗，見甘露元年注；（弼按：顗見荀彧傳，又見晉書本傳。）趙酆，晉驃騎將軍，封東平陵公，見司馬朗傳注。晉書景帝紀，嘉平四年，趙酆、張緝預朝議，即其人也。」

〔四六〕趙一清曰：「表，華歆子。」潘曰：「晉書本傳，累遷侍中。高貴鄉公立，表懼禍作，稱疾歸下舍。此侍中臣表，即華表；史不言封博平侯，略也。」吳士鑑曰：「嘉平六年，表爲侍中，既已封侯，乃晉書本傳於遷尚書之後云，封觀陽伯，疑有誤。然司馬瓌初封亭侯，改鄉侯，又封固始子，是亭侯、鄉侯尚在子爵之下，或表之博平侯亦爲鄉侯、亭侯，注引魏書脱一字耳。」

〔四七〕潘曰：「韋誕也。（錢、趙説同。）劉劭傳注，韋誕，太和中補侍中。文章敍録曰：稍遷侍中、中書監，以光禄大夫遜位。」弼按：誕字仲將，見荀彧傳注及劉劭傳注。又按：張懷瓘書斷云：「誕，嘉平五年卒，年七十五。」是奏永寧宮時，誕已前卒，其云年七十五，亦與文章敍録所載相同。然則列名之誕，是否爲仲將，殊不能無疑也。

〔四八〕錢曰：「當是司馬孚之子瓌。」潘曰：「晉書，司馬瓌魏長樂亭侯。」

〔四九〕錢曰：「未詳。」潘曰：「王脩傳，子忠，官至東萊太守、散騎常侍。注引王隱晉書曰：脩一子名儀。據此，則脩惟一子，實名儀，官散騎常侍。王裒傳亦云：祖脩，有名魏世；父儀，高亮雅直。此奏有散騎常侍臣儀，爵同名同，其即是此人無疑。又按：王隱晉書言，東關之敗，儀欲歸罪元帥，爲文帝所殺。此失實之言。時司馬氏方自引咎，何至一言遽加殺戮？或是因銜恨，後借他故誅之。知者，以爲由論東關事忤指，故及此耳。奏永寧時，王儀猶存，足證晉書之誣。」弼按：晉書王裒傳，父儀，爲文帝司馬。東關之役，文帝斬之；裒痛父非命，未嘗西向而坐，示不臣朝廷。三徵七辟皆不就。本志王脩傳注引漢晉春秋亦云，裒以父爲文王所濫殺，終身不應徵聘，未嘗西向坐，以示不臣於晉也。是王儀之死，實死於東關之役，爲司馬昭所濫殺。至司馬師引過之言，乃一時牢籠人心之計，殺儀者昭，不能因師之引咎，遂謂昭之未濫殺也。昭恥於削爵，委罪王儀，引出就戮，豈能待至數年之後？潘氏所云，不足據也。又按，王脩傳，官散騎常侍者爲王忠，似不能臆斷，謂忠即儀。潘氏所謂爵同名同，俱不足信。

〔五〇〕趙一清曰：此郭芝也。明元郭皇后傳，從父芝，遷散騎常侍，長水校尉，封列侯。芝與上臣瓌臣儀，皆官散騎常侍，而芝自有封爵，故以關内侯別之。此人即司馬師遣之白太后廢帝者。魏略云：芝先時自以他功封侯。

〔五一〕潘曰：「盧毓也。本傳，吏部尚書封高樂亭侯，轉僕射，加光禄大夫。」

〔五二〕毛本「臣」作「陳」，誤。

〔五三〕潘曰：「王觀、傅嘏也。觀傳，司馬宣王誅曹爽，賜爵關内侯，復爲尚書。嘏傳，遷尚書。嘉平末，賜爵關内侯。」

〔五四〕潘曰：「此袁亮、崔贊、陳騫也。並見高貴鄉公紀。」弼按：崔贊又見夏侯玄傳。陳騫，晉書有傳，又見陳矯傳。

〔五五〕潘曰：「孟康也。杜恕傳注，孟康，嘉平末從渤海太守徵入爲中書令。」弼按：孟康又見漢書序例。

〔五六〕錢曰：「未詳。」潘曰：「石鑒也。鈐字誤。晉書本傳，仕魏，至御史中丞。」

〔五七〕錢曰：「未詳。」

〔五八〕潘曰：「庾峻也。高貴鄉公紀，尚書博士庾峻。凡四十六人，錢氏未詳者八人。今攷出永寧太僕臣閎爲張閣之譌；散騎常侍臣儀爲王儀；御史中丞臣鈐爲石鑒之譌。至如尹模、曹初、徐超三人，官爵未有確證，不敢遽定。又城門校尉臣慮、博士臣範，則全無依據，姑闕之，以俟後之博古者。」

〔五九〕趙一清曰：「清商，殿名，蓋主殿之官。宋書五行志：太和五年五月，清商殿災，事應在明悼毛后，則知殿爲王后所居。」洪飴孫曰：「清商令一人，六百石，第七品，所掌如掖庭令，魏所置，漢無此官。丞一人，二百石，第九品。」

〔六〇〕錢大昕曰：「太后母杜氏也。后妃傳作部陽。」趙一清曰：「據明元郭后傳當作郃陽。」

〔六一〕續百官志：「暴室丞，主中婦人疾病者，就此室治。其皇后貴人有罪，亦就此室。」漢官儀曰：「暴室在掖庭內，丞一人。」師古曰：「暴室者，掖庭主織作染練之署，故謂之暴室，取暴曬爲名耳。」應劭曰：「暴室，宫人獄也。今曰薄室。」

〔六二〕局本「止」作「上」，誤。

〔六三〕還於金墉城也。

〔六四〕齊王，景初三年年八歲，見明紀注，至是爲二十三歲。通鑑胡注言，時年二十一者，誤也。

〔六五〕趙一清曰：「水經清水注，重門城，昔齊王芳爲司馬師廢之宫于此，即魏志所謂送齊王于河內重門者也。城在共縣故城西北二十里。方輿紀要卷四十九：城在河南輝縣北二十里。」潘眉曰：「重門，地名，晉書景帝紀云：舍河內之重門，有之字。御覽九十四引魏志作營齊王宫于河內之重門，宋本有之字，今本脱。陳仁錫以重門制度四字爲一句，蓋不知是地名，而誤以爲宫室之制度也。」

〔六六〕胡三省曰：「彭城王據，文帝子，此何等語？芝，太后之從父也，故使之入脅太后。」

〔六七〕胡三省曰：「王莽篡漢，遣王舜求璽於元后，其辭氣何至如此！」

〔六八〕胡三省曰：「折，屈也。」

〔六九〕胡三省曰：「太后侍御，非止一人；傍侍御，謂當時侍御之在帝側者。」

〔七〇〕胡三省曰：「王莽、司馬師、蕭鸞同是心也。國之姦賊，必有羽翼，有天下者，其戒之哉！」

〔七一〕通鑑「當」作「使」。

〔七二〕胡三省曰：「王車，諸王所乘青蓋車也。」

〔七三〕晉書景帝紀：「王就乘輿副車，羣臣從至西掖門。」

〔七四〕胡三省曰：「之，往也。」

〔七五〕胡三省曰：「太后謂明帝絶嗣，蓋謂以據爲後，則兄死弟及。又禮，兄弟不得相入廟也。文帝黄初三年初制，封王之庶子爲鄉公，嗣王之庶子爲侯，（當作爲「亭侯」。）公侯之庶子爲亭伯。」

〔七六〕胡三省曰：「世嫡爲大宗，支子之子各宗其父爲小宗。禮，王后無嗣，擇建支子以繼大宗。」

〔七七〕胡三省曰：「定迎者，議始定而迎之也。」

〔七八〕郡國志：「司隸河内郡温。」一統志：「温縣故城，今河南懷慶府温縣西南三十里。」

〔七九〕胡三省曰：「太后欲立高貴鄉公，必見其小時意氣異於諸王子，故欲立之。豈知禄去帝室，而終無益乎！」

丁丑，令曰：「東海王霖，高祖文皇帝之子。霖之諸子，與國至親，高貴鄉公髦，有大成之量，其以爲明皇帝嗣。」

魏書曰：景王復與羣臣共奏永寧宮曰：「臣等聞人道親親，故尊祖；尊祖故敬宗。禮，大宗無嗣，則擇支子之賢者；爲人後者，爲之子也。東海定王子高貴鄉公，文皇帝之孫，宜承正統，以嗣烈祖明皇帝後。率土有賴，萬邦幸甚！臣請徵公詣洛陽宮。」奏可。〔一〕使中護軍望、兼太常河南尹肅持節，與少府褒、〔二〕尚書亮、侍中表等奉法駕，迎公於元城。〔三〕

魏世譜曰：〔四〕晉受禪，封齊王爲邵陵縣公。〔五〕年四十三，泰始十年薨，謚曰厲公。〔六〕

〔一〕晉書景帝紀：「與羣臣議立彭城王據，太后欲立高貴鄉公髦，固爭不獲，乃從太后令。」所云與此奏相反。

〔二〕「褒」當作「袤」，注見前。

〔三〕元城見文紀黃初二年陽平郡注。胡三省曰：「元城縣，漢屬魏郡，魏屬陽平郡。時魏王公皆録置鄴，故出髦而就元城迎之。」弼按：鄴在洛陽之東北，元城又在鄴之東，本欲迎之西來，又何必出之於元城？或由東海郯縣西來，道經元城，法駕奉迎於此歟？又按，後迎常道鄉公於東武陽，東武陽在元城之南，或當時往來通衢，必由此歟？

〔四〕解見嘉平元年。

〔五〕邵陵見文紀黃初六年。曹真封邵陵侯，真死，爽嗣，改封武安侯。

〔六〕胡三省曰：「謚法，殺戮無辜曰厲，扈蒙曰暴，慢無親曰厲。」帝以失權爲司馬氏所廢，以其不終，加以惡謚。陳壽志三少帝紀皆書本爵，通鑑書見廢後之爵，惟高貴鄉公書本爵。蓋見弒之後，不復有他號也。趙一清曰：「刀劍録，齊王芳以正始六年鑄一劍，常服之，無故自失，但有空匣如故。後有禪代之事，兆始於此，尋爲司馬氏所廢。晉隱逸傳，范粲字承明，陳留外黃人。漢萊蕪長丹之孫也。爲太宰中郎。齊王芳被廢，遷金墉城，粲素服拜送，哀動左右。時景帝輔政，召羣官會議，粲又不到。朝廷以其時望，優容之。粲又稱疾，闔門不出，因佯狂不言，寢所乘車，足不履地。子孫恒侍左右，至有婚宦大事，輒密諮焉。合者則色無變，不合則眠寢不安，妻子以此知其旨。以太康六年卒，時年八十四。不言三十六載，終於所寢之車。」弼按：齊王芳被廢，遷金墉城，史不載；據此可補。又按，吳志孫奐傳，孫壹降魏，魏以故主芳貴人邢氏妻之。邢美色妒忌，下不堪命，遂共殺壹及邢氏。是時齊王猶在，乃不能庇其貴人，竟賜予降虜，司馬氏之專恣，真無忌憚矣。

高貴鄉公，諱髦，字彦士，文帝孫，東海定王霖子也。正始五年，封郯縣高貴鄉公。〔一〕少好學，夙成。齊王廢，公卿議迎立公。〔二〕十月己丑，公至於玄武館，〔三〕羣臣奏請舍前殿，〔四〕公以先帝舊處，避止西廂；羣臣又請以法駕迎，公不聽。庚寅，公入於洛陽，羣臣迎拜西掖門南。公下輿，將答拜，儐者請曰：「儀不拜。」〔五〕公曰：「吾人臣也。」遂答拜。至止車門下輿。〔六〕左右曰：「舊乘輿入。」公曰：「吾被皇太后徵，未知所爲。」〔七〕遂步至太極東堂，見于太后。其日，即皇帝位于太極前殿，百僚陪位者欣欣焉。〔八〕

魏氏春秋曰：公神明爽儁，德音宣朗。罷朝，景王私曰：「上何如主也？」〔九〕鍾會對曰：「才同陳思，武類太祖。」〔一〇〕景王曰：「若如卿言，社稷之福也。」〔一一〕

詔曰：「昔三祖神武聖德，應天受祚，齊王嗣位，肆行非度，顛覆厥德。皇太后深惟社稷之重，延納宰輔之謀，用替厥位，集大命於余一人。以眇眇之身，託於王公之上，夙夜祗畏，懼不能嗣守祖宗之大訓，恢中興之弘業，戰戰兢兢，如臨于谷。今羣公卿士股肱之輔，四方征鎮宣力之佐，〔一二〕皆積德累功，忠勤帝室，庶憑先祖先父有德之臣，左右小子，用保乂皇家，俾朕蒙闇，垂拱而治。蓋聞人君之道，德厚侔天地，潤澤施四海，先之以慈愛，示之以好惡，然後教化行於上，兆民聽於下。朕雖不德，昧於大道，思與宇內共臻茲路。書不云乎：「安民則惠，黎民懷之。」〔一三〕大赦，改元。〔一四〕減乘輿服御，後宮用度，及罷尚方御府百工技巧靡麗無益之物。〔一五〕

〔一〕郯縣見武紀初平四年徐州牧注。高貴鄉在今山東沂州府郯城縣境。

〔二〕時年十四。

〔三〕胡三省曰：「酈道元云，魏氏立玄武館於芒垂，蓋館在芒山之尾，其地直洛城北。」趙一清曰：「方輿紀要卷四十八，玄武館在北芒之尾，直故洛城北，亦見辛毗傳。」

〔四〕胡三省曰：「玄武館之前殿也。」

〔五〕胡三省曰：「儐，必刃翻，贊導者也。儀不拜者，謂於儀不當答拜也。」

〔六〕御覽百八十三居處部引洛陽故宮名有南止車門，東、西止車門。玉海百七十宮室部，後漢、兩魏皆有止車門。

〔七〕胡三省曰：「言唯天子可乘輿入止車門，吾方被徵，未知何如，不可以天子自居也。以余觀高貴鄉公，蓋小慧而知書，故能爲此；若以爲習於禮，則余以爲猶魯昭公也。」

〔八〕胡三省曰：「謂公之足與有爲也。而卒死於權臣之手，嗚呼！余觀漢文帝入立之後，夜拜宋昌爲衛將軍，領南北軍；張武爲郎中令，行殿中；周勃、陳平、朱虛、東牟雖有大功，其權去矣。夫然後能自固。魏朝百官，皆欣欣者，果何所見邪？」弼按：漢文帝即位之時，年已二十三矣，當時又無如司馬氏之權臣，故能操縱自如。若高貴鄉公以十四歲小兒，周旋中禮，已屬難能；豈能以彼例此乎？又按，漢宣帝即位，年方十八，以久在民閒，習知霍氏專恣，然當霍光稽首歸政，猶謙讓委任。迨光歿後，始親政事，禹、雲謀逆，咸服其辜，誠不愧爲中興令主。而曹魏則兩世幼君，師死昭繼，政柄潛移，由來久矣。高貴鄉公若韜光養晦，或免於毒手；乃遠慕少康，鋒芒未斂，禍變及身，惜哉！

〔九〕或曰，此語之鋒，鋭於成濟之劍，讀之如被疾雷。弼按：魏明初立，羣臣亦問劉曄爲何如？似此，尚不足爲司馬師之罪。

〔一〇〕姚範曰：「高貴鄉公死於此語矣。」

〔一一〕晉書景帝紀：「天子受璽惰，舉趾高。帝聞而憂之。」李慈銘曰：「國志三少帝紀稱高貴鄉公少好學，夙成。齊王廢，公卿迎立，其下備述公之辭讓有禮。又云：即皇帝位，百僚陪位者欣欣焉。此明言高貴之爲令主。而景帝紀則言帝本欲立彭城王據，太后不聽，乃迎高貴。高貴受璽惰，舉趾高，帝心憂之。其下又備載帝訓高貴之言，浮辭譫語，皆當時司馬之黨如王、沈輩者，醜誣妄造。其後孫盛、王隱、朱鳳之流，傳播穢言，以爲信史。承祚身仕晉武之世，羈旅孤危，其時典午方隆，王、沈諸黨逆之徒，咸據高位，其書盛行，乃悉歸刊削，絶不顧忌，此所以爲良史也。裴世期注，偏搜異説，而於高貴紀中，未有晉書所稱一字；彭城王據傳，亦不注司馬師本欲迎立之言。蓋晉人多誣，世所共悉，而高貴賢明好學，見酷逆臣亦古今所共痛。唐修晉書，何嫌何疑，而舍承祚之直筆，拾王、沈之奸唾，滿紙醜言，自成穢史，許敬宗輩，真犬彘也。」

〔一二〕潘眉曰：「宋書百官志，征東將軍、征南將軍、征西將軍、征北將軍，謂之四征；鎮東將軍、鎮南將軍、鎮西將軍、鎮北將軍，謂之四鎮。魚豢曰：漢舊諸征，與偏裨雜號同。魏制，秩二千石，位次三公；四鎮在四征之下。漢末有鎮東、鎮南、鎮西，而無鎮北。鎮北，魏置。」

〔一三〕書皋陶謨之辭。

〔一四〕以上皆嘉平六年事，自是爲正元元年。

〔一五〕趙一清曰：「漢書百官公卿表，尚方、御府屬少府。續志：尚方令一人，六百石，掌上手工作御刀劍諸好器物。御府令一人，六百石，宦者；典官婢作中衣服及補浣之屬。二官各有所司。此言尚方御府，統爲掌内府製造之事，非有分也。」

正元元年冬十月壬辰，遣侍中持節，分適四方，觀風俗，勞士民，察冤枉失職者。癸巳，假大將軍司馬景王黃鉞，〔一〕入朝不趨，奏事不名，劍履上殿。〔二〕戊戌，黃龍見於鄴井中。甲辰，命有司論廢立定策之功，封爵、增邑、進位、班賜，各有差。

〔一〕潘眉曰：「魏朝惟曹真於黃初三年假節鉞，曹爽於景初三年假節鉞。節鉞者，節傳、斧鉞也。曹休爲征東大將軍，得假黃鉞。凡節將有三：一使持節，一持節，一假節。沈約云：使持節得殺二千石；持節殺無官位人，若軍事得與使持節同；假節惟軍事得殺犯軍令者。至假黃鉞，則可以專戮節將，非人臣常器矣。」

〔二〕晉書景帝紀有以司馬師爲相國，進號大都督，假黃鉞詔。

二年春正月乙丑，鎮東將軍毌丘儉、揚州刺史文欽反。〔一〕戊戌，〔二〕大將軍司馬景王征之。〔三〕癸未，車騎將軍郭淮薨。閏月己亥，破欽於樂嘉。〔四〕欽遁走，遂奔吳。甲辰，安風淮津都尉斬儉，傳首京都。〔五〕

世語曰：大將軍奉天子征儉，至項；〔六〕儉既破，天子先還。

臣松之檢諸書，都無此事。至諸葛誕反，司馬文王始挾太后及帝與俱行耳。故發詔引漢二祖及明帝親征以爲前比，知明帝已後，始有此行也。案：張璠、虞溥、郭頒皆晉之令史，璠、頒出爲官長；溥，鄱陽內史。〔七〕璠撰後漢紀，雖似未成，辭藻可觀。溥著江表傳，亦粗有條貫。惟頒撰魏晉世語，蹇乏全無宮商，最爲鄙劣。以時有異事，故頗行於世。干寶、孫盛等多采其言，以爲晉書，其中虛錯如此者，往往而有之。〔八〕

壬子，復特赦淮南士民諸爲儉、欽所詿誤者。〔九〕以鎮南將軍諸葛誕爲鎮東大將軍。司馬景王薨於許昌。〔一〇〕二月丁巳，以衛將軍司馬文王爲大將軍，録尚書事。〔一一〕

〔一〕事詳毌丘儉傳。

〔二〕通鑑作「戊午」。

〔三〕何焯曰：「乙丑、癸未之中，不應有戊戌，當是戊辰之誤。」潘眉曰：「戊戌日誤。晉紀作戊午，亦誤。」吳雲璈曰：「此紀正月乙丑，儉、欽反；戊戌，司馬景王征之。閏月己亥，破欽；甲辰，斬儉；壬子，赦淮南。二月丁巳，司馬文王爲大將軍。月日與晉書景帝紀多不合，當以魏志爲正。惟戊戌在癸未後，今在癸未前，知非戊戌。」沈家本曰：「儉、欽以乙丑起兵，自淮至許，必數日方得反問，又必粗爲部署，方能出師。乙丑至戊辰，纔四日，恐不能如是之速，何説非也。晉書景紀作戊午，是月有乙丑，不得有戊午；則晉紀亦誤，當是戊寅之訛。戊寅在癸未前，距乙丑十四日，十四日而師出，已云神速；且晉紀下文云，倍道兼行，甲申，次於㶏橋。甲申在戊寅後七日，若戊辰則相距十七日，又何倍道兼行之有！」

〔四〕胡三省曰：「水經注，潁水過汝陽縣北，又東南過南頓縣，㶏水注之。又南逕博陽故城東。城在南頓縣北四十里，漢宣帝封丙吉爲侯國，王莽更名樂嘉。」趙一清曰：「兩漢志無樂嘉縣。顧祖禹曰，即漢志汝南郡之博陽，王莽更名樂嘉者也。後漢省。今本漢書嘉作家，蓋誤字。水經注、三國志、晉書俱作樂嘉。」楊守敬曰：「此必魏時立樂嘉縣，史文不得以王莽縣名紀事也。」熊會貞曰：「郡國志無樂嘉縣，諸地志亦不言後世置樂嘉縣。魏志破文欽於樂嘉；毌丘儉傳，鄧艾督諸軍至樂嘉；吳志孫峻傳亦言樂嘉。蓋因王莽樂嘉之名，豔傳人口，相沿稱之。故水經潁水注云，㶏水於樂嘉縣入潁，猶稱爲樂嘉縣，非酈氏時果有此縣也。」一統志：「博陽故城，今河南陳州府商水縣東北四十里。」方輿紀要作「東南四十里」。寰宇記：「博陽城在宛丘縣西南四十里。魏正元中，兖州刺史鄧艾擊毌丘儉於項城，進至樂嘉，即其地。」

〔五〕安風津見齊王紀嘉平五年安豐太守注。胡三省曰：「水經注，淮水東過安豐縣東北，又東爲安豐津，水南有城，故安豐都尉治，後立霍丘戍。杜佑曰，安風津在壽州霍丘城北。」趙一清曰：「淮字衍。安風津見毌丘儉傳。」潘眉曰：「毌丘儉傳，從安風津擬壽春，又安風津都尉部民張屬。諸葛誕傳，使誕督豫州諸軍，渡安風津，皆無淮字。安風津在淮南。又按，殺儉者，安風津都尉部民張屬，此不書張屬，亦紀載之疏。」謝鍾英曰：「安風津在今正陽關北、潁水入淮處。」

〔六〕郡國志：「豫州汝南郡項。」一統志：「項縣故城，今河南陳州府項城縣東北六十里之槐芳店，半在沈丘縣界。」洪亮吉曰：「項，漢舊縣，屬汝南。晉太康地志屬陳郡，晉地理志又屬梁國，今從杜預左傳僖十七年注。項國，今汝陰項縣。汝陰郡本汝南分置，則縣移屬汝陰較是。」

〔七〕郡國志：「揚州豫章郡鄱陽。」劉昭注：「建安十五年，孫權分立鄱陽郡，治縣。」一統志：「鄱陽故城，今江西饒州府鄱陽縣東六十里，故縣鎮。」晉書職官志：「郡皆置太守，諸王國以内史掌太守之任。」

〔八〕張璠後漢紀、郭頒世語，均見武紀卷首；虞溥江表傳見武紀建安十八年。

〔九〕説文：「詿，誤也。」博雅：「詿，欺也。」漢書王莽傳：「爲吕寬等所詿誤。」又云：「臣莽當被詿上誤朝之罪。」後漢書桓譚傳：「欺惑貪邪，詿誤人主。」

〔一〇〕晉書景帝紀：「閏月疾篤，使文帝總統諸軍。辛亥，崩于許昌，時年四十八。有司議，宜依霍光故事，追加大司馬之號，以冠軍大將軍增邑五萬户，謚曰武公。文王表讓，謚曰忠武。」沈家本曰：「晉書作辛亥崩于許昌，則當在上文壬子云云之前。」

〔一一〕晉書文帝紀：「毌丘儉、文欽之亂，大軍東征，帝兼中領軍，留鎮洛陽。及景帝疾篤，帝自京都省疾，拜衛將軍。景帝崩，天子命帝鎮許昌，尚書傅嘏帥六軍還京師。帝用嘏及鍾會策，自帥軍而還，至洛陽，進位大將軍，加侍中，都督中外諸軍、録尚書事輔政。劍履上殿。帝固辭不受。」弼按：據晉紀所載，是當時朝命本命司馬昭鎮許昌，傳嘏帥六軍還洛陽。昭則不奉中詔，自帥軍還屯洛陽，始進位大將軍，加侍中，都督中外諸軍、録尚書事輔政。是當日擁兵脅迫之事，歷歷可見，參閲傳嘏、鍾會傳，則情勢瞭然。羣凶繼軌，掌握朝權，魏祚之衰，嗟何及矣。

甲子，吳大將孫峻等衆號十萬至壽春，諸葛誕拒擊，破之；斬吳左將軍留贊，〔一〕獻捷于京都。三月，〔二〕立皇后卞氏，〔三〕大赦。夏四月甲寅，封后父卞隆爲列侯。〔四〕甲戌，以征南大將軍王昶爲驃騎將軍。秋七月，以征東大將軍胡遵爲衛將軍，鎮東大將軍諸葛誕爲征東大將軍。

〔一〕贊見吳志孫峻傳注，注引吳書作「左護軍」。

〔二〕宋書禮志一：「正元二年三月朔，太史奏，日蝕，而不蝕。晉文王時爲大將軍，大推史官不驗之負。史官答曰：合朔之時，或有日掩月，或有月掩日。月掩日則蔽障日體，使光景有虧，故謂之日蝕；日掩月則日於月上過，謂之陰不侵陽，雖交無變。日月相掩，必食之理，無術以知，是以嘗禘郊社，日蝕則接祭，是亦前代史官不能審蝕也。自漢故事，以爲日蝕必當於交，每至其時，申警百官，以備日變。故甲寅詔有備蝕之制，無考負之法。古來黃帝、顓頊、夏、殷、周、魯六歷，皆無推日蝕法，但有考課疏密而已。負坐之條，由本無術可課，非司事之罪。乃止。」

〔三〕后，武宣卞皇后弟秉之曾孫女也。

〔四〕卞后傳作「封睢陽鄉侯」。

八月辛亥，蜀大將軍姜維寇狄道，〔一〕雍州刺史王經與戰洮西，〔二〕經大敗，〔三〕還保狄道城。辛未，以長水校尉鄧艾行安西將軍，〔四〕與征西將軍陳泰并力拒維。戊辰，〔五〕復遣太尉司馬孚爲後繼。九月庚子，講尚書業終，賜執經親授者、司空鄭沖、侍中鄭小同等各有差。甲辰，姜維退還。〔六〕冬十月，詔曰：「朕以寡德，不能式遏寇虐，乃令蜀賊陸梁邊陲。〔七〕洮西之戰，至取負敗，將士死亡，計以千數。或没命戰場，寃魂不反；或牽掣虜手，流離異域；吾深痛愍，爲之悼心！其令所在郡典農，及安、撫夷二護軍各部大吏，〔八〕慰卹其門户，無差賦役一年；其力戰死事者，皆如舊科，勿有所漏。」

〔一〕狄道見武紀建安十九年。

〔二〕郡國志無雍州。范書獻帝紀，興平元年六月，分河西四郡爲雍州。本志武紀，建安十八年，并十四州爲九州，省涼州，以其郡并入雍州。張既傳，魏國既建，既爲雍州刺史。是時不置涼州，自三輔距西域皆屬雍州。文帝即位，復置涼州，雍州所部京兆、馮翊、扶風、北地、新平、隴西、天水、南安、安定、廣魏凡十郡，其詳見吴增僅建安以來雍涼二州分合考。顧祖禹謂雍州領郡六，洪亮吉謂雍州領郡五，皆未細考也。雍州刺史治京兆長安，長安故城今陝西西安府長安縣西北十三里。經事見夏侯玄傳、陳泰傳。洮西，洮水之西也。

〔三〕何焯曰：「自師、昭秉政，與二方對敵，東關、洮西，喪師最甚。」

〔四〕長水校尉見文紀黄初元年。趙一清曰：「宋書百官志魚豢曰：四安，魏黄初、太和中置。一清案：志既云漢末陶謙爲安東，段煨爲安西，則不應云四安魏置也。或安南、安北，至魏始全耳。」

〔五〕陳景雲曰：「戊辰不當繫辛未後，殆傳録者倒其文耳。」

〔六〕洮西之役，詳見陳泰傳。

〔七〕史記秦始皇紀：「三十三年，略取陸梁地。」正義云：「嶺南之人，多處山陸，其性强梁，故曰陸梁。」

〔八〕本志陳留王紀：「咸熙元年，罷屯田官，諸典農皆爲太守，都尉皆爲令、長。」是典農諸官，分置郡國及諸縣也。洪飴孫曰：「元和郡縣志引魏略云：安夷護軍一人，第五品，治美陽，典降氐。撫夷護軍一人，第五品，治雲陽，典降氐。」

十一月甲午，以隴右四郡及金城〔一〕連年受敵，或亡叛投賊，其親戚留在本土者不安，皆特赦之。癸丑，詔曰：「往者洮西之戰，將吏士民，或臨陣戰亡，或沈溺洮水，骸骨不收，棄於原野，吾常痛之。其告征西、〔二〕安西將軍，各令部人於戰處及水次鉤求屍喪，收斂藏埋，以慰存亡。」

〔一〕隴右四郡，謂隴西、南安、天水、廣魏也。

〔二〕馮本、監本「征西」下有「將軍」二字。

甘露元年春正月辛丑，青龍見軹縣井中。〔一〕乙巳，沛王林薨。

魏氏春秋曰：二月丙辰，帝宴羣臣於太極東堂，與侍中荀顗，尚書崔贊、〔二〕袁亮、鍾毓，給事中中書令虞松等〔三〕並講述禮典，遂言帝王優劣之差。帝慕夏少康，因問顗等曰：「有夏既衰，后相殆滅，〔四〕少康收集夏衆，復禹之績；〔五〕高祖拔起隴畝，驅帥豪儁，芟夷秦、項，包舉寓內。斯二主可謂殊才異略，命世大賢者也。考其功德，誰宜爲先？」〔六〕顗等對曰：「夫天下重器，王者天授，聖德應期，然後能受命創業。至于階緣前緒，興復舊績，造之與因，難易不同。少康功德雖美，猶爲中興之君，與世祖同流可也。至如高祖，臣等以爲優。」帝曰：「自古帝王，功德言行，互有高下，未必創業者皆優，紹繼者咸劣也。湯、武、高祖雖俱受命，賢聖之分，所覺縣殊。少康，殷宗中興之美，夏啓，周成守文之盛，論德較實，〔七〕方諸漢祖，吾見其優，未聞其劣，顧所遇之時殊，故所名之功異耳。少康生於滅亡之後，〔八〕降爲諸侯之隸，崎嶇逃難，僅以身免，能布其德而兆其謀，卒滅過、戈，克復禹績，祀夏配天，不失舊物，非至德弘仁，豈濟斯勳！漢祖因土崩之勢，杖一時之權，專任智力，以成功業，行事動静，多違聖檢。爲人子則數危其親，爲人君則囚繫賢相，爲人父則不能衛子，〔九〕身没之後，社稷幾傾；若與少康易時而處，或未能復大禹之績也。推此言之，宜高夏康而下漢祖矣。諸卿具論詳之。」翌日丁巳，講業既畢，顗、亮等議曰：「三代建國，列土而治，當其衰敝，無土崩之勢，可懷以德，難屈以力。逮至戰國，强弱相兼，去道德而任智力，故秦之敝，可以力爭。少康布德，仁者之英也；高祖任力，智者之儁也。仁智不同，二帝殊矣！詩、書述殷中宗、高宗，皆列大雅，少康功美，過于二宗，其爲大雅明矣。少康爲優，宜如詔旨。」贊、毓、松等議曰：「少康雖積德累仁，然上承大禹遺澤餘慶，内有虞、仍之援，外有靡、艾之助，寒浞讒慝，不德於民，澆、豷無親，〔一〇〕外内棄之，以此有國，蓋有所因。至於漢祖，起自布衣，率烏合之士，以成帝者之業。論德則少康優，課功則高祖多；語資則少康易，校時則高祖難。」帝曰：「諸卿論少康因資，高祖創造，誠有之矣；然未知三代之世，任德濟勳，如彼之難；秦、項之際，任力成功，如此之易。且太上立德，其次立功；漢祖功高，未若少康盛德之茂也。且夫仁者必有勇，誅暴必用武，少康武烈之威，豈必降于高祖哉！但夏書淪亡，舊文殘缺，故勳美闕而罔載，唯有伍員粗述大略，其言復禹之績，不失舊物，祖述聖業，舊章不愆，〔一一〕自非大雅兼才，孰能與於此？向令墳、典具存，行事詳備，亦豈有異同之論哉！」于是羣臣咸悦服。中書令松進曰：「少康之時〔一二〕去世久遠，其文昧如。是以自古及今，議論之士，莫有言者，德美隱而不宣。陛下既垂心遠鑒，考詳古昔，又發德音，贊明少康之美，使顯於千載之上，宜録以成篇，永垂于後。」帝曰：「吾學不博，所聞淺狹，懼於所論，〔一三〕未獲其宜，縱有可采，億

則屢中，又不足貴，無乃致笑後賢，彰吾闇昧乎！」於是侍郎鍾會退論次焉。〔一四〕

〔一〕郡國志：「司隸河內郡軹。」一統志：「軹縣故城，今河南懷慶府濟源縣東南十三里。」

〔二〕贊見夏侯玄傳。

〔三〕虞松見齊王紀嘉平五年注。

〔四〕官本攷證曰：「御覽殆作殄。」

〔五〕左傳襄公四年：「魏絳曰，昔有夏之方衰也，后羿自鉏遷于窮石，因夏民以代夏政。恃其射也，不脩民事，而淫于原獸。寒浞，伯明氏之讒子弟也，夷羿收之，以爲己相。浞行媚于內，而施賂于外，以取其國家。靡奔有鬲氏，浞因羿室，生澆及豷，使澆用師，滅斟灌及斟尋氏。處澆于過，處豷于戈。靡自有鬲氏，收二國之燼，以滅浞而立少康。少康滅澆于過，后杼滅豷于戈，有窮由是遂亡。」又哀公元年：「伍員曰，昔有過澆殺斟灌以伐斟鄩，滅夏后相，后緡方娠，逃出自竇，歸于有仍，生少康焉。爲仍牧正，惎澆能戒之。澆使椒求之，逃奔有虞，爲之庖正，以除其害。虞思於是妻之以二姚，而邑諸綸，有田一成，有衆一旅。能布其德，而兆其謀，以收夏衆，撫其官職；使女艾諜澆，使季杼誘豷。遂滅過、戈，復禹之績，祀夏配天，不失舊物。」帝王世紀云：「寒浞襲有窮之號，因羿之室，生奡及豷，使奡滅斟灌、斟尋，殺夏帝相，封奡於過，封豷于戈。初，奡之殺帝相也，妃仍氏女曰后緡，歸有仍，生少康。初，夏之貴臣曰靡，事羿，羿死逃於有鬲氏，收斟尋二國餘燼，殺寒浞，立少康，滅奡於過，后杼滅豷於戈，有窮遂亡。」

〔六〕何焯曰：「慨慕少康，則澆、豷有在矣，其亦機事不密之端乎？」錢大昕曰：「少康之論，意常在司馬氏也，聰明太露，終爲權臣所忌，失艱貞自晦之義。能處此者，其後周武帝乎？」

〔七〕宋、元本「較」作「校」，御覽「較」作「覈」。

〔八〕「後」一作「餘」。

〔九〕御覽「衛」下有「其」字。

〔一〇〕宋本「殪」作「殪」，毛本「殪」誤作「殪」。

〔一一〕何焯曰：「愆，各本皆誤作行，今殿本已改正。」

〔一二〕馮本「時」作「事」。

〔一三〕何焯曰：「宋本論作諦。」

〔一四〕胡三省曰：「嗚呼！帝固有志於少康矣，然而不能殲澆、殪而身死人手者，不能布其德而兆其謀也。予觀帝之所以論二君優劣，書生之譚耳，未能如石勒辭氣之雄爽也。或曰，君虛憍而臣容諛，欲以少康自況，過矣，適足以促禍耳！」

夏四月庚戌，賜大將軍司馬文王袞冕之服，赤舄副焉。〔一〕

〔一〕胡三省曰：「九錫之漸也。」

丙辰，帝幸太學，問諸儒曰：〔一〕「聖人幽贊神明，仰觀俯察，始作八卦，後聖重之爲六十四，立爻以極數，凡斯大義，罔有不備。而夏有連山，殷有歸藏，周曰周易；易之書，其故何也？」易博士淳于俊對曰：〔二〕「包羲因燧皇之圖而制八卦，神農演之爲六十四，黃帝、堯、舜通其變，三代隨時，質文各繇其事。故易者，變易也；名曰連山，似山出内氣，連天地也；〔三〕歸藏者，萬事莫不歸藏於其中也。」〔四〕帝又曰：「若使包羲因燧皇而作易，孔子何以不云燧人氏沒，包羲氏作乎？」〔五〕俊不能答。帝又問曰：「孔子作彖、象，鄭玄作注，雖聖賢不同，其所釋經義一也。今彖象不與經文相連，而注連之，何也？」俊對曰：「鄭玄合彖、象於經者，欲使學者尋省易了也。」〔六〕帝曰：「若鄭玄合之，於學誠便，則孔子曷爲不合以了學者乎？」俊對曰：「孔子恐其與文王相亂，是以不合，此聖人以不合爲謙，則鄭玄何獨不謙邪？」俊對曰：「古義弘深，聖問奧遠，非臣所能詳盡。」帝又問曰：「繫辭云：黄帝、堯、舜垂衣裳而天下治，此包羲、神農之世爲無衣裳。但聖人化天下，何殊異爾邪？」俊對曰：「三皇之時，〔七〕人寡而禽獸衆，故取其羽皮而天下用足。及至黄帝，人衆而禽獸寡，是以作爲衣裳，以濟時變也。」帝又問：「乾爲天，而復爲金、爲玉、爲老馬，與細物並邪？」〔八〕俊對曰：「聖人取象，或遠或近，近取諸物，遠則天地。」

〔一〕何焯曰：「陳氏詳書幸學、問難於紀，蓋亦深致嗟惜之意。」

〔二〕博士，見文紀黄初五年。宋書百官志：「魏置十九人，不知掌何經。」

〔三〕官本攷證云：「御覽作似山出内雲氣。」

〔四〕周禮春官太卜「掌三易之法，一曰連山，二曰歸藏，三曰周易。其經卦皆八，其別皆六十有四。」鄭注云：「易者，揲蓍變易之數，可占者也。名曰連山，似山出内氣也；歸藏者，萬物莫不歸而藏於其中。」賈疏云：「連山易，其卦以純艮爲首。艮爲山，山上山下，是名連山。雲氣出内於山，故名易爲連山。歸藏易以純坤爲首。坤爲地，故萬物莫不歸而藏其中，故名爲歸藏。鄭雖不解周易，其名周易者，連山、歸藏皆不言地號，以義名易則周非地號，以周易以純乾爲首，乾爲天，天能周布於四時，故名易爲周也。」山海經：「伏羲氏得河圖，夏后因之，曰連山；黄帝氏得河圖，商人因之，曰歸藏；列山氏得河圖，周人因之，曰周易。」杜子春曰：「連山、宓羲；歸藏、黄帝。」桓譚曰：「連山八萬言，歸藏四千三百言，夏易煩而殷易簡。」又曰：「連山藏於蘭臺，歸藏藏於太卜。」隋書經籍志云：「昔宓羲氏始畫八卦，以通神明之德，以類萬物之情。蓋因而重之，爲六十四卦。及乎三代，實爲三易：夏曰連山，殷曰歸藏，周文王作卦辭，謂之周易。周公又作爻辭，孔子爲彖、象、繫辭、文言、序卦、説卦、雜卦，而子夏爲之傳。」孔穎達曰：「鄭玄又釋云：連山者，象山之出雲，連連不絶；周易者，言易道周普，無所不備。雖有此釋，更無所據。按，世譜等書神農一曰連山氏，亦曰列山氏，黄帝一曰歸藏氏。既連山、歸藏並是代號，則周易稱周，蓋取岐陽地名；文王作易之時，正在羑里，猶是殷世，故題周以别於殷。易緯云：因代以題周是也。」朱彝尊曰：「連山、歸藏，惟其不著時代，致儒者紛論，或以爲宓犧，或以爲神農，或以爲黄帝，或以爲夏、商之書，迄無定説。周易成於殷之末世，慮其與歸藏淆也，爰以代名，灼然共信爲文王、周公、孔子之作述。鄭氏周普之義，殊爲牽率。」顧炎武曰：「連山、歸藏，非易也。周官云三易者，後人因易之名以名之也。猶之墨子言周之春秋、燕之春秋、宋之春秋、齊之春秋。周、燕、齊、宋之史，非必皆春秋也，而云春秋者，因魯史以名之也。」黄與堅曰：「易，周之所命名，則連山、歸藏，亦周以易名之，而謂之三易也。」弼按：連山，唐志十卷，司馬膺注；歸藏，隋志十三卷，晉太尉參軍薛貞注，今俱佚。惟有馬國翰輯佚本。

〔五〕古史考：「太古之初，有聖人以火德王，造作鑽燧出火，教人熟食。鑄金作刃，民人大説，號曰燧人。」帝王世紀：「燧人氏没，庖犧氏代之。」司馬貞補三皇本紀：「結網罟以教佃漁，故曰宓犧氏；養犧牲以庖廚，故曰庖犧。」

〔六〕晁説之曰：「顔師古云：上下經及十翼，故十二篇，是則彖、象、文言、繫辭，始附卦爻，而傳於漢歟？先儒謂費直專以彖、象、文言參解易爻，以彖、象、文言雜入卦中者，自費氏始。孔穎達又謂輔嗣之意，象本釋經，宜相附近，分爻之象辭各附當爻，則費氏初變亂古制，時猶若今乾卦彖、象繫卦之末歟？杜預分左氏傳於經，宋衷、范望輩散太玄贊與測於八十一首之下，是其明比也。揆觀其初，乃如古文尚書司馬遷、班固序傳，揚雄法言序篇云爾。」呂祖謙曰：「據淳于俊之言，則鄭未注六經之前，彖、象不連經文矣。自康成合彖、象於經，故加彖曰、象曰以别之，諸卦皆然。」李慈銘曰：「此言今彖、象不與經連，是魏末經文尚無合彖、象之本。又言而注連之，明言鄭注與經連文，非合彖、象於經也。俊對鄭君合彖、象於經，辭氣與問不貫，蓋本當作合注於經，此乃後人習見王注之本，故妄改之。觀下文帝又言，若聖人以不合爲謙，鄭君何獨不謙，則合經者祇注而非彖、象，其事益明。若謂鄭君本合彖、象於經，則彖、象是孔子所作，於鄭君何與，而以爲不謙邪？合彖、象於經，始於王弼，孔氏正義明言之。今紛紜之説，以爲始於鄭君者，由誤讀此志誤文；以爲始於費直者，由誤會鄭志文義也。」胡玉縉曰：「古者經注別行，惟馬融周官傳始合注於經。章如愚山堂考索引融自序云：欲省學者兩讀，故具載本文，而就經爲注，是也。若鄭君易注，蓋亦經注別行。淳于俊云，鄭玄合彖、象於經句，徑承帝問注連之何也句爲對，即就鄭注言之，其經文彖、象仍不與經文相連也。細繹問答語氣，本自相應，而沈濤銅熨斗齋隨筆、俞樾詁經精舍自課文及李氏此説，皆以爲合彖、象於經，本當作合注於經，説固較爲明顯，究嫌泥視俊語，輕改陳志。劉履恂秋槎雜記高貴鄉公云云，是注連彖、象，經不連彖、象，經注各別；非如馬融之注周禮也。劉氏此語最瞭。」

〔七〕馮本、毛本「皇」作「王」，誤。

〔八〕易説卦傳：「乾爲天，爲圜，爲君，爲父，爲玉，爲金，爲寒，爲冰，爲大赤，爲良馬，爲老馬，爲瘠馬，爲駁馬，爲木果。」孔穎達曰：「乾既爲天，天動運轉，故爲圜；爲君、爲父，取其尊道而爲萬物之始也。爲玉、爲金，取其剛之清明也；爲寒、爲冰，取其西北寒冰之地也；爲大赤，取其盛陽之色也；爲良馬，取其行健之善也；老馬，取其行健之久也；瘠馬，取其行健之甚，瘠馬骨多也。駁馬有牙如鋸，能食虎豹，取其至健也。爲木果，取其果實著木，有似星之著天也。」程迥曰：「爲圜，天之體也；爲君，居上而覆下也；爲玉，德粹也；爲金，堅剛也；爲寒，位西北也；爲冰，寒之凝也；爲木果，以實承實也。」

講易畢，復命講尚書。帝問曰：「鄭玄云，稽古同天，言堯同于天也。王肅云，堯順考古道而行之。二義不同，何者爲是？」博士庾峻對曰：〔一〕「先儒所執，各有乖異，臣不足以定之。然洪範稱三人占，從二人之言。賈、馬及肅皆以爲順考古道。以洪範言之，肅義爲長。」

帝曰：「仲尼言：『唯天爲大，唯堯則之。』堯之大美，在乎則天；順考古道，非其至也。〔二〕今發篇開義，以明聖德，而舍其大，更稱其細，豈作者之意邪？」峻對曰：「臣奉遵師說，未喻大義，至于折中，〔三〕裁之聖思。」〔四〕次及「四嶽舉鯀」。〔五〕帝又問曰：「夫大人者，與天地合其德，與日月合其明，思無不周，明無不照。今王肅云，堯意不能明鯀，是以試用。如此，聖人之明，有所未盡邪？」峻對曰：「雖聖人之弘，猶有所未盡，故禹曰知人則哲，惟帝難之，然卒能改授聖賢，緝熙庶績，〔六〕亦所以成聖也。」帝曰：「夫有始有卒，其唯聖人；若不能始，何以爲聖？其言惟帝難之，然卒能改授，蓋謂知人，聖人所難，非不盡之言也。經云：知人則哲，能官人。若堯疑鯀，試之九年，官人失敘，何得謂之聖哲？」峻對曰：「臣竊觀經傳，聖人行事，不能無失。是以堯失之四凶，周公失之二叔，仲尼失之宰予。」帝曰：「堯之任鯀，九載無成，汨陳五行，民用昏墊。〔七〕至於仲尼失之宰予，言行之間，輕重不同也。至於周公、管、蔡之事，亦尚書所載，皆博士所當通也。」峻對曰：「此皆先賢所疑，非臣寡見所能究論。」次及「有鰥在下，曰虞舜」。〔八〕帝問曰：「當堯之時，洪水爲害，四凶在朝，宜速登賢聖，濟斯民之時也。舜年在既立，聖德光明，而久不進用，何也？」峻對曰：「堯咨嗟求賢，欲遜己位。嶽曰否德忝帝位。堯復使嶽揚舉仄陋，然後薦舜。薦舜之本，實由於堯，此蓋聖人欲盡衆心也。」帝曰：「堯既聞舜，而不登用；又時忠臣，亦不進達；乃使嶽揚仄陋，而後薦舉，非急於用聖恤民之謂也。」峻對曰：「非臣愚見所能逮及。」

〔一〕峻事見管寧傳注引庾氏譜。

〔二〕馮本「至」下有「者」字。

〔三〕官本攷證云：「御覽折中上有文質二字。」

〔四〕尚書正義曰：「鄭玄信緯，訓稽爲同，訓古爲天。言能順天而行之，與之同功。論語稱，惟堯則天；詩美文王，順帝之則。然則聖人之道，莫不同天合德，豈待同天之語然後得同之哉！書爲世教，當因之人事，以人繫天，於義無取。且古之爲天，經無此訓，高貴鄉公皆以鄭爲長，非篤論也。」晉書庾峻傳：「字山甫，潁川鄢陵人。好學，有才思。太常鄭袤舉爲博士。時重莊、老而輕經史。峻懼雅道淩遲，乃潛心儒典。屬高貴鄉公幸太學，問尚書義於峻，峻援引師說，發明經旨，申暢疑滯，對答詳悉，遷祕書丞。」錢大昕曰：「王肅卒於是年，而其説已爲博士所習，進講人主之前，蓋肅兼通諸經，强辨求勝，又以三公之子，早登顯要，易爲人所信從也。」潘眉曰：「易博士淳于俊講易，用鄭注；禮博士馬照亦宗鄭學，惟書博士庾峻從王肅義。蓋庾峻係鄭袤所舉，袤黨司馬氏，故峻亦宗王黜鄭也。」弼按：當時頗重王學，見齊王紀正始六年詔王朗易傳課試注。

〔五〕書堯典：「帝曰：咨，四岳，湯湯洪水方割，蕩蕩懷山襄陵，浩浩滔天，下民其咨，有能俾乂？僉曰：於，鯀哉！」孔傳曰：「四岳，即羲和之四子，分掌四岳之諸侯，故稱焉。鯀，崇伯之名，朝臣舉之。」

〔六〕書堯典：「庶績咸熙。」孔傳云：「績，功；咸，皆；熙，廣也。言衆功皆廣也。」爾雅釋詁：「緝、熙，光也。」

〔七〕書洪範篇：「箕子乃言曰：我聞在昔，鯀陻洪水，汩陳其五行。」孔傳云：「陻，塞；汩，亂也。治水失道，亂陳其五行。」書益稷篇：「禹曰：洪水滔天，浩浩懷山襄陵，下民昏墊。」孔傳云：「言天下民昏瞀墊溺，皆困水災。」

〔八〕書堯典：「帝曰：咨，四岳，朕在位七十載，汝能庸命巽朕位。岳曰：否德忝帝位。曰：明明揚側陋。師錫帝曰，有鰥在下，曰虞舜。」孔傳云：「堯有禪位之志，故明舉明人在側陋者，廣求賢也。師，衆；錫，與也。無妻曰鰥。虞，氏；舜，名。在下民之中。」

於是復命講禮記。帝問曰：「太上立德，其次務施報。爲治何由而教化各異？皆脩何政，而能致於立德，施而不報乎？」博士馬照對曰：〔一〕「太上立德，謂三皇五帝之世，〔二〕以德化民；其次報施，謂三王之世，〔三〕以禮爲治也。」帝曰：「二者致化，薄厚不同，將主有優劣邪？時使之然乎？」照對曰：「誠由時有樸文，故化有薄厚也。」〔四〕

帝集載帝自敘始生禎祥曰：〔五〕「昔帝王之生，或有禎祥，蓋所以彰顯神異也。惟予小子，支胤末流，謬爲靈祇之所相祐也；豈敢自比於前喆，聊記録以示後世焉。其辭曰：惟正始三年九月辛未朔二十五日乙未直成，予生。〔六〕于時也，天氣清明，日月輝光，爰有黄氣，煙熅於堂，照曜室宅，其色煌煌。相而論之曰：未者，爲土，魏之行也；厥日直成，應嘉名也；煙熅之氣，神之精也；無災無害，蒙神靈也。齊王不弔，〔七〕顛覆厥度，羣公受予，紹繼皇祚。以眇眇之身，質性頑固，未能涉道，而遵大路；臨深履冰，涕泗憂懼。古人有云，懼則不亡，伊予小子，曷敢怠荒！庶不忝辱，永奉烝嘗。」

傅暢晉諸公贊曰：〔八〕帝常與中護軍司馬望、侍中王沈、散騎常侍裴秀、黄門侍郎鍾會等講宴于東堂，并屬文論，名秀爲儒林丈人，沈爲文籍先生，望、會亦各有名號。帝性急，〔九〕請召欲速。秀等在内職，到得及時。以望在外，特給追鋒車，虎賁卒五人。〔一〇〕每有集會，〔一一〕望輒奔馳而至。

〔一〕潘眉曰：「即馬昭也。高貴鄉公講尚書，兩駁王肅之説，知馬昭申鄭難王諸論，作於是時。」梁章鉅曰：「毛詩正義中往往載馬昭之説，殆即其人。」姚範曰：「詩、禮疏引鄭志，有馬昭，照疑誤；或避晉諱。」侯康曰：「諸經引聖證論者，往往兼引馬昭、張融説，高貴鄉公紀有博士馬照，錢氏攷異謂即馬昭也。」

〔二〕吴本、毛本「皇」作「王」，誤。白虎通：「三皇者何謂也？謂伏羲、神農、燧人也。或曰，伏羲、神農、祝融也。禮曰：

伏羲、神農、祝融，三皇也。五帝者，何謂也？禮曰：黄帝、顓頊、帝嚳、帝堯、帝舜，五帝也。」潛夫論：「世傳三皇五帝，多以伏羲、神農爲三皇，其一者或曰燧人，或曰祝融，或曰女媧，其是與非，未可知也。」尚書大傳：「遂人爲遂皇，伏羲爲戲皇，神農爲農皇。」禮含文嘉：「三皇，虙戲、燧人、神農。」孔安國尚書序：「伏羲、神農、黄帝之書，謂之三墳；少昊、顓頊、高辛、唐、虞之書，謂之五典。」陸德明音義：「伏犧，伏，古作虙，犧，本又作羲，亦作戲，一號庖犧氏；三皇之最先，風姓；即太皞也。神農，炎帝也，姜姓；三皇之二。黄帝，軒轅也，姬姓；三皇之三。史記云姓公孫，名軒轅，一號有熊氏。少昊金天氏，己姓；黄帝之子，五帝之最先。顓頊高陽氏，姬姓；黄帝之孫，昌意之子，五帝之二。高辛，帝嚳也，姬姓；五帝之三。唐帝，堯也，姓伊耆氏；帝嚳之子，五帝之四。虞帝，舜也，五帝之五。」史記五帝本紀張守節正義：「鄭玄注中候勑省圖云：德合五帝坐星者，稱帝。又坤靈圖云：德配天地，在正不在私曰帝。按，太史公依世本、大戴禮以黄帝、顓頊、帝嚳、唐堯、虞舜爲五帝，譙周、應劭、宋均皆同。而孔安國尚書序、皇甫謐帝王世紀、孫氏注世本，並以伏犧、神農、黄帝爲三皇；少昊、顓頊、高辛、唐、虞爲五帝。」

〔三〕白虎通：「三王者，何謂也？夏、殷、周也。」陸德明音義：「夏禹天下號，三王之最先；商湯天下號，亦號殷，三王之二；周文王、武王有天下號，三王之三。」

〔四〕胡三省曰：「帝與淳于俊論易，庾峻論書，馬照論禮記，考其難疑答問，不過摘抉經義及王、鄭之異同耳，非人君之學也。或曰，諸問膚淺，非大義所關，露才揚己，無沈密之機，失諮訪之意，此其所以得禍也。輕浮躁動，雖士人尚病其非蓄德之資，況帝王乎？取敗非不幸也。」弼按：高貴鄉公是時年方十六，博學好問，禎祥自敘，文采斐然，才同陳思，當時已有定評。文心雕龍時序篇云：「少主相仍，唯高貴英雅，顧盼合章，動言成論。」設得賢宰輔，誠有爲之君。乃受制權奸，深忌其才，英年慘死，可爲浩歎！讀史者知人論世，不宜加以苛論也。

〔五〕隋書經籍志：「梁有高貴鄉公集四卷，亡。又有春秋左氏傳音三卷，亡。」趙一清曰：「經典釋文莊〔二〕〔四〕年梁溠引高貴鄉公音側嫁反，則唐人猶或及見之矣。唐經籍志魏高貴鄉公集二卷，藝文志同。嚴可均全三國文輯本，凡賦、詔、論、敘，綜二十四篇。」姚振宗曰：「文心雕龍諧讔篇云：魏文、陳思，約而密之，高貴鄉公，博舉品物，雖有小巧，用乖遠大。然文辭之有諧讔，譬九流之有小説。云按劉勰言，則文帝、陳王、高貴鄉公集中，皆有謎語，至公博舉品物，尤多於前云。」

〔六〕錢大昕曰：「高貴鄉公以甘露五年遇弑，歲在庚辰，年纔二十，計其生年當在正始二年辛酉。此云三年者，傳寫之譌也。攷通鑑目録正始二年九月正是辛未朔，是歲閏六月，立冬在九月望後，月建於亥，故未直成日。」潘眉曰：「推正始三年九月朔，丙寅非辛未，惟二年九月朔乃辛未，此三年係二年之譌。考帝以甘露五年卒，紀云年二十；正始三年至甘露五年止得十九年，然則帝生正始二年無疑矣。」周壽昌曰：「直成，言直成日也。漢書王莽傳直定與此同。」

〔七〕官本「弔」作「弟」，誤。周壽昌曰：「不弔，猶言不矜恤國家之意。」

〔八〕暢見本志傅嘏傳注。晉書傅玄傳：「暢字世道，年五歲，父友見而戲之，解暢衣取其金環與侍者。暢不之惜，以此賞之。年未弱冠，甚有重名，以選入侍講東宮，爲秘書丞，尋没於石勒，勒以爲大將軍右司馬，諳識朝儀，恒居機密，勒甚重之。作晉諸公敘讚二十二卷，又爲公卿故事九卷。」隋書經籍志：「晉諸公讚二十一卷，晉秘書監傅暢撰。」唐志作二十二卷。章宗源曰：「此紀注引暢晉諸公贊云：王沈、王業將出，呼王經，經不從，曰：吾子行矣。干寶晉紀，王經正直，不忠於我，故誅之。世説賢媛篇注謂傅暢、干寶二家所記，深得之。水經穀水注題傅暢晉書，左傳莊公正義，題晉語諸公讚，語字誤增，他書徵引，或稱傅暢晉讚，省諸公二字。」沈家本曰：「唐志與本傳卷合，疑隋志一字誤。」

〔九〕周壽昌曰：「甘露二年，侍中和逌等作詩稽留，有司奏罰；帝之性急，信有徵矣。其後受禍，未嘗不因性急害之。以帝之才，而遵時養晦，勤治圖成，魏祚其庶可少延乎？」

〔一〇〕胡三省曰：「望爲中護軍，其職在外。傅子曰：追鋒車，施通幰，遽則乘之，令虎賁五人舁之也。晉志曰：追鋒車去小平蓋，加通幰如軺車，駕二馬。追鋒之名，取其迅速也，施於戎陣之閒，是爲傳乘。」弼按：追鋒車又見劉放傳注引世語。又晉書杜預傳給追鋒車第一副馬。

〔一二〕元本「集會」作「使命」。

五月，鄴及上谷並言甘露降。〔一〕夏六月丙午，〔二〕改元爲甘露。〔三〕乙丑，青龍見元城縣界井中。〔四〕秋七月己卯，衛將軍胡遵薨。

〔一〕郡國志：「幽州上谷郡，治沮陽。」一統志：「沮陽故城，今直隸宣化府懷來縣西。」趙一清曰：「宋書符瑞志，谷作洛。」上洛，今陝西商州治。

〔二〕夏字衍。上文已書夏四月、五月。

〔三〕胡三省曰：「蓋以甘露降而改元也。」

〔四〕元城見文紀黄初二年。

癸未，安西將軍(鄭)〔鄧〕艾大破蜀大將姜維于上邽。〔一〕詔曰：「兵未極武，醜虜摧破，斬首獲生，動以萬計，自頃戰克，無如此者。今遣使者犒賜將士，大會臨饗，飲宴終日，稱朕意焉。」

〔一〕上邽見明紀太和五年。

八月庚午，命大將軍司馬文王加號大都督，奏事不名，假黄鉞。〔一〕癸酉，以太尉司馬孚爲太傅。九月，以司徒高柔爲太尉。冬十月，以司空鄭沖爲司徒，尚書左僕射盧毓爲司空。

〔一〕是年四月庚戌，賜衮冕；八月庚午，加號。與晉志所載互有詳略，月日亦歧異。

二年春二月，青龍見温縣井中。〔一〕三月，司空盧毓薨。

〔一〕温縣見齊王紀嘉平六年。

夏四月癸卯，詔曰：「玄菟郡高顯縣吏民反叛，〔一〕長鄭熙爲賊所殺。民王簡負擔熙喪，晨夜星行，遠致本州，忠節可嘉。其特拜簡爲忠義都尉，〔二〕以旌殊行。」

〔一〕郡國志：「幽州玄菟郡高顯，故屬遼東。」徐養原曰：「疑在今奉天開原縣境。」

〔二〕洪飴孫曰：「忠義都尉一人，第五品。」

甲子，以征東大將軍諸葛誕爲司空。〔一〕

〔一〕欲解其兵柄也。誕傳：「朝廷微知誕有自疑心，以誕舊臣，欲入度之。」

五月辛未，帝幸辟雍，〔一〕會命羣臣賦詩。侍中和逌、〔二〕尚書陳騫等〔三〕作詩稽留，〔四〕有司奏免官。詔曰：「吾以暗昧，愛好文雅，廣延詩賦，以知得失，而乃爾紛紜，良用反仄。其原逌等。主者宜勑自今以後，羣臣皆當玩習古義，脩明經典，稱朕意焉。」

〔一〕辟雍解見齊王紀正始二年。

〔二〕逌見和洽傳注。御覽「逌」下有小注「音由」二字。

〔三〕毛本「騫」作「蹇」，誤。

〔四〕潘眉曰：「詩下脱賦字。御覽九十四引魏志云，作詩賦稽留。宋本有賦字，下言廣延詩賦，則此句有賦字是也。」沈欽韓曰：「金樓子，高貴鄉公賦詩，給事中甄歆、陶成嗣各不能著詩，受罰酒，即此事也。」

乙亥，諸葛誕不就徵，發兵反，殺揚州刺史樂綝。〔一〕丙子，赦淮南將吏士民爲誕所詿誤者。丁丑，詔曰：「諸葛誕造爲凶亂，盪覆揚州。昔黥布逆叛，漢祖親戎；〔二〕隗囂違戾，光武西伐。〔三〕及烈祖明皇帝躬征吴、蜀，〔四〕皆所以奮揚赫斯，震耀威武也。今宜皇太后與朕暫共臨戎，速定醜虜，時寧東夏。」〔五〕己卯，詔曰：「諸葛誕造搆逆亂，迫脅忠義，平寇將軍臨渭亭侯龐會、騎督偏將軍路蕃，〔六〕各將左右，斬門突出，忠壯勇烈，所宜加異。〔七〕其進會爵鄉侯，蕃封亭侯。」

〔一〕事詳誕傳。胡三省曰：「征東將軍與揚州刺史同治壽春。魏四征之任，率以其州刺史爲儲帥，故誕疑綝間己。」

〔二〕史記黥布傳：「黥布者六人也，姓英氏。發兵反，上遂發兵自將，東擊布。布軍敗走番陽，人殺布。」

〔三〕范書光武紀：「建武七年，公孫述立隗囂爲朔寧王。八年，帝自征囂，隴右潰，隗囂奔西域。」

〔四〕明紀：「太和二年，帝幸長安。青龍二年，帝親御龍舟東征，遂進軍幸壽春。」

〔五〕晉書文帝紀：「諸葛誕以淮南作亂，議者請速伐之。帝曰：『誕以毌丘儉輕疾傾覆，今必外連吴寇，此爲變大而遲，吾當與四方同力以全勝制之。』乃表曰：『昔黥布叛逆，漢祖親征；隗囂違戾，光武西伐。烈祖明皇帝乘輿仍出，皆所以奮揚赫斯，震耀威武也。陛下宜暫臨戎，使將士得憑天威。今諸軍可五十萬，以衆擊寡，蔑不克矣。』秋七月，奉天子及皇太后東征，徵兵青、徐、荆、豫，分取關中游軍，皆會淮北。師次於項，假廷尉何禎節使淮南，宣慰將士，申明逆順，示以誅賞。」胡三省曰：「昭若自行，恐後有挾兩宫爲變者，故奉之以討誕。」王(嗚)〔鳴〕盛曰：「誕乃宿將，非王淩、毌丘儉、文欽之比，故昭不肯從衆議，輕遽用師，必挾天子，興重兵，厚集其勢，以遏其鋒。然是時吴國内亂，孫綝輔政，多行無禮，將士不附。誕無外援，故卒至滅亡耳。若吴無内釁，則淮南三叛，成敗未可知也。」

〔六〕洪飴孫曰：「平寇將軍一人，第三品；偏將軍無員，第五品。」

〔七〕「加」，一本作「嘉」。

六月乙巳，詔：「吴使持節都督夏口諸軍事鎮軍將軍沙羨侯孫壹，賊之枝屬，位爲上將，畏天知命，深鑒禍福，翻然舉衆，遠歸大國，雖微子去殷，〔一〕樂毅遁燕，〔二〕無以加之。其以壹爲侍中車騎將軍、假節、交州牧、吴侯，開府辟召儀同三司。〔三〕依古侯伯八命之禮，衮冕赤舄，事從豐厚。」〔四〕

臣松之以爲壹畏逼歸命，〔五〕事無可嘉，格以古義，欲蓋而名彰者也。〔六〕當時之宜，未能遠遵式典，固應量才受賞，足以疇其來情而已。〔七〕至乃光錫八命，禮同台鼎，不亦過乎！於招攜致遠，又無取焉。何者？若使彼之將守，與時無嫌，終不悦于殊寵，坐生叛心，以叛而愧，〔八〕辱孰甚焉！如其憂危將及，非奔不免，則必逃死苟存，無希榮利矣。然則高位厚禄，何爲者哉！魏初有孟達、黄權，〔九〕在晉有孫秀、孫楷；〔一〇〕達、權爵賞，比壹爲輕，秀、楷禮秩，優異尤甚。及至吴平，而降黜數等，不承權輿，豈不緣在始失中乎！

〔一〕史記殷本紀：「紂淫亂不止，微子數諫不聽，乃與太師、少師謀，遂去。」

〔二〕史記樂毅傳：「樂毅攻入臨菑，盡取齊寶財物輸之燕，燕昭王大説，封樂毅於昌國，號爲昌國君。樂毅留徇齊，五歲下齊七十餘城，皆爲郡縣以屬燕。會燕昭王死，子立，爲燕惠王。燕惠王固已疑樂毅，乃使騎劫代將，而召樂毅。樂毅知燕惠王之不善待之，畏誅，遂西降趙。」

〔三〕晉書職官志：「開府儀同三司，漢官也。殤帝延平元年，鄧騭爲車騎將軍，儀同三司。儀同之名，始自此也。及魏黄權以車騎將軍開府儀同三司，開府之名，起於此也。」弼按：儀同三司，互見蜀志黄權傳。

〔四〕胡三省曰：「崇異孫壹者，以招攜貳也。」何焯曰：「時淮南引吴爲援，壹適來奔，故司馬氏濫以爵寵之，冀以招誘來者耳。」

〔五〕孫綝誅滕胤、呂據，據、胤皆壹之妹夫。綝使朱異潛襲壹，壹奔魏。

〔六〕「名」，官本作「彌」。

〔七〕「疇」，官本作「疇」，當作「酬」。

〔八〕「愧」當作「貴」。

〔九〕文紀：「延康元年，蜀將孟達率衆降；黄初三年，蜀大將黄權率衆降。」

〔一〇〕晉書武帝紀：「泰始六年，吴夏口督前將軍孫秀帥衆來奔，拜驃騎將軍，開府儀同三司，封會稽公。咸寧二年，吴京下督孫楷帥衆來降，以爲車騎將軍，封丹陽侯。」

甲子，詔曰：「今車駕駐項，〔一〕大將軍恭行天罰，前臨淮浦。〔二〕昔相國大司馬征討，〔三〕皆與尚書俱行，〔四〕今宜如舊。」乃令散騎常侍裴秀、給事黄門侍郎鍾會，咸與大將軍俱行。秋八月，詔曰：「昔燕刺王謀反，韓誼等諫而死，漢朝顯登其子。〔五〕諸葛誕創造凶亂，主簿宣隆、部曲督秦絜，〔六〕秉節守義，臨事固爭，爲誕所殺。所謂無比干之親，而受其戮者。〔七〕其以隆、絜子爲騎都尉，加以贈賜，光示遠近，以殊忠義。」

〔一〕項見前正元二年。
〔二〕誕傳：「大將軍司馬文王督中外諸軍二十六萬衆，臨淮討之，屯丘頭。」
〔三〕司馬師追加大司馬，故云。
〔四〕尚書傳嘏同行。
〔五〕漢書燕刺王旦傳：「旦言少帝非武帝子，天下宜共伐之。郎中韓義等數諫旦，旦殺義等。」
〔六〕此征東將軍之主簿部曲督也。洪飴孫曰：「主簿一人，第八品；部曲督無員，第七品。」
〔七〕史記殷本紀：「諸侯多叛紂而往歸西伯。王子比干諫，弗聽；紂愈淫亂不止。比干曰：爲人臣者，不得不以死爭。迺强諫紂。紂怒曰：吾聞聖人心有七竅。剖比干，觀其心。」

九月，大赦。冬十二月，吴大將全端、全懌等率衆降。〔一〕

〔一〕詳見鍾會傳。

三年春二月，大將軍司馬文王陷壽春城，斬諸葛誕。〔一〕三月，詔曰：「古者克敵，收其屍以爲京觀，〔二〕所以懲昏逆而章武功也。漢孝武元鼎中，改桐鄉爲聞喜，新鄉爲獲嘉，以著南越之亡。〔三〕大將軍親總六戎，營據丘頭，内夷羣凶，外殄寇虜，功濟兆民，聲振四海。克敵之地，宜有令名，其改丘頭爲武丘，〔四〕明以武平亂，後世不忘，亦京觀二邑之義也。」

〔一〕誕傳：「誕以二年五月反，三年二月破滅。」
〔二〕左傳宣公十二年：「君盍築武軍而收晉尸，以爲京觀？」杜注：「築軍營以彰武功，積尸封土其上謂之京觀。」觀，去聲。

〔三〕漢書武帝紀：「元鼎六年冬十月，行至左邑桐鄉，聞南越破，以爲聞喜縣。春至汲新中鄉，得呂嘉首，以爲獲嘉縣。」師古曰：「左邑，河東之縣也；桐鄉，其鄉名也。汲，河内縣；新中，其鄉名。」漢書地理志：「河東郡聞喜，故曲沃，晉武公自晉陽徙此。武帝元鼎六年，行過更名。」應劭曰：「今曲沃也。秦改爲左邑，武帝於此聞南越破，改曰聞喜。」地理志又云：「河内郡獲嘉，故汲之新中鄉，武帝行過更名也。」一統志：「聞喜故城，今山西絳州聞喜縣西南；（鄒安鬯曰：「今聞喜縣東三十里。」）獲嘉故城，今河南衛輝府新鄉縣西南十二里。」

〔四〕水經潁水注：「潁水東逕丘頭，丘頭南枕水。魏書郡國志曰：宣王軍次丘頭，王淩面縛水次，故號武丘。」楊守敬水經注疏要刪云：「此所引魏書郡國志，當是王沈魏書。然齊書禮志言，王沈魏書無志，所未詳也。改丘頭爲武丘，魏志少帝紀爲司馬昭克諸葛誕事，而元和志則謂司馬懿討克王淩所改。寰宇記又云，司馬師討克毌丘儉所改。三事皆在汝、潁閒，故傳聞異辭。然自應以討誕爲得實。」洪亮吉曰：「豫州汝陰郡固始縣有武丘，寰宇記一名丘頭，在沈丘縣東六十里。諸地志項縣下亦有武丘，諸説不同，以昭討誕事爲是。」鄒安鬯曰：「武丘在今河南陳州府沈丘縣東南，潁水北。」

夏五月，命大將軍司馬文王爲相國，〔一〕封晉公，食邑八郡，〔二〕加之九錫。文王前後九讓，乃止。〔三〕

〔一〕胡三省曰：「漢書百官表，相國、丞相皆秦官。又按蕭何傳，何自丞相拜相國，則相國尊於丞相。」

〔二〕胡三省曰：「晉書文帝紀，以并州之上原、上黨、西河、樂平、新興、雁門，司州之河東、平陽凡八郡，封爲晉公。」

〔三〕晉書阮籍傳：「帝讓九錫，公卿將勸進，使籍爲其辭。籍沈醉忘作。臨詣府，使取之，見籍方據案醉眠。使者以告，籍便書案使寫之，無所改竄，辭甚清壯，爲時所重。」文選阮嗣宗爲鄭沖勸晉王牋云：「聖王作制，百代同風，褒德賞功，有自來矣。周公藉已成之勢，據既安之業，光宅曲阜，奄有龜、蒙。明公宜承聖旨，受茲介福。今大魏之德，光于唐、虞，明公盛勳，超于桓、文。然後臨滄洲而謝支伯，登箕山以揖許由，豈不盛乎？何必勤勤小讓也哉！」臧榮緒晉書曰：「魏帝封晉太祖爲晉公，太原等十郡爲邑，進位相國，備禮九錫。太祖讓不受。公卿將校，皆詣府勸進。阮籍爲其辭。」魏帝，高貴鄉公也；太祖，晉文帝也。世説文學篇曰：「魏朝封晉文王爲公，備禮九錫，文王固讓不受。公卿將校，當詣府敦喻，司空鄭沖（應作司徒。）馳遣信就籍求文。時籍在袁孝尼家宿醉，扶起書札爲之，無所點竄，乃寫付使，時人以爲神筆。」弼按：晉書文帝紀載此牋於景元四年，然據文選注謂魏帝爲高貴鄉公，而牋中亦無征蜀獻捷之事，以此知晉書爲誤。又按阮籍傳，籍景元四年冬卒，則此牋爲高貴鄉公時所作無疑。

六月丙子，詔曰：「昔南陽郡山賊擾攘，欲劫質故太守東里衮，〔一〕功曹應余獨身捍衮，遂免於難。余顛沛殞斃，殺身濟君。其下司徒，署余孫倫吏，〔二〕使蒙伏節之報。」

楚國先賢傳曰：〔三〕余字子正。天姿方毅，志尚仁義。建安二十三年，爲郡功曹。是時吴、蜀不賓，疆埸多虞。宛將侯音，扇動山民，保城以叛。余與太守東里衮，當擾攘之際，迸竄得出。音即遣騎追逐，去城十里相及，賊使射衮，飛矢交流。余前以身當箭，被七創。因謂追賊曰：「侯音狂狡，〔四〕造爲凶逆，大軍尋至，誅夷在近。謂卿曹本是善人，素無惡心，當思反善，何爲受其指揮？我以身代君，以被重創，〔五〕若身死君全，隕没無恨！」因仰天號哭，涕泣，血淚俱下。賊見其義烈，釋衮不害。賊去之後，余亦命絶。征南將軍曹仁討平音，表余行狀，并脩祭醊。太祖聞之，嗟歎良久，下荆州復表門閭，賜穀千斛。衮後爲于禁司馬，見魏略游説傳。〔六〕

〔一〕衮一作袞，詳見武紀建安二十四年注引曹瞞傳。
〔二〕褒應余，官其孫。

〔三〕隋書經籍志：「楚國先賢傳贊十二卷，晉張方撰。」新唐志同，無贊字；舊唐志傳作志，楊方撰。章宗源曰：「文選應璩百一詩注引、藝文類聚禮部引，並稱張方楚國先賢傳，無稱楊方者。世説德行篇引百里奚、初學記居處部引熊宜僚、御覽鱗介部引宋玉，皆上及春秋戰國。裴松之、章懷注史，所引則皆漢、魏、晉時事。」沈家本曰：「文選應璩百一詩注引作張方賢楚國先賢傳，與隋、唐志異。或疑李注賢字爲傳寫之衍文。然李注下文又稱方賢之意，似非衍也。」黄逢元曰：「晉書有張方傳，河間人，爲河間王顒將。是書疑非顒將張方所撰。」弼按：楚國先賢傳善化陳運溶輯本，見麓山精舍叢書。

〔四〕宋本「佞」作「狡」。

〔五〕宋本「以」作「已」。古以、已通用。

〔六〕魏略詳見武紀建安十六年注。

辛卯，大論淮南之功，封爵行賞各有差。

秋八月甲戌，以驃騎將軍王昶爲司空。〔一〕丙寅，〔二〕詔曰：「夫養老興教，三代所以樹風化，垂不朽也。必有三老五更，以崇至敬；〔三〕乞言納誨，著在惇史；〔四〕然後六合承流，下觀而化。宜妙簡德行，以充其選。關內侯王祥，履仁秉義，雅志淳固；關內侯鄭小同，温恭孝友，帥禮不忒。〔五〕其以祥爲三老，小同爲五更。」車駕親率羣司，躬行古禮焉。〔六〕

漢晉春秋曰：帝乞言于祥，祥對曰：「昔者，明王禮樂既備，加之以忠誠，忠誠之發，形于言行。夫大人者，行動乎天地，天且弗違，況于人乎！」〔七〕祥事别見吕虔傳。小同，鄭玄孫也。玄别傳曰：〔八〕「玄有子爲孔融吏，舉孝廉。融之被圍，往赴；爲賊所害。有遺腹子，以丁卯日生，而玄以丁卯歲生，故名曰小同。」〔九〕

魏名臣奏載太尉華歆表曰：「臣聞勵俗宣化，莫先於表善；班禄敘爵，莫美於顯能。是以楚人思子文之治，復命其胤；〔一〇〕漢室嘉江公之德，用顯其世。〔一一〕伏見故漢大司農北海鄭玄，當時之學，〔一二〕名冠華夏，爲世儒宗。文皇帝旌録先賢，拜玄適孫小同以爲郎中，長假在家。小同年踰三十，少有令質，學綜六經，〔一三〕行著鄉邑。海、岱之人，莫不嘉其自然，美其氣量。〔一四〕迹其所履，有質直不渝之性，然而恪恭静默，色養其親，不治可見之美，不競人間之名，斯誠清時所宜式敘，前後明詔所斟酌而求也。臣老病委頓，無益視聽，謹具以聞。」〔一五〕

魏氏春秋曰：小同詣司馬文王，文王有密疏，未之屏也。如廁還，謂之曰：「卿見吾疏乎？」對曰：「否。」文王猶疑而鴆之，卒。〔一六〕

鄭玄注文王世子曰：〔一七〕三老、五更各一人，皆年老更事致仕者也。注樂記曰：皆老人更知三德五事者也。〔一八〕

蔡邕明堂論曰：〔一九〕「更」應作「叟」。叟，長(年)〔老〕之稱；字與「更」相似，書者遂誤以爲「更」。「嫂」字女旁「叟」，今亦以爲「更」，以此驗知應爲「叟」也。〔二〇〕臣松之以爲邕謂更爲叟，誠爲有似，而諸儒莫之從，未知孰是。〔二一〕

〔一〕昶傳：「昶字文舒。誕既誅，遷司空，持節都督如故。」誕傳注引世語云：「誕曰：我作公當在王文舒後，今便爲司空，使以兵付樂綝，此必綝所爲。乃攻綝。」可知當日以誕爲司空，實奪其兵柄，促其舉事耳。

〔二〕潘眉曰：「丙寅在甲戌前，紀文倒誤。」

〔三〕禮記文王世子：「遂設三老、五更、羣老之席位焉。」鄭注：「三老、五更，各一人也。皆年老更事，致仕者也。天子以父兄養之，示天下之孝弟也；名以三、五者，取象三辰、五星，天所因以照明天下者。羣老無數，其禮亡。以鄉飲酒禮言之，席位之處，則三老如賓，五更如介，羣老如衆賓必也。」正義云：「三老、五更各一人。蔡邕以爲更字爲叟，叟，老稱。又以三老爲三人，五更爲五人，非鄭意也。今所不取。云皆年老更事致仕者，三老亦有更名，五更亦有老稱，但尊此老名，特屬三老耳。以其天子父兄所事，故知致仕者；知天子以父兄養之者，以天子冕而總干而舞，執醬而饋，是父兄事也。」白虎通曰：「王者父事三老，兄事五更者何？欲陳孝悌之德，以示天下也。故雖天子，必有尊也，言有父也；必有先也，言有兄也。天子臨辟雍，親袒割牲，尊三老，父象也。謁者奉几杖，授安車輭輪，供綏執授，兄事五更，寵接禮交如客謙敬順貌也。禮記祭義曰：祀于明堂，所以教諸侯之孝也；享三老、五更於太學，所以教諸侯之悌也。不正言父兄言老、更者何？老者，壽考也；欲言所令者多也。更者，更也，所更歷者衆也。即如是，不但言老，言三何？欲言其明於天、地、人之道而老也。五更者，欲言其明於五行之道而更事也。三老、五更幾人乎？曰：各一人。何以知之？既以父事，父一而已，不宜有三。」漢書禮樂志云：「顯宗即位，宗祀光武皇帝于明堂，養三老、五更於辟廱。」李奇曰：「王者父事三老，兄事五更。」鄧展曰：「漢直以一公爲三老，用大夫爲五更。」續漢志禮儀志云：「明帝永平二年三月，上始帥羣臣，躬養三老、五更於辟雍。養三老、五更之儀：先吉日，司徒上太傅若講師，故三公人名，用其德行年耆高者一人爲老，次一人爲更也。」漢官儀：「三老、五更，皆取有首妻，男女全具者。」盧植禮記注云：「選三公老者爲三老，卿大夫中之老者爲五更，亦參五之也。」月令章句曰：「三老，國老也；五更，庶老也。」宋均曰：「三老，老人知天、地、人事者；五更，老人知五行更代事者。」餘説見後。蔣超伯南漘楛語卷一曰：「永平中充此選者李躬、桓榮。明帝詔曰：三老李躬，年耆學明；五更桓榮，授朕尚書。詩曰：無德不報，無言不酬。其賜榮爵關内侯，食邑五千户。三老、五更，皆以二千石禄養終厥身。建初中充此選者伏恭、馮魴。伏恭傳：建初二年，肅宗行饗禮，以恭爲三老。馮魴傳：建初三年，以老病乞身，肅宗許之。其冬，爲五更。此外則袁逢嘗爲三老，見袁安傳；李充年八十八，以爲國三老，安帝嘗特進見，見李充傳。楊統位至光禄大夫，爲國三老，年九十卒，見楊厚傳。士孫瑞爲國三老、光禄大夫。每三公缺，楊彪、皇甫嵩皆讓位於瑞，見王允傳。與逢、充、統、瑞同時爲五更者，蓋不可考。充僅郎將，似不必定用三公；充曾因婦離閒，自母出之，亦不必定有首妻也。三老又稱三德。大戴禮曾子本孝篇，任善不敢臣三德。盧辯注：「三德，三老也。」

〔四〕禮記內則：「凡養老，五帝憲，三王有乞言。五帝憲，養氣體而不乞言，有善則記之爲惇史。三王亦憲，既養老而后乞言，亦微其禮，皆有惇史。」鄭注：「憲，法也。養之爲法其德行。有讀爲又，又從之求善言可施行也。惇史，史惇厚者也。微其禮者，依違言之求而不切也。」正義云：「五帝憲者，言五帝養老法其德行；三王有乞言者，言三王非但法其德行，又從求乞善言。五帝奉養老人，就氣息身體，恐其勞動，故不乞言。老人有善德行則記録之，使衆人法則爲惇厚之史。」

〔五〕詩魯頌：「享祀不忒。」鄭箋：「忒，變也。」

〔六〕宋書禮志一云：「魏高貴鄉公甘露二年，（二當作「三」。）車駕親率羣司，行養老之禮於太學。於是王祥爲三老，鄭小同爲五更。今無其注，然漢禮具存也。」通鑑輯覽曰：「養老乞言，本非急務，其失與井田、封建等。況高貴鄉公當多事之秋，應措施者多矣，而乃拘牽古義，其迂可笑亦可憫。」

〔七〕晉書祥傳：「天子幸太學，命祥爲三老。祥南面几杖，以師道自居；天子北面乞言，祥陳明王聖帝、君臣政化之要以訓之，聞者莫不砥礪。」

〔八〕章宗源曰：「鄭玄别傳見三國志注，後漢書注亦引之。隋、唐志不著録。」侯康曰：「本傳注引之。世説文學篇注及御覽引數事，本傳不載。」

〔九〕後漢書鄭玄傳：「玄惟有一子益恩，孔融在北海，舉爲孝廉。及融爲黄巾所圍，益恩赴難隕身。有遺腹子，玄以其手文似己，名之曰小同。」惠棟曰：「别傳云，玄以太歲在丁卯生，此男以丁卯日生，生又手理與玄相似，故名之曰小同也。」潘眉曰：「康成惟一子名益恩，適孫小同是遺腹子。真誥協昌期云，鄭子真，則康成之孫也。患兩脚不授積年，其晚用鍼灸，兼行曲折祝法，百日都除。攷康成止有一孫，子真即小同字。」

〔一〇〕左傳宣公四年：「子文之孫克黄自拘於司敗。王思子文之治楚國也，曰：子文無後，何以勸善？使復其所，改命曰生。」

〔一一〕漢書儒林傳：「瑕丘江公受穀梁春秋及詩於魯申公。上愍其學且絶，徵江公孫爲博士。」

〔一二〕范書鄭玄傳：「玄字康成，北海高密人。公車徵爲大司農，給安車一乘，所過長吏送迎。玄迺以病自乞還家。」沈銘彝曰：「先君灤源問答云：先生未嘗爲大司農，以有公車之徵，後人遂以大司農稱之，如華歆薦小同表云，故大司農鄭玄是也。」

〔一三〕隋書經籍志：「梁有禮義四卷，魏侍中鄭小同撰。亡。鄭志十一卷，魏侍中鄭小同撰。鄭記六卷，鄭玄弟子撰。」後漢書鄭玄傳：「門生相與撰玄答諸弟子問五經，依論語作鄭志八篇。」孝經正義云：「鄭君卒後，其弟子追論師所著述，及應對時人，謂之鄭志。鄭之弟子，分證門徒，各述所言，更爲問答，編録其語，謂之鄭記。」劉知幾云：「鄭弟子追論師説及應答，謂之鄭志；分授門徒，各述師言，更爲問答，謂之鄭記。」四庫提要云：「隋志與范書鄭玄本傳，其説不同。范蔚宗去漢未遠，其説當必有徵。隋志根據七録，亦阮孝緒等所考定，疑追録之者，諸弟子；編次成帙者，則小同。後漢書原其始，隋志要其終。觀八篇分爲十一卷，知非諸弟子之舊本也。」鄭珍鄭學録曰：「康成卒時，小同僅四五歲，安能記述祖時師弟問答？必是康成歿未久，諸弟子即各出所記，分五經類而萃之，爲志八卷。後來小同更有所得，增編爲十一卷，自題己名，故隋志歸之小同撰耳。」弼按：聚珍版叢書有鄭志輯本三卷，問經堂叢書有鄭志補遺輯本一卷，均題鄭小同撰。

〔一四〕宋本「氣」作「器」。

〔一五〕明帝即位，拜歆爲太尉，此表當爲太和中上。

〔一六〕范書鄭玄傳注引此作「文王曰：寧我負卿，無卿負我，遂酖之」。梁章鉅曰：「此與操殺吕伯奢語相似。奸雄家法，略同如此。」弼按：小同時官侍中，出入禁中，掌侍左右，縱有密疏，亦得寓目，況在疑似之閒乎？乃竟擅行酖毒，慘無人道，經師後嗣，不得良死，此與文舉之被戮，同爲千古奇寃。且當時三老、五更，一爲新朝佐命，一則横遭毒手，密疏見否，亦係藉詞；小同雖死，無愧忠貞矣。

〔一七〕玄傳：「凡玄所注：周易、尚書、毛詩、儀禮、禮記、論語、孝經、尚書大傳、中候乾象厤。」范書儒林傳：「玄又注小戴所傳禮記四十九篇。」隋書經籍志：「禮記二十卷，漢九江太守戴聖撰，鄭玄注。」陳邵周禮論序云：「戴德删古禮二百四篇，爲八十五篇，謂之大戴禮；戴聖删大戴禮爲四十九篇，是爲小戴禮。後漢馬融、盧植考諸家同異，附戴聖篇章，去其繁重，及所敘略而行於世，即今之禮記是也。鄭玄亦依盧、馬之本而注焉。」胡玉縉曰：「小戴無删大戴之事，陳語失實。隋志欲以小戴所録，補大戴闕篇，遂謂月令、明堂位、樂記三篇馬融所足。重紕貤繆，黄以周已辨之，見禮書通故。」

〔一八〕禮記樂記「食三老、五更於太學」，鄭注：「三老、五更，互言之耳，皆老人更知三德五事者也。」正義曰：「三老亦五更，五更亦三老，故云皆。三德，謂正直、剛、柔；五事，謂貌、言、視、聽、思也。文王世子注云，象三辰五星者，義相包矣。」

〔一九〕隋書經籍志：「月令章句十二卷，漢左中郎將蔡邕撰。」嚴可均曰：「本集説郛有月令問答、明堂論、月令篇名等三篇，皆月令章句之文。」

〔二〇〕月令問答：「問記曰：養三老五更。子獨曰五叟。周禮曰：八十一御妻。今曰御妾，何也？曰：字誤也。叟，長老之稱也；其字與更相似，書者遂誤以爲更。嫂字女旁，瘦字從叟，今皆以爲更矣。立字法者，不以形聲，何得以爲字？以叟、瘦推之，知是更爲叟也。妻者，齊也；惟一適人稱妻，其餘皆妾，位最下也。是以不得言妻云也。」

〔二一〕周壽昌曰：「更疑作叟，且引俗書作嫂字以證之，此恐後人僞造，中郎未必如此淺陋也。裴氏以諸儒莫從，似亦無識。」弼按：三老、五更以白虎通所釋，於義爲長。叟與老義同，宜孔疏不取也。

是歲，青龍黃龍仍見頓丘、冠軍、陽夏縣界井中。〔一〕

〔一〕頓丘見武紀卷首；陽夏見武紀建安十六年。郡國志：「荆州南陽郡冠軍。」一統志：「冠軍故城，今河南南陽府鄧州西北四十里。」

四年春正月，黃龍二見寧陵縣界井中。〔二〕

漢晉春秋曰：是時龍仍見，咸以爲吉祥。帝曰：「龍者，君德也。上不在天，下不在田，而數屈于井，非嘉兆也。」仍作潛龍之詩以自諷。司馬文王見而惡之。〔三〕

夏六月，司空王昶薨。〔四〕秋七月，陳留王峻薨。〔五〕冬十月丙寅，分新城郡，復置上庸郡。〔六〕十一月癸卯，車騎將軍孫壹爲婢所殺。〔七〕

〔二〕寧陵見武紀初平四年。

〔三〕晉書五行志下云：「魏明帝青龍元年正月甲申，青龍見郟之摩陂井中。凡瑞興非時，則爲妖孽，況困于井，非嘉祥矣。魏以改年，非也。干寶曰：自明帝終魏世，青龍、黃龍見者，皆其主廢興之應也。魏土運，青木色，而不勝于金；黃得位，青失位之象也。青龍多見者，君德國運，內相剋伐也。故高貴鄉公卒敗于兵。按劉向説，龍貴象，而困井中，諸侯將有幽執之禍也。魏世龍莫不在井，此居上者逼制之應。高貴鄉公著潛龍詩，即此旨也。」胡三省曰：「帝有誅昭之志，不務養晦，而憤鬱之氣見於辭，而不能自揜，蓋亦淺矣。此其所以死於權臣之手乎？」

〔四〕晉書文帝紀：「六月分荆州置二都督，王基鎮新野，州泰鎮襄陽。使石苞都督揚州，陳騫都督豫州，鍾毓都督徐州，宋均監青州諸軍事。」

〔五〕晉書五行志：「甘露四年七月戊子朔，日有蝕之。」

〔五〕新城見文紀延康元年；上庸見武紀建安二十年。錢大昕曰：「景初元年復置上庸郡，自後未見并省之文。」趙一清曰：「上庸郡省於明帝太和四年六月，復置於景初元年五月，此後未嘗書省。兩云復置，未審其由。」弼按：齊王紀嘉平六年云：「自帝即位，至於是歲，郡國縣道，多所置省，俄或還復。」據此紀所言，則時有并省，不足爲異也。

〔六〕二年，孫壹來降。吴志孫奂傳：「魏以壹爲車騎將軍，以故主芳貴人邢氏妻之。邢美色妒忌，下不堪命，遂共殺壹及邢氏。」弼按：吴志言壹黄初三年死者，誤也。

五年春正月朔，日有蝕之。〔一〕夏四月，詔有司率遵前命，復進大將軍司馬文王位爲相國，封晉公，加九錫。〔二〕

〔一〕晉書天文志：「甘露五年正月乙酉朔，日有蝕之。京房易占曰：日蝕乙酉，君弱臣强，司馬將兵，反征其王。五月有成濟之變。」梁章鉅曰：「朔字上當據晉、宋志補乙酉二字。」

〔二〕胡三省曰：「遵前年之命也。」

五月己丑，高貴鄉公卒，年二十。〔一〕

漢晉春秋曰：帝見威權日去，不勝其忿。〔二〕乃召侍中王沈、尚書王經、〔三〕散騎常侍王業，謂曰：「司馬昭之心，路人所知也。〔四〕吾不能坐受廢辱，今日當與卿自出討之。」〔五〕王經曰：「昔魯昭公不忍季氏，敗走失國，爲天下笑。〔六〕今權在其門，爲日久矣！朝廷四方，皆爲之致死，不顧逆順之理，非一日也。〔七〕且宿衛空闕，兵甲寡弱，〔八〕陛下何所資用？而一旦如此，無乃欲除疾而更深之邪！禍殆不測，宜見重詳。」〔九〕帝乃出懷中版令投地，曰：「行之決矣！正使死，何所懼；〔一〇〕況不必死邪？」〔一一〕于是入白太后。沈、業奔走告文王，文王爲之備。〔一二〕帝遂率僮僕數百，鼓譟而出。〔一三〕文王弟屯騎校尉伷入，〔一四〕

遇帝於東止車門，〔一五〕左右呵之，伷衆奔走。中護軍賈充又逆帝，戰于南闕下，帝自用劒。衆欲退，太子舍人成濟問充曰：〔一六〕「事急矣，當云何？」充曰：「畜養汝等，正謂今日；〔一七〕今日之事，無所問也！」濟即前刺帝，刃出于背。〔一八〕文王聞，大驚，自投於地，曰：「天下其謂我何！」太傅孚奔往，枕帝股而哭，哀甚。〔一九〕曰：「殺陛下者，臣之罪也！」〔二〇〕

臣松之以爲習鑿齒書雖最後出，然述此事，差有次第。故先載習語，以其餘所言微異者次其後。

世語曰：王沈、王業馳告文王，尚書王經以正直不出，因沈、業申意。〔二一〕

晉諸公贊曰：沈、業將出，呼王經，經不從。曰：「吾子行矣！」

干寶晉紀曰：成濟問賈充曰：「事急矣，若之何！」充曰：「公畜養汝等，爲今日之事也，夫何疑！」濟曰：「然！」乃抽戈犯蹕。〔二二〕

魏氏春秋曰：戊子夜，帝自將宂從僕射李昭、〔二三〕黄門從官焦伯等〔二四〕下陵雲臺，〔二五〕鎧仗授兵，欲因際會，自出討文王。會雨，有司奏卻日，遂見王經等，出黄素詔于懷，曰：〔二六〕「是可忍也，孰不可忍也！今日便當決行此事。」入白太后，遂拔劒升輦，〔二七〕帥殿中宿衛、蒼頭官僮〔二八〕擊戰鼓出雲龍門。〔二九〕賈充自外而入，帝師潰散，猶稱天子，手劒奮擊，衆莫敢逼。充帥厲將士，騎督成倅弟成濟以矛進，〔三〇〕帝崩于師。時暴雨雷霆，晦冥。

魏末傳曰：賈充呼帳下督成濟，謂曰：〔三一〕「司馬家事若敗，汝等豈復有種乎？何不出擊！」倅兄弟二人，乃帥帳下人出，顧曰：「當殺邪？執邪？」充曰：「殺之！」兵交，帝曰：「放仗！」〔三二〕大將軍士皆放仗。濟兄弟因前刺帝，帝倒車下。

皇太后令曰：「吾以不德，遭家不造，昔援立東海王子髦，以爲明帝嗣，見其好書疏文章，冀可成濟；而情性暴戾，日月滋甚。吾數呵責，遂更忿恚，造作醜逆不道之言，以誣謗吾，遂隔絕兩宫。其所言道，不可忍聽，非天地所覆載。吾即密有令語大將軍，不可以奉宗廟，恐顛覆社稷，死無面目以見先帝。大將軍以其尚幼，謂當改心爲善，殷勤執據。而此兒忿戾，所行益甚，舉弩遥射吾宫，祝當令中吾項，〔三三〕箭親墮吾前。吾語大將軍，不可不廢之，前後數次。〔三四〕此兒具聞，自知罪重，便圖爲弒逆，賂遺吾左右人，令因吾服藥，密行酖毒，重相設計。事已覺露，直欲因際會，舉兵入西宫殺吾，〔三五〕出取大將軍，呼侍中王沈、散騎常侍王業、

世語曰：〔三六〕業，武陵人。〔三七〕後爲晉中護軍。〔三八〕

尚書王經，出懷中黄素詔示之，言今日便當施行。吾之危殆，過於累卵。〔三九〕吾老寡，豈復多惜餘命邪？但傷先帝遺意不遂，社稷顛覆爲痛耳。賴宗廟之靈，沈、業即馳語大將軍，得先嚴警。〔四〇〕而此兒便將左右出雲龍門，雷戰鼓，躬自拔刃，與左右雜衛共入兵陣間，爲前鋒所害。〔四一〕此兒既行悖逆不道，而又自陷大禍，重令吾悼心不可言。昔漢昌邑王以罪廢爲庶人，〔四二〕此兒亦宜以民禮葬之，當令内外咸知此兒所行。〔四三〕又尚書王經，凶逆無狀，其收經及家屬，皆詣廷尉。」〔四四〕

〔一〕史通直書篇：「當宣、景開基之始，曹、馬構紛之際，或列營渭曲，見屈武侯；或發仗雲臺，取傷成濟。陳壽、王隱咸杜口而無言，陸機、虞預各栖毫而靡述。至習鑿齒乃申以死葛走達之説，抽戈犯蹕之言。歷代厚誣，一朝始雪。孜

斯人之書事，蓋近古之遺直歟？」何焯曰：「公羊傳：公薨，何以不地？不忍言也。書高貴鄉公卒，其猶有良史之風歟？抽戈犯蹕，若直書之，則反得以歸獄於成濟。今公卒之下，詳載昭表，則其實自著；而司馬昭之罪，益無可逃。所謂微而顯、順而辨也。史通之論，蓋未識變例之旨。」趙一清曰：「干寶直書成濟抽戈，而移之鑿齒，亦史通之誤。」浦起龍曰：「抽戈犯蹕之上，疑脱干令升亦斥以六字。」趙翼曰：「或謂承祚仕晉，不得不爲本朝諱。然齊王芳之廢，先敍司馬景王將謀廢帝，以聞於皇太后，則賈充之事，亦何妨略見端倪？乃但書卒之月日。使無裴世期引漢晉春秋各書以注之，則竟似考終寢殿者乎！然猶曰爲本朝諱也。乃若伏后之被弑於華歆，郭后之逼殺於明帝，此皆魏朝故事，亦復何所忌諱？而於華歆傳並無一語及弑后事，於郭后傳亦但書青龍三年后崩於許昌。遂使暴崩者同於善終，行弑者泯其逆節，所謂善敍事者安在耶！」梁章鉅曰：「前此幸太學、幸辟雍，皆稱帝；至此忽改從舊號。且明係成濟刺死，而但書卒，皆不可解。」弼按：梁氏不識變例，亦如何氏所譏。春秋「隱公十一年冬十有一月壬辰，公薨」；「閔公二年秋八月辛丑，公薨。」杜注：「實弑書薨，又不地者，史策所諱也。」又「莊公三十二年秋八月癸亥，公薨於路寢。」杜注：「路寢，正寢也。公薨皆書其所詳凶變也。」又「僖公三十三年冬十有二月乙巳，公薨於小寢」。杜注：「小寢，内寢也。」又云：「小寢，夫人寢也。譏公就所安，不終于路寢也。」此春秋書法之有例可援者。漢書帝紀書「高帝崩于長樂宮」，「武帝崩于五柞宮」，惠、文、景、昭、宣、元、成、哀、平各帝，皆書「崩于未央宮」。平帝爲王莽所鴆，故葬不書日，以示變例。即以本志論，武紀「王崩于洛陽」，文、明二紀均云「帝崩於嘉福殿」，此皆爲常例。今高貴鄉公不稱帝而稱舊號，不書崩而書卒，又不書地，此則事之奇變出於常理之外，有不駭人聽聞者乎！承祚此文，深合春秋筆法，劉知幾好騁筆鋒，殆未細審耳。

〔二〕勝，音升。

〔三〕經字彦偉，清河人，見夏侯玄傳及注。

〔四〕胡三省曰：「言路人亦知其將篡。」

〔五〕胡三省曰：「卿下當有等字。」

〔六〕胡三省曰：「魯季氏世執魯國之政，至昭公時，伐之不勝。公孫于齊，次于陽州，死于乾侯。事見左傳。」

〔七〕此爲當日實情。

〔八〕世説注引此作「寸刃無有」。

〔九〕胡三省曰：「重，再也；詳，審也。」

〔一〇〕御覽「懼」下有「恨」字。

〔一一〕晉書文帝紀：「天子以帝三世宰輔，政非己出，情不能安，又慮廢辱。將臨軒召百僚，而行放黜。五月戊子夜，使冗從僕射李昭等發甲於陵雲臺，召侍中王沈、散騎常侍王業、尚書王經，出懷中黄素詔示之，戒嚴俟旦。」何焯曰：「或以公是舉失之輕脱，正使隱忍不發，亦不過作陳留王耳，吾殊健其勇決也！」弼按：據晉史所載，當時實將有廢立之事，昭之密疏，或即爲此。鄭小同之鴆死，慮其漏洩也。小同事見前。

〔一二〕胡三省曰：「帝禮遇王沈，呼爲文籍先生，而臨變乃爾，吁！」

〔一三〕此則事同兒戲矣。司馬氏父子兄弟，掌握兵馬，積威之權臣，豈數百僮僕所能禦邪？以此知漢宣帝之誅霍氏，爲不可及也。

〔一四〕宋本、馮本「弟」作「第」，誤。官本攷證曰：「弟，監本訛作第，今改正。」御覽「伷」下有小注「音胄」二字。

〔一五〕帝出東止車門，司馬昭上言亦言向臣所止，可證太后令舉兵入西宮之語爲誣。

〔一六〕太子舍人見明紀青龍三年注。胡三省曰：「晉志，太子舍人，職比散騎、中書等侍郎。時未立太子，不應置東宮官屬，濟本昭之私人，授以是官耳。」

〔一七〕晉書景帝紀：「帝陰養死士三千，散在人間，至是一朝而集。」可知司馬氏之圖簒，自曹爽時已然矣。

〔一八〕晉書文帝紀：「沈、業馳告于帝，帝召護軍賈充等爲之備。天子知事泄，帥左右攻相府，稱有所討，敢有動者族誅。

相府兵將止，不敢戰。賈充叱諸將曰：「公畜養汝輩，正爲今日耳！」太子舍人成濟抽戈犯蹕，刺之，刃出於背，天子崩於車中。」趙一清曰：「趙高以後，復見此事。王莽、梁冀，陰行鴆毒，未有如此之顯者也。」

〔一九〕胡三省曰：「枕帝於股也。左傳，齊崔杼弒其君光，晏子枕尸股而哭之，三踊而出。」

〔二〇〕林國贊曰：「司馬孚爲司馬懿弟，懿害曹爽，孚實與聞。孚在齊王芳時爲太尉，在高貴鄉公時爲太傅，芳廢，孚僅一哭送之；高貴弒，孚又僅一哭盡之。七年之間，兩見此事，入晉後又父子並爲上公，名教掃地，至此極矣。」又曰：「蜀無叛臣，亦無以下謀上者，黄元之反漢嘉，彭羕、楊儀之肆逆言，卒就刑戮，皆彼人自取，非國有缺事也。魏、吴則弒逆廢立，紛如弈棋矣。又殉義之士，惟蜀獨多，如趙廣殉姜維沓中之敗，馬良、傅肜、程畿、王國山殉先主秭歸之敗。其亡也，北地王諶、李昭儀、諸葛瞻、諸葛尚、張遵、董崇、李球、傅僉皆死之。昭儀以妃嬪自殺，固爲奇節；北地王之言，尤千古有生氣。武侯與瞻、尚三世死國，關、張父子，肜、僉父子，皆兩世死國。吴之亡，死國者惟張悌一人；魏之亡，死國者並無其人，惟王裒、范粲、司馬順等，能不事異姓而已。魏以篡逆得國，未亡之前，雖有毌丘儉、諸葛誕發憤討賊，然旋起旋滅，卒糜凶燄，馴至覆亡，則篡弒相仍，絶不爲怪矣。」

〔二一〕世説賢媛篇注引干寶晉紀曰：「經正直不忠於我，故誅之。」案傳暢、干寶所記，則是經實忠貞於魏，而世語既謂其正直，復云因沈、業申意，何其相反乎？故二家之言，深得之。何焯曰：「正直，謂正當入直也。夏侯太初傳注引世語曰：王業之出，不申經意。」趙一清曰：「王經之死，天變見於上。晉書文帝紀亦云，殺尚書王經，貳於我也。可謂直筆。或曰，經若果申意，得禍必輕，世語所云，殆即沈、業之徒，自恥失節，故肆其醜正之詞，以厚誣忠烈。郭頒無識，遂筆之於書耳。」弼按：正直，當如本字義。若如何説正當入直，則高貴鄉公何必召之？干寶之言可證，何説殊爲曲解。又按，晉書王沈傳「高貴鄉公將攻文帝，召沈及王業告之。沈、業馳白帝，以功封安平侯，邑二千户」。沈既不忠於主，甚爲衆論所非，據沈傳所云，告密者既可封侯，申意者當可免死，乃竟刑衣東市，以此知世語之言爲誣也。李治敬齋古今黈卷四云：「士大夫大節，不必觀其所爲，但觀其所不爲足矣。當髦圖昭之際，使沈、業如經之不言，則髦必得志，昭必先誅，魏祚必不傾，司馬氏亦無自而王也。成敗之機，在於呼吸，沈、業反覆變詐，真魏之賊也。沈、業以不泄謀爲賊，則王經之不泄，信爲魏之忠臣矣。斯時魏如綴旒，誠不暇甄録已死之人，然秉董狐之筆者，可不特爲一傳以勸後之人乎？然魏史不傳王經，晉史傳沈等，千載而下，終不能廢經之美，而沈等之惡，借東海之波，亦莫得而濯之。」

〔二二〕漢儀曰：「出稱警，入則蹕。」說者云，車駕出則應稱警，入則應稱蹕也。

〔二三〕宋書百官志：「宂從僕射，漢東京有中黄門宂從僕射，非其職也。魏世因其名而置宂從僕射。」互見夏侯玄傳。

〔二四〕黄門從官，見武紀卷首。

〔二五〕陵雲臺見文紀黄初二年。

〔二六〕胡三省曰：「說文，素，白緻繒也。此黄素詔者，蓋以白緻繒染爲黄色以書詔。」

〔二七〕說文：「輦，挽車也。从車，从扶，在車前引之。」漢書袁盎傳：「陛下從代來，郎官上書疏，未嘗不止輦受其言。」又外戚傳：「成帝游于後庭，嘗欲與班倢伃同輦載。」宋書禮志五云：「輦車，周禮王后五路之卑者也。后宫中從容所乘，非王車也。」

〔二八〕漢書鮑宣傳：「蒼頭廬兒，皆用致富。」孟康曰：「黎民黔首，黎、黔，皆黑也。漢名奴爲蒼頭，非純黑，以别於良人也。諸給殿中者，所居爲廬，蒼頭侍從，因呼爲廬兒。」後漢書明德馬皇后紀：「勑制僮御。」廣雅曰：「僮、御，皆使者也。」

〔二九〕御覽百八十三洛陽故宫名有雲龍門。水經注，神獸門東對雲龍門，衡栿之上皆刻雲龍、風虎之狀。典引：「永平十七年，與賈逵等召詣雲龍門。」東京賦注：「德陽殿東門稱雲龍門。」又互見夏侯玄傳注引世語。

〔三〇〕胡三省曰：「騎督，督騎兵。」

〔三一〕晉書職官志：「諸公及開府位從公者，置帳下都督。」

〔三二〕仗，劍戟總名。本志鍾會傳：「姜維令兵悉放器仗。」蜀志姜維傳：「乃投戈放甲。」通鑑：「姜維得漢主勑命，乃令兵悉放仗。」

〔三三〕宮殿重叠，舉弩遥射，豈能中項？虚僞之詞，不攻自破。

〔三四〕宋本「次」作「十」。

〔三五〕據漢晉春秋、魏氏春秋所載，皆言帝入白太后，可證舉兵入西宮之語爲誣。

〔三六〕「世語」，各本皆誤作「國語」，宋、元本不誤。

〔三七〕武陵見武紀建安十三年注。

〔三八〕趙一清曰：「鍾會傳注有王業字長緒，爲王粲族兄凱之子，劉表之外孫。粲子被誅，文帝以業嗣粲，疑即其人也。」梁章鉅説同。李慈銘曰：「魏有兩王業，一山陽人，王弼之父，劉表外孫，官尚書郎，見鍾會傳注。」弼按：山陽之王業爲别一人，此王業爲武陵人，趙説誤。

〔三九〕説苑曰：「晉靈公造九層之臺，費用千金，謂左右曰：敢有諫者，斬。荀息聞之，上書求見，靈公張弩持矢見之。曰：臣不敢諫也。臣能累十二博棊，加九雞子其上。公曰：子爲寡人作之。荀息正顔色，定志意，以棊子置下，加九雞子其上。左右懼慴息，靈公氣息不續。公曰：危哉！危哉！荀息曰：不危也。復有危於此者！公曰：願見之。荀息曰：九層之臺，三年不成，男不耕，女不織，國用空虚，鄰國謀議將興，社稷亡滅，君欲何望？靈公曰：寡人之過也，乃至於此！即壞九層臺也。」

〔四〇〕何焯曰：「觀此二語，沈、業方爲司馬借以自解於天下，幾與成濟同戮矣。」

〔四一〕出雲龍，便非向太后；殞前鋒，則獄有歸宿。

〔四二〕漢書昌邑哀王傳：「羣臣議白孝昭皇后，廢昌邑王賀歸故國，賜湯沐邑二千户，國除爲山陽郡。宣帝元康三年，封賀爲海昏侯。」

〔四三〕此令欲蓋彌彰，天下後世耳目豈能盡掩邪！適以增其醜耳。

〔四四〕經事見夏侯玄傳注。

庚寅，太傅孚、大將軍文王、太尉柔、司徒沖稽首言：「伏見中令，故高貴鄉公悖逆不道，自陷大禍，依漢昌邑王罪廢故事，以民禮葬。臣等備位，不能匡救禍亂，式遏姦逆，奉令震悚，肝心悼慄。春秋之義，王者無外，而書襄王出居于鄭，不能事母，故絶之於位也。〔一〕今高貴鄉公肆行不軌，幾危社稷，自取傾覆，人神所絶，葬以民禮，誠當舊典。然臣等伏惟殿下仁慈過隆，雖存大義，猶垂哀矜；臣等之心，實有不忍，以爲可加恩，以王禮葬之。」太后從之。〔二〕

漢晉春秋曰：丁卯，葬高貴鄉公于洛陽西北三十里瀍澗之濱。〔三〕下車數乘，不設旌旄，〔四〕百姓相聚而觀之，曰：〔五〕「是前日所殺天子也。」〔六〕或掩面而泣，悲不自勝。

臣松之以爲，若但下車數乘，不設旌旐，何以爲王禮葬乎？斯蓋惡之過言，所謂不如是之甚者。

〔一〕春秋：「僖公二十四年冬，天王出居于鄭。」杜注：「襄王也。天子以天下爲家，故所在稱居。天子無外，而書出者，譏王蔽於匹夫之孝，不顧天下之重，因其辟母弟之難。書出，言其自絶於周。」

〔二〕或曰：「從之」二字中，幾許血淚。

〔三〕水經：「瀍水出河南穀城縣北山東，與千金渠合。又東過洛陽縣南，又東過偃師縣，又東入于洛。澗水出新安縣南白石山東南入於洛。」周書曰：「我乃卜澗水東，瀍水西，即謂是也。」

〔四〕宋本「旄」作「旐」。周壽昌曰：「下車數乘，不設旌旄，雖曰王禮，實用民禮也。司馬昭之凶威，何所不至，裴氏疑爲過甚之言，亦何其不達邪？又案，御覽引帝王世紀曰：高貴鄉公爲太子舍人成濟所害，年二十，以公禮葬之。是並無王禮之說。」

〔五〕「相」，一本作「擁」。

〔六〕趙一清曰：「詳味此言，與故長安天子之語何異邪？嗚呼！」弼按：晉愍帝降於劉聰，聰使帝戎服執戟前導，見者指之曰：此故長安天子也。

使使持節行中護軍中壘將軍司馬炎北迎常道鄉公璜嗣明帝後。〔一〕辛卯，羣公奏太后曰：〔二〕「殿下聖德光隆，寧濟六合，而猶稱令，與藩國同。請自今殿下令書，皆稱詔制，如先代故事。」〔三〕

〔一〕何焯曰：「以親疏論，是時丕後尚有人。璜爲宇之子，則操後也。當時惟昭之指，昭穆遠近，莫敢議矣。」

〔二〕胡三省曰：「羣公，自上公、三公至諸從公也。」

〔三〕趙一清曰：「欲以小節虛文，欺媚明元，舉朝皆賊黨也。」

癸卯，大將軍固讓相國、晉公、九錫之寵。太后詔曰：「夫有功不隱，周易大義；成人之美，古賢所尚。今聽所執，出表示外，以章公之謙光焉。」

戊申，大將軍文王上言：「高貴鄉公率將從駕人兵，拔刃鳴金鼓，向臣所止；〔一〕懼兵刃相接，即勑將士不得有所傷害，違令以軍法從事。騎督成倅弟太子舍人濟，橫入兵陣傷公，遂至隕命，輒收濟行軍法。臣聞人臣之節，有死無二；事上之義，不敢逃難。前者變故卒至，禍同發機，誠欲委身守死，唯命所裁。〔二〕然惟本謀，乃欲上危皇太后，傾覆宗廟。臣忝當大任，義在安國，懼雖身死，罪責彌重。欲遵伊、周之權，以安社稷之難，即駱驛申勅，不得迫近輦輿；而濟遽入陣閒，以致大變。哀怛痛恨，五内摧裂，不知何地，可以隕墜！科律，大逆無道，父母、妻子、同産皆斬。濟凶戾悖逆，干國亂紀，罪不容誅。輒勅侍御史收濟家屬，付廷尉，結正其罪。」

魏氏春秋曰：成濟兄弟，不即伏罪，袒而升屋，醜言悖慢。自下射之，方殪。〔三〕

太后詔曰：「夫五刑之罪，莫大於不孝。夫人有子不孝，尚告治之，此兒豈復成人主邪？吾婦人不達大義，以謂濟不得便爲大逆也。然大將軍志意懇切，發言惻愴，故聽如所奏。當班下遠近，使知本末也。」〔四〕

世語曰：初，青龍中，石苞鬻鐵于長安，得見司馬宣王，宣王知焉。〔五〕後擢爲尚書郎，歷青州刺史、鎮東將軍。甘露中入朝，當還，辭高貴鄉公，留中盡日。文王遣人要令過。文王問苞：「何淹留也？」苞曰：「非常人也！」明日，發至滎陽，數日而難作。〔六〕

〔一〕洛陽伽藍記：「延年里劉騰宅東，有太僕寺，寺東有乘黄署，署東有武庫署，即魏相國司馬文王府。」

〔二〕或曰：自道逆跡，於其展轉處見之：向臣所止，討賊明矣；勅無殺害，用兵審矣；横入兵陣，行弒逆矣；誠欲守死，轉抗戰矣。天使賊臣，自供其醜，成濟之事，史家隱之，但備載疏詔，而昭弒君之實，不可掩矣。

〔三〕宋、元本、馮本「方」作「乃」。

〔四〕晉書文帝紀：「庚寅，帝奏成濟干亂國紀，罪不容誅，輒收濟家屬付廷尉。太后從之。夷濟三族。」丁國鈞曰：「文帝借濟以掩人耳目，非真討賊也。魏志言收濟家屬，付廷尉正罪，晉紀言夷族，皆空文欺世。荀勗傳有令成倅刑止其身語，乃當時實録，可證紀文之誣也。」

〔五〕晉書石苞傳：「苞字仲容，渤海南皮人。販鐵於鄴市，還景帝中護軍。司馬宣帝聞苞好色薄行，以讓景帝。」趙一清曰：「世語以爲受知宣帝，似爲乖爽。」

〔六〕苞傳：「苞代王基都督揚州諸軍事，入朝當還，辭高貴鄉公，留語盡日。既出，白文帝曰：非常主也。數日而有成濟之事。」晉書華表傳：「正元初，（「正元初」當作「甘露中」。）石苞來朝，盛稱高貴鄉公，以爲魏武更生。時聞者流汗沾背。表懼禍作，頻稱疾歸下舍。」御覽三百八十七引王隱晉書曰：「侍中石苞朝出，表問國家何如？苞曰：武帝更生也。表聞汗出沾背。」姚範曰：「司馬昭廢立之計，蓄之已久，而石苞更促之，故高貴鄉公云，吾不能坐受廢辱。雲龍門之舉，當迫於勢，不能須臾耳。」

六月癸丑，詔曰：「古者人君之爲名字，難犯而易諱。今常道鄉公諱字甚難避，其朝臣博議，改易列奏。」〔一〕

〔一〕監本「奏」作「奉」，誤。

陳留王諱奂，字景明，武帝孫燕王宇子也。〔一〕甘露二年，〔二〕封安次縣常道鄉公。〔三〕高貴鄉公卒，公卿議迎立公。〔四〕六月甲寅，入於洛陽，見皇太后，是日即皇帝位於太極前殿，〔五〕大赦，改年。賜民爵及穀帛各有差。

〔一〕至是明帝無嗣矣。尚謂嗣明帝後，將誰欺邪？

〔二〕宋本「二」作「三」，水經注及御覽引同。

〔三〕郡國志：「幽州廣陽郡安次。」一統志：「安次故城，今順天府東安縣西北四十里。」水經聖水注：「聖水又東左會白祀溝，溝水出廣陽縣之婁城東，東南逕常道城西，故鄉亭也。西去良鄉城四十里，魏少帝璜甘露三年所封也。」一統志：「常道鄉今東安縣西北五十里。」洪亮吉曰：「燕國，漢置，後國除作廣陽郡，魏因之。至太和六年，復作國，下邳王宇徙封此。安次，漢舊縣，屬廣陽郡，至魏屬燕國也。」

〔四〕公時年十五。晉書武帝紀：「迎常道鄉公於東武陽。」通鑑：「迎常道鄉公璜於鄴。」

〔五〕太極殿見明紀青龍三年。

景元元年夏六月丙辰，進大將軍司馬文王位爲相國，封晉公，增封二郡，并前滿十；加九錫之禮，一如前奏。〔一〕諸羣從子弟其未有侯者，皆封亭侯，賜錢千萬，帛萬匹。文王固讓，乃止。己未，故漢獻帝夫人節薨，〔二〕帝臨于華林園，〔三〕使使持節追謚夫人爲獻穆皇后。〔四〕及葬，車服制度皆如漢氏故事。〔五〕癸亥，以尚書右僕射王觀爲司空。冬十月，觀薨。

〔一〕潘眉曰：「前甘露三年，封邑八郡。八郡者，并州之太原、上黨、西河、樂平、新興、雁門，司州之河東、平陽也。此增二郡，則司州之弘農、雍州之馮翊，皆晉故壤。」梁章鉅曰：「前甘露三年夏五月，命大將軍司馬文王爲相國，封晉公，食邑八郡，加之九錫。文王前後九讓，乃止。故此云一如前詔。各本皆誤作奏。」沈家本曰：「景元二年、四年，並有一如前詔之文，此奏當作詔之證。」

〔二〕陳景雲曰：「續漢書，曹騰父名節，太和詔書所稱處士君者也。於獻穆爲高祖，不應上犯祖諱，必有一誤。」趙一清曰：「處士之稱，不見太和詔書，見於宋書禮志。然既號爲處士，則非閹宦矣。與後漢書之曹節字業偉者，是兩人。（弼按：「業」當作「元」。）但祖諱不避，則不得其說耳。」

〔三〕華林園見文紀黄初四年注。
〔四〕謚法曰：「布德執義曰穆。」何焯曰：「高貴鄉公弑崩之事，獻穆猶親見之；常道鄉公薨於晉太安元年，則又晉室大亂、趙王倫盜篡反正之後也。噫！」
〔五〕范書獻穆曹皇后紀：「魏景元元年薨，合葬禪陵。車服禮儀，皆依漢制。」

十一月，燕王上表賀冬至，稱臣。詔曰：「古之王者，或有所不臣，王將宜依此義；表不稱臣乎？又當爲報。夫後大宗者，降其私親，況所繼者重邪？若便同之臣妾，亦情所未安。其皆依禮典處當，務盡其宜。」〔一〕有司奏，以爲：「禮莫崇於尊祖，制莫大於正典。〔二〕陛下稽德期運，撫臨萬國，紹大宗之重，〔三〕隆三祖之基。伏惟燕王，體尊戚屬，〔四〕正位藩服，躬秉虔肅，率蹈恭德，以先萬國。其于正典，〔五〕闡濟大順，所不得制。聖朝誠宜崇以非常之制，奉以不臣之典。臣等平議，〔六〕以爲燕王章表，可聽如舊式。〔七〕中詔所施，或存好問，準之義類，則宴覿之族也。〔八〕可少順聖敬，加崇儀稱，示不敢斥，宜曰皇帝敬問大王侍御。至于制書，國之正典，〔九〕朝廷所以辨章公制，宣昭軌儀于天下者也。宜循法，故曰制詔燕王。凡詔命、制書、奏事、上書諸稱燕王者，可皆上平。〔一〇〕其非宗廟助祭之事，皆不得稱王名；奏事上書、文書及吏民皆不得觸王諱，〔一一〕以彰殊禮，加于羣后。上遵正典尊祖之制，〔一二〕俯順聖敬烝烝之心，〔一三〕二者不愆，禮實宜之，可普告施行。」

〔一〕通典六十七載此詔，字句稍異，録於下。詔曰：「古之王者，或有不臣，今王宜依此表，不稱臣乎？又當爲報答。夫係大宗者，降其私親，況所係者重邪？若使同之臣妾，朕所未安。其皆依禮據典，當務盡其儀。」

〔二〕通典作「制莫重於王典」。

〔三〕宋本「大」作「太」。

〔四〕通典「體」作「禮」。

〔五〕通典「正」作「王」。

〔六〕通典「平」作「評」。

〔七〕何焯曰：「章表稱臣，于心有所不安，不臣可也。當更取北魏清河王事參之，不至如周世宗之野差順耳。」

〔八〕「宴」一作「燕」。何焯曰：「禮文王世子篇云：與族燕則公與父兄齒。又曰：公與族燕則以齒，而孝弟之道達矣。又曰：公族朝于内朝，雖有貴者以齒。所謂燕覿之敬，宴、燕通用；族乃敬字之譌。」

〔九〕通典「正」作「舊」。

〔一〇〕通典作「皆云上字」。

〔一一〕姚範曰：「向以爲生者不得言諱，此云吏民不得觸王諱，則生言諱亦有本。」

〔一二〕宋本「正」作「王」，通典同。

〔一三〕通典作「俯順聖旨敬承之心」。

十二月甲申，黄龍見華陰縣井中。〔一〕甲午，以司隸校尉王祥爲司空。〔二〕

〔一〕郡國志：「司隸弘農郡華陰，故屬京兆，有太華山。」一統志：「華陰故城，今陝西同州府華陰縣東南。」

〔二〕趙一清曰：「寰宇記卷三云：陳留王奂合河南等五郡，置司州。十三州志云：京師之州，司隸校尉掌焉，故曰司州。」洪亮吉曰：「司州，魏受禪都洛陽，陳留王奂以漢司隸所部三河、宏農四郡及分河東所立之平陽、分河南所立之滎陽置司州，治河南。」吳增僅曰：「後漢書百官志第五注引獻帝起居注，建安十八年三月，省州併郡，復禹貢九州；省司隸部，以其郡分屬豫、冀、雍三州：豫得河南郡，雍得京兆、扶風、馮翊、宏農四郡，冀得河東、河内二郡。其後三輔遂長隸雍州，而司隸何時復置，三河、宏農何時還屬，史無明文。據晉志，魏氏受禪置司州，然魏因漢舊，但有司隸校尉，無司州刺史。又并、涼等州，皆復置於黄初元年。以是互證，知晉志所云魏置司州者，即復置司隸也。案晉志云魏氏受禪，司隸所部河南、河東、河内、宏農、平陽合五郡置司州，晉遂定名司州，而元和志、寰宇記則云陳留王合三河、宏農、平陽五郡置司州。資治通鑑云，太康元年，以司隸部置司州。今考司州之名，魏時屢見，吳志孫權傳，吳、蜀通好，交分天下，其司州之土，以函谷關爲界。此司州之名，載之當時盟約者。晉書文帝紀，魏甘露三年，以司州之河東、平陽等郡，封司馬昭爲晉公，此司州之名，載之當時詔策者。魏志杜畿傳，杜恕上疏，以兗、豫、司、冀四州并稱，此司州之名，載之當時疏奏者。皆非由後言之也。以晉志、通鑑之文證之，可見魏時司隸，但通稱曰司州，至晉太康元年，始定名耳。洪志誤據元和志等書，又誤增滎陽一郡，今不從。」謝鍾英曰：「杜恕傳、孫權傳所言，皆紀當時語，是司州置於文、明之世。洪氏從晉志、元和志謂陳留王置，非也。」弼按：晉書王祥傳：「高貴鄉公即位，與定策功，封關内侯，拜光禄勳，轉司隸校尉。從討毌丘儉，遷太常，封萬歲亭侯。天子幸太學，命祥爲三老。及高貴鄉公之弑也，祥號哭曰：老臣無狀，涕泗交流。頃之，拜司空。」據晉史，祥由太常拜司空，與魏志不合。

二年夏五月朔，[一]日有食之。秋七月，樂浪外夷韓、濊貊各率其屬來朝貢。[二]八月戊寅，趙王幹薨。甲寅，復命大將軍進爵晉公，加位相國，備禮崇錫，一如前詔。又固辭，乃止。[三]

[一]「朔」上當據晉、宋志補「丁未」二字。

〔二〕樂浪見明紀青龍元年；韓、濊貊見後東夷傳。通鑑云：「是歲鮮卑索頭部大人拓拔力微始遣其子沙漠汗入貢，因留爲質。力微之先，世居北荒，後南遷居匈奴故地，復徙居定襄之盛樂，部衆浸盛，諸部皆畏服之。」胡三省曰：「拓跋氏始見于此，鮮卑軻比能與魏爲敵者也。軻比能死，北邊差安，而拓拔氏盛矣，爲後魏張本。漢定襄郡有成樂縣，後漢屬雲中郡，建安二十年，併雲中、定襄、五原、朔方爲新興郡，郡止置一縣，以屬新興，而盛樂故縣棄之荒外，故力微得居之。後魏既盛，南都平城，置盛樂宫於其地。永熙中，又置盛樂郡。」弼按：此爲是年關繫重要之事，特補注於此。

〔三〕陳景雲曰：「以戊寅推之，是月不當復有甲寅，兩寅字定有一誤。晉書文帝紀致晉公茅土九錫，通鑑復命司馬昭進爵位，並系甲寅，則似誤在戊寅也。」潘眉曰：「甲寅當繫在九月，戊寅、甲寅，相去四十七日也。」

三年春二月，青龍見於軹縣井中。〔一〕夏四月，遼東郡言肅慎國遣使重譯入貢，〔二〕獻其國弓三十張，長三尺五寸，楛矢長一尺八寸，石砮三百枚，皮骨鐵雜鎧二十領，貂皮四百枚。冬十月，蜀大將姜維寇洮陽，〔三〕鎮西將軍鄧艾拒之，〔四〕破維于侯和，〔五〕維遁走。〔六〕是歲，詔祀故軍祭酒郭嘉於太祖廟庭。〔七〕

〔一〕軹縣見高貴鄉公紀甘露元年。

〔二〕肅慎見明紀青龍四年，又詳見本志東夷傳挹婁傳。晉書四夷傳：「肅慎氏一名挹婁，周武王時獻其楛矢、石砮。逮於周公輔成王，復遣使入賀。爾後千餘年，雖秦、漢之盛，莫之致也。及文帝作相，魏景元末，來貢楛矢、石砮、弓甲、貂皮之屬。魏帝詔歸於相府，賜其王（褥）〔傉〕雞、錦罽、緜帛。」

〔三〕水經河水注：「洮水東北流逕洮陽曾城北。沙州記曰：嵹城東北三百里有曾城，城臨洮水者也。建初二年，羌攻南部都尉于臨洮，上遣馬防、耿恭救之，諸羌退聚洮陽，即此城也。」胡三省曰：「洮陽，洮水之陽也。洮水之陰，魏不置郡縣，維渡洮而攻之也。沙州記曰：嵹城東北三百里有曾城，臨洮水，曰洮陽城。杜佑曰：臨洮郡城本洮陽，城臨洮水。洮，土刀翻。」方輿紀要卷六十：「臨潭城在陝西洮州衛西南七十里，即古洮陽城，亦謂之曾城，姜維伐魏侵洮陽，即此。」董祐誠曰：「今甘肅鞏昌府洮州廳西南七十里故城即洮陽城。」張庚通鑑綱目釋地糾謬云：「集覽質實以洮陽爲廣西桂林府全州之洮陽縣，誤。」弼按：吴熙載泛指洮陽在洮水西北、青海和碩特前頭旗之東者，亦誤也。

〔四〕鄧艾傳：「甘露元年爲鎮西將軍，二年遷征西將軍。」今猶書鎮西者，誤也。

〔五〕胡三省曰：「水經注，洮水逕洮陽城又東逕共和山南。（「共」一作「洪」。）城在四山中，又東逕迷和城北。意侯和即此地也。」方輿紀要卷六十：「侯和城在洮州衛南，一曰泥和城。案侯和、迷和、泥和、洪和，即一城也，音轉耳。」董祐誠曰：「今岷州西。」謝鍾英曰：「今洮州廳南，洮水之南。」弼按：通鑑綱目謂侯和爲佚和，一統志謂洪和故城今洮州衛治，張庚謂侯和在洮州衛東，吴熙載謂侯和在岷州西北，均誤；謝説是。蓋據水經注洮水又東逕迷和城北之語也。

〔六〕蜀志維傳：「維爲鄧艾所破，還住沓中，不復還成都。」華陽國志：「維惡黄皓恣擅，求沓中種麥，以避内逼。」胡三省曰：「司馬昭因是決計絆維於沓中而伐蜀。」

〔七〕軍祭酒詳見武紀建安三年。

四年春二月，復命大將軍進位、爵賜，一如前詔。〔一〕又固辭，乃止。

〔一〕胡三省曰：「如元年之詔也。」

夏五月，詔曰：「蜀蕞爾小國，〔二〕土狹民寡，而姜維虐用其衆，曾無廢志。往歲破敗之後，猶復耕種沓中，〔三〕刻剥衆羌，勞役無已，民不堪命。夫兼弱攻昧，武之善經；〔四〕致人而不致於人，兵家之上略。〔五〕蜀所恃賴，惟維而已，因其遠離巢窟，用力爲易。今使征西將軍鄧艾督帥諸軍，趣甘松沓中，〔五〕以羅取維；雍州刺史諸葛緒督諸軍趣武都高樓，〔六〕首尾蹴討。〔七〕若擒維，便當東西並進，埽滅巴蜀也。」又命鎮西將軍鍾會由駱谷伐蜀。〔八〕

〔一〕左傳昭公七年：「子産曰：鄭雖無腆，抑諺曰蕞爾國。」杜注：「蕞，小貌。」

〔二〕維耕種沓中，注見前。胡三省曰：「沓中在諸羌中，即沙漒之地。晉張駿據河西，因前趙之亂，收河南地，至於狄道，置武街、石門、侯和、漒川、甘松五屯護軍，與後趙分境。乞伏熾盤攻漒川，師次沓中，則侯和之地在塞内，沓中之地在羌中，明矣。」謝鍾英曰：「沓中在洮州西南西傾山之南。」

〔三〕左傳宣公十二年：「隨武子曰：兼弱攻昧，武之善經也。」杜注：「昧，昏亂也；經，法也。」

〔四〕孫子虚實篇：「故善戰者，致人而不致於人。」王晳曰：「致人者，以佚乘其勞；致於人者，以勞乘其佚。」

〔五〕甘松在今四川松潘廳西北三百里洮州廳之西南，江水發源處。詳見鄧艾傳。

〔六〕文館詞林「武都」作「武街」。武都見武紀建安二十年。趙一清曰：「方輿紀要，他樓城在平涼府鎮原縣北百里。高、他，聲之轉。」弼按：平涼府遠在東北，與武都無涉，非諸葛緒進兵之道，趙説誤。晉書文帝紀：「雍州刺史諸葛緒自祁山軍于武街，絶維歸路。」本志鍾會傳：「緒趣武街橋頭，絶維歸路。」通鑑：「諸葛緒督三萬餘人，自祁山趣武街橋頭，絶維歸路。」李賢曰：「下辨縣屬武都郡，舊名武街城。」蓋緒由祁山趣武都，又由武都至橋頭。武都，今甘肅階州成縣；橋頭，今階州文縣，若東北之平涼，何能絶其歸路乎？謝鍾英曰：「武都，即武街；高樓，橋頭之訛也。」橋頭見鄧艾傳。

〔七〕「蹴」與「蹙」同。

〔八〕駱谷在陝西西安府盩厔縣西南百二十里，詳見曹爽傳、鍾會傳。晉書文帝紀：「於是徵四方之兵十八萬。秋八月，軍發洛陽，大賚將士，陳師誓衆。將軍鄧敦謂蜀未可討，帝斬以徇。」

秋七月，太尉高柔薨。〔一〕冬十月甲寅，復命大將軍進位、爵賜，一如前詔。〔二〕癸卯，立皇后卞氏；〔三〕十一月，大赦。

〔一〕時年九十。

〔二〕晉書文帝紀：「冬十月，天子以諸侯獻捷交至，（「侯」當作「將」。）乃申前命曰：朕以寡德，獲承天序，嗣我祖宗之洪烈，遭家多難，不明于訓。曩者奸逆屢興，方寇內侮，大懼淪喪四海，以墮三祖之弘業。惟公經德履哲，明允廣深，迪宣武文，世作保傅，以輔乂皇家。櫛風沐雨，周旋征伐，劬勞王室，二十有餘載。毗翼前人，乃斷大政，克厭不端，維安社稷。暨儉、欽之亂，公綏援有衆，分命興師，統紀有方，用緝寧淮、浦。其後巴蜀屢侵，西土不靖，公奇畫指授，制勝千里。是以段谷之戰，乘釁大捷，斬將搴旗，效首萬計。孫峻猾夏，致寇徐方，戎車首路，威靈先邁，黃鉞未啟，鯨鯢竄迹。孫壹搆隙，自相疑阻，幽鑒遠照，奇策洞微，遠人歸命，作藩南夏，爰授銳卒，畢力戎行。暨諸葛誕滔天作逆，稱兵揚、楚，欽、咨逋罪，同惡相濟，帥其蝨賊，以入壽春，憑阻淮山，敢距王命。公躬擐甲冑，龔行天罰，玄謀廟算，遵養時晦。奇兵震擊，而朱異摧破；神變應機，而全琮稽服；取亂攻昧，而高墉不守。兼九伐之弘略，究五兵之正度。用能戰不窮武，而大敵殲潰；旗不再麾，而元憝授首。收勍吳之雋臣，係亡命之逋虜。交臂屈膝，委命下吏，俘馘十萬，積尸成京。雪宗廟之滯恥，拯兆庶之艱難。埽平區域，信威吳會，遂戢干戈，靖我疆土，天地鬼神，罔不獲乂。乃者王室之難，變起蕭墻，賴公之靈，弘濟艱險。宗廟危而獲安，社稷墜而復寧。忠格皇天，功濟六合，是用疇咨古訓，稽諸典籍，命公崇位相國，加于羣后，啟土參墟，封以晉域。所以方軌齊、魯，翰屏帝室。而公遠蹈謙損，深履沖讓，固辭策命，至于八九。朕重違讓德，抑禮虧制，以彰公志，于今四載。上闕在昔建侯之典，下違兆庶具瞻之望。惟公嚴虔王度，闡濟大猷，敦尚純樸，省繇節用，務穡勸分，九野康乂。耆叟荷崇養之德，鰥寡蒙矜卹之施，仁風興於中夏，流澤布於遐荒。是以東夷西戎、南蠻北狄，狂狡貪悍，世爲寇讎者，皆感義懷惠，款塞內附，或委命納貢，或求置官司。九服之外，絶域之氓，曠世所希至者，咸浮海來享，鼓舞王德，前後至者，八百七十餘萬口。海隅幽裔，無思不服，雖西旅遠貢，越裳九譯，義無以踰。維翼朕躬，下匡萬國，思靖殊方，寧濟八極。以庸蜀未賓，蠻荆作猾，潛謀獨斷，整軍經武。簡練將帥，授以成策，始踐賊境，應時摧陷。狂狡奔北，首尾震潰，禽其戎帥，屠其城邑。巴、漢震疊，江源雲徹，地平天成，誠在斯舉。公有濟六合之勳，加以茂德，實總百揆，允釐庶政。敦五品以崇仁，恢六典以敷訓。而靖恭夙夜，勞謙昧旦，雖尚父之左右文、武，周公之勤勞王家，罔以加焉。昔先王選建明德，光啟諸侯，體國經野，方制五等。所以藩翼王畿，垂祚百世也。故齊、魯之封，於周爲弘，山川土田，邦畿七百，官司典策，制殊羣后。惠、襄之難，桓、文以翼戴之勞，猶受錫命之禮，咸用光疇大德，作範于後。惟公功邁於前烈，而賞闕於舊式，百辟於邑，人神同恨焉。豈可以公謙沖而久淹弘典哉！今以并州之太原、上黨、西河、樂平、新興、雁門，司州之河東、平陽、弘農，雍州之馮翊，凡十郡，南至於華，北至于陘，東至于壺口，西踰于河。提封之數，方七百里，皆晉之故壤，唐叔受之，世作盟主，實紀綱諸夏，用率舊職。爰胙兹土，封公爲晉公，命使持節兼司徒司隸校尉陔，即授印綬、策書，金獸符第一至第五，竹使符第一至第十。錫之玄土，苴以白茅，建爾國家，以永藩魏室。昔在周、召，並以公侯，入作保傅；其在近代，酇侯蕭何，實以相國，光尹漢朝。隨時之制，禮亦宜之。今進公位爲相國，加緑綟綬，又加公九錫，其敬聽後命。以公思弘大猷，崇正典禮，儀刑作範，旁訓四方，是用錫公大輅、戎輅各一，玄牡二駟。公道和陰陽，敬授人時，嗇夫反本，農殖維豐，是用錫公袞冕之服，赤舄副焉。公光敷顯德，惠下以和，敬信思順，庶尹允諧，是用錫公軒懸之樂，六佾之舞。公鎮靖宇宙，翼播聲教，海外懷服，荒裔款附，殊方馳義，諸夏順軌，是用錫公朱户以居。公簡賢料材，營求俊逸，爰升多士，寘彼周行，是用錫公納陛以登。公嚴恭寅畏，底平四國，式遏寇虐，苛慝不作，是用錫公武賁之士三百人。公明慎用刑，簡恤大中，章厥天威，以糾不虔，是用錫公鈇、鉞各一。公爰整六軍，典司征伐，犯命陵正，乃維誅殛，是用錫公彤弓一、彤矢百、玈弓十、玈矢千。公饗祀蒸蒸，孝思維則，篤誠之至，通于神明，是用錫公秬鬯一卣，珪瓚副焉。晉國置官司以下，率由舊式。往欽哉，祗服朕命！弘敷訓典，光澤庶方，永終爾明德，不顯余一人之休命。公卿將校，皆詣府喻旨。帝以禮辭讓。司空鄭沖（「司空」當作「司徒」。）率羣官勸進，帝乃受命。」胡三省曰：「始受相國、晉公、九錫之命。」

〔三〕卞太后弟秉之孫女也。

自鄧艾、鍾會率衆伐蜀，所至輒克。〔一〕是月，蜀主劉禪詣艾降，巴、蜀皆平。〔二〕十二月庚戌，以司徒鄭沖爲太保。〔三〕壬子，分益州爲梁州。〔四〕癸丑，特赦益州士民，復除租賦之半五年。

〔一〕詳見鄧艾、鍾會傳。

〔二〕晉書文帝紀：「十一月，鄧艾帥萬餘人自陰平踰絶險至江油，破蜀將諸葛瞻於綿竹，斬瞻傳首，進軍雒縣，劉禪降。天子命晉公以相國總百揆，於是上節傳，去侍中、大都督、録尚書之號焉。」

〔三〕晉書職官志：「太宰、太傅、太保，周之三公官也。魏初唯置太傅，以鍾繇爲之；末年又置太保，以鄭沖爲之。」沖傳：「拜太保，位在三司之上。沖雖位階台輔，而不預世事。」弼按：此所以酬勸進也。

〔四〕郡國志：「益州領漢中、巴郡、廣漢、蜀郡、犍爲、牂牁、越巂、益州、永昌、廣漢屬國、蜀郡屬國、犍爲屬國。益州刺史部郡國十二，縣道一百六十八。」晉書地理志：「益州，按禹貢及舜十二牧，俱爲梁州之域，周合梁於雍，則又爲雍州之地。春秋元命包云：參伐流爲益州，益之爲言阨也，言其所在之地險阨也。亦曰疆壤益大，故以名焉。始秦惠王滅蜀置郡，以張若爲蜀守。及始皇置三十六郡，蜀郡之名不改。漢初有漢中、巴蜀，高祖六年，分蜀置廣漢，凡爲四郡。武帝開西南夷，更置犍爲、牂牁、越巂、益州四郡，凡八郡，遂置益州統焉。益州蓋始此也。及後漢明帝以新附置永昌郡，安帝又以諸道置蜀、廣漢、犍爲三郡屬國都尉。及靈帝又以汶江、蠶陵、廣柔三縣立汶山郡。獻帝初平元年，劉璋分巴郡立永寧郡；建安六年，改永寧爲巴東，以巴郡爲巴西，又立涪陵郡。二十一年，劉備分巴郡立固陵郡，蜀章武元年，又改固陵爲巴東郡，巴西郡爲巴郡；又分廣漢立梓潼郡，分犍爲立江陽郡，以蜀郡屬國爲漢嘉郡，以犍爲屬國爲朱提郡。劉禪建興二年，改益州郡爲建寧郡，廣漢屬國爲陰平郡，分建寧、永昌立雲南郡，分建寧、牂牁立興古郡，分廣漢立東廣漢郡。魏景元中，蜀平，省東廣漢郡。及武帝泰始二年，分益州置梁州，以漢中屬焉。益州統蜀郡、犍爲、汶山、漢嘉、江陽、朱提、越巂、牂牁八郡，縣四十四。梁州統漢中、梓潼、廣漢、新都、涪陵、巴郡、巴西、巴東八郡，縣四十四。泰始七年，又分益州置寧州，統雲南、興古、建寧、永昌四郡，縣四十五。」宋書州郡志「魏景元四年，平蜀，復立梁州，治漢中南鄭；益州治成都」，與本志相合。而晉志言泰始二年立梁州，（又云「三年」。）何以互相歧異？蓋景元四年已屆年終，雖有此詔，未及施行，而咸熙、泰始之閒，本止兩年，中經鄧、鍾之亂，擾攘數月，且時方經營禪代，無暇計及建設，故分疆畫界，至泰始二年而始定也。

乙卯，以征西將軍鄧艾爲太尉，鎮西將軍鍾會爲司徒。〔一〕皇太后崩。〔二〕

〔一〕胡三省曰：「賞平蜀之功也。」

〔二〕宋、元本「五年」提行，誤。官本攷證盧明楷曰：「各本俱誤以五年爲紀年之五年。按景元四年十一月，巴蜀平；十二月，加鄧艾、鍾會等爵，並非隔年之事。蓋此復除租賦之半五年，即如文帝黄初二年注中令天下聽内徙復五年之意。」錢大昭曰：「復除租賦之半五年者，謂五歲之内每歲租賦盡復除其半也。癸丑與乙卯僅隔一日，汲古閣本以五年提行，非也。景元無五年。文獻通考國用門引此條，不連五年二字，知宋本已誤矣。」潘眉曰：「推是年十二月壬辰朔，癸丑，二十二日；乙卯，二十四日也。今本以乙卯爲五年乙卯，大謬！後募蜀人内徙，至復除二十歲。」李慈銘曰：「五年二字誤衍，當以乙卯接半字下。」弼按：鄧艾傳「十二月詔以艾爲太尉」，鍾會傳「十二月詔以會爲司徒」，明元郭后傳「后於景元四年十二月崩」，此皆四年十二月事，無可疑者。晉書文帝紀表鄧艾爲太尉，鍾會爲司徒，亦繫於景元四年。通鑑亦同。平吳之後，將吏渡江，復十年；百姓及百工復二十年。則此復五年之半，猶爲少也。李説誤。景元本有五年，鍾會傳「會以五年正月十五日至」，蜀志後主傳「景元五年三月丁亥，策命劉禪爲安樂縣公」可證。至五月甲戌，始改元咸熙，諸説謂景元無五年者，亦誤。

咸熙元年春正月壬辰，〔一〕檻車徵鄧艾。〔二〕甲子，行幸長安。〔三〕壬申，使使者以璧幣祀華山。〔四〕是月，鍾會反于蜀，爲衆所討，鄧艾亦見殺。〔五〕二月辛卯，特赦諸在益土者。〔六〕庚申，葬明元郭后。三月丁丑，以司空王祥爲太尉，征北將軍何曾爲司徒，尚書左僕射荀顗爲司空。〔七〕己卯，進晉公爵爲王，封十郡，並前二十。〔八〕

漢晉春秋曰：晉公既進爵爲王，太尉王祥、司徒何曾、司空荀顗並詣王。顗曰：「相王尊重，何侯與一朝之臣皆已盡敬，〔九〕今日便當相率而拜，無所疑也。」祥曰：「相國位勢，誠爲尊貴，然要是魏之宰相，吾等魏之三公，公、王相去，〔一〇〕一階而已，班列大同，安有天子三公可輒拜人者？損魏朝之望，虧晉王之德。君子愛人以禮，吾不爲也！」〔一一〕及入，顗遂拜，而祥獨長揖。王謂祥曰：「今日然後知君見顧之重。」〔一二〕

丁亥，封劉禪爲安樂公。〔一三〕夏五月庚申，相國晉王奏復五等爵。〔一四〕甲戌，改年。〔一五〕癸未，追命舞陽宣文侯爲晉宣王，舞陽忠武侯爲晉景王。六月，鎮西將軍衛瓘上雍州兵於成都縣獲璧、玉印各一，印文似「成信」字，依周成王歸禾之義，〔一六〕宣示百官，藏於相國府。

孫盛曰：昔公孫述自以起成都，號曰成。二玉之文，殆述所作也。〔一七〕

〔一〕官本攷證李龍官曰：「按前乙卯，後甲子，中間不應有壬辰，作壬戌爲是。今據何焯校本改正。」陳景雲曰：「下文二月辛卯，則知辛卯是二月朔，壬辰爲二月二日也。」

〔三〕劉熙釋名：「檻車上施欄檻，以格猛獸，亦因禁罪人之車也。」晉書文帝紀：「鍾會潛謀叛逆，因密使譖艾。」本志鍾會傳：「會內有異志，因鄧艾承制專事，密白艾有反狀，於是詔書檻車徵艾。」

〔三〕晉書文帝紀：「乙丑，帝奉天子西征，次于長安。是時，魏諸王侯悉在鄴城，命從事中郎山濤行軍司事，鎮於鄴。」何焯曰：「郭太后在殯，蓋墨絰而出也。」弼按：此仍襲討諸葛誕挾兩宮以行之策，而又防制鄴中，權奸謀慮，可謂周矣。

〔四〕尚書武成：「歸馬于華山之陽。」周禮夏官職方氏：「河南曰豫州，其山鎮曰華山。」山海經：「太華之山，削成而四方，其高五千仞，其廣十里。」漢書地理志：「京兆尹華陰縣，太華山在南，有祠，豫州山。」一統志：「太華山在華陰縣南，即西嶽也。」華陰後漢改屬弘農郡，見前景元元年。

〔五〕詳見鄧艾、鍾會傳。

〔六〕通鑑：「二月丙辰，車駕還洛陽。」紀失書。

〔七〕顗見荀彧傳。

〔八〕甘露三年，封晉公食邑八郡；景元元年，增封二郡；至是又增封十郡，凡二十郡。

〔九〕胡三省曰：「何侯，謂何曾；一朝之臣，謂舉魏朝之臣也。」晉書何曾傳：「文帝爲晉王，曾與高柔、鄭沖俱爲三公。將入見，曾獨致拜盡敬，二人猶揖而已。」錢大昕曰：「高柔卒於景元四年，司馬昭未爲晉王，至咸熙元年封王，其時三公則太尉王祥、司空荀顗也，傳誤。」弼按：諸史所載，雖有異同，然何曾屈膝，則爲不可掩之事實也。

〔一〇〕通鑑作「王公」。

〔一一〕王夫之曰：「驟聞此言，未有不以爲嶽立屹屹，可以爲社稷臣者。馮道之勞郭威曰『侍中此行不易』，亦猶是也。炎篡而祥爲太保於晉，威篡而道爲中書令於周，則其亢矯以立名，而取合於新主，大略可知。設遇朱温，豈能爾哉！」

〔一二〕晉書王祥傳以此爲晉武帝爲晉王時事，與此異。何焯曰：「祥知拜之不可，然其自處，何以并在楊彪下也？厥後馮道受郭威之拜，復折而事周，是以唯大節不可奪爲難。」姜宸英曰：「祥於晉、魏篡弑之際，唯唯無所短長，而斬此一拜，所謂不能三年之喪，而緦小功之察，欲自附於汲長孺耶？」趙一清曰：「晉書祥傳，高貴鄉公之弑，朝臣舉哀，祥號哭曰：老臣無狀，涕淚交流。觀祥之所爲忠，與其事後母之所爲孝，一生都是假。晉朝優容之者，以其爲無用之物耳。」王鳴盛曰：「祥庸貪小人，名仕魏室，實爲晉臣，乃以不拜自重乎？史家盛誇其孝友名德，此史家妙於立言。范蔚宗傳胡廣，歐陽永叔傳馮道，皆如此矣。以不拜爲高，與高貴鄉公被弑而號泣爲忠，正復一類。昭、炎佯敬之，明知如傀儡，相與爲僞而已。禄位之昌，名壽之高，子孫之蕃衍，古今少比。鄙夫例多福，無怪志於鄙夫者之多也！」弼按：據晉書王祥、鄭沖、河曾、荀顗傳，當咸熙、泰始之際，祥等皆年屆八十，在魏已位至三公，而皆眷戀爵秩，佐命新朝，與鍾繇、華歆、王朗前後一轍。操、懿創篡奪之局，而開國宰輔，盡屬庸流，宜其國祚之不永也。

〔一三〕趙一清曰：「此即景初二年所置漁陽郡之安樂縣。」弼按：策命之辭，見蜀志後主傳。

〔一四〕晉書文帝紀始建五等爵在七月之後，與此異。通鑑：「五月庚申，晉王奏復五等爵，封騎督以上六百餘人。」胡三省曰：「賞平蜀之功也。周制，列爵五等：公、侯地方百里，伯七十里，子、男五十里。秦廢五等爵，漢列侯以户爲差。獻帝建安二十年，魏王操置名號侯，以賞軍功，虛封自此始矣。今雖復五等爵，亦虛封也。」潘眉曰：「御覽一百九十九引魏志云：咸熙元年，相國晉王奏建五等，諸公地方七十五里，邑一千八百户。置相一人，典祠、典書、典衛、典禮各一人，妾六人，車前司馬十人，旅賁四十人。諸侯地方七十里，邑千六百户。官屬同諸公。妾五人，車前司馬八人，旅賁三十六人。伯地方六十里，邑千二百户。妾四人，車前司馬六人，旅賁二十八人。諸子地方五十里，邑八百户。相一人，典祠令、典書丞、典衛丞各一人。妾三人，車前司馬四人，旅賁二十人。男地方三十五里，邑四百户。相一人，典祠長、典書丞各一人，妾二人，車前司馬二人，旅賁十二人。又次國男方二十五里，邑二百户。今魏志無之，此必當時奏議之文也。晉地理志晉文帝爲晉王，命裴秀建立五等之制，縣公邑千八百户，地方七十五里；大國侯邑千六百户，地方七十里；次國侯邑千四百户，地方六十五里；大國伯邑千二百户，地方六十里；次國伯邑千户，地方五十五里；大國子邑八百户，地方五十里；次國子邑六百户，地方四十五里；男邑四百户，地方四十里。與御覽所引魏志略同，惟不載置相、典祠、司馬、旅賁人數。又按晉志，侯有大國侯、次國侯，伯有大國伯、次國伯，子有大國子、次國子，較御覽爲詳。而晉志於男但云男邑四百户，地方四十里，無大次之分。御覽則云男地方三十五里，邑四百户；次國男方二十五里，邑二百户。男亦有大國男、次國男之别矣。」

〔一五〕胡三省曰：「始改元咸熙。」

〔一六〕史記魯周公世家：「諸侯咸服宗周，天降祉福，唐叔得禾，異母同穎，獻之成王。成王命唐叔以餽周公於東土，作餽禾。周公既受命禾，嘉天子命作嘉禾。」

〔一七〕後漢書公孫述傳：「述自立爲天子，號成家。」章懷注：「以起家成都，故號成家。」王先謙曰：「以成爲國號也。與袁術稱仲家同義。」

初，自平蜀之後，吴寇屯逼永安，〔一〕遣荆、豫諸軍，掎角赴救。〔二〕七月，賊皆遁退。〔三〕八月庚寅，命中撫軍司馬炎副貳相國事，〔四〕以同魯公拜後之義。

〔一〕永安見武紀建安二十年巴東郡注。蜀志先主傳：「章武二年，先主自猇亭還秭歸，改魚服曰永安。」華陽國志：「魚服縣，巴東郡治。」水經江水注：「江水又東逕永安宫南，劉備終于此，諸葛亮受遺處也。其閒平地可二十許里，江山迴闊，入峽所無。江水又東逕諸葛圖壘南，又東逕赤岬城西，又東逕魚服縣故城南，故魚國也。」一統志：「魚服故城，今四川夔州府奉節縣東北；永安宫城，今奉節縣治。」

〔二〕左傳襄公十四年：「戎子支駒對曰：譬如捕鹿，晉人角之，諸戎掎之，與晉踣之。」杜注：「掎其足也。」

〔三〕晉書羅憲傳：「憲字令則，襄陽人。遷巴東太守，守永安城。吴使步協西征，憲大破其軍。吴又使陸抗助協，憲拒守經年，救援不至。會荆州刺史胡烈等救之，抗退。」弼按：憲事又見蜀志霍峻傳注引襄陽記。

〔四〕胡三省曰：「依五官將故事也。」趙一清曰：「魏置中護軍、中領(事)〔軍〕，又有撫軍將軍，此云中撫軍，蓋特改舊制，以尊晉王之子耳。尋自中撫軍爲撫軍大將軍。」弼按：中撫軍即撫軍將軍，猶中領軍之資重者爲領軍將軍，資輕者爲中領軍也。

癸巳，詔曰：「前逆臣鍾會，構造反亂，聚集征行將士，劫以兵威，始吐姦謀，發言桀逆，〔一〕逼脅衆人，皆使下議，倉卒之際，莫不驚懾。相國左司馬夏侯和、騎士曹屬朱撫〔二〕時使在成都，中領軍司馬賈輔、〔三〕郎中羊琇各參會軍事。和、琇、輔皆抗節不撓，拒會凶言，臨危不顧，詞指正烈。〔四〕輔語散將王起，說會姦逆凶暴，欲盡殺將士；又云相國已率三十萬衆，西行討會，欲以稱張形勢，感激衆心。起出，以輔言宣語諸軍，遂使將士益懷奮勵。宜加顯寵，以彰忠義。其進和、輔爵爲鄉侯，琇、撫爵關内侯。〔五〕起宣傳輔言，告令將士，所宜賞異。其以起爲部曲將。」〔六〕

〔一〕潛夫論：「羣僚舉士者，或以頑魯應茂才，以桀逆應至孝。」

〔二〕宋書百官志：「晉文帝爲相國，相國府置中衛將軍、驍騎將軍、左右長史、司馬，從事中郎四人，主簿四人，舍人十九人，參軍二十二人，參戰十一人，掾屬三十三人，散屬九人。」趙一清曰：「騎士曹屬，亦相國府官，宋志所謂散屬九人也。」弼按：宋志相國府掾屬中有騎兵掾二人，屬一人。騎士曹屬當指此，非散屬也。趙説誤。

〔三〕洪飴孫曰：「中領軍司馬一人，六百石，第七品。」

〔四〕晉書外戚傳：「羊琇字稚舒，景獻皇后之從父弟也。父耽，官至太常。琇少舉郡計，參鎮西鍾會事，從平蜀。及會謀反，琇正言苦諫。還，賜爵關内侯。」趙一清曰：「琇母即辛憲英也。琇入蜀事，亦見辛毗傳注。」

〔五〕胡三省曰：「琇，司馬師夫人之從父弟，故以諫會爲功而得封。」

〔六〕林國贊曰：「據鍾會傳，會謀盡阬魏軍，胡烈密語其子淵，淵因聚會衆殺會。陳留紀則云賈輔密語王起，起因宣傳輔言，是年凡嬰會害者，皆與輔、起並被爵賞。淵、烈最爲功首，猥無名字。會傳注引晉諸公贊亦不言其見録。」

癸卯，以衛將軍司馬望爲驃騎將軍。九月戊午，以中撫軍司馬炎爲撫軍大將軍。

辛未，詔曰：「吴賊政刑暴虐，賦斂無極。孫休遣使鄧句，勑交阯太守〔一〕鎖送其民，發以爲兵。〔二〕吴將吕興因民心憤怒，又承王師平定巴蜀，即糾合豪傑，誅除句等，驅逐太守長吏，撫和吏民，以待國命。〔三〕九真、日南郡〔四〕聞興去逆即順，亦齊心響應，與興協同。興移書日南州郡，開示大計，兵臨合浦，〔五〕告以禍福；遣都尉唐譜等詣進乘縣，〔六〕因南中都督護軍霍弋上表自陳。〔七〕又交阯將吏各上表言，興創造事業，大小承命。郡有山寇，入連諸郡，懼其計異，各有攜貳。權時之宜，以興爲督交阯諸軍事上大將軍定安縣侯，〔八〕乞賜褒獎，以慰邊荒。乃心款誠，形於辭旨。昔儀父朝魯，春秋所美；〔九〕竇融歸漢，待以殊禮。〔一〇〕今國威遠震，撫懷六合，方包舉殊裔，混一四表。興首向王化，舉衆稽服，萬里馳義，請吏帥職，宜加寵遇，崇其爵位。既使興等懷忠感悦，遠人聞之，必皆競勸。其以興爲使持節、都督交州諸軍事南中大將軍，封定安縣侯。〔一一〕得以便宜從事，先行後上。」策命未至，興爲下人所殺。〔一二〕

〔一〕郡國志：「交州交趾郡，治龍編。」劉昭注：「武帝置，即安陽王國，雒陽南萬一千里。」水經葉榆河注云：「尚書大傳曰：「堯南撫交阯，于禹貢荊州之南垂幽荒之外，故越也。周禮，南八蠻雕題交阯，有不粒食者焉。秦始皇開越嶺，南立蒼梧、南海、交阯、象郡。漢武帝元鼎二年，始并百越，啓七郡，于是乃置交阯刺史，以督領之。」又云：「建安二十三年立州之始，蛟龍蟠編於南北二津，故改龍淵以龍編爲名也。」元和郡縣志云：「元封五年，置刺史以部之。名曰交阯者，交以南諸夷，其足大指廣，兩足並立則交焉。漢本定爲交阯刺史，不稱州，以別于十二州。建安八年，張津爲刺史，士燮爲太守，共表請立爲州，自此始稱交州焉。」周濟曰：「在今廣西太平府憑祥州南七百五十里。」鄒代鈞曰：「交阯郡有今越南河內、興安、南定、寧平、海東、北寧、諒山七道。龍編，今河內道治。」王先謙曰：「交趾國見山海經，交阯見禮王制。顓頊紀作阯，通借字。尉佗攻破安陽王，令二使典主交阯、九真二郡，即甌駱也。詳南越傳。」

〔二〕趙一清曰：「鄧句，晉書陶璜傳作鄧荀，即所云察戰鄧荀，擅調孔雀三千頭者。句當是荀之譌。」侯康曰：「陶璜傳：交阯太守孫諝貪暴，爲百姓所患。會察戰鄧荀至，擅調孔雀三千頭，遣送秣陵。按句與荀字形相近，未知孰是。至謂發民爲兵，則敵國傳聞之訛也。吴志亦云，察戰到交阯，調孔雀、大豬，與陶璜傳同。」弼按：裴注，察戰，吴官名號。餘詳見吴志孫休傳永安五年。

〔三〕陶璜傳：「郡吏呂興，殺太守孫諝及鄧荀，以郡內附。」

〔四〕郡國志：「交州九真郡，治胥浦；日南郡，治西卷。」劉昭注：「九真郡，武帝置，雒陽南萬一千五百八十里；日南郡，秦象郡，武帝更名，雒陽南萬三千四百里。」丁謙曰：「九真，今越南清華省；日南，今越南乂安省。」鄒代鈞曰：「九真郡爲今越南順化、廣南、清化、乂安、河静、廣義六道；日南郡爲今越南歸化、富安、廣和、平順四道。」

〔五〕郡國志：「交州合浦郡，治合浦。」劉昭注：「合浦，武帝置，雒陽南九千一百九十一里。」一統志：「合浦，今廣東廉州府合浦縣東北。」

〔六〕漢書地理志：「牂柯郡進桑，南部都尉治，有關。」郡國志：「交州牂柯郡進乘。」水經「葉榆河入牂柯郡西、隨縣北爲西隨水，又東出進桑關。」酈注：「進桑縣，牂柯之南部都尉治也。水上有關，故曰進桑關也。故馬援言，從麊泠水道出進桑王國，至益州賁古縣，轉輸通利。蓋兵車資運所由矣。自西隨至交趾，崇山接險，水路三千里。葉榆水又東南絶温水而東，南注于交趾。」王先謙曰：「漢志作進桑。續志作進乘，蓋誤。三國蜀因，改屬興古郡。阮元云：故城當在今越南交岡境。謝鍾英曰：當在今雲南臨安府阿迷州南境。案，當在臨安府東南境，接越南界。」李兆洛曰：「進乘縣在雲南元江州東南。」

〔七〕霍弋字紹先，南郡枝江人。領建寧太守。蜀并於魏，弋與巴東領軍羅憲各保全一方，事見蜀志霍峻傳。漢晉春秋云：「晉文王拜弋爲南中都督。後遣將兵救援呂興，平交阯、日南、九真三郡。」

〔八〕漢書地理志：「交趾郡，安定。」郡國志：「交趾郡，定安。」惠棟曰：「前志作安定。林邑記云：外越安定紀粟。望都，州郡志仍作（安定）〔定安〕。」趙一清曰：「疑定安爲誤。亦見蜀志張嶷傳。」李兆洛曰：「在交州府境。」弼按：張嶷傳之安定，不在交阯境内，當别爲一地。

〔九〕春秋「隱公元年三月，公及邾儀父盟于蔑」，杜注：「附庸之君，未王命例稱名。能自通于大國，繼好息民，故書字貴之。」

〔一〇〕後漢書竇融傳：「融決策東向，遣長史劉鈞奉書獻馬，帝因授融爲涼州牧。」

〔一一〕趙一清曰：「南中大將軍，是特建號，非古制也。」

〔一二〕陶璜傳：「武帝拜興安南將軍、交阯太守，尋爲其功曹李統所殺。」通鑑作王統，亦有作李統者。

冬十月丁亥，詔曰：「昔聖帝明王，静亂濟世，保大定功，文武殊塗，勳烈同歸。是故或舞干戚，以訓不庭，或陳師旅，以威暴慢。至于愛民全國，康惠庶類，必先脩文教，示之軌儀，不得已然後用兵，此盛德之所同也。往者，季漢分崩，九土顛覆，劉備、孫權，乘閒作禍，三祖綏寧中夏，日不暇給，遂使遺寇僭逆歷世。幸賴宗廟威靈，宰輔忠武，爰發四方，拓定庸、蜀，役不浹時，一征而克。自頃江表衰敝，政刑荒闇，巴、漢平定，孤危無援，交、荊、揚、越，靡然向風。今交阯僞將呂興，已帥三郡，萬里歸命；武陵邑侯相嚴等，〔一〕糾合五縣，請爲臣妾；豫章廬陵山民，舉衆叛吳，〔二〕以助北將軍爲號。又孫休病死，主帥改易，〔三〕國內乖違，人各有心。僞將施績，賊之名臣，懷疑自猜，深見忌惡。〔四〕衆叛親離，莫有固志。自古及今，未有亡徵若此之甚。若六軍震曜，南臨江、漢，吳會之域，必扶老攜幼，以迎王師，必然之理也。然興動大衆，猶有勞費，宜告諭威德，開示仁信，使知順附和同之利。相國參軍事徐紹、水曹掾孫彧，〔五〕昔在壽春，並見虜獲。紹本僞南陵督，〔六〕才質開壯；彧，孫權支屬，忠良見事。其遣紹南還，以彧爲副，宣揚國命，告諭吳人，諸所示語，皆以事實，若其覺悟，不損征伐之計，蓋廟勝長算，自古之道也。其以紹兼散騎常侍，加奉車都尉，封都亭侯；彧兼給事黃門侍郎，賜爵關內侯。紹等所賜妾，及男女家人在此者，悉聽自隨，以明國恩，不必使還，以開廣大信。」〔七〕

〔一〕武陵見武紀建安十三年注。

〔二〕郡國志：「揚州豫章郡，治南昌。」一統志：「南昌故城，今江西南昌府南昌縣東、灌城鄉城隍廟橋西。」郡國志：「豫章郡廬陵。」劉昭注：「興平元年，孫策分立廬陵郡。」吳志孫策傳：「策分豫章爲廬陵郡。」水經：「贛水又東北過石陽縣西。」酈注：「漢獻帝初平二年，（弼按：「初平」應作「興平」。）吳長沙桓王立廬陵郡，治此。」一統志：「石陽故城，今江西吉安府吉水縣東北。」豫章、廬陵二郡，詳見吳志孫策傳。

〔三〕時孫皓新立。

〔四〕吴志朱績傳，績時拜左大司馬。猜忌之説，敵國離閒之詞。績本姓施，故曰施績。

〔五〕晉書文帝紀「徐紹」作「徐劭」。胡三省曰：「水曹掾，吴相府所置。吴未嘗置相國，魏人以晉王爲相國，因亦稱吴丞相參軍爲相國參軍。」弼按：相國參軍、水曹掾皆魏相國之官屬也，見宋書百官志，注見前。吴無此官，胡注誤。蓋徐紹在吴爲南陵督，降魏後爲相國參軍也。

〔六〕方輿紀要卷二十七云：「南陵戍在太平府繁昌縣西南，下陵江渚，江州東界，盡於南陵。蓋濱江津要處，非今寧國府之南陵縣。晉陶侃領荆、江二州刺史，自南陵迄於白帝數千里，路不拾遺，謂南陵也。」洪飴孫曰：「吴於瀕江要地，皆置都督。權輕者，但稱督，領兵屯守。其領營兵者亦稱督。」

〔七〕胡三省曰：「言吴不必使還，以廣中國之信，攜吴人之心。」晉書文帝紀：「奏遣吴人相國參軍事徐劭、散騎常侍水曹屬孫彧使吴，喻孫皓以平蜀之事。」吴志孫皓傳：「晉文帝爲魏相國，遣昔吴壽春城降將徐紹、孫彧，銜命齎書，陳事勢利害，以申喻皓。」漢晉春秋載此書，見孫皓傳注。文選孫子荆爲石仲容與孫皓書云：「相國晉王，輔相帝室，主上欽明，委以萬機。小戰江介，則成都自潰；曜兵劍閣，而姜維面縛。開地五千，列郡三十，師不逾時，梁、益肅清。夫虢滅虞亡，韓并魏徙，此則前鑒之驗，後事之師也。又南中吕興，深覩天命，蟬蜕内向，願爲臣妾。外失輔車脣齒之援，内有毛羽零落之漸；而徘徊危國，冀延日月，此猶魏武侯却指河山，以自强大，殊不知物有興亡，則所美非其地也。方今國富兵强，六軍精練，修造舟楫，簡習水戰，然主相眷眷，未便電邁者，以爲愛民治國，道家所尚；崇城自卑，文王退舍。故先開示大信，喻以存亡，殷勤之旨，往使所究。若能釐然改容，祗承往告，北面稱臣，伏聽告策，則世祚江表，永爲藩輔，豐報顯賞，隆於今日矣。」臧榮緒晉書曰：「石苞字仲容。太祖輔政，都督揚州諸軍事。太祖遣徐劭、孫郁至吴，將軍石苞令孫楚作書與孫皓。劭至吴，不敢爲通。」

丙午，命撫軍大將軍新昌鄉侯炎爲晉世子。〔一〕是歲，罷屯田官，以均政役。諸典農皆爲

太守，都尉皆爲令、長。〔二〕勸募蜀人能内移者，給廩二年，復除二十歲。安彌、福禄縣各言嘉禾生。〔三〕

〔一〕晉書武帝紀：「初，文帝以景帝既宣帝之嫡，早世無後，以帝弟攸爲嗣，特加愛異。自謂攝居相位，百年之後，大業宜歸攸。每曰：『此景王之天下也，吾何與焉？』將議立世子，屬意於攸。何曾等固爭曰：『中撫軍聰明神武，有超世之才，髮委地，手過膝，此非人臣之相也。』由是遂定。」羊琇傳：「初，帝未立爲太子，而聲論不及弟攸。琇密爲武帝畫策，又觀察文帝爲政，損益揆度，應所顧問之事，皆令武帝默而識之。其後武帝答無不允，由是儲位遂定。」

〔二〕置屯田官事，詳見武紀建安元年及任峻傳。何焯曰：「法久漸敝，當時罷之，必有以也。當合司馬芝傳參觀之。」洪飴孫曰：「武紀建安元年注及晉書食貨志、通鑑皆云，建安元年郡國例置田官，即指典農中郎將、校尉、都尉諸官也。正元二年，詔所在郡典農慰郵死事；毌丘儉傳注臣輒移三征及州郡國典農，安慰所部吏民；晉宣帝紀景初二年，勅郡守、典農皆往會焉。是各郡皆有典農也。咸熙元年詔罷屯田官，諸典農皆爲太守，都尉皆爲令、長，是典農中郎將、校尉分列諸郡國，典農都尉分列諸縣也。其或置中郎將，或置校尉，則郡國大小之别。諸傳及傳注有爲是官者，可證。又典農屬大司農，見司馬芝傳。又曹爽傳注，桓範爲大司農，謂洛陽典農，召呼如意，亦典農屬大司農之證。」謝鍾英曰：「典農之見於史者，趙儼傳儼領河東太守、典農中郎將；盧毓傳毓爲睢陽典農校尉；徐邈傳邈爲潁川典農中郎將；裴潛傳潛出爲魏郡潁川典農中郎將；王昶傳文帝時昶爲洛陽典農；毌丘儉傳儉爲洛陽典農；高柔傳有宜陽典農劉龜；管輅傳有列人典農王宏；魏略黃朗黃初中爲襄城典農中郎將。凡此，皆魏置典農之地。其改爲太守者，惟原武、野王、宜陽三縣，餘皆無明文。后妃傳毛曾爲原武典農；晉書河間王顒傳顒仕魏歷典農中郎將、原武太守；水經注沁水篇野王縣石門，司馬孚爲魏典農中郎將所造；晉書太原王輔魏末爲野王太守；洛水篇昌澗水逕宜陽故郡，舊陽市邑，故宜陽典農都尉治此，後爲郡；晉書魏舒傳舒魏時爲宜陽太守。皆咸熙中罷典農爲太守事。」弼按：謝氏所舉，不如洪飴孫三國職官表所載之詳，學者可參閲之。

〔三〕郡國志：「涼州酒泉郡安彌。」一統志：「安彌故城，今甘肅肅州東。」福禄見文紀延康元年酒泉郡注。

二年春二月甲辰，朐䏰縣獲靈龜以獻，歸之於相國府。〔一〕庚戌，以虎賁張修，昔於成都馳馬至諸營，言鍾會反逆，以至没身，賜修弟倚爵關内侯。夏四月，南深澤縣言甘露降。〔二〕吴遣使紀陟、弘璆請和。〔三〕

〔一〕郡國志：「益州巴郡朐忍。」蜀志劉焉傳注引英雄記：「趙韙進攻荆州，屯朐䏰。上蠢，下如振反。」晉書宣帝紀：「太和四年，帝自西城斫山開道，水陸並進，泝沔而上，至于朐䏰。」水經江水注：「江水又東右得將龜溪口。華陽記曰：朐忍縣出靈龜，咸熙元年，（「元年」當作「二年」。）獻龜于相府，言出自此溪也。江水又東右逕朐忍縣故城南，常璩曰：縣在巴東郡西二百九十里。縣治故城，跨其山阪，南臨大江。江之南岸，有方山，山形方峭，枕側江、瀆。」胡三省曰：「朐䏰縣屬巴郡。」師古曰：「朐音劬。」晉書音義：「朐音蠢，䏰如允翻。」賢曰：「朐䏰故城，在今夔州雲安縣西萬户故城是也。䏰音閏。」劉昫曰：「開州盛山縣，漢朐䏰地。」余據今雲安軍漢朐䏰縣地，土地下濕，多朐䏰蟲，故名。」劉禹錫曰：「朐䏰，蚯蚓也。」錢大昭曰：「郡國志、曹全碑並作朐忍。」顔音朐爲劬，是也。闞駰十三州志乃云朐音春，䏰音閏，其地下溼，多朐䏰蟲，因以名。縣既有春音，則字已近朐。然玉篇尚無䏰字，通典州郡門作朐䏰，朐音如順切，䏰音如尹切，讀如閏蠢。杜雖用闞音，字猶未變。至徐鉉校定説文，竟於肉部附入朐䏰二字，可謂好信異説矣。」盧文弨曰：「當作朐。」徐友蘭曰：「古無朐，小顔音劬，是朐確矣。先儒謂朐䏰蟲，見十三州志，即蚯蚓轉音。丘、區聲近，鄭君道之區、句古音同部，皆確證。」王先謙曰：「前漢縣，三國蜀改屬巴東郡。」一統志：「朐䏰故城，今四川夔州府雲陽縣西。」朐䏰互見蜀志劉焉傳注。

〔二〕郡國志：「冀州安平國南深澤，故屬涿。」錢大昕曰：「中山有深澤縣，故云南，以别之。」元和志定州深澤縣本漢南深澤縣，以涿郡有深澤縣，故此加南以別之。然則中山之深澤有南字，涿郡之深澤無南字矣。與今本互異。以地望準之，中山實在涿郡之南。然續志安平國南深澤故屬涿，似今本元不誤。」又云：「前志，涿郡、中山皆有深澤縣，而涿郡加南字；續志有南深澤，無深澤。」一統志：「南深澤故城，今直隸定州深澤縣東南。」

〔三〕通鑑「弘」作「洪」，誤。吴志孫皓傳：「甘露元年三月，皓遣使隨紹、彧報書。」晉書文帝紀：「孫皓使紀陟來聘，且獻方物。」胡三省曰：「璆，渠尤翻。」

五月，詔曰：「相國晉王，誕敷神慮，光被四海。震燿武功，則威蓋殊荒；流風邁化，則旁洽無外。愍卹江表，務存濟育，戢武崇仁，示以威德，文告所加，承風嚮慕，遣使納獻，以明委順，方寶纖珍，歡以效意。而王謙讓之至，一皆簿送，非所以慰副初附，從其款願也。孫皓諸所獻致，其皆還送，歸之于王，以協古義。」王固辭，乃止。又命晉王冕十有二旒，建天子旌旗，出警入蹕，乘金根車，六馬，備五時副車，〔一〕置旄頭雲罕。〔二〕樂舞八佾，設鍾虡宮縣。〔三〕進王妃爲王后，世子爲太子，王子、王女、王孫，爵命之號如舊儀。〔四〕癸未，大赦。

〔一〕「冕十二旒，建天子旌旗，出警入蹕，乘金根車六馬，備五時副車」，俱詳見武紀建安二十二年。

〔二〕「旄頭」詳見武紀建安十九年注。趙一清曰：「宋書禮志五云：薛綜東京賦注，以雲罕九游爲旌旗別名，亦不辨其形。案，魏命晉王建天子旌旗，置旄頭雲罕，是知雲罕非旌旗也。徐廣車服注以爲九游，游車九乘；雲罕疑是畢罕。詩敘曰：齊侯田獵畢弋，百姓苦之。畢罕大施游獵，遂爲行飾乎？潘岳藉田賦先敘五路九旗，次言瓊鈒雲罕，若罕爲旗，則岳不應頻句於九旗之下，又以其物匹鈒戟，宜是今畢網明矣。」一清案，續輿服志注引徐廣曰：「武王克紂，百夫荷罕旗以先驅。」故薛綜以爲旌旗別名。」

〔三〕「鍾虡」詳見武紀建安十九年。晉書文帝紀「宮縣」下有「位在燕王上」，其尊崇過於天子之父矣。

〔四〕晉書文帝紀作「皆如帝者之儀」。又云：「晉國置御史大夫、侍中、常侍、尚書、中領軍、衛將軍官。」

秋八月辛卯，相國晉王薨。〔一〕壬辰，晉太子炎紹封襲位，總攝百揆，備物典册，一皆如前。是月，襄武縣言有大人見，〔二〕三丈餘，跡長三尺二寸。白髮，著黄單衣；黄巾，柱杖。〔三〕呼民王始語云：「今當太平。」〔四〕九月乙未，大赦。戊午，司徒何曾爲晉丞相。癸亥，以驃騎將軍司馬望爲司徒，征東大將軍石苞爲驃騎將軍，〔五〕征南大將軍陳騫爲車騎將軍。〔六〕乙亥，葬晉文王。〔七〕閏月庚辰，康居、大宛獻名馬，〔八〕歸于相國府，以顯懷萬國致遠之勳。

〔一〕時年五十五。

〔二〕郡國志：「涼州隴西郡襄武。」范書安帝紀：「永初四年，金城郡移治襄武；五年，隴西郡徙治襄武。」一統志：「襄武故城，在今甘肅鞏昌府隴西縣東五里。」

〔三〕官本「柱」作「拄」，毛本「杖」作「秋」，誤；吴本作「杕」，亦誤。

〔四〕晉書武帝紀：「長人見於襄武，長三丈。告縣人王始曰：今當太平。」水經渭水注云：「魏志，咸熙二年，襄武上言大人見，身長三丈餘，跡長三尺二寸。白髮，著黄單衣；黄巾，拄杖。呼民王始語云：今當太平。十二月，天祿永終，歷數在晉，遂遷魏而事晉。」潘眉曰：「御覽兩引魏志，並云長三丈餘，宋書符瑞志同。法苑珠林六道篇引魏志亦同，知古本三丈上有長字，今脱。」

〔五〕苞事見高貴鄉公紀注引世語，又見鄧艾傳注引世語。晉書石苞傳：「苞每與陳騫諷魏帝以歷數已終，天命有在。及禪位，苞有力焉。」

〔六〕騫事見陳矯傳注。晉書騫傳：「武帝受禪，以佐命之勳，進車騎將軍。」弼按：晉史所載事實實如此。惟騫爲車騎將軍在受禪之前，語殊倒置。

〔七〕通鑑考異曰：「晉書文紀作癸酉，今從魏志。」嚴衍通鑑補云：「自乙未至乙亥，凡四十一日，疑大赦與爲丞相及葬文王三事，非盡九月中事，當詳之。或曰，臣不書葬，書葬以天子相待也。」趙一清曰：「晉書石苞傳，文帝崩，賈充、荀勖議葬禮未定，苞時奔喪，慟哭曰：基業如此，而以人臣終乎！葬禮乃定。」一清案，觀此，則未禪位之先，居然行天子之禮，又與孟德不可同年而語矣。」弼按：立晉王世子之時，司馬昭即言此景王之天下，蓋久已據爲己有矣，豈僅身後之葬禮耶？

〔八〕康居、大宛詳見烏丸鮮卑東夷傳注魏略西戎傳。

十二月壬戌，天祿永終，歷數在晉。詔羣公卿士，具儀設壇于南郊，使使者奉皇帝璽綬册，禪位於晉嗣王，如漢、魏故事。〔一〕甲子，使使者奉策。〔二〕遂改次于金墉城，〔三〕而終館于鄴，時年二十。〔四〕

魏世譜曰：〔五〕封帝爲陳留王。〔六〕年五十八，太安元年崩，謚曰元皇帝。〔七〕

〔一〕如漢、魏故事五字，包括無窮意義，省卻多少文辭。

〔二〕晉書武帝紀：「天子知歷數有在，乃使太保鄭沖奉策曰：咨爾晉王：我皇祖有虞氏，誕膺靈運，受終于陶唐，亦以命于有夏。惟三后陟配于天，而咸用光敷聖德。自兹厥後，天又輯大命于漢。火德既衰，乃眷命我高祖。方軌虞、夏四代之明顯，我不敢知。惟王乃祖乃父，服膺明哲，輔亮我皇家，勳德光于四海。格爾上下神祇，罔不克順。地平天成，萬邦以乂。應受上帝之命，協皇極之中。肆予一人，祗承天序，以敬授爾位，歷數實在爾躬。允執其中，天祿永終。於戲！王其欽順天命，率循訓典，底綏四國，用保天休，無替我二皇之弘烈。帝初以禮讓，魏朝公卿何曾、王沈等固請，乃從之。」嚴可均曰：「御覽二百二十引晉陽秋云：朱整少有名行，官至中書監。魏禪晉，使整與中書令劉良共爲詔。若然，則禪策亦必此二人所撰。」宋書禮志三云：「咸熙二年十二月甲子，使持節侍中太保鄭沖、兼太尉司隸校尉李憙奉皇帝璽綬策書，禪帝位於晉。」

〔三〕水經穀水注：「穀水又東逕金墉城北，魏明帝于洛陽城西北角築之，謂之金墉城。」弼按：齊王芳被廢，遷金墉城，是此城竟爲專處廢帝之地矣。晉楊后及愍懷太子、賈后之廢，皆徙金墉，亦此地也。

〔四〕胡三省曰：「困敦上章，魏文帝始受漢禪，傳五世，歷四十六年而亡。」

〔五〕魏世譜見齊王紀嘉平元年。

〔六〕晉書武帝紀：「泰始元年冬十二月丁卯，遣太僕劉原告于太廟，封魏帝爲陳留王，邑萬户，居于鄴宫。魏氏諸王，皆爲縣侯。己巳，詔陳留王載天子旌旗，備五時副車，行魏正朔。郊祀天地、禮樂制度，皆如魏舊。上書不稱臣，除魏氏宗室禁錮二年。夏五月戊辰，詔曰：陳留王操尚謙沖，每事輒表，非所以優崇之也。主者喻言，非大事，皆使王官表上之。」通典卷七十四載封魏帝爲陳留王詔曰：「明德昭融，遠鑒天命，欽象歷數，用禪厥位，敢咨詢故訓，以敬授青土於東國，永爲晉賓，載天子旌旗，乘五時副車，行魏正朔，郊祀天地、禮樂制度，皆如魏舊，以承王顯祖之禋祀。」又詔「王上書不稱臣，答報不爲詔，一如賓禮。」潘眉曰：「漢獻帝初封陳留王，常道鄉公禪晉後亦封陳留王。魏之天下，得於陳留王者，失亦於陳留王。」

〔七〕趙一清曰：「晉書，成帝咸和元年冬十月，封魏武帝玄孫曹勱爲陳留王，以紹魏。穆帝升平二年冬十月乙丑，陳留王曹勱薨，通典勱作勵。宋書禮志，大明四年九月，有司奏，陳留王曹虔季長兄虔嗣早卒，季襲封之後，生子銑，以繼虔嗣。今依例應拜世子，未詳應以銑爲世子爲應立次子鍇。右丞徐爰議，銑本長息，宜還爲虔季世子。詔如爰議。」

評曰：古者以天下爲公，唯賢是與。後代世位，立子以適；若適嗣不繼，則宜取旁親明德，若漢之文、宣者，斯不易之常準也。明帝既不能然，情繫私愛，撫養嬰孩，傳以大器。〔一〕託付不專，必參枝族；終於曹爽誅夷，齊王替位。高貴公才慧夙成，好問尚辭，蓋亦文帝之風流也；〔二〕然輕躁忿肆，自蹈大禍。〔三〕陳留王恭己南面，宰輔統政，〔四〕仰遵前式，揖讓而禪，遂饗封大國，作賓于晉，比之山陽，班寵有加焉。〔五〕

〔一〕或曰：此亡國所由。史家於此，蓋低徊而不能釋云。

〔二〕深致惋惜之意。

〔三〕評亦允當。

〔四〕宋、元本作「宰輔」，各本作「輔宰」。

〔五〕數語寄慨無窮。何焯曰：「君以此始，必以此終，評語可謂紋而婉矣。」顧炎武曰：「晉無公族而六卿分，秦無子弟而閻、樂弑，魏削藩王而陳留篡於司馬，宋卑宗子而二帝辱於金人，皆是道也。」

魏書五

后妃傳第五〔一〕

〔一〕馮本、監本、官本分列諸后，宋本、元本、毛本無之。禮記曲禮曰：「天子之妃曰后。」鄭注：「后之言後，言在夫之後也。」白虎通曰：「天子之妃謂之后何？后者，君也；天子妃至尊，故曰后也。」郝經曰：「魏、吴不得稱爲后妃，取歐陽修五代史例，與其諸子總爲魏家人傳。」潘眉曰：「陳志后妃傳惟武帝卞皇后，文帝甄皇后、郭皇后，明帝毛皇后、郭皇后有傳，齊王芳以下皇后，皆不立傳。按齊王以正始四年四月立皇后甄氏，嘉平三年七月皇后甄氏崩，葬懷甄后于太清陵。四年二月立皇后張氏，六年三月廢；四月立皇后王氏。高貴鄉公以正元二年立皇后卞氏，常道鄉公以景元四年十月立皇后卞氏，俱見三少帝紀。齊王皇后甄氏附載文昭甄皇后傳，高貴鄉公皇后卞氏、常道鄉公皇后卞氏，並附載武宣卞皇后傳。」

易稱「男正位乎外，女正位乎内，男女正，天地之大義也。」〔一〕古先哲王，莫不明后妃之制，順天地之德，故二妃嬪嬀，虞道克隆，〔二〕任、似配姬，周室用熙，〔三〕廢興存亡，恒此之由。春秋説云：天子十二女，諸侯九女，〔四〕考之情理，不易之典也。而末世奢縱，肆其侈欲，至使男女怨曠，感動和氣，惟色是崇，不本淑懿，故風教陵遲，而大綱毀泯，豈不惜哉！嗚呼，有國有家者，其可以永鑒矣！

〔一〕易家人彖辭。

〔二〕尚書堯典：「帝曰，我其試哉，女于時，觀厥刑于二女，釐降二女于嬀汭，嬪于虞。」孔傳云：「女，妻也；刑，法也；降，下也；嬪，婦也。堯以二女妻舜，觀其法度，接二女以治家，觀治國。舜爲匹夫，能以義理下帝女之心，於所居嬀水之內，使行婦道於虞氏。」孔疏云：「嬀水在河東虞鄉縣歷山西，西流至蒲坂縣，南入於河。舜居其旁。周武王賜陳胡公之姓爲嬀，爲舜居嬀水故也。」顔師古曰：「釐，理也。尚書堯典稱舜之美云：釐降二女于嬀汭，言堯欲觀舜治迹，以己二女妻之；舜能以治降下二女，以成其德。列女傳有虞二妃，帝堯二女也，長娥皇，次女英。二女承事舜於畎畝之中，不以天子之女故而驕盈怠嫚，猶謙謙恭儉，思盡婦道。」

〔三〕詩大雅思齊篇：「思齊大任，文王之母；思媚周姜，京室之婦。太似嗣徽音，則百斯男。」列女傳：「太任者，摯任氏中女也，王季娶爲妃。太任之性，端一誠莊，惟德之行。及其有娠，目不視惡色，耳不聽淫聲，口不出惡言，能以胎教。溲於豕牢，而生文王。文王生而明聖，太任教之，以一而識百，君子謂太任爲能胎教。」又云：「太姒者，有㜪姒氏之女，仁而明道，文王嘉之，親迎於渭，造舟爲梁。及入，太姒思媚太姜、太任，旦夕勤勞，以進婦道，太姒號曰文母。文王理陽道以治外，文母理陰道以治內。」師古曰：「太任，文王母；太姒，武王母也。」

〔四〕春秋緯保乾圖曰：「唯天子娶十二女。」公羊傳成公（九）〔十〕年何休注引此，徐彦疏云：「保乾圖文。」白虎通曰：「天子、諸侯一娶九女者何？重國廣繼嗣也。適九者何？法地有九州，承天之施，無所不生也。一娶九女，亦足以承君之施也。九而無子，百亦無益也。王度記曰：天子、諸侯一娶九女。或曰：天子娶十二女，法天有十二月，萬物必生也。」後漢書荀爽傳：「故天子娶十二，天之數也；諸侯以下，各有差等，事之降也。」劉瑜傳：「古者，天子一娶九女。」章懷注引公羊傳云：「諸侯一聘三女，天子一娶九女，夏、殷制也。」

漢制，帝祖母曰太皇太后，帝母曰皇太后，帝妃曰皇后，其餘內官，十有四等。〔一〕魏因漢法，母后之號，皆如舊制；自夫人以下，世有增損。太祖建國，始命王后，其下五等，有夫人，〔二〕有昭儀，〔三〕有婕妤，〔四〕有容華，有美人。〔五〕文帝增貴嬪、〔六〕淑媛、脩容、順成、良人。〔七〕明帝增淑妃、昭華、脩儀，除順成官。太和中，始復命夫人登其位於淑妃之上。自夫人以下，爵凡十二等：貴嬪、夫人，位次皇后，爵無所視；淑妃位視相國，爵比諸侯王；淑媛位視御史大夫，爵比縣公；昭儀比縣侯；昭華比鄉侯；脩容比亭侯；脩儀比關內侯；倢伃視中二千石；〔八〕容華視真二千石；〔九〕美人視比二千石；〔一〇〕良人視千石。〔一一〕

〔一〕漢書外戚傳序：「漢興，因秦之號，帝母稱皇太后，祖母稱太皇太后，適稱皇后，妾皆稱夫人。又有美人、良人、八子、七子、長使、少使之號焉。至武帝制倢伃、娙娥、傛華、充依，各有爵位；而元帝加昭儀之號，凡十四等云。」後漢書皇后紀序：「至乃掖庭三千，增級十四。」章懷注：「婕妤一，娙娥二，容華三，充衣四，已上武帝置；昭儀五，元帝置；美人六，良人七，七子八，八子九，長使十，少使十一，五官十二，順常十三，舞涓、共和、娛靈、保林、良娣使、（弼按：據漢書外戚傳序應作良使。）夜者十四。此六官品秩，同爲一等。」

〔二〕宋書后妃傳序：「夫人，魏武帝初建魏國所制。」

〔三〕師古曰：「昭顯其儀，示隆重也。」

〔四〕宋本作「倢伃」。師古曰：「倢，言幸接於上也；伃，美稱也。倢音接，伃音予。字或從女，其音同耳。」

〔五〕侯康曰：「魏國既建丞相、御史大夫等官，皆與漢廷無異，故內官亦得置夫人、昭儀以下五等。太平御覽三十一引陸雲與兄書，疑魏武不得有婕妤，周方叔卮言又據遺令，謂曹公當時頗奪漢宮嬪御，皆未知當日制度者。魏武遺令明言吾婕妤、伎人，皆著銅雀臺，此有婕妤之證也。」趙一清曰：「宋書樂志三云，但歌四曲，出自漢世，無弦節作伎，最先一人倡，三人和，魏武帝尤好之。時有宋容華者，清澈好聲，善倡此曲，當時特妙。」

〔六〕孔穎達曰：「嬪，婦人之美稱，可賓敬也。」胡三省曰：「六宮置貴嬪，始此。」

〔七〕師古曰：「良，善也。」趙一清曰：「拾遺記，魏文帝所愛美人薛靈芸，常山人也。父鄴，爲酇鄉亭長，母陳氏，隨鄴舍於亭旁。居生窮賤，至夜，每聚鄰，鄰婦夜績，以麻蒿自照。靈芸年十五，容貌絕世，鄰中少年夜來竊窺，終不得見。咸熙元年，谷習出守常山郡，聞亭長有美女，而家甚貧。時文帝選良家子女，以入六宮，習以千金寶賂聘之，以獻文帝。」弼按：此拾遺記之誤，已見文紀黃初二年注。

〔八〕師古曰：「中二千石，實得二千石也。中之言滿也。月得百八十斛，是爲一歲凡得二千一百六十石。言二千者，舉成數耳。」

〔九〕師古曰：「眞二千石，月得百五十斛，一歲凡得千八百石耳。」

〔一〇〕師古曰：「二千石，月得百二十斛，一歲凡得千四百四十石耳。」

〔一一〕續百官志：「比二千石，奉，月百斛；千石，奉，月九十斛。」弼按：武文世王公傳尚有貴人姬，毛后傳有才人，均未知列於何等，此未言及。

武宣卞皇后，琅邪開陽人，〔一〕文帝母也。〔二〕本倡家，〔三〕

魏書曰：后以漢延熹三年十二月己巳生齊郡白亭，〔四〕有黃氣滿室移日。父敬侯怪之，以問卜者王旦。〔五〕旦曰：「此吉祥也。」

年二十，〔六〕太祖於譙納后爲妾。〔七〕後隨太祖至洛。〔八〕及董卓爲亂，太祖微服東出避難。〔九〕袁術傳太祖凶問，時太祖左右至洛者皆欲歸。后止之曰：「曹君吉凶未可知，今日還家，明日若在，何面目復相見也？正使禍至，共死何苦！」〔一〇〕遂從后言。太祖聞而善之。建安初，丁夫人廢，遂以后爲繼室。〔一一〕諸子無母者，太祖皆令后養之。

魏略曰：太祖始有丁夫人，又劉夫人生子修及清河長公主。〔一二〕劉早終，丁養子修。子修亡於穰，〔一三〕丁常言：「將我兒殺之，都不復念！」遂哭泣無節。太祖忿之，遣歸家，欲其意折。後太祖就見之，夫人方織，外人傳云：「公至。」夫人踞機如故。太祖到，撫其背曰：「顧我共載歸乎？」夫人不顧，又不應。太祖卻行，立於户外，復云：「得無尚可邪？」遂不應。太祖曰：「眞訣矣！」遂與絶，欲其家嫁之，其家不敢。初，丁夫人既爲嫡，加有子修，丁視后母子不足。后爲繼室，不念舊惡，因太祖出行，常四時使人饋遺，又私迎之；延以正坐，〔一四〕而己下之。迎來送去，有如昔日。丁謝曰：「廢放之人，夫人何能常爾邪！」其後丁亡，后請太祖殯葬，許之，乃葬許城南。後太祖病困，自慮不起，歎曰：「我前後行意，於心未曾有所負也。假令死而有靈，子修若問我母所在，我將何辭以答！」

魏書曰：后性約儉，不尚華麗，無文繡珠玉，器皆黑漆。太祖常得名璫數具，〔一五〕命后自選一具，后取其中者。太祖問其故，對曰：「取其上者爲貪，取其下者爲僞，故取其中者。」〔一六〕

文帝爲太子，〔一七〕左右長御賀后曰：〔一八〕「將軍拜太子，〔一九〕天下莫不歡喜，后當傾府藏賞賜。」〔二〇〕后曰：「王自以丕年大，故用爲嗣，我但當以免無教導之過爲幸耳，亦何爲當重賜遺乎！」長御還，具以語太祖。太祖悦曰：「怒不變容，喜不失節，故是最爲難。」〔二一〕

〔一〕開陽見武紀興平元年琅邪注。郡國志：「開陽故屬東海，建初五年屬。」水經沂水注：「沂水南逕開陽縣故城東，縣故鄅國，後更名開陽。春秋哀三年經書城啓陽是矣，縣故琅邪郡治也。」

〔二〕武文世王公傳：「卞皇后生文皇帝、任城威王彰、陳思王植、蕭懷王熊。」

〔三〕史記馮唐傳：「會趙王遷立，其母，倡也。」索隱曰：「列女傳云：邯鄲之倡也。」正義曰：「趙幽王母，樂家之女也。」漢書外戚傳：「孝武李夫人，本以倡進。」師古曰：「倡，樂人。」音昌。後漢書光武郭皇后紀：「倡飲甚歡。」章懷注：「説文曰：倡，樂也。聲類曰：俳。」桓譚傳：「性耆倡樂。」章懷注：「倡，俳優也。」史游急就篇：「倡優俳笑。」是優、俳一物而二名也。周壽昌曰：「曹操之父嵩，既莫能審其生出本末，操后卞氏，又本倡家，丕之甄后，明帝之母也，又本袁熙之婦，其家世内外本末，概可想見。承祚詳敘之，絶不爲諱，不可謂非直筆也。」林暢園曰：「以開國之后，而出於倡家，何以示後？」弼按：李延年善爲新聲，桓君山精通音律，雅擅新弄，當日習尚如此。所謂倡樂，不似後世之淫業賤流，顔注訓爲樂人，於義得之。卞后一生行事，傳無貶詞，世説且列之賢媛，不能以世人之深惡曹瞞，而於其妃嬪之家世，亦加以苛詞醜詆也。又按夏侯惇傳，賜伎樂名倡，比於魏絳受金石之樂，其非卑賤可知。

〔四〕后生於延熹三年，魏武生於永壽元年，長后五歲。后崩於太和四年，年七十一。齊郡治臨菑，見武紀建安四年，白亭未詳。

〔五〕世説注作王越。

〔六〕時漢靈帝光和二年，魏武已爲頓丘令矣。

〔七〕世説賢媛篇注：「年二十，太祖納於譙。性約儉，不尚華麗，有母儀德行。」

〔八〕馮本「太祖」下有「左右」二字，係剜補誤，各本均無之。

〔九〕時漢獻帝中平六年，后年三十，已生文帝矣。

〔一〇〕「苦」疑作「害」。

〔一一〕左傳：「惠公元妃孟子，孟子卒，繼室以聲子。」杜注：「元妃死則次妃攝行内事，猶不得稱夫人，故謂之繼室。」

〔一二〕夏侯惇傳，惇子楙，太祖以女妻楙，即清河公主也。漢書外戚傳云：「竇姬爲皇后，女爲館陶長公主。」師古曰：「年最長，故謂長公主。」後漢書皇后紀云：「漢制，皇女皆封縣公主，儀服同列侯；其尊崇者加號長公主，儀服同蕃王。其後安帝、桓帝妹亦封長公主，同之皇女。其皇女封公主者，所生之子襲母封爲列侯。」章懷注：「蔡邕曰：帝女曰公主，姊妹曰長公主。建武十五年，封武陽公主爲長公主，即是帝女尊崇亦爲長，非惟姊妹也。輿服志曰：長公主，赤罽軿車，與諸侯同綬也。」

〔一三〕武文世王公傳：「豐愍王昂，字子修，弱冠舉孝廉，隨太祖南征，爲張繡所害。」昂事又見武紀建安二年。

〔一四〕監本、官本「正」作「上」。

〔一五〕監本「璫」作「取」，誤。詩「采采卷耳」疏：「卷耳草，四月中生子如婦人耳中璫，今或謂之耳璫。」古詩爲焦仲妻作：「耳著明月璫。」文選洛神賦：「獻江南之明璫。」李善注引通俗文曰：「耳珠曰璫。」

〔一六〕林暢園曰：「出自倡家，而所見如此，宜其爲后耳。」

〔一七〕武紀建安二十二年，以五官中郎將丕爲魏太子。

〔一八〕胡三省曰：「漢皇后宮有旁側長御。」

〔一九〕胡三省曰：「丕爲五官將，故稱之爲將軍。」

〔二〇〕胡三省曰：「藏，徂浪翻。」

〔二一〕古文苑載曹公卞夫人與楊太尉夫人袁氏書云：「卞頓首，貴門不遺，賢郎輔位，每感篤念，情在凝至。賢郎盛德熙妙，有蓋世文才，闔門欽敬，寶用無已。方今騷擾，戎馬屢動，主簿股肱近臣，征伐之計，事須敬咨；官立金鼓之節，而聞命違制。明公性急忿，然在外輒行軍法，卞姓當時亦所不知，聞之心肝塗地，驚愕斷絶，悼痛酷楚，情自不勝。夫人多容，即見垂恕，故送衣服一籠，文絹百匹，房子官錦百斤，私所乘香車一乘，牛一頭。誠知微細，以達往意，望爲承納。」

二十四年，拜爲王后。〔一〕策曰：「夫人卞氏，撫養諸子，有母儀之德。今進位王后，太子諸侯陪位，羣卿上壽，減國內死罪一等。」二十五年，太祖崩，〔二〕文帝即王位，尊后曰王太后；及踐阼，尊后曰皇太后，稱永壽宮。〔三〕

魏書曰：后以國用不足，減損御食，諸金銀器物皆去之。東阿王植，太后少子，最愛之。後植犯法，爲有司所奏，文帝令太后弟子奉車都尉蘭持公卿議白太后，太后曰：「不意此兒所作如是，汝還語帝，不可以我故壞國法。」及自見帝，不以爲言。

臣松之案：文帝夢磨錢，欲使文滅而更愈明，以問周宣。宣答曰：「此陛下家事，雖意欲爾，而太后不聽。」則太后用意，不得如此書所言也。〔四〕

魏書又曰：太后每隨軍征行，見高年白首，輒住車呼問，賜與絹帛，對之涕泣曰：「恨父母不及我時也！」太后每見外親，不假以顏色。常言「居處當務節儉，不當望賞賜，念自佚也。〔五〕外舍當怪吾遇之太薄，〔六〕吾自有常度故也。吾事武帝四五十年，行儉日久，不能自變爲奢；有犯科禁者，吾且能加罪一等耳，〔七〕莫望錢米恩貸也！」帝爲太后弟秉起第，第成，太后幸第；請諸家外親，設下廚，無異膳。太后左右，菜食粟飯，無魚肉。其儉如此。〔八〕

明帝即位，尊太后曰太皇太后。

〔一〕武紀：「秋七月，以夫人卞氏爲王后。」通鑑：「詔以魏王操夫人卞氏爲王后。」弼按：立后策文，當爲魏國之策命，非漢天子之詔也。策文減國內死罪一等，減魏國國內死罪也。通鑑誤。

〔二〕世說新語賢媛篇載魏文帝悉取武帝宮人事，見武紀建安二十五年注。

〔三〕晉書職官志：「太后三卿：衞尉、少府、太僕，漢置，皆隨太后宮爲官號，在同名卿上。無太后則闕。魏改漢制，在九卿下。」錢大昭曰：「文帝紀注，延康元年十一月，已有永壽少府毛宗，則永壽宮之稱，不自文帝踐阼始矣。」

〔四〕何焯曰：「卞亦有權數，若顯救植，則外廷必有武姜、叔段之議，不以爲言，而動以意，或可爲耳。」弼按：陳思王傳，黄初二年，有司請治植罪，帝以太后故，貶爵安鄉侯。方伎傳周宣傳，時帝欲治弟植之罪，偪於太后，但加貶爵。參閲兩傳，實爲黄初二年事。至徙封東阿，則在明帝太和三年，此書於文帝時，稱東阿王植，爲有司所奏，則年月與稱謂均誤。世説尤悔篇載文帝毒殺任城王，太后曰：「汝已殺我任城，不得復殺我東阿。」其誤亦與此同。要之，魏文之猜忌骨肉，刻薄寡恩，事實俱在，非賴卞后，子建亦幾不免；惟稱謂錯誤，則爲史家之疏耳。

〔五〕御覽一百三十八「望」作「妄」，「佚」作「勉」。

〔六〕官本「當」作「常」。范書宦者傳單超傳：「帝獨呼衡，問左右與外舍不相得者，皆誰乎？」章懷注：「外舍，謂皇后家也。」馬融傳：「外舍諸家，每有憂疾，聖恩普勞，遣使交錯。」胡三省曰：「后妃謂其外家爲外舍。」

〔七〕胡三省曰：「言罪加於常人犯法者一等也。」

〔八〕此與下文注中魏略所云「請給卞秉錢帛」事不類，裴注已論之，見甄后傳注。

黄初中，文帝欲追封太后父母，尚書陳羣奏曰：「陛下以聖德應運受命，創業革制，當永爲後式。案典籍之文，無婦人分土命爵之制；在禮典，婦因夫爵。〔一〕秦違古法，漢氏因之，非先王之令典也。」帝曰：「此議是也，其勿施行。以作著詔下，藏之臺閣，〔二〕永爲後式。」至太和四年春，明帝乃追謚太后祖父廣曰開陽恭侯，父遠曰敬侯，祖母周封陽都君〔三〕，及恭侯夫人，皆贈印綬。〔四〕其年五月，后崩。〔五〕七月，合葬高陵。〔六〕

〔一〕胡三省曰：「禮記，婦人無爵，從夫之爵。」

〔二〕通鑑作「仍著定制，藏之臺閣」。胡三省曰：「臺閣，尚書中藏故事之處。」

〔三〕陽都見諸葛誕傳。獨斷曰：「異姓婦女以恩澤封者曰君，比長公主。」

〔四〕陳景雲曰：「祖母，祖字疑衍。以疏封之次言之，卞后母於文帝爲外祖母，若祖母則爲外曾祖母，明帝推恩，理應先封太后母，不當反舍太后母而封太后祖母也。況下文有及恭侯夫人語，其文義尤明乎？」盧明楷曰：「上文追謚太后祖父廣曰開陽恭侯，下云及恭侯夫人，恭侯夫人即后祖母也。然則祖母周，祖字衍文。」姚範説同。錢大昭曰：「太后當作太皇太后，恭侯夫人當作敬侯夫人，又失書其姓。卞后之祖父與父，明帝既追封爲縣侯，則后之祖母與母，並當追封爲縣君。況上云祖母即恭侯夫人矣，不應重複言之，其爲敬侯之誤無疑。」周壽昌曰：「明帝既封卞后之祖與父，自不能不封其祖母與母，若陽都君爲其母，而云及恭侯夫人，豈不婦姑倒置乎？竊疑祖字不誤，誤在敬侯夫人作恭字耳。」弼按：錢、周二説是。惟錢云太后應作太皇太后，與下文不合。

〔五〕明紀作「六月戊子崩」，説見明紀太和四年。侯康曰：「魏收魏書禮志二云，魏武宣后以太和四年六月崩，其月既葬，除服即吉，四時行事，而猶未禘。王肅、韋誕並以爲今除即吉，故特時祭，至於禘祫，宜存古禮。高堂隆亦如肅議，於是停不殷祭。」

〔六〕高陵見武紀建安二十五年。曹植上卞太后誄表云：「大行皇太后，資坤元之性，體載物之仁，齊美姜嫄，等德任、姒，佐政内朝，惠加四海，草木荷恩，含氣受潤，庶鍾元吉，永膺萬祚。何圖一旦早棄明朝，背絕臣庶，悲痛靡告。臣聞銘以述德，誄尚及哀，是以冒越諒闇之禮，作誄一篇。如不足讚揚明明貴，以展臣蓼莪之思，憂荒情散，不足觀采。」又卞太后誄云：「率土噴薄，三光改度，陵頽谷踊，五行互錯，皇室蕭條，羽檄四布，百姓歔欷，嬰兒號慕，若喪考妣，天下縞素。聖者知命，殉道寶名，義之攸在，亦棄厥生。敢揚厚德，表之旌旗，光垂罔極，以慰我情。乃作誄曰：我皇之生，坤靈是輔，作合于魏，亦光聖武。篤生帝文，紹虞之緒，龍飛紫宸，奄有九土，詳惟聖善，岐嶷秀出，德配姜嫄，不忝先哲，玄覽萬機，兼才備藝。汎納容衆，含垢藏疾，仰奉諸姑，降接儔列，陰處陽潛，外明内察。及踐大位，母養萬國，温温其仁，不替明德。悼彼邊氓，未遑宴息，恒勞庶事，兢兢翼翼，親桑蠶館，爲天下式。樊姬霸楚，書載其庸，武王有亂，孔歎其功。我后齊聖，克暢丹聰，不出房闥，心照萬邦。年踰耳順，乾乾匪倦，珠玉不玩，躬御綈練，日昃忘飢，臨樂勿讌，去奢即儉，曠世作檢。慎終如始，蹈和履貞，恭事神祇，昭奉百靈，跼天蹐地，祗畏神明，敬微慎獨，執禮幽冥。虔肅宗廟，蠲薦三牲，降福無疆，祝云其誠，宜享斯祐，蒙祉自天。何圖凶咎，不勉斯年，嘗禱盡禮，有篤無痊，豈命有終，神食其言？遺孤在疚，承諱東藩，擗踊郊甸，灑淚中原，追號皇妣，棄我何遷！昔垂顧復，今何不然？空宮寥廓，棟宇無煙，巡省階塗，髣髴檽軒，仰瞻帷幄，俯察几筵，物不毀故，而人不存，痛莫酷斯，彼蒼者天！遂臻魏都，遊魂舊邑，大隧開塗，靈將斯戢，歎息霧興，揮淚雨集，徘徊輀柩，號咷弗及，神光既幽，佇立以泣！」

初，太后弟秉以功封都鄉侯，〔一〕黄初七年，進封開陽侯，邑千二百户，爲昭烈將軍。〔二〕

魏略曰：初，卞后弟秉當建安時，得爲別部司馬。〔三〕后常對太祖怨言，太祖答言：「但得與我作婦弟，不爲多邪？」后又欲太祖給其錢帛，太祖又曰：「但汝盜與，不爲足邪？」故訖太祖世，秉官不移，財亦不益。

秉薨，子蘭嗣。少有才學，〔四〕

魏略曰：蘭獻賦，贊述太子德美。〔五〕太子報曰：「賦者，言事類之所附也；頌者，美盛德之形容也。故作者不虛其辭，受者必當其實。蘭此賦，豈吾實哉！昔吾丘壽王一陳寶鼎，〔六〕何武等徒以歌頌，〔七〕猶受金帛之賜。蘭事雖不諒，義足嘉也。今賜牛一頭。」由是遂見親敬。

爲奉車都尉游擊將軍，加散騎常侍。〔八〕蘭薨，子暉嗣。

魏略曰：明帝時，蘭見外有二難，〔九〕而帝留意於宮室，常因侍從，數切諫。帝雖不能從，猶納其誠款。

後蘭苦酒消渴，時帝信巫女用水方，〔一〇〕使人持水賜蘭，蘭不肯飲。詔問其意，蘭言：「治病自當以方藥，何信於此！」帝爲變色，而蘭終不服。後渴稍甚，以至於亡。故時人見蘭好直言，謂帝面折之，而蘭自殺。其實不然。

又分秉爵，封蘭弟琳爲列侯，官至步兵校尉。〔一一〕蘭子隆女爲高貴鄉公皇后，隆以后父爲光祿大夫，位特進，封睢陽鄉侯，妻王爲顯陽鄉君。追封隆前妻劉爲順陽鄉君，后親母故也。琳女又爲陳留王皇后，時琳已没，封琳妻劉爲廣陽鄉君。

〔一〕錢大昕曰：「東京人封都鄉侯者甚多，都鄉者，近郭之鄉，班在鄉侯之上。」

〔二〕洪飴孫曰：「昭烈將軍一人，第五品。」

〔三〕續百官志：「其別領營屬爲別部司馬。」

〔四〕隋書經籍志：「梁又有游擊將軍卞蘭集二卷，録一卷，亡。」唐經籍志：「卞蘭集二卷。」嚴可均全三國文輯録贊述太子賦、許昌宫賦、七牧、座右銘四篇。座右銘云：「重階連棟，必濁汝真；金寶滿室，將亂汝神。厚味來殃，豔色危身；求高反墜，務厚更貧。閉情塞欲，老氏所珍，周廟之銘，仲尼是遵。審慎汝口，戒無失人，從容順時，和光同塵。無謂冥漠，人不汝聞；無謂幽冥，處獨若羣。不爲福先，不與禍鄰，守玄執素，無亂大倫，常若臨深，終始惟純。」

〔五〕蘭贊述太子賦並上賦表云：「伏惟太子，研精典籍，留意篇章，覽照幽微，才不世出。稟聰叡之絶性，體明達之殊風，慈孝發于自然，仁恕洽于無外。是以武夫懷恩，文士歸德。竊見所作典論，及諸賦頌，逸句爛然，沈思泉涌，華藻雲浮，聽之忘味，奉讀無倦，正使聖人復存，猶稱善不暇，所不能間也。昔舜以蒸蒸顯其德，周旦不驕成其名，豈因南面之尊以發稱，假鼎足之盛以取譽哉！夫至尊至貴，能令人畏，不能令人譽，故桀不能變龍逢之心，紂不能易三仁之意，懷近服遠，非德無施。今太子博納多容，海渟岳峙。學無常師，惟德所在；恩無所私，唯德所親。觀士察人，秋毛無失，望色則知其情，覽始則達其終，遏僞辨于未言，絶讒巧于未形，其所以包羅殊類，鑑觀成敗，德生于性，明出自然。太子所行，晏然休著，皆羣下所常吟咏，誠不復須臣贊揚懿美，褒稱盛行，然後令夜光之璧，顯于金匱，隋侯之珠，彰于韞櫝者也。今相鍾繇、大理王朗，海内英儒，國家柱臣，博物多識，通洽君子，年耆德茂，所更多矣。若游海者，難與論水；覩前世者，不可爲言，然咸歸太子，巍巍之美，敘述清風，言之有永，聽者欣欣，忘日之夕。流景燿于無窮，布芳陰于四遠，譬若麟龍發足，羣獸追蹤，鸞鳳舉翼，衆鳥隨風。小臣區區，嘉樂無已。竊怡繇繇之屬，忘愚戇之言，謹觸冒上賦一篇，以攄狂狷之思。賦曰：超古人之遐迹，崇先聖之弘基，耽八素之祕奥，遵二儀于大猷；正往昔之常弊，定當世之舊儀，稟休和之上性，應五百之運期。著典憲之高論，作歡敘之麗詩；越文章之常檢，揚不學之妙辭；蹈布衣之所難，闡善道而廣之。道無深而不測，術無細而不敷；論古賢以歎息，覩懿德以歡娱。歷精思于訓籍，忽日移而忘劬；雖明略而無上，猶博納以自扶。賓故老以勸俗，諷六經以崇儒；嘉通人之達節，笑俗士之守株。匿天威之嚴厲，揚愷悌之和舒；惟凡百之詠德，感恩惠之有餘，信清風之休著，非臣下之敢虚。乃作頌曰：明明太子，既叡且聰，博聞强記，聖思無雙。猗猗左右，如虎如龍，八俊在側，旁無訧凶。富不忘施，尊而益恭；研精書籍，留思異同；建計立議，廓然發蒙。天下延頸，歌頌德音，聞之于古，見之于今。深不可測，高不可尋，創法萬載，垂此休風！」

〔六〕漢書吾丘壽王傳：「吾丘壽王字子贛，趙人也。汾陰得寶鼎，武帝嘉之，薦於宗廟，臧於甘泉宮。羣臣皆上壽賀曰：陛下得周鼎。壽王獨曰：非周鼎。上聞之，召而問之曰：今朕得周鼎，羣臣皆以爲然，壽王獨以爲非，何也？有説則可，無説則死。壽王對曰：臣安敢無説。臣聞周德始乎后稷，長於公劉，大於大王，成於文、武，顯於周公。德澤上昭，天下漏泉，無所不通。上天報應，鼎爲周出，故名曰周鼎。今漢自高祖繼周，亦昭德顯行，布恩施惠，六合和同。至於陛下，恢廓祖業，功德愈盛，天瑞並至，珍祥畢見。昔秦始皇親出鼎於彭城，而不能得。天祚有德，而寶鼎自出，此天之所以與漢，迺漢寶，非周寶也。上曰：善！羣臣皆稱萬歲。是日，賜壽王黃金十斤。」

〔七〕漢書何武傳：「何武字君公，蜀郡郫縣人也。宣帝時，天下和平，四夷賓服，神爵、五鳳之閒，婁蒙瑞應。而益州刺史王襄，使辯士王襃頌漢德，作中和、樂職、宣布詩三篇。武年十四五，與成都楊覆衆等，共習歌之。是時宣帝循武帝故事，求通達茂異士，召見武等於宣室。上曰：此盛德之事，吾何足以當之哉！以襃爲待詔，武等賜帛。」

〔八〕奉車都尉，見齊王紀嘉平六年；散騎常侍，見文紀延康元年。晉書職官志：「游擊將軍，漢雜號將軍也。魏置爲中軍。」

〔九〕蜀、吴也。

〔一〇〕御覽「用」下有「兕」字。錢大昭曰：「巫女，即青龍三年壽春農女妻也。」弼按：見明紀景初二年。

〔一一〕步兵校尉，見文紀黄初六年。

文昭甄皇后，〔一〕中山無極人，〔二〕明帝母，漢太保甄邯後也。〔三〕世吏二千石。父逸，〔四〕上蔡令。〔五〕后三歲失父，〔六〕

魏書曰：逸娶常山張氏，〔七〕生三男五女：長男豫早終；次儼，舉孝廉，大將軍掾、〔八〕曲梁長；〔九〕次堯，舉孝廉。長女姜，次脱，次道，次榮。次即后。后以漢光和五年十二月丁酉生。〔一〇〕每寢寐，家中髣髴見如有人持玉衣覆其上者，常共怪之。〔一一〕逸薨，加號慕，内外益奇之。後相者劉良相后及諸子，良指后曰：「此女貴乃不可言。」后自少至長，不好戲弄。年八歲，外有立騎馬戲者，家人諸姊皆上閣觀之，后獨不行。諸姊怪問之，后答言：「此豈女人之所觀邪？」年九歲，喜書，視字輒識；數用諸兄筆硯。兄謂后言：「汝當習女工。用書爲學，當作女博士邪？」〔一二〕后答言：「聞古者賢女，未有不學前世成敗，〔一三〕以爲己誡。不知書，何由見之！」〔一四〕

後天下兵亂，加以饑饉，百姓皆賣金銀、珠玉、寶物。時后家大有儲穀，頗以買之。后年十餘歲，白母曰：「今世亂而多買寶物，匹夫無罪，懷寶爲罪。又左右皆饑乏，不如以穀振給親族鄰里，廣爲恩惠也。」舉家稱善，即從后言。

魏略曰：后年十四，喪中兄儼，悲哀過制。事寡嫂謙敬，事處其勞；拊養儼子，〔一五〕慈愛甚篤。后母性嚴，待諸婦有常，后數諫母：「兄不幸早終，嫂年少守節，顧留一子，以大義言之，待之當如婦，愛之宜如女。」母感后言流涕，便令后與嫂共止寢息，坐起常相隨，恩愛益密。

〔一〕范書袁紹傳：「宜徙都甄城。」章懷注：「甄，音絹。」漢隸字源：「甄、鄄，古字通。」雞肋編載甄氏舊譜甄（復）〔履〕所記云：「舜子商均後，周封於陳，爲楚惠王所滅。至烈王時，有陳通奔周，王以爲周將，以舜居甄陶之職，命爲甄，皆通之後，而居中山，於邯鄲爲近。許氏説文，甄，陶也。从瓦垔音，居延反。吳書，孫堅入洛，屯軍城南甄官井上，有五色氣，令人入井，探得傳國璽。堅以甄與己名音協，以爲受命之符。即三國以前，未有音爲之人切者矣。江左諸儒爲吳諱，轉而音真。説文顛、蹎、滇、闐，以真爲聲；烟、咽，以甄爲聲；馴、（涎）〔紃〕，以川爲聲；詵、侁、駪，以先爲聲。此先、（中）〔真〕韻中互以爲聲也。況吳人亦以甄爲旃，則愈近矣。」萬姓統譜云：「舜陶甄河濱，因氏；音真。又云：音堅，爲中山著姓。」

〔二〕郡國志：「冀州中山國毋極。」寰宇記：「唐武后萬歲通天元年，改毋爲無。」唐志：「縣有無極山。」一統志：「無極故城，今直隸正定府無極縣西二十五里新城村，遺址猶存。無極山本在元氏縣，西距無極縣一百六十餘里。縣以山名，實無山形也。」寰宇記：「甄豐、甄邯、甄逸、甄像等墳，並在縣西南三十五里。」

〔三〕漢書王莽傳：「莽以大司徒孔光名儒，相三主，太后所敬，於是盛尊事光，引光女壻甄邯爲侍中奉車都尉。建議定策，封爲承陽侯。居攝元年，以邯爲太保。翟義移檄郡國，言莽毒殺平帝，攝天子位，欲絶漢室。莽以太保甄邯爲大將軍，領天下兵。始建國元年，按金匱以太保後丞承陽侯甄邯爲大司馬承新公。四年二月，死。」

〔四〕趙一清曰：「世説惑溺篇注引魏略作甄會女。」梁章鉅説同。弼按：各書皆作逸，無作會者。趙、梁俱誤，説見下。

〔五〕郡國志：「豫州汝南郡上蔡。」一統志：「上蔡故城，今河南汝寧府上蔡縣西十里。」

〔六〕后生於光和五年，三歲失父，則逸當死於中平元年。趙一清曰：「寰宇記卷六十，無極縣有後漢給事中甄逸墳。」弼按：寰宇記本作後魏給事中甄逸墳，蓋後魏甄琛字思伯，曾官給事黄門侍郎，寰宇記誤以甄琛之官書於甄逸之上。趙氏以後魏爲後漢之誤，遂改魏爲漢。不知甄逸果官給事中，陳志必書於傳中。今僅言爲上蔡令，則所云官給事中者，誤也。世説言語篇注云：「甄后父逸上蔡令，追封上蔡君。」按，追封上蔡君，當爲逸妻張氏也。

〔七〕郡國志：「冀州常山國，治元氏。」一統志：「元氏故城，今直隸正定府元氏縣西北。」

〔八〕續百官志：「大將軍掾屬二十九人。」

〔九〕曲梁見文紀黄初二年廣平郡注。

〔一〇〕后生於光和五年，魏文生於中平四年，后長魏文五歲。后死於黄初二年，年四十。

〔一一〕李善神女賦注：「髣髴，見不審也。」沈欽韓曰：「韓非内儲説下：共立被玉衣含杜若。然善衣謂之玉衣，猶云玉食。」

〔一二〕趙一清曰：「炙轂子云：塘上行一曰塘上辛苦行，魏文帝甄后作。」

〔一三〕御覽「學」作「覽」。

〔一四〕或曰：「既知賢女未有不學，何學爲而不知從一而終之義乎？」

〔一五〕宋本、馮本「捬」作「拊」，監本、官本作「撫」。

建安中，袁紹爲中子熙納之。熙出爲幽州，后留養姑。及冀州平，文帝納后於鄴，〔一〕有寵，生明帝及東鄉公主。

魏略曰：熙出在幽州，〔二〕后留侍姑。及鄴城破，紹妻及后共坐室堂上。〔三〕文帝入紹舍，〔四〕見紹妻及后，后怖，以頭伏姑膝上，紹妻兩手自搏。文帝謂曰：「劉夫人云何如此？令新婦舉頭！」姑乃捧后令仰，文帝就視，見其顏色非凡，稱歎之。太祖聞其意，遂爲迎取。〔五〕

世語曰：太祖下鄴，文帝先入袁尚府，有婦人被髮垢面，垂涕立紹妻劉後。文帝問之，劉答「是熙妻」。顧擥髮髻，以巾拭面，〔六〕姿貌絶倫。既過，劉謂后「不憂死矣」！遂見内，有寵。〔七〕

魏書曰：后寵愈隆，而彌自挹損。後宫有寵者，勸勉之；其無寵者，慰誨之。每因閑宴，常勸帝言：「昔黄帝子孫蕃育，〔八〕蓋由妾媵衆多，乃獲斯祚耳。所願廣求淑媛，以豐繼嗣。」帝心嘉焉。其後帝欲遣任氏，后請於帝曰：「任既鄉黨名族，德、色妾等不及也，如何遣之？」帝曰：「任性狷急，不婉順，前後忿吾非一，是以遣之耳。」后流涕固請曰：「妾受敬遇之恩，衆人所知，必謂任之出，是妾之由。上懼有見私之譏，下受專寵之罪，願重留意！」帝不聽，遂出之。十六年七月，太祖征關中，〔九〕武宣皇后從，留孟津，〔一〇〕帝居守鄴。時武宣皇后體小不安，后不得定省，憂怖，晝夜泣涕。左右驟以差問告，后猶不信，曰：「夫人在家，故疾每動，輒歷時；今疾便差，何速也？此欲慰我意耳！」憂愈甚。後得武宣皇后還書，説疾已平復，后乃懽悦。十七年正月，大軍還鄴，后朝武宣皇后，望幄座悲喜，感動左右。武宣皇后見后如此，亦泣，且謂之曰：「新婦謂吾前病如昔時困邪？吾時小小耳，十餘日即差，不當視我顏色乎！」嗟歎曰：「此真孝婦也！」二十一年，太祖東征，〔一一〕武宣皇后、文帝及明帝、東鄉公主皆從，時后以病留鄴。二十二年九月，大軍還，〔一二〕武宣皇后左右侍御見后顏色豐盈，怪問之曰：「后與二子別久，下流之情，不可爲念，而后顔色更盛，何也？」后笑答之曰：「諱等自隨夫人，〔一三〕我當何憂！」后之賢明、以禮自持如此。〔一四〕

延康元年正月，〔一五〕文帝即王位；六月，南征，后留鄴。黄初元年十月，帝踐阼。踐阼之後，山陽公奉二女以嬪于魏，郭后、李、陰貴人並愛幸，〔一六〕后愈失意，有怨言，帝大怒。〔一七〕二年六月，遣使賜死，葬于鄴。〔一八〕

魏書曰：有司奏建長秋宮，〔一九〕帝璽書迎后，詣行在所。后上表曰：「妾聞先代之興，所以饗國久長，垂祚後嗣，無不由后妃焉。故必審選其人，以興内教。今踐阼之初，誠宜登進賢淑，統理六宮。妾自省愚陋，不任粢盛之事，加以寢疾，敢守微志。」璽書三至，而后三讓，言甚懇切。時盛暑，帝欲須秋涼，乃更迎后。會后疾遂篤，夏六月丁卯，崩于鄴。帝哀痛咨嗟，策贈皇后璽綬。臣松之以爲春秋之義，内大惡諱，小惡不書。文帝之不立甄氏，及加殺害，事有明審。魏史若以爲大惡邪？則宜隱而不言；若謂爲小惡邪？則不應假爲之辭，而崇飾虚文乃至於是，異乎所聞於舊史。推此而言，其稱卞、甄諸后言行之善，皆難以實論。〔二〇〕陳氏删落，良有以也。〔二一〕

〔一〕事在建安九年八月。

〔二〕世説新語惑溺篇引此文「熙出在幽州」上有「建安中，袁紹爲中子熙娶甄會女，紹死」數語。蓋本作娶甄逸女，會紹死。因刊本之誤，遂訛謂甄后父名會也。

〔三〕宋本「室」作「皇」。

〔四〕世説注「文帝」作「五官將」，下同。

〔五〕世説注下有「擅室數歲」四字。梁章鉅曰：「此史之飾辭也。世説云，曹公之屠鄴也，令疾召甄。左右白：五官中郎將已將去。公曰：今年破賊，正爲奴！此當得其實也。」弼按：范書孔融傳云：「曹操攻屠鄴城，袁氏婦子多見侵略，而操子丕私納袁熙妻甄氏。」據此，則當日見侵略者，不獨甄氏；謂爲私納，非迎取可知。戰勝之後，恣意虜掠，匆匆將去，何暇議婚娶之禮乎！

〔六〕世説注作「使令攬髮，以袖拭面。」

〔七〕宋本「内」作「納」，世説注「寵」作「子」。

〔八〕史記五帝本紀：「黄帝二十五子，其得姓者十四人。」

〔九〕潼關馬超、韓遂之役。

〔一〇〕孟津見武紀初平元年。

〔一一〕馮本、官本「二十一年」下有「十月」二字。

〔一二〕武紀作「三月，王引軍還」。

〔一三〕顧炎武曰：「此諱字明帝名，當時史家之文也。宋書武帝紀『劉諱龍行虎步』，後周書柳慶傳『宇文諱忠誠奮發』，並合稱名，史不敢斥之爾。」沈均瑲曰：「諱謂曹叡也。史臣作史，故云諱也。」沈家本曰：「魏書乃魏王沈所作，故以諱字代之。」

〔一四〕或曰：后後以失意怨望賜死，此所云云，皆溢美之辭也。

〔一五〕范書獻帝紀：「建安二十五年三月，改元延康。」此書延康元年正月，究其終也。

〔一六〕文德郭皇后傳：「甄后之死，由后之寵也。」李貴人見武文世王公傳。

〔一七〕史通曲筆篇：「王沈魏録，濫述貶甄之詔。」郭延年曰：「王沈不忠於魏，故甄后之貶，濫述其詔，彰曹醜也。」浦起龍曰：「沈所撰魏書已逸，述甄事無考。」周壽昌曰：「此詔裴注未引。」

〔一八〕方伎傳周宣傳：「帝曰：我昨夜夢青氣自地屬天。宣對曰：天下當有貴女子寃死。是時帝已遣使賜甄后璽書，聞宣言而悔之，遣人追使人不及。」弼按：甄后賜死之因，詳見文紀黄初二年。趙一清曰：「文選洛神賦李善注引記曰：魏東阿王，漢末求甄逸女不遂，後作感甄賦，明帝改爲洛神賦。」弼按：此爲小説感甄記之語，已辨其誣，詳見陳思王傳。

〔一九〕後漢書皇后紀：「永平三年春，有司奏立長秋宫。」章懷注：「皇后所居宫也。長者，久也；秋者，萬物成熟之初也。故以名焉。請立皇后，不敢指言，故以宫稱之。」

〔二〇〕元本「論」作「録」。

〔二一〕梁章鉅曰：「志盛稱甄后在室之孝友，裴注所引各書，亦具述后之賢明不妒，乃忽以怨言賜死，前後未免不相應。而魏書（裴注所引）但云疾篤，崩於鄴，益不可信。總之，后之歸帝，本不以正，其不獲令終，固無足怪。裴松之所稱言行之善，皆難以實論，知當時已有定評矣。」弼按：甄后傳言賜死，明帝紀言以其母誅，故未建爲嗣。事實昭然，無可諱也。

明帝即位，有司奏請追謚，使司空王朗持節奉策，以太牢告祠于陵，又别立寢廟。〔一〕

魏書載三公奏曰：「蓋孝敬之道，篤乎其親，乃四海所以承化，天地所以明察；是謂生則致其養，殁則光其靈，誦述以盡其美，宣揚以顯其名者也。今陛下以聖懿之德，紹承洪業，至孝烝烝，通於神明，遭罹殷憂，〔二〕每勞謙讓。先帝遷神山陵，大禮既備，至於先后，未有顯謚。伏惟先后，恭讓著於幽微，至行顯於不言，化流邦國，德侔二南，故能膺神靈嘉祥，爲大魏世妃。雖夙年登遐，〔三〕萬載之後，永播融烈，〔四〕后妃之功，莫得而尚也。案謚法「聖聞周達曰昭。德明有功曰昭。」昭者，光明之至，盛久而不昧者也。宜上尊謚曰文昭皇后。」是月，三公又奏曰：「自古周人始祖后稷，又特立廟以祀姜嫄。今文昭皇后之於萬嗣，〔五〕聖德至化，豈有量哉！夫以皇家世祀之尊，〔六〕而克讓允恭，固推盛位，神靈遷化，而無寢廟以承享禮，〔七〕非所以報顯德，昭孝敬也。稽之古制，宜依周禮，先妣別立寢廟。」並奏可之。〔八〕

太和元年三月，以中山魏昌之安城鄉户千追封逸，謚曰敬侯，適孫像襲爵。〔九〕四月，初營宗廟，掘地得玉璽，方一寸九分，其文曰「天子羨思慈親」。明帝爲之改容，以太牢告廟。又嘗夢見后，於是差次舅氏親疏高下，敘用各有差，賞賜累鉅萬。以像爲虎賁中郎將。〔一〇〕是月，后母薨，帝制緦服臨喪，百僚陪位。〔一一〕四年十一月，以后舊陵庳下，使像兼太尉，〔一二〕持節詣鄴，昭告后土。十二月，改葬朝陽陵。〔一三〕像還，遷散騎常侍。青龍二年春，追謚后兄儼曰安成鄉穆侯。夏，吴賊寇揚州，以像爲伏波將軍，〔一四〕持節監諸將東征。還，復爲射聲校尉。〔一五〕三年，薨，追贈衛將軍，改封魏昌縣，謚曰貞侯；子暢嗣。又封暢弟温、韡、〔一六〕豔皆爲列侯。四年，改逸、儼本封，皆曰魏昌侯，謚因故。封儼世婦劉爲東鄉君，又追封逸世婦張爲安喜君。〔一七〕

〔一〕明帝紀：「太和元年二月辛巳，立文昭皇后寢廟於鄴；景初元年十二月己未，有司奏文昭皇后立廟京都。」王朗傳：「使至鄴，省文昭皇后陵。」宋書禮志三云：「文帝甄后賜死，故不立廟。明帝即位，有司奏請追謚曰文昭皇后，使司空王朗持節奉策，告祠于陵。三公又奏，宜依周禮，先妣別立寢廟，奏可。以太和元年二月，立廟于鄴。景初元年十二月己未，有司又奏立廟京師，永傳享祀，樂舞與祖廟同，廢鄴廟。」杭世駿曰：「隸續云，甄皇后識坐板函，上刻文昭皇后識坐板函八字。紹聖丙子年，鄴民耕地得一緑石匣，廣八寸又半，長倍之，厚三之一。鹿頂笏頭蓋，其上有此八字。魏文帝甄后神坐前之物也。」

〔二〕宋本、馮本「罹」作「離」。

〔三〕列子黄帝篇：「黄帝登假，百姓號之，二百餘年不輟。」張湛注：「假當爲遐。」

〔四〕詩大雅既醉篇「昭明有融」注：「融，明之盛也。」

〔五〕宋書禮志「萬」作「後」。

〔六〕宋書禮志「祀」作「妃」。

〔七〕宋書禮志「禮」作「祀」。

〔八〕之字疑衍。

〔九〕漢書地理志：「中山國苦陘。」應劭曰：「章帝更名漢昌。陘，音邢。」郡國志：「冀州中山國漢昌，本苦陘，章帝更名。」魏書地形志：「中山郡魏昌，魏文帝改，有魏昌城、安城。」寰宇記卷六十：「魏文帝改漢昌爲魏昌。水經注云，安城即魏之安鄉也。魏志云：明帝太和元年封外祖甄逸爲安鄉侯，嫡孫像襲爵；青龍二年，追謚后兄儼爲安鄉侯，即此城也。」一統志：「魏昌故城，在無極縣東北；安鄉城在無極縣東南六里。」謝鍾英曰：「水經注，白渠枝水東經下曲陽城北，又經安鄉城南，是安鄉城與下曲陽正相對也。」

〔一〇〕續百官志：「虎賁中郎將，比二千石，主虎賁宿衛。」劉昭注：「前書，武帝置期門，平帝更名虎賁。」宋書百官志：「周官有虎賁氏，漢武帝微行出遊，選才力之士，執兵從送，期之諸門，故名期門。無員，多至千人。虎賁舊作虎奔，言如虎之奔也。王莽以古有勇士孟賁，故以奔爲賁。」張照曰：「牧誓：虎賁三千人。孔安國曰：虎賁，勇士稱也。若虎賁獸，言其猛也。豈古字亦作奔歟？」

〔一一〕侯康曰：「通典卷八十一云：魏太和元年四月，明帝有外祖母安成鄉敬侯夫人之喪，太常韓暨奏：天子降周爲外祖母無服。尚書奏：漢舊事亡闕，無外祖制儀；三代異禮，可臨畢御還寢，明日反吉便膳。尚書趙咨等奏：哭敬侯夫人張帷幕端門外之左，羣臣位如朝皇帝，黑介幘、進賢冠、皂服十五，舉聲則罷。詔問漢舊儀云何？散騎常侍繆襲奏：後漢鄧太后新野君薨，時安帝服緦，百官素服。安帝繼和帝後，鄧太后母，即爲外祖母也。但太后臨朝，安帝自藩見援立故也。又案後漢壽張恭侯樊宏以光祿大夫薨，宏即光武之舅也。親臨喪葬。準前代宜尚書、侍中以下弔祭送葬。博士樂祥議，周禮王弔弁經錫縗。禮有損益，今進賢冠、練單衣。又詔：當依周禮，無事更造。」

〔一二〕「尉」疑作「常」，太常掌祭祀也。蓋既爲太尉，下文不得云遷散騎常侍矣。又或太尉爲校尉之誤，下文有復爲射聲校尉之語。

〔一三〕寰宇記卷五十五：「鄴縣有三陵，即魏武帝、文帝、甄皇后三陵。」一統志：「甄后陵在河南彰德府臨漳縣西。舊志，甄后陵在縣西南靈芝村。」弼按：魏文帝葬河南偃師縣西北首陽山南，寰宇記、一統志所載均同。魏志所云首陽陵者是也。而寰宇記又云鄴縣有魏文帝陵，殊誤。

〔一四〕宋書百官志：「伏波將軍，漢武帝征南越始置此號，以路博德爲之。」

〔一五〕射聲校尉見齊王紀嘉平六年。

〔一六〕吳本作「韡」。

〔一七〕安喜見蜀志先主傳。

景初元年夏，有司議定七廟。冬，又奏曰：「蓋帝王之興，既有受命之君，又有聖妃協于神靈，然後克昌厥世，以成王業焉。昔高辛氏卜其四妃之子，皆有天下，〔一〕而帝摯、陶唐、商、周代興。周人上推后稷，以配皇天，〔二〕追述王初，本之姜嫄，特立宮廟，世世享嘗，周禮所謂奏夷則，歌中呂，舞大濩，以享先妣者也。〔三〕詩人頌之曰：厥初生民，實維姜嫄。言王化之本，生民所由。〔四〕又曰：閟宮有侐，實實枚枚，赫赫姜嫄，其德不回。〔五〕詩、禮所稱姬宗之盛，其美如此。大魏期運，繼于有虞，然崇弘帝道，三世彌隆，廟祧之數，實與周同。今武宣皇后、文德皇后各配無窮之祚，至於文昭皇后膺天靈符，誕育明聖，功濟生民，德盈宇宙，開諸後嗣，乃道化之所興也。寢廟特祀，亦姜嫄之閟宮也；而未著不毁之制，懼論功報德之義，萬世或闕焉，非所以昭孝示後世也。文昭廟宜世世享祀奏樂，與祖廟同，永著不毁之典，以播聖善之風。」於是與七廟議並勒金策，藏之金匱。〔六〕

〔一〕史記五帝本紀：「帝嚳高辛者，黄帝之曾孫也。」世本：「帝嚳卜其四妃之子，皆有天下。元妃有邰氏之女，曰姜嫄，生后稷；次妃有娀氏之女，曰簡狄，生契；次妃陳酆氏之女，曰慶都，生帝堯；次妃訾陬氏之女，曰常儀，生帝摯。」

〔二〕詩周頌：「思文后稷，克配彼天。」鄭箋云：「周公思先祖有文德者，后稷之功能配天。」

〔三〕周禮春官大司樂：「乃奏夷則，歌小吕，舞大濩，以享先妣。」鄭注：「夷則，陽聲第五，小吕爲之合。小吕一名中吕。先妣，姜嫄也。姜嫄履大人跡，感神靈而生后稷，是周之先母也。周立廟自后稷爲始祖，姜嫄無所妃，（釋文云：「妃，本亦作配。」）是以特立廟而祭之，謂之閟宮。閟，神之。」又云：「大濩，湯樂也。湯以寬治民，而除其邪言，其德能使天下得其所也。」

〔四〕詩大雅生民篇毛傳云：「生民，本后稷也；姜嫄，姓也；后稷之母，配高辛氏帝焉。」

〔五〕詩魯頌閟宮篇毛傳云：「閟，閉也。先妣姜嫄之廟，在周常閉而無事。侐，清静也。實實，廣大也；枚枚，礱密也。」鄭箋云：「閟，神也。姜嫄神所依，故廟曰神宮。赫赫乎顯著姜嫄也，其德貞正不回邪。」

〔六〕宋書禮志四云：「高堂隆議，魏文思后，依周姜嫄廟禘祫。」即此議也。文思即文昭。又樂志一云：「侍中繆襲奏曰：文昭皇后廟，置四縣之樂，當銘顯其均奏次第，依太祖廟之名，號曰昭廟之具樂。尚書奏曰：禮，婦人繼夫之爵，同牢配食者，樂不異。文昭皇后今雖别宫，至於宫縣樂器音均，宜如襲議。奏可。」

帝思念舅氏不已，暢尚幼。景初末，以暢爲射聲校尉，加散騎常侍，又特爲起大第，車駕親自臨之。又於其後園爲像母起觀廟，名其里曰渭陽里，以追思母氏也。〔一〕嘉平三年正月，暢薨，追贈車騎將軍，謚曰恭侯，子紹嗣。太和六年，明帝愛女淑薨，追封謚淑爲平原懿公主，爲之立廟。取后亡從孫黄與合葬，追封黄列侯，〔二〕以夫人郭氏從弟悳爲之後，承甄氏姓，封悳爲平原侯，襲公主爵。

孫盛曰：於禮，婦人既無封爵之典，況於孩末，而可建以大邑乎！悳自異族，援繼非類，匪功匪親，而襲母爵，違情背典，於此爲甚。陳羣雖抗言，〔三〕楊阜引事比並，〔四〕然皆不能極陳先王之禮，明封建繼嗣之義，忠至之辭，猶有闕乎！詩云：「赫赫師尹，民具爾瞻。」〔五〕宰輔之職，其可略哉！

晉諸公贊曰：悳字彦孫。司馬景王輔政，以女妻悳。妻早亡，文王復以女繼室，即京兆長公主。〔六〕景、文二王欲自結於郭后，是以頻繁爲婚。〔七〕悳雖無才學，而恭謹謙順。甄温字仲舒，與郭建及悳等皆后族，以事宜見寵。咸熙初，封郭建爲臨渭縣公，悳廣安縣公，邑皆千八百户。〔八〕温本國侯，進爲輔國大將軍，〔九〕加侍中，領射聲校尉。悳，鎮軍大將軍。〔一〇〕泰始元年，晉受禪，加建、悳、温三人位特進。悳爲人貞素，加以世祖姊夫，〔一一〕是以遂貴當世。悳暮年官更轉爲宗正，遷侍中。太康中，大司馬齊王攸當之藩，悳與左衛將軍王濟共諫請，時人嘉之。世祖以此望悳，由此出悳爲大鴻臚，加侍中、光禄大夫。尋疾，薨。贈中軍大將軍，開府侍中如故；謚恭公，子喜嗣。喜精粹有器美，歷中書郎、右衛將軍、侍中，位至輔國大將軍，加散騎常侍。喜與國姻親，而經趙王倫、齊王冏事故，能不豫際會，良由其才短，然亦以退静免之。

青龍中，又封后從兄子毅及像弟三人，皆爲列侯。毅數上疏陳時政，〔一〕官至越騎校尉。嘉平中，復封暢子二人爲列侯。后兄儼孫女爲齊王皇后，后父已没，封后母爲廣樂鄉君。

〔一〕秦詩渭陽篇：「我送舅氏，曰至渭陽。」毛傳曰：「母之昆弟曰舅。」鄭箋云：「渭，水名也。秦是時都雍，至渭陽者，蓋東行送舅氏於咸陽之地。」世説言語篇云：「魏明帝爲外祖母築館於甄氏，既成，自行視，謂左右曰：館當以何爲名？侍中繆襲曰：陛下聖思齊於哲王，罔極過於曾、閔，此館之興，鍾情舅氏，宜以渭陽爲名。」劉孝標注：「秦詩曰渭陽，康公念母也。康公之母，晉獻公之女。文公遭驪姬之難，未反而秦姬卒。穆公納文公，康公時爲太子，贈送文公于渭之陽，念母之不見也：我見舅氏，如母存焉。按魏書帝於後園爲象母起觀，名其里曰渭陽，然則象母即帝之舅母，非外祖母也。且渭陽爲館名，亦乖舊史也。」侯康曰：「此説與史小異，故劉孝標譏之。然其名起於繆襲，則正可補史之遺也。」

〔二〕宋書禮志四云：「魏明帝有愛女曰淑，涉三月而夭。帝痛之甚，追封謚爲平原懿公主，葬於南陵，立廟京師，無前典，非禮也。」曹植平原懿公主誄云：「俯振地紀，仰錯天文，悲風激興，霜飇雪雰，凋蘭夭蕙，良幹以泯。於惟懿主，瑛瑶其質，協策應期，含英秀出。岐嶷之姿，實朗實一。生在十旬，察人識物。儀同聖表，聲協音律，驤眉識往，俛瞳知來，求顔必笑，和音則該。阿保接手，侍御充傍，常在襁抱，不停笫牀。專愛一宫，取翫聖皇。何圖奄忽，罹天之殃。魂神遷移，精爽翾翔，號之不應，聽之莫聆，帝用吁嗟，嗚咽失聲。嗚呼哀哉！憐爾早殁，不逮陰光，改封大郡，惟帝舊疆，建土開家，邑移蕃王，緄珮惟鮮，朱紱斯煌。國號既崇，哀爾孤獨，配爾名才，華宗貴族，爵以列侯，銀艾優渥，成禮于宫，靈輀交轂。生雖異室，殁同山岳。爰搆玄宫，玉石交連，朱房皓壁，皜曜電鮮。飾終備衛，法生象存，長埏繕修，神闈啓扉。二柩並降，雙魂孰依，人誰不没，憐爾尚微。阿保激摧，聖上傷悲，城闕之詩，以日喻歲。況我愛子，神光長滅，扃闢一闔，曷其復晰！」

〔三〕羣傳：「羣上疏曰：八歲下殤，禮所不備，況未朞月，而以成人禮送之，加爲制服，舉朝素衣，朝夕哭臨，自古以來，未有此比。」

〔四〕阜傳：「帝將自臨送，阜上疏曰：文皇帝、武宣皇后崩，陛下皆不送葬，何至孩抱之赤子，而可送葬也哉！」

〔五〕詩小雅節南山篇之辭。毛傳云：「赫赫，顯盛貌；師，大師；周之三公也。尹，尹氏爲大師。具，俱也；瞻，視也。」

〔六〕晉書文明王皇后傳：「后生京兆公主。」

〔七〕趙一清曰：「司馬銳意篡魏，至結宮中之援；齊王之廢也，奏中多列甄、郭之名。其答渭陽之情者如此，嗚呼！」弼按：王莽媚元后之術也，何足異哉。

〔八〕臨渭見明紀景初二年廣魏郡注。沈欽韓曰：「晉志，略陽郡治臨渭，廣安縣無考，或有誤。」

〔九〕宋書百官志：「輔國將軍，漢獻帝以伏完居之。」洪飴孫曰：「輔國大將軍一人，第二品。咸熙元年置，不常設。」

〔一〇〕元本「悳」下有「領」字。

〔一一〕晉武帝廟號世祖。

〔一二〕侯康曰：「御覽卷二百十五引魏名臣奏，駙馬都尉甄毅奏曰：漢時公卿，皆奏事選尚書郎，試然後得爲之。其在職自齎所發書，詣天子前，發省便處，當事輕重，口自決定。或天子難問，據案處正。乃見郎之割斷材伎。魏則不然。今尚書郎皆天下之選，材伎鋒出，亦欲騁其能於萬乘之前，宜如故事，令郎口自奏事，自處當。」

文德郭皇后，安平廣宗人也。〔一〕祖世長吏。

魏書曰：父永，官至南郡太守，謚敬侯。〔二〕母姓董氏，即堂陽君。〔三〕生三男二女：長男浮，高唐令；〔四〕次女昱；〔五〕次即后。后弟都、弟成。后以漢中平元年三月乙卯生，〔六〕生而有異常。

后少而父永奇之曰：「此乃吾女中王也。」遂以女王爲字。早失二親，喪亂流離，没在銅鞮侯家。〔七〕太祖爲魏公時，得入東宮。后有智數，時時有所獻納；文帝定爲嗣，后有謀焉。太子即王位，后爲夫人；及踐阼，爲貴嬪。甄后之死，由后之寵也。黄初三年，將登后位，文帝欲立爲后。〔八〕中郎棧潛上疏曰：〔九〕「在昔帝王之治天下，不惟外輔，亦有内助，治亂所由，盛衰從之。故西陵配黄，〔一〇〕英、娥降嬀，〔一一〕並以賢明，流芳上世。桀奔南巢，禍階末喜；〔一二〕紂以炮烙，怡悦妲己。〔一三〕是以聖哲慎立元妃，必取先代世族之家，擇其令淑，以統六宫；虔奉宗廟，陰教聿修。〔一四〕易曰：家道正而天下定。〔一五〕由内及外，先王之令典也。春秋書宗人釁夏云：無以妾爲夫人之禮。〔一六〕齊桓誓命于葵丘，〔一七〕亦曰無以妾爲妻。〔一八〕今後宫嬖寵，常亞乘輿。〔一九〕若因愛登后，使賤人暴貴，臣恐後世下陵上替，開張非度，〔二〇〕亂自上起也。」文帝不從，遂立爲皇后。〔二一〕

魏書曰：后上表謝曰：「妾無皇、英釐降之節，又非姜、任思齊之倫，〔二二〕誠不足以假充女君之盛位，處中饋之重任。」后自在東宮，及即尊位，雖有異寵，心愈恭肅；供養永壽宮，以孝聞。〔二三〕是時，柴貴人亦有寵，后教訓奬導之；後宮諸貴人，時有過失，常彌覆之；有譴讓，輒爲帝言其本末。帝或大有所怒，至爲之頓首請罪，是以六宫無怨。性儉約，不好音樂，常慕漢明德馬后之爲人。〔二四〕

〔一〕安平見武紀建安九年。胡三省曰：「漢廣宗縣屬鉅鹿郡，晉志始屬安平，蓋魏氏（割）〔制〕度也。」錢大昕、趙一清説同。弼按：本志杜恕傳注引魏略云：「孟康安平人，黄初中以於郭后有外屬，並受九親賜拜。」蓋后姊適孟氏，故云九親。又按顔師古漢書敘例云：「孟康，安平廣宗人。」此皆爲廣宗屬安平之證。一統志：「廣宗故城，今直隸廣平府威縣東。」方輿紀要：「今順德府廣宗縣治。」

〔二〕監本、官本「侯」作「后」，誤。

〔三〕郡國志：「冀州安平國堂陽，故屬鉅鹿。」一統志：「堂陽故城，今直隸冀州新河縣治。」

〔四〕高唐，見武紀初平三年。

〔五〕即孟武之母。

〔六〕后長魏文三歲，后崩於青龍三年，年五十二歲。

〔七〕左傳成公九年：「晉執鄭伯於銅鞮。」襄公三十一年：「子產曰，銅鞮之宮數里。」昭公二十八年：「滅羊舌氏，樂霄爲銅鞮大夫。」杜注：「銅鞮，晉別縣，在上黨。」郡國志：「并州上黨郡銅鞮。」上黨記曰：「晉別宮，墟闕猶存，北城去晉宮二十里，羊舌所邑。」一統志：「銅鞮故城，在山西沁州南。」錢坫曰：「今沁州治南四十里。」

〔八〕馮本「爲」作「郭」。

〔九〕胡三省曰：「漢三署中郎及虎賁羽林中郎，皆秩比六百石。魏文帝自五官中郎將登極，省五官將，惟左右中郎及虎賁羽林中郎。棧，仕限翻。丁度曰：姓也。何氏姓苑：棧姓出任城。棧潛，任城人也。蓋自潛始著。」弼按：棧潛事詳見高堂隆傳。

〔一〇〕史記五帝本紀：「黃帝娶於西陵之女，是爲嫘祖。嫘祖爲黃帝正妃，生二子，其後皆有天下。」正義云：「西陵，國名也。」

〔一一〕英、娥事見前后妃傳敘。

〔一二〕監本、官本「末」作「妹」。尚書仲虺之誥：「成湯放桀於南巢。」史記夏本紀：「湯率兵以伐夏桀，桀走鳴條，遂放而死。」括地志：「廬州巢縣有巢湖，即尚書成湯伐桀，放於南巢者也。」淮南子云：「湯敗桀於歷山，與妹喜同舟浮

江，奔南巢之山而死。」漢書外戚傳序：「桀之放也，用末喜。」顏師古曰：「末喜，桀之妃，有施氏女也。美於色，薄

於德，女子行，丈夫心。桀常置末喜於膝上，聽用其言，昏亂失道。於是湯伐之，遂放桀與末喜，死於南巢。」

〔一三〕史記殷本紀：「帝紂好酒淫樂，嬖於婦人，愛妲己，刑有炮烙之法。」皇甫謐曰：「妲己，有蘇氏美女。」國語：「有蘇氏女，妲字，己姓也。」列女傳曰：「膏銅柱，下加之炭，令有罪者行焉，輒墮炭中，妲己笑，名曰炮烙之刑。」

〔一四〕詩大雅文王篇：「聿修厥德」。毛傳云：「聿，述也。」

〔一五〕易家人曰：「夫夫婦婦，而家道正，家道正，而天下定矣。」

〔一六〕左傳哀公二十四年：「公子荆之母嬖，將以爲夫人，使宗人釁夏獻其禮。對曰：無之。公怒曰：女爲宗司，立夫人，國之大禮也，何故無之？對曰：周公及武公娶於薛，孝、惠娶於商，自桓以下娶於齊，此禮也則有。若以妾爲夫人，則固無其禮也。公卒立之，而以荆爲太子，國人始惡之。」杜注：「荆，哀公庶子也。宗人，禮官也。」

〔一七〕左傳僖公九年：「齊侯盟諸侯於葵丘。」杜注：「陳留外黃縣東有葵丘。」郡國志：「兗州陳留郡外黃有葵丘，齊桓公會此城中。」一統志：「葵丘聚在今河南歸德府考城縣東三十里。」弼按：此與山東青州府臨淄縣西之葵丘，同名異地。

〔一八〕見孟子。

〔一九〕通鑑「令」作「令」，「常」作「當」。

〔二〇〕胡三省曰：「非度，猶言非法。」

〔二一〕黃初三年九月庚子立。

〔二二〕皇、英、姜、任俱見前。

〔二三〕下太后稱永壽宮。

〔二四〕范書皇后紀：「明德馬皇后，伏波將軍援之小女也。選入太子宮，時年十三。奉承陰后，傍接同列，禮則修備。顯

宗即位，以爲貴人；永平三年，立爲皇后。」

后蚤喪兄弟，以從兄表繼永後，〔一〕拜奉車都尉。后外親劉斐，與他國爲婚，后聞之，勑曰：「諸親戚嫁娶，自當與鄉里門户匹敵者，不得因勢彊與他方人婚也。」后姊子孟武還鄉里，〔二〕求小妻，〔三〕后止之。遂勑諸家曰：「今世婦女少，當配將士，不得因緣取以爲妾也。宜各自慎，無爲罰首。」〔四〕

魏書曰：后常勑戒表、武等曰：「漢世椒房之家，〔五〕少能自全者，皆由驕奢，可不慎乎！」

〔一〕鮑勛傳：「太子郭夫人弟爲曲周縣吏，斷盜官布，法應棄市。」史不書名，或亦爲后從弟也。

〔二〕孟康爲后外屬，注見前。

〔三〕漢書外戚傳許后傳：「廢后姊孊寡居，與定陵侯淳于長私通，因爲之小妻。」佞幸傳淳于長傳亦云：「與孊私通，因取爲小妻。」又佞幸傳序：「張彭祖爲其小妻所毒斃。」范書陳球傳：「球小妻，程璜之女。」蘇輿曰：「漢世謂妾爲小妻。枚乘傳，取皋母爲小妻；三國時猶然。魏郭后姊子孟武求小妻是也。亦稱傍妻。范書趙孝王良傳，私娉小妻。章懷注：小妻，妾也。吴志孫晧傳天紀元年注引江表傳：張俶取小妻三十餘人。」

〔四〕何焯曰：「此時當别有科禁，今不可考矣。青龍中，諸士女嫁非士者，一切録奪，以配戰士。當亦緣此爲辭耳。」

〔五〕漢書孝昭上官皇后傳：「而有椒房之重。」師古曰：「椒房，殿名，在未央宫，皇后所居。」爾雅翼：「椒，實多而香。漢世皇后稱椒房，取其實蔓延盈升；以椒塗屋，亦取其温煖。」

五年，帝東征，后留許昌永始臺。〔一〕時霖雨百餘日，城樓多壞，有司奏請移止。后曰：「昔楚昭王出游，貞姜留漸臺，江水至，使者迎而無符，不去，卒没。〔二〕今帝在遠，吾幸未有是患，而便移止，柰何！」羣臣莫敢復言。六年，帝東征吴，至廣陵，〔三〕后留譙宫。時表留宿衛，〔四〕欲遏水取魚。后曰：「水當通運漕，又少材木。奴客不在目前，〔五〕當復私取官竹木作梁遏。今奉車所不足者，〔六〕豈魚乎！」

〔一〕文選何晏景福殿賦云：「鎮以重臺，實曰永始，複閣重闈，猖狂是俟。京庾之儲，無物不有，不虞之戒，於是焉取。」李善注：「永始，臺名，倉廩所居也。」

〔二〕列女傳：「貞姜者，齊侯之女，楚昭王之夫人也。王出游，留夫人漸臺之上而去。王聞江水大至，使使者迎夫人，忘持符。夫人曰：王與宫人約，召必以符，今使者不持符，妾不敢從。使者曰：水方大至，還而取符，恐後。夫人曰：貞女之義不犯約，勇者不畏死，守一節而已。妾知從使者必生，留必死，然棄約越義而求生，不若留而死耳！於是使者反取符。還，則水大至，臺崩，夫人流而死。王曰：嗟夫！守義死節，不爲苟生，處約持信，以全其貞！乃號曰貞姜。」

〔三〕廣陵見武紀建安十三年。

〔四〕郭表也。

〔五〕漢書五行志七中之上云：「成帝鴻嘉、永始之閒，好爲微行。出游，選從期門郎有材力者，及私奴客，多至十餘，少五六人。」蜀志麋竺傳：「竺進奴客二千。」吴志孫策傳注引江表傳：「許貢奴客潛民閒，欲爲貢報讎。」唐書食貨志：「豪民侵噬産業，不移户則縣不敢徭役，而征税皆出下貧，至于依富爲奴客，役罰峻于州縣。」

〔六〕表官奉車都尉。

明帝即位，尊后爲皇太后，稱永安宫。太和四年，詔封表安陽亭侯，又進爵鄉侯，增邑，并前五百户，遷中壘將軍。以表子詳爲騎都尉。其年，帝追謚太后父永爲安陽鄉敬侯，母董爲都鄉君。遷表昭德將軍，〔一〕加金紫，〔二〕位特進；表第二子訓爲騎都尉。及孟武母卒，欲厚葬，起祠堂。太后止之曰：「自喪亂以來，墳墓無不發掘，皆由厚葬也。首陽陵可以爲法。」〔三〕青龍三年春，后崩于許昌，〔四〕以終制營陵。三月庚寅，葬首陽陵西。

魏略曰：明帝既嗣立，追痛甄后之薨，〔五〕故太后以憂暴崩。甄后臨没，以帝屬李夫人。及太后崩，夫人乃説甄后見譖之禍，不獲大斂，被髮覆面，帝哀恨流涕，命殯葬太后皆如甄后故事。〔六〕

漢晉春秋曰：初，甄后之誅，由郭后之寵。及殯，令被髮覆面，以糠塞口；遂立郭后，使養明帝。帝知之，心常懷忿，數泣問甄后死狀。郭后曰：「先帝自殺，何以責問我？且汝爲人子，可追讎死父，爲前母枉殺後母邪？」明帝怒，遂逼殺之。勑殯者使如甄后故事。

魏書載哀策曰：「惟青龍二年三月壬申，〔七〕皇太后梓宮啟殯，將葬於首陽之西陵，哀子皇帝叡親奉策祖載，〔八〕遂親遣奠，叩心擗踊，〔九〕號咷仰訴。痛靈魂之遷幸，悲容車之向路，背三光以潛翳，就黄壚而安厝。嗚呼哀哉！昔二女妃虞，帝道以彰；三母嬪周，聖善彌光；既多受祉，享國延長。哀哀慈妣，興化閨房，龍飛紫極，作合聖皇，不虞中年，暴罹災殃。愍予小子，煢煢摧傷，魂雖永逝，定省曷望？嗚呼哀哉！」〔一〇〕

帝進表爵爲觀津侯。〔一一〕增邑五百，并前千户。遷詳爲駙馬都尉。四年，追改封永爲觀津敬侯，世婦董爲堂陽君。追封謚后兄浮爲梁里亭戴侯，都爲武城亭孝侯，成爲新樂亭定侯，皆使使者奉策，祠以太牢。表薨，子詳嗣；又分表爵封詳弟述爲列侯。詳薨，子釗嗣。

〔一〕洪飴孫曰：「昭德將軍一人，第五品。」

〔二〕宋書百官志上云：「光禄大夫，銀章青綬，其重者加金章紫綬，則謂之金紫光禄大夫，舊秩比二千石。」趙一清曰：「楊彪及齊王芳后父王夔只云加光禄大夫，是銀章青綬也。此云加金紫，是金紫光禄大夫也。不言光禄大夫者，史省文也。」

〔三〕魏文葬首陽陵。

〔四〕三年正月丁巳崩。

〔五〕監本、官本「薨」作「葬」，誤。

〔六〕甄后死於黃初二年，明帝年已十七矣，豈不知其死狀，尚待李夫人之陳説乎？何焯曰：「注引魏略云云。按，郭太后没，其宗親恩禮無改，故陳氏不取其説。然毛后賜死，曾猶遷官，曹氏之酷虐變詐，難以常理推也。」

〔七〕宋本「二年」作「三年」，是；各本皆誤。潘眉曰：「是年三月無壬申，三月當爲二月。郭后以二月壬申啓殯，三月庚寅葬。」

〔八〕梁玉繩曰：「哀子之稱見此。其士虞禮及禮雜記，凡虞以前之祭，稱哀子，則非對母而言也。温公書儀謂母亡稱哀子，唐以後始有之，似忘考裴注。然蔡邕袁夫人碑哀子懿、達，又在魏前。」胡玉縉曰：「梁謂虞以前祭稱哀子，非對母而言，是已；而義猶未盡。黃以周喪祭通故云：孝子、孝孫，哀子、哀孫，皆宗子之稱。其衆子、衆孫之助祭者曰哀顯相，不得直稱哀子、哀孫。士虞記哀子某，哀顯相，顯有别矣。今衆子亦稱哀子，誤也。又有父孤母哀之説，尤屬不經。」

〔九〕吴本「擗」作「躃」，誤。躃或書作躄，跛躃也。禮記檀弓下云：「辟踊，哀之至也。」鄭注：「辟，拊心也。」孝經：「擗踊哭泣。」

〔一〇〕通典卷七十九云：「文德皇后崩，侍中蘇林議，皇后皆有謚，未葬宜稱大行。詔曰：稱大行者，所以别存亡之號，故事已然，今當如林議，稱大行。」

〔一〕郡國志：「冀州安平國觀津。」一統志：「觀津故城，直隸冀州武邑縣東南。」

明悼毛皇后，河内人也。〔一〕黄初中，以選入東宮，明帝時爲平原王，進御，有寵，出入與同輿輦。〔二〕及即帝位，以爲貴嬪；太和元年，立爲皇后。后父嘉，拜騎都尉；后弟曾，郎中。

〔一〕河内見武紀初平元年。錢大昭曰：「明悼毛皇后、明元郭皇后，皆書郡不書縣，非史例也。」弼按：蜀志二主妃子傳：「先主甘皇后，沛人；先主穆皇后，陳留人。」吴志妃嬪傳：「吴主權王夫人，琅邪人；吴主權王夫人，南陽人。」是書郡不書縣者甚多。又按漢書外戚傳：「高祖薄姬父吴人，孝武鉤弋趙倢伃，家在河閒；史良娣家本魯國。」是皆不書其縣。又孝成趙皇后本長安宮人，即其郡亦不書。大抵出自微賤，或自幼没入宮中，失其里貫，乃從闕文。錢氏謂非史例，過矣！

〔二〕漢書外戚傳：「成帝遊於後庭，嘗欲與班倢伃同輦載。倢伃辭曰：觀古圖畫，聖賢之君，皆有名臣在側，三代末主，廼有嬖女。今欲同輦，得無近似之乎！上善其言而止。」漢官儀曰：「皇后、倢伃乘輦，餘皆以茵，四人輿以行。」

初，明帝爲王，始納河内虞氏爲妃。帝即位，虞氏不得立爲后，太皇卞太后慰勉焉。虞氏曰：「曹氏自好立賤，未有能以義舉者也。〔一〕然后職内事，君聽外政，〔二〕其道相由而成，苟不能以善始，未有能令終者也。殆必由此亡國喪祀矣！」〔三〕虞氏遂絀還鄴宮。進嘉爲奉車都尉，曾騎都尉，寵賜隆渥。頃之，封嘉博平鄉侯，遷光禄大夫，曾駙馬都尉。嘉本典虞車工，卒暴富貴，明帝令朝臣會其家飲宴，其容止舉動甚蚩騃，〔四〕語輒自謂「侯身」，時人以

爲笑。〔五〕

孫盛曰：古之王者，必求令淑，以對揚至德，恢王化於關雎，致淳風於麟趾。及臻三季，並亂茲緒，義以情溺，位由寵昏，貴賤無章，下陵上替，興衰隆廢，皆是物也。魏自武王，暨于烈祖，三后之升，起自幽賤，本既卑矣，何以長世？詩云：絺兮綌兮，淒其以風。〔六〕其此之謂乎！

後又加嘉位特進，曾遷散騎侍郎。青龍三年，嘉薨，追贈光祿大夫，改封安國侯，增邑五百，并前千戶，謚曰節侯。四年，追封后母夏爲野王君。〔七〕

〔一〕胡三省曰：「武帝立卞后，文帝立郭后，皆非正室。」何焯曰：「周天子逆后於嬀、姜之國，漢諸侯皆同姓，不可拘以舊制。然景立王、武立衛，安於立賤矣。此等皆漢事，與三代始判分處。」

〔二〕禮記昏義篇云：「古者，天子后立六宮、三夫人、九嬪、二十七世婦、八十一御妻，以聽天下之內治，以明章婦順。故天下內和而家理。天子立六宮、三公、九卿、二十七大夫、八十一元士，以聽天下之外治，以明章天下之男教。故外和而國治。故曰天子聽男教，后聽女順；天子理陽道，后治陰德；天子聽外治，后聽內職。」

〔三〕或曰，言雖怨懟，然深明夫婦人倫之本，興替所由。

〔四〕蚩，赤之切。凡無知者，皆以蚩名之。御覽：「騃，侯楷切。」廣雅釋詁：「騃，癡也。」

〔五〕宋本「笑」作「笑」，誤。夏侯玄恥與毛曾同坐，見玄傳。

〔六〕詩邶風綠衣篇毛傳云：「淒，寒風也。」鄭箋云：「絺綌所以當暑，今以待寒，喻其失所也。」

〔七〕郡國志：「司隸河內郡野王。」一統志：「野王故城，今河南懷慶府河內縣治。」

帝之幸郭元后也，后愛寵日弛。景初元年，帝游後園，召才人以上曲宴極樂。〔一〕元后曰

「宜延皇后」，帝弗許。乃禁左右，使不得宣。〔二〕后知之。明日，帝見后，后曰：「昨日游宴北園，樂乎？」〔三〕帝以左右泄之，所殺十餘人，賜后死。〔四〕然猶加謚，〔五〕葬愍陵。〔六〕遷曾散騎常侍，後徙爲羽林、虎賁中郎將、〔七〕原武典農。〔八〕

〔二〕胡三省曰：「曲宴，禁中之宴，猶言私宴也。」

〔三〕胡三省曰：「宣，布也；露其事也。」

〔三〕胡三省曰：「後園在洛城北隅。」

〔四〕明紀：「九月庚辰，皇后毛氏卒。」

〔五〕謚法：「中年早夭曰悼，肆行無禮曰悼。」晉書安平獻王孚傳：魏明悼后崩，議書銘旌。或欲去姓而書魏，或欲兩書。孚以爲經典正義，皆不應書。凡帝王皆因本國之名，以爲天下之號，而與往代相別耳，非爲擇美名以自光也。天稱皇天，則帝稱皇帝；地稱后土，則后稱皇后。此乃所以同天地之大號，流無二之尊名。不待稱國號以自表，不俟稱氏族以自彰。是以春秋隱公三年經曰：三月庚戌，天王崩。尊而稱天，不曰周王者，所以殊乎列國之君也。八月庚戌，宋公和卒。書國稱名，所以異乎天王也。襄公十五年經曰：劉夏逆王后於齊。不曰逆周王后姜氏者，所以異乎列國之夫人也。至於列國，則曰夫人姜氏至自齊，又曰紀伯姬卒。書國稱姓，此所以異乎天王后也。由此攷之，尊稱皇帝，赫赫無二，何待於魏乎！尊稱皇后，彰以謚號，何待於姓乎！議者欲書魏者，此以爲天皇之尊，同於往古列國之君也。或欲書姓者，此以爲天皇之后，同於往古之夫人也。乖經典之大義，異乎聖人之明制，非所以垂訓將來，爲萬世不易之式者也。遂從孚議。」

〔六〕十月癸丑葬。

〔七〕續百官志：「羽林中郎將，比二千石，主羽林郎。」虎賁中郎將見甄后傳。

〔八〕郡國志：「司隸河南尹原武。」一統志：「原武故城，今河南懷慶府陽武縣治。」典農見陳留王紀咸熙元年。

明元郭皇后，西平人也。〔一〕世河右大族。黄初中，本郡反叛，遂没入宫。明帝即位，甚見愛幸，拜爲夫人。叔父立爲騎都尉，從父芝爲虎賁中郎將。帝疾困，遂立爲皇后。齊王即位，尊后爲皇太后，稱永寧宫。〔二〕追封謚太后父滿爲西都定侯，〔三〕以立子建紹其爵。封太后母杜爲郃陽君。〔四〕芝遷散騎常侍、長水校尉。

魏略曰：諸郭之中，芝最壯直，〔五〕先時自以他功封侯。〔六〕

立，宣德將軍，〔七〕皆封列侯。建兄悳，出養甄氏。悳及建俱爲鎮護將軍，〔八〕皆封列侯，〔九〕並掌宿衛。值三主幼弱，宰輔統政，與奪大事，〔一〇〕皆先咨啓於太后，而後施行。〔一一〕毌丘儉、鍾會等作亂，咸假其命而以爲辭焉。景元四年十二月，崩。五年二月，葬高平陵西。〔一二〕

晉諸公讚曰：建字叔始，有器局而彊問。泰始中，疾薨。子嘏嗣，爲給事中。

〔一〕西平見武紀建安十九年，又見齊王紀嘉平五年。

〔二〕晉書宣帝紀：「正始八年，曹爽用何晏、鄧颺、丁謐之謀，遷太后於永寧宫。」胡三省引此傳駁之，説見曹爽傳。

〔三〕西平郡治西都，今甘肅西寧府西寧縣治。

〔四〕郡國志：「司隸左馮翊郃陽。」一統志：「郃陽故城，今陝西同州府郃陽縣東南。」

〔五〕芝事見齊王紀嘉平六年注引魏略。

〔六〕監本、官本「侯」作「爵」。

〔七〕洪飴孫曰：「宣德將軍一人，第五品。」

〔八〕趙一清曰：「鎮護將軍，謂或爲鎮軍將軍，或爲護軍將軍也。然宋志魏世有中護軍及護軍，無護軍將軍。儻即所謂資重者爲將軍者邪？」洪飴孫曰：「鎮護將軍一人，第三品。」弼按：傳言悳、建俱爲鎮護將軍，則不止一人。

〔九〕悳封廣安縣公，建封臨渭縣公，見甄后傳注。

〔一〇〕即廢立大事也。

〔一一〕廢立諸令，皆假其名以行。

〔一二〕五年二月庚申葬，即咸熙元年也。高平陵見明紀景初三年。

評曰：魏后妃之家，雖云富貴，未有若衰漢乘非其據，宰割朝政者也。鑒往易軌，於斯爲美。追觀陳羣之議，棧潛之論，〔一〕適足以爲百王之規典，垂憲範乎後葉矣。〔二〕

〔一〕林國贊曰：「潛諫立郭后，見此傳。羣諫追封平原公主，見陳羣傳。此傳一字未及，而傳評忽云，首尾殊不應。他如劉放傳譏放抑辛毗而助王思，實見辛毗傳，據放傳則於毗等一字未及。又劉焉傳評譏焉求婚吴氏，實見二主妃子傳，據焉傳則求婚事一字未及。」

〔二〕或曰，人臣進諫納規，不用於當時，仍利於後世。用與不用，均之有厚賴焉。

魏書六

董卓二袁劉表傳第六〔一〕

〔一〕宋本、元本、馮本作董二袁劉傳第六，監本、官本分列諸人名後同。杭世駿曰：「董卓之死，在獻帝初平三年。操未秉政，三國未分。謝承、華嶠、司馬彪、袁山松之徒撰後漢書，皆爲立傳。陳壽乃闌入魏志何也？劉知幾云：漢之有董卓，猶秦之有趙高。昔（軍）〔車〕令之誅，既不列漢史；何太師之斃，獨刊魏書？或曰，魏志之首傳董卓，明禍首也。儻亦西漢世家項籍之意乎？」周壽昌曰：「董卓、袁紹、袁術、劉表諸人，皆非魏臣，而魏志特爲列傳者，蓋卓首亂者也。卓擅亂時，操尚未秉政，三國未分，似卓全無關於魏。不知因卓之亂，而操始擅朝政，魏與蜀、吳分鼎，漢遂以亡。紀卓，所以紀亂源也。至紹、術、表則皆操交兵拓地之所，魏之强由此，故亦傳於魏臣之前。又案，卓此傳較諸後漢書稍略，蓋卓前半，立功邊城，及其强很暴虐弒逆之罪，俱在漢朝，故范史不能不詳載，以著其所以傾漢者。若陳志則詳記於何進召之入京以後，其翦裁去取，足徵史筆之潔。」王鳴盛曰：「董卓、袁紹、袁術等傳，以范書較之，范之詳幾倍於陳壽。凡裴松之所採以入注者，皆范氏取入正文者也。陳之精簡，固勝於范；然范贍而不穢，亦不厭其繁。」

董卓字仲穎，〔二〕隴西臨洮人也。〔三〕

英雄記曰：卓父君雅，由微官爲潁川綸氏尉。〔三〕有三子：長子擢，字孟高，早卒；次即卓；卓弟旻，字叔穎。

少好俠，嘗游羌中，盡與諸豪帥相結。後歸耕於野，而豪帥有來從之者，卓與俱還，殺耕牛與相宴樂。諸豪帥感其意，歸相斂，得雜畜千餘頭以贈卓。

吳書曰：郡召卓爲吏，使監領盜賊。胡嘗出鈔，多虜民人。涼州刺史成就辟卓爲從事，〔四〕使領兵騎討捕，大破之，斬獲千計。并州刺史段熲薦卓公府，〔五〕司徒袁隗辟爲掾。〔六〕

漢桓帝末，以六郡良家子爲羽林郎。〔七〕卓有才武，〔八〕膂力少比，〔九〕雙帶兩鞬，左右馳射。〔一〇〕爲軍司馬，〔一一〕從中郎將張奐征并州有功，〔一二〕拜郎中，賜縑九千匹，卓悉以分與吏士。〔一三〕遷廣武令，〔一四〕蜀郡北部都尉，〔一五〕西域戊己校尉，〔一六〕免。徵拜并州刺史、河東太守。

英雄記曰：卓數討羌、胡，前後百餘戰。

遷中郎將，討黄巾，軍敗抵罪。〔一七〕韓遂等起涼州，〔一八〕復爲中郎將，西拒遂。於望垣硤北，〔一九〕爲羌、胡數萬人所圍，糧食乏絶。卓僞欲捕魚，堰其還道〔二〇〕當所渡水爲池，使水渟滿數十里，默從堰下過其軍而決堰。比羌、胡聞知追逐，水已深，不得渡。時六軍上隴西，五軍敗績，卓獨全衆而還，屯住扶風。〔二一〕拜前將軍，〔二二〕封斄鄉侯，〔二三〕徵爲并州牧。〔二四〕

靈帝紀曰：中平五年，徵卓爲少府，〔二五〕勑以營吏士屬左將軍皇甫嵩，詣行在所。卓上言：「涼州擾亂，鯨鯢未滅，此臣奮發效命之秋。吏士踊躍，戀恩念報，各遮臣車，辭聲懇惻，未得即路也。輒且行前將軍事，盡心慰卹，效力行陣。」〔二六〕六年，以卓爲并州牧，〔二七〕又勑以吏兵屬皇甫嵩。卓復上言：「臣掌戎十年，士卒大小，相狎彌久，戀臣畜養之恩，樂爲國家奮一旦之命，乞將之州，〔二八〕效力邊陲。」〔二九〕卓再違詔勑，會爲何進所召。〔三〇〕

〔一〕章懷注引卓別傳曰：「卓父君雅爲潁川輪氏尉，生卓及弟旻，故卓字仲穎，旻字叔穎。」劉攽曰：「案注言卓與弟旻生潁川，明當作潁。」何焯校作「潁」。

〔二〕郡國志：「涼州隴西郡臨洮。」水經注：「洮水東逕臨洮縣故城北。」元和郡縣志：「故城即岷州城。」一統志：「臨洮故城，今甘肅鞏昌府岷州治。」

〔三〕郡國志：「豫州潁川郡輪氏，建初四年置。」齊召南曰：「前志，潁川郡有綸氏，疑縣不自建初置也。但前志作綸，此志作輪。」一統志：「綸氏故城，今河南河南府登封縣西南七十里。」續百官志：「縣尉，大縣二人，小縣一人。尉主盜賊。」李祖楙曰：「漢時守、相、丞、尉皆命於朝廷，曹掾以下，則用本郡之人，由郡縣自辟除之。常居門下，故諸掾常以門下爲號。」

〔四〕續百官志：「州刺史皆有從事史、假佐。」沈家本曰：「後漢本傳言，爲州兵馬掾。」

〔五〕「潁」，毛本作「穎」，誤。

〔六〕續百官志：「司徒掾屬三十一人。」

〔七〕續百官志：「羽林郎比三百石，常宿衛侍從，常選漢陽、隴西、安定、北地、上郡、西河凡六郡良家補。」

〔八〕「才」，監本、官本作「材」。

〔九〕宋本、元本「膂」作「旅」。膂，脊骨也。

〔一〇〕章懷注引方言曰：「所以藏箭謂之服，藏弓謂之韔。左氏傳云：右屬櫜韔。」

〔一一〕此中郎將之軍司馬也。范書卓傳「從中郎將張奐爲軍司馬」，可證。

〔一二〕梁章鉅曰：「後漢書董卓傳，從張奐擊漢陽叛羌，破之，拜郎中。案漢陽在涼州，此云并州，恐誤。」潘眉說同。弼按：范書張奐傳：「奐督幽、并、涼三州，先零羌鈔三輔，奐遣司馬尹端、董卓並擊，大破之，三州清定。」是不專指涼州也。

〔一三〕范書卓傳：「卓曰：爲者則己，有者則士。乃悉分與吏兵無所留。」張奐傳：「奐有勳名，董卓慕之，使其兄遺縑百匹。奐惡卓爲人，絶而不受。」

〔一四〕郡國志：「并州雁門郡廣武，三國魏移雁門郡治此。」一統志：「廣武故城，今山西代州西十五里。」

〔一五〕郡國志：「邊郡往往置都尉，稍有分縣，治民比郡。」沈家本曰：「蜀郡北部都尉，後漢書西南夷傳云，冉駹夷者，武帝所開，元鼎六年以爲汶山郡。至地節三年，宣帝乃省并蜀郡爲北部都尉。靈帝時，復分蜀郡北部爲汶山郡云。卓遷此官在桓帝末，故尚爲北部都尉也。」

〔一六〕范書明帝紀：「永平十七年，初置西域都護、戊己校尉。」章懷注：「元帝置戊己校尉。戊己，中央也，鎮覆四方，見漢官儀。亦處西域，鎮撫諸國。」

〔一七〕范書卓傳：「中平元年，拜東中郎將，持節代盧植擊張角於下曲陽，軍敗抵罪。」惠棟曰：「江表傳，卓不從鉅鹿太守郭典計，故敗。」弼按：續百官志劉昭注，漢末又有四中郎將，皆帥師征伐，不知何時置。董卓爲東中郎將，盧植爲北中郎將。獻帝以曹操爲南中郎將。（案：「操」疑作「植」。）通鑑胡注云：「漢有三署中郎將、五官及左右署，又有使匈奴中郎將。北中郎將創置於此時，蓋以討河北黄巾也。」又云：「卓爲東中郎將，四中郎將始此。」李祖楙曰：「漢末中郎將有加號者，如朱儁傳鎮賊中郎將、平難中郎將是。劉焉傳鎮夷、征東二中郎將，乃隨征伐之事，還則免焉。」弼按：范書於卓遷中郎將，加一東字，較陳志爲密，故通鑑採之。

〔一八〕韓遂事見武紀建安二十年注引典略。

〔一九〕潘眉曰：「西拒遂句絶。時張温别使卓討先零羌於望垣硤北，爲羌、胡所圍，韓遂自在榆中，非拒遂於望垣硤北也。榆中屬金城郡，望垣屬漢陽郡。」沈家本曰：「潘説誠是。然范書云，邊章、韓遂等大盛，朝廷復以司空張温爲車騎將軍，拜卓破虜將軍，與盪寇將軍周慎，並統於温，屯美陽。章、遂亦進兵美陽，温、卓與戰，輒不利。十一月夜，有流星如火，光長十餘丈，照章、遂營中，驢馬盡鳴。賊以爲不祥，欲歸金城。卓聞之喜，明日乃與右扶風鮑鴻等并兵俱攻，大破之，斬首數千級。章、遂敗走榆中。此西拒遂之事，此傳略而不言，遽接云於望垣硤北爲羌、胡所圍，語太簡則不明也。」弼按：榆中在今甘肅蘭州府金縣西北。（錢坫云，在東北。）望垣在今甘肅秦州西北。范書卓傳：「張温使卓將兵三萬討先零羌，卓於望垣北爲羌、胡所圍。」據此，則潘説爲是。

〔二〇〕范書卓傳「堰」作「隁」。章懷云：「其字義同，但異體耳。」

〔二一〕郡國志：「司隸右扶風治槐里，建安十八年屬雍州。」一統志：「槐里故城，今陝西西安府興平縣東南十里。」吳志孫堅傳：「邊章、韓遂作亂涼州，中郎將董卓拒討無功。中平三年，遣司空張温西討章等。温以詔書召卓，卓良久乃詣温。温責讓卓，卓應對不順。孫堅前耳語温曰：卓不怖罪而鴟張大語，宜以召不時至，陳軍法斬之。温不納。堅數卓三罪，温不忍發。」語見堅傳。

〔二二〕范書卓傳，中平五年，拜卓前將軍，在封侯之後。

〔二三〕章懷注：「斄縣故城，在今雍州武功縣。字或作邰，音台。」郡國志：「右扶風郿有邰亭。」劉昭注：「史記曰，封棄於邰。徐廣曰：今斄鄉。」李殿學曰：「邰、斄古同音，俱讀如今釐字。」馬與龍曰：「左傳昭九年杜注，駘在武功縣所治斄城。括地志，故斄城一名武功城。寰宇記，後漢省斄縣，復自渭水南移武功縣於斄故城，因謂之武功城。據此，則斄與武功爲一地。董卓封斄鄉侯即此。」弼按：斄爲郿屬，故卓進封郿侯。一統志：「郿縣故城，今陝西鳳翔府郿縣東北。」胡玉縉曰：「説文邑部邰云：炎帝之後，姜姓所封，周棄外家國，從邑，台聲。右扶風斄縣是也。詩曰：有邰家室。段注：周人作邰，漢人作斄，古今語小異，故古今字不同。郡國志無斄縣，郿下曰有邰亭，蓋斄縣併入郿也。邰亭，杜預謂之釐鄉，徐廣謂之斄鄉，今陝西乾州武功縣，縣西南二十二里故斄城，是段説視李、馬説爲瞭。」惠棟曰：「山陽公載記云：孤昔與周慎西征，慎圍邊、韓於金城，孤語張温，求引所將兵爲慎作後駐，温不聽。孤上言其形勢，知愼必不克。温又使孤討先零叛羌，以爲西方可一時蕩定。孤皆知其不然，而不得止。後果如孤策，其以此封都鄉侯也。」

〔二四〕并州牧見武紀建安十年。

〔二五〕范書卓傳：「六年，徵卓爲少府，不肯就。上書言所將湟中義從及秦、胡兵，皆詣臣曰：『牢直不畢，稟賜斷絶，妻子饑餓。』牽挽臣車，使不得行。羌、胡敝腸狗態，臣不能禁止，輒將順安慰，增異復上。朝廷不能制，頗以爲慮。」

〔二六〕范書皇甫嵩傳：「中平五年，涼州賊王國圍陳倉，復拜嵩爲左將軍，督前將軍董卓各率二萬人拒之。卓欲速進赴陳倉，嵩不聽。賊衆疲敝，果自解去。嵩進兵擊之，卓謂不可，嵩獨進擊之，使卓爲後拒。連戰，大破之。卓大慚恨，由是忌嵩。」

〔二七〕侯康曰：「范書，徵卓爲少府及拜并州牧，同在六年。此則徵少府先一年，小有參差。」

〔二八〕范書「州」上有「北」字。

〔二九〕范書卓傳：「卓於是駐兵河東，以觀時變。」

〔三〇〕范書皇甫嵩傳：「嵩從子酈説嵩曰：本朝失政，天下倒懸，能安危定傾者，唯大人與董卓耳。今怨隙已結，埶不俱存。卓被詔委兵，而上書自請，此逆命也。又以京師昏亂，躊躕不進，此懷姦也。且其凶戾無親，將士不附。大人今爲元帥，仗國威以討之，上顯忠義，下除凶害，此桓、文之事也。嵩曰：專命雖罪，專誅亦有責也，不如顯奏其事，使朝廷裁之。於是上書以聞。帝讓卓，卓又增怨於嵩。」

靈帝崩，少帝即位。大將軍何進與司隸校尉袁紹謀誅諸閹官，太后不從。進乃召卓使將兵詣京師，〔一〕并密令上書曰：「中常侍張讓等，竊幸乘寵，濁亂海内。昔趙鞅興晉陽之甲，以逐君側之惡。〔二〕臣輒鳴鍾鼓如洛陽，〔三〕即討讓等。」欲以脅迫太后。卓未至，進敗。〔四〕

續漢書曰：進字遂高，南陽人，太后異母兄也。進本屠家子，父曰真。真死後，進以妹倚黃門得入掖庭，有寵；光和三年，立爲皇后，進由是貴幸。〔五〕中平元年，黃巾起，拜進大將軍。

典略載卓表曰：「臣伏惟天下所以有逆不止者，各由黃門常侍張讓等侮慢天常，操擅王命，父子兄弟，並據州郡，一書出門，便獲千金。〔六〕京畿諸郡數百萬膏腴美田，皆屬讓等。〔七〕至使怨氣上蒸，妖賊蠭起。臣前奉詔討於扶羅，〔八〕將士饑乏，不肯渡河，皆言欲詣京師，先誅閹豎，以除民害，從臺閣求乞資直。臣隨慰撫，以至新安。〔九〕臣聞揚湯止沸，不如滅火去薪；〔一〇〕潰癰雖痛，勝於養肉；〔一一〕及溺呼船，悔之無及。」

中常侍段珪等〔一二〕劫帝走小平津，〔一三〕卓遂將其衆迎帝於北芒，〔一四〕還宮。〔一五〕

張璠漢記曰：帝以八月庚午爲諸黃門所劫，步出穀門，〔一六〕走至河上，諸黃門既投河死，時帝年十四，〔一七〕陳留王年九歲。〔一八〕兄弟獨夜步行，欲還宮，闇瞑；逐螢火而行，數里，得民家，以露車載送。〔一九〕辛未，公卿以下與卓共迎帝於北芒阪下。〔二〇〕

獻帝春秋曰：先是童謠曰：「侯非侯，王非王，千乘萬騎走北芒。」〔二一〕卓時適至，屯顯陽苑。〔二二〕聞帝當還，率衆迎帝。

典略曰：帝望見卓兵，涕泣。羣公謂卓曰：「有詔卻兵。」卓曰：「公諸人爲國大臣，不能匡正王室，至使國家播蕩，〔二三〕何卻兵之有！」遂俱入城。

獻帝紀曰：卓與帝語，語不可了。〔二四〕乃更與陳留王語，問禍亂由起。王答，自初至終，無所遺失。卓大喜，乃有廢立意。

英雄記曰：河南中部掾閔貢扶帝及陳留王上至雒舍，止。〔二五〕帝獨乘一馬，陳留王與貢共乘一馬，從雒舍南行。公卿百官奉迎於北芒阪下，故太尉崔烈在前導。卓將步騎數千來迎，〔二六〕烈呵使避。卓罵烈曰：「晝夜三百里來，何云避？我不能斷卿頭邪！」前見帝曰：「陛下令常侍小黄門作亂乃爾，以取禍敗，爲負不小邪？」又趨陳留王曰：「我董卓也，從我抱來。」乃於貢抱中取王。英雄記曰：一本云，王不就卓抱，卓與王併馬而行也。

時進弟車騎將軍苗爲進衆所殺，

英雄記云：苗，太后之同母兄，先嫁朱氏之子。〔二七〕進部曲將吴匡，〔二八〕素怨苗不與進同心，又疑其與宦官同謀，乃令軍中曰：「殺大將軍者，車騎也。」遂引兵與卓弟旻共攻殺苗於朱爵闕下。〔二九〕

進、苗部曲無所屬，皆詣卓。卓又使吕布殺執金吾丁原，并其衆，故京都兵權唯在卓。〔三〇〕

九州春秋曰：卓初入洛陽，步騎不過三千，自嫌兵少，不爲遠近所服，率四五日輒夜遣兵出四城門，明日陳旌鼓而入，宣言云：「西兵復入至洛中。」人不覺，謂卓兵不可勝數。

〔一〕通鑑考異曰：「何進傳：召卓屯關中上林苑。按，時卓已駐河東，若屯上林，則更爲西去，非所以脅太后也。今從卓傳。」杭世駿曰：「後漢書种劭傳：董卓至澠池，而進意更狐疑，遣劭宣詔止之。卓不受，遂前止河南。劭迎勞之，因譬令還軍。卓疑有變，使其軍士以兵脅劭，劭怒，稱詔，大呼叱之，軍士皆披，遂前責卓。卓辭屈，乃還軍夕陽亭。」章懷注：夕陽亭在河南城西。」

〔二〕公羊傳：「晉趙鞅取晉陽之甲以逐荀寅與士吉，射荀寅與士吉。射者曷爲者也？君側之惡人也。此逐君側之惡人，曷爲以叛書之？無君命也。」

〔三〕章懷注：「鳴鍾鼓者，聲其罪也。」

〔四〕范書卓傳：「卓得召，即時就道，並上書曰：中常侍張讓等，竊倖承寵，濁亂海内。臣聞揚湯止沸，莫若去薪；潰癰雖痛，勝於内食。昔趙鞅興晉陽之甲，以逐君側之惡人；今臣輒鳴鐘鼓如洛陽，請收讓等，以清姦穢」云云，與此小異。

〔五〕范書靈帝紀：「光和三年，立貴人何氏爲皇后。」章懷注：「南陽宛人，車騎將軍何貢女也。」洪亮吉曰：「貢當作真，傳寫誤。后本屠家，立一歲後始贈此職。此注即云車騎將軍女，恐非。」弼按：范書皇后紀，光和四年，追號何后父真爲車騎將軍，不作貢。

〔六〕章懷注引此「侮慢」作「慆慢」，「操擅」作「擅操」，「便獲」作「高獲」。

〔七〕范書宦者傳：「張讓、趙忠等十二人，皆爲中常侍，封侯貴寵，父子兄弟，布列州郡，所在貪殘，爲人蠹害。當之官者，皆先至西園諧價，然後得去。」

〔八〕於夫羅事，見武紀初平三年注引魏書。

〔九〕郡國志：「司隸弘農郡新安。」一統志：「新安故城，今河南河南府澠池縣東，今改爲搭泥鎮。」方輿紀要：「今新安縣西。」

〔一〇〕前書枚乘諫吴王曰：「欲湯之滄，一人炊之，百人揚之，無益也。不如絶薪止火而已。滄音則亮翻，寒也。」

〔一一〕范書作「勝於内食」。通鑑胡注：「言癰疽蘊結，破之雖痛，勝於内食肌肉，浸淫滋大也。」

〔一二〕章懷注引山陽公載記「段」作「殷」，范書、通鑑俱作「段」。

〔一三〕章懷注：「小平津在今鞏縣西北。」杜佑曰：「鞏縣西北有小平縣故城，又北有津曰小平津。」范書靈帝紀，中平元年置八關都尉官，小平津爲八關之一。方輿紀要：「小平城在孟津縣西北，漢平陰縣城北有河津曰小平津，津上有城。張讓等將帝步出穀門，至小平津，讓等投河死。帝夜從小平津步至雒舍。雒舍在芒山之北，驛舍也。」水經注：「平縣俗謂之小平，小平津亦曰河陽津。」

〔一四〕水經穀水注引魏志曰：「明帝欲平北芒，令登臺見孟津，侍中辛毗諫而止。」嚴衍曰：「北邙山在河南府城北七十里，連亘四百餘里，東漢諸陵多在焉。」一統志：「北邙山在河南府洛陽縣北，東接孟津、偃師、鞏三縣界，亦作芒山。」謝鍾英曰：「芒山在今河南府北二十里。」

〔一五〕范書靈帝紀云：「讓、珪等復劫少帝及陳留王。」卓傳云：「段珪等劫少帝及陳留王。」黃山曰：「少，爲未成乎帝之名。帝辯，安帝嫡長，（弼按：「安」字誤。）即位已再改元，未聞失德。賊臣董卓，廢而弒之。卓誅，原當復號立謚。遭時紛亂，大禮未行，豈奚齊庶孽可比！」

〔一六〕水經穀水注：「穀水又東逕廣莫門北，漢之穀門也。北對芒阜，連嶺脩亘，苞總衆山。」胡三省曰：「穀門位在子，雒城正北門也。」

〔一七〕范書靈帝紀云，年十七。皇后紀，何后生皇子辯，養於史道人家，號曰史侯。獻帝春秋曰：靈帝數失子，不欲正名，養道人史子助家，故年齡紀載互異。又按皇后紀，帝初平元年死，時年十八。則十七爲是。

〔一八〕范書皇后紀：「光和四年，王美人生皇子協；中平六年封陳留王。」

〔一九〕胡三省曰：「露車者，上無巾蓋，四旁無帷裳，蓋民家以載物者耳。」

〔二〇〕范書靈帝紀云：「辛未，讓、珪等劫少帝、陳留王走小平津。」下文又云：「辛未還宮。」蓋誤。通鑑云：「庚午，讓、珪等將帝與陳留王步出穀門；辛未，帝還宮。」

〔二一〕續五行志一云：「獻帝未有爵號，此爲非侯非王上北芒者也。」弼按：獻帝是時已封渤海王，徙封陳留王，安得謂非王乎？五行志所載，多不足信。

〔二二〕胡三省曰：「顯陽苑，桓帝延熹二年所造，在雒陽西。」惠棟曰：「蔡邕集，起顯陽苑於城西，人徒凍飢，不得其命者甚衆。」

〔二三〕胡三省曰：「東都羣臣，謂天子爲國家。」

〔二四〕胡三省曰：「了，曉解也。」

〔二五〕漢官儀：「諸郡置五部督郵，以監屬縣。河南尹置四部督郵，中部爲掾。」

〔二六〕局本「千」誤作「十」。

〔二七〕五行志作「皇后異父兄朱苗」。惠棟曰：「陶宏景云，苗字叔達。」

〔二八〕匡子班爲吳壹族弟，見楊戲季漢輔臣贊注。

〔二九〕潘眉曰：「古今注，永平二年十一月，初作北宮朱爵南司馬門。百官志，北宮朱爵司馬，主南掖門。漢官典職曰：偃師去洛四十五里，望朱爵闕其上，鬱然與天連。朱爵闕，北宮之南門也。時袁術與吳匡燒南宮九龍門，欲脅出張讓等；讓等將太后、天子及陳留王從複道走北宮，何苗、袁紹屯北宮朱爵闕下。吳匡等遂引兵攻殺苗於闕下。」弼按：范書靈帝紀、何進傳「朱爵」作「朱雀」，「爵」與「雀」同。

〔三〇〕章懷注引英雄記曰：「原字建陽，爲人麤略，有勇善射。受使不辭，有警急追寇虜，輒在前。」

先是進遣騎都尉太山鮑信〔一〕所在募兵，適至，信謂紹曰：「卓擁强兵，有異志，今不早圖，將爲所制。及其初至疲勞，襲之，可禽也。」紹畏卓，不敢發，信遂還鄉里。

〔一〕宋本、元本、馮本、官本作「先是」，吳本、毛本作「先時」。信事見子勛傳。

於是以久不雨，策免司空劉弘而卓代之，〔一〕俄遷太尉，假節鉞、虎賁。〔二〕遂廢帝爲弘農王。尋又殺王及何太后。〔三〕立靈帝少子陳留王，是爲獻帝。〔四〕

獻帝紀曰：卓謀廢帝，會羣臣於朝堂，議曰：「大者天地，次者君臣，所以爲治。今皇帝闇弱，不可以奉宗廟，爲天下主。欲依伊尹、霍光故事，立陳留王，何如？」尚書盧植曰：「案尚書，太甲既立不明，伊尹放之桐宮;〔五〕昌邑王立二十七日,罪過千餘,故霍光廢之。今上富於春秋,行未有失,非前事之比也。」卓怒,罷坐,欲誅植。侍中蔡邕勸之,得免。九月甲戌,卓復大會羣臣,曰:「太后逼迫永樂太后,令以憂死,〔六〕逆婦姑之禮,無孝順之節,〔七〕天子幼質,軟弱不君。昔伊尹放太甲,霍光廢昌邑,著在典籍,僉以爲善。今太后宜如太甲,皇帝宜如昌邑。陳留王仁孝,宜即皇帝祚。」〔八〕

獻帝起居注載策曰:「孝靈皇帝不究高宗眉壽之祚,早棄臣子。皇帝承紹,海內側望,而帝天姿輕佻,威儀不恪,在喪慢惰,衰如故焉。〔九〕凶德既彰,淫穢發聞,損辱神器,忝污宗廟。皇太后教無母儀,統政荒亂。永樂太后暴崩,衆論惑焉。三綱之道,天地之紀,而乃有闕,罪之大者。陳留王協,聖德偉茂,規矩邈然,豐下兑上,有堯圖之表。〔一〇〕居喪哀戚,言不及邪,岐嶷之性有周成之懿。休聲美稱,天下所聞,宜承洪業,爲萬世統,可以承宗廟。廢皇帝爲弘農王,皇太后還政。」尚書讀册畢,羣臣莫有言。尚書丁宮曰:〔一一〕「天禍漢室,喪亂弘多。昔祭仲廢忽立突,春秋大其權。〔一二〕今大臣量宜爲社稷計,誠合天人,請稱萬歲。」卓以太后見廢,故公卿以下不布服;會葬,素衣而已。〔一三〕

卓遷相國,〔一四〕封郿侯,〔一五〕贊拜不名,劒履上殿。〔一六〕又封卓母爲池陽君,〔一七〕置家令、丞。〔一八〕卓既率精兵來,適值帝室大亂,得專廢立,據有武庫甲兵,國家珍寶,威震天下。〔一九〕卓性殘忍不仁,遂以嚴刑脅衆,睚眦之隙必報,人不自保。

魏書曰:卓所願無極,語賓客曰:「我相,貴無上也。」〔二〇〕

英雄記曰:卓欲震威,侍御史擾龍宗詣卓白事,不解劒,〔二一〕立撾殺之,京師震動。發何苗棺,出其尸,枝解節棄於道邊。〔二二〕又收苗母舞陽君,殺之;棄尸於苑枳落中,不復收斂。〔二三〕

嘗遣軍到陽城，〔二四〕時值二月社，〔二五〕民各在其社下，悉就斷其男子頭，駕其車牛，載其婦女財物，以所斷頭繫車轅軸，連軫而還洛。云攻賊大獲，稱萬歲。入開陽城門，〔二六〕焚燒其頭，以婦女與甲兵爲婢妾。〔二七〕至於姦亂宮人公主，其凶逆如此。〔二八〕

〔一〕章懷注引漢官儀曰：「弘字子高，安衆人。」汪文臺曰：「御覽百九十六引續漢書云：卓住兵屯顯陽苑，使者就拜司空。」

〔二〕范書獻帝紀卓傳「遷太尉假節鉞」在廢帝之後，獻帝紀作「加鈇鉞虎賁」。章懷注引禮記曰：「諸侯賜鈇鉞，然後專殺。說文曰：鈇，莝刀也。蒼頡篇曰：鈇，斧也。加鈇鉞者，得專殺也。」

〔三〕范書皇后紀：「董卓議太后蹴迫永樂宮，至令憂死，逆婦姑之禮，乃遷於永安宮，因進酖弒而崩。董卓令帝出奉常亭舉哀，公卿皆白衣會，不成喪也。卓乃置弘農王於閣上，使郎中令李儒進酖曰：服此藥可以辟惡。王曰：我無疾，是欲殺我耳。不肯飲。强飲之，不得已，乃與妻唐姬及宮人飲讌別。酒行，王悲歌曰：天道易兮我何艱，棄萬乘兮退守蕃，逆臣見迫兮命不旋，逝將去汝兮適幽玄！因令唐姬起舞，姬抗袖而歌曰：皇天崩兮后土頹，身爲帝兮命夭摧，死生路異兮從此乖，柰我煢獨兮中心哀！（袁宏紀「柰」作「悼」。）因泣下嗚咽，坐者皆歔欷。王謂姬曰：卿，王者妃，埶不得復爲吏民妻，自愛，從此長辭！遂飲藥而死。時年十八。」

〔四〕范書蓋勳傳：「勳與卓書曰：昔伊尹、霍光權以立功，猶可寒心。足下小醜，何以終此？賀者在門，弔者在廬，可不慎哉！」

〔五〕尚書太甲上篇：「營于桐宮。」正義曰：「經稱營于桐宮，密邇先王，知桐是湯葬地也。往居墓側，與放逐事同，故亦稱放也。」

〔六〕范書卓傳作「太后蹙迫永樂太后，至令憂死。」章懷注：「太后，靈帝何皇后也。永樂太后，孝仁董皇后，靈帝之母也。」

〔七〕左傳曰：「婦，養姑者也，虧姑以成婦，逆莫大焉。」

〔八〕宋本、元本、馮本作「宜即尊皇祚」。范書卓傳：「卓因集議廢立，百僚大會。卓乃奮首而言曰：大者天地，其次君臣，所以爲政。皇帝闇弱，不可以奉宗廟，爲天下主。今欲依伊尹、霍光故事，更立陳留王，如何？公卿以下，莫敢對。卓又抗言曰：昔霍光定策，延年按劍，有敢沮大議，皆以軍法從之！坐者震動。尚書盧植獨曰：昔太甲既立不明，昌邑罪過千餘，故有廢立之事。今上富於春秋，行無失德，非前事之比也。卓大怒，罷坐。明日，復集羣僚於崇德前殿。遂脅太后策廢少帝曰：皇帝在喪，無人子之心，威儀不類人君，今廢爲弘農王。乃立陳留王，是爲獻帝。又議太后蹙迫永樂太后，至令憂死，逆婦姑之禮，無孝順之節，遷於永安宮，遂以弒崩。」袁宏後漢紀云：「卓以廢帝議示太傅袁隗，隗報如議。」又云：「太傅袁隗解帝璽綬。」通鑑採之。

〔九〕左傳襄公三十一年：「比及葬，三易衰衽如故衰。」杜注：「言其嬉戲無度也。」

〔一〇〕帝王世紀：「堯豐下鋭上。」

〔一一〕范書王允傳：「丁彦思、蔡伯喈，但以董公親厚，並尚從坐。」洪亮吉曰：「丁宫疑即丁彦思，但無確據耳。」柳從辰曰：「靈紀中平四年，光禄勳沛國丁宫爲司空。注云：宫字元雄。不云字彦思也。案宫，中平五年遷司徒，六年七月始罷。董卓廢帝遷太后，即九月事，宫甫罷相，何以在尚書？是起居注亦有未足據者矣。」惠棟曰：「宫先爲蒼梧太守，見吴志士燮傳。」弼按：據士燮傳，宫爲交州刺史，非蒼梧太守也。惠説誤。

〔一二〕春秋桓公十一年：「宋人執鄭祭仲。」杜注：「聽迫脅以逐君罪之也。忽，昭公也。突，厲公也。」公羊傳：「賢祭仲，以爲知權也。」丁宫蓋用公羊説。

〔一三〕李慈銘曰：「請稱萬歲句下有脱文。卓以太后見廢，以下乃言弒何太后後事也。」

〔一四〕黄山曰：「自孝哀改丞相爲大司徒，光武承之，不更置相。獻帝復置相，自董卓始，至曹操終矣。卓爲相國，而不省司徒，務自矜高，於官制惛然也。司徒王允卒能以其權陰制之。操爲丞相，並廢三公，使大權歸於一己，固自以爲優於卓，而實則甘心爲卓之所爲而已。」

〔一五〕郿縣見前斄鄉侯注。

〔一六〕劍履上殿，解見武紀建安十七年。

〔一七〕郡國志：「司隸左馮翊池陽。」一統志：「池陽故城，今陝西西安府涇陽縣西北。」

〔一八〕范書卓傳作「置丞、令」。劉攽曰：「案漢書內皆言令、丞，此不合倒之。」沈家本曰：「續漢志，公主每立家令一人，丞一人。此比其母于公主乎？」

〔一九〕杭世駿曰：「元和郡縣志，洛陽董卓宅在永和里，掘地輒得金玉寶玩。後魏邢巒掘得丹砂及錢，銘曰董太師之物。」

〔二〇〕胡三省曰：「自言非人臣之相，其悖逆如此。」

〔二一〕胡三省曰：「擾龍，姓也；蓋古擾龍氏之後。」

〔二二〕何焯校云：「節下疑有脫字。」

〔二三〕梁章鉅曰：「上文言殺苗於闕下，此言棄苗母之尸，明是兩事，而後漢書何進傳言，吳匡等攻殺苗，棄其屍於苑中。蓋范史誤合之。」弼按：范書蓋勳傳：「公卿以下，莫不卑下於卓，唯勳長揖爭禮，見者皆爲失色。卓問司徒王允曰：欲得快司隸校尉，誰可作者？允曰：唯有蓋京兆耳。卓曰：此人明智有餘，然不可假以雄職。乃以爲越騎校尉。卓又不欲令久典禁兵，復出爲潁川太守；未及至郡，徵還京師。時河南尹朱儁爲卓陳軍事，卓折儁曰：我百戰百勝，決之於心，卿無妄說，且污我刀。勳曰：昔武丁之明，猶求箴諫，況如卿者，而欲杜人之口乎！卓曰：戲之耳。勳曰：不聞怒言可以爲戲。卓乃謝儁。勳雖強直不屈，而內厭於卓，不得意，疽發背卒，時年五十一。遺令勿受卓賻贈。」

〔二四〕郡國志：「豫州潁川郡陽城。」水經注：「潁水經陽城縣故城南。」一統志：「陽城故城，今河南府登封縣東南。」

〔二五〕禮記月令篇云：「仲春之月，擇元日命民社。」鄭注：「社，后土也。使民祀焉，神其農業也。祀社日用甲。」月令廣義云：「立春後五戊爲春社，立秋後五戊爲秋社。」漢書陳平傳：「里中社，平爲宰，分肉甚均。」社日又見王脩傳。

〔二六〕上文言遣軍到陽城，下言連軫還洛，自係入洛陽之城門。案續百官志，雒陽城十二門，有開陽門。此爲入洛陽城之開陽門，城字疑衍。觀前言帝出穀門，不言出穀城門可證。然范書卓傳有孫堅進洛陽宣陽城門之語，則釋爲入洛陽之開陽城門，亦可通。

〔二七〕胡三省曰：「甲兵，謂甲兵之士。」

〔二八〕范書卓傳：「是時洛中貴戚，室第相望，金帛財産，家家殷積。卓縱放兵士，突其廬舍，淫略婦女，剽虜資物，謂之搜牢。人情崩恐，不保朝夕。及何后葬，開文陵，卓悉取藏中珍物，又姦亂公主，妻略宫人，虐刑濫罰，睚眦必死。羣僚内外，莫能自固。」范書列女傳：「皇甫規妻，善屬文，能草書。時爲規答書記，衆人怪其工。及規卒，時妻年猶盛，而容色美。後董卓爲相國，承其名，聘以軿輜百乘，馬二十匹，奴婢錢帛充路。妻乃輕服詣卓門，跪自陳情，辭甚酸愴。卓使傅奴侍者，悉拔刀圍之。而謂曰：孤之威教，欲令四海風靡，何有不行於一婦人乎！妻知不免，乃立罵卓曰：君，羌、胡之種，毒害天下，猶未足耶！妾之先人，清德奕世，皇甫氏文武上才，爲漢忠臣，君親非其趣使走吏乎？敢欲行非禮於爾君夫人耶！卓乃引車庭中，以其頭懸軛，鞭撲交下。妻謂持杖者曰：何不重乎！速盡爲惠。遂死車下。後人圖畫，號曰禮宗云。」

初，卓信任尚書周毖、〔一〕城門校尉伍瓊等，用其所舉韓馥、劉岱、孔伷、張資、張邈等，出宰州郡。〔二〕而馥等至官，皆合兵將以討卓。卓聞之，以爲毖、瓊等通情賣己，皆斬之。〔三〕

英雄記曰：毖字仲遠，武威人；〔四〕瓊字德瑜，汝南人。

謝承後漢書曰：伍孚字德瑜，少有大節，爲郡門下書佐。〔五〕其本邑長有罪，太守使孚出教，敕曹下督郵收之。〔六〕孚不肯受教，伏地仰諫曰：「君雖不君，臣不可不臣，明府柰何令孚受教敕外收本邑長乎？乞更授他吏。」太守奇而聽之。後大將軍何進辟爲東曹屬，〔七〕稍遷侍中、河南尹、越騎校尉。董卓作亂，百僚震慄。孚著小鎧，於朝服裏挾佩刀見卓，欲伺便刺殺之。語闋辭去，〔八〕卓送至閤中，〔九〕孚因出刀刺之。卓多力，退卻；不中。即收孚。卓曰：「卿欲反邪？」孚大言曰：「汝非吾君，吾非汝臣，何反之有！汝亂國篡主，罪盈惡大，今是吾死日，故來誅姦賊耳。恨不車裂汝於市朝，以謝天下！」遂殺孚。謝承記孚字及本郡，則與瓊同；而致死事乃與孚異也。不知孚爲瓊之別名，爲別有伍孚也？蓋未詳之。〔一〇〕

〔一〕范書卓傳作「吏部尚書漢陽周珌」。章懷注引英雄記：「珌，作毖；音祕。」錢大昕曰：「王懋竑云：漢時尚書六曹，止稱尚書，不以曹名官也。吏部則東漢初無此稱，此范史之誤。予案，靈帝末，梁鵠爲選部尚書，見續漢百官志注；而蜀志許靖傳亦云，以漢陽周毖爲吏部尚書，似漢末已有吏部之稱矣。英雄記云：周毖，武威人。范書與蜀志俱云漢陽，未知孰是。」惠棟曰：「袁宏紀云：侍中周毖。」弼按：范書獻帝紀云：「董卓殺城門校尉伍瓊、督軍校尉周珌。」章懷注：「珌，音必。」又引東觀記曰：「周珌，豫州刺史慎之子也。續漢書、魏志並作毖，音祕。」一書所引，前後岐異如此。又按本志袁紹傳作「侍中周毖」。餘詳見蜀志許靖傳。

〔二〕范書卓傳：「以尚書韓馥爲冀州刺史，侍中劉岱爲兗州刺史，陳留孔伷爲豫州刺史，潁川張咨爲南陽太守。」章懷注：「馥字文節，潁川人；岱字公山，東萊牟平人；伷字公緒。九州春秋伷作冑，獻帝春秋咨作資；後爲孫堅所殺。」通鑑作「以韓馥爲冀州牧」。

〔三〕范書卓傳：「初平元年，馥等到官，與袁紹之徒十餘人，各興義兵，同盟討卓。而伍瓊、周珌，陰爲內主。卓欲徙都長安，伍瓊、周珌又固諫之。卓因大怒曰：「卓初入朝，二子勸用善士，故相從，而諸君到官，舉兵相圖，此二君賣卓，卓何用相負！」遂斬瓊、珌。」

〔四〕郡國志：「涼州武威郡，治姑臧。」一統志：「姑臧故城，今甘肅涼州府武威縣治。」

〔五〕門下解見前。晉書職官志：「郡置書佐。」

〔六〕續百官志：「郡監屬縣，有五部督郵曹掾一人。」

〔七〕續百官志：「東西曹掾，比四百石，餘掾比三百(名)〔石〕，屬比二百石。」漢書音義曰：「正曰掾，副曰屬。」

〔八〕闋，終也，止也，盡也。禮記文王世子篇：「有司告以樂闋。」

〔九〕爾雅釋宮：「小閨謂之閤。」

〔一〇〕范書卓傳：「越騎校尉汝南伍孚，忿卓凶毒，志手刃之。乃朝服懷佩刀以見卓。孚語畢，辭去，卓起送至閤，以手撫其臂，孚因出刀刺之，不中。卓自奮得免。急呼左右執殺孚，而大詬曰：虜欲反耶？孚大言曰：恨不得磔裂姦賊於都市，以謝天地！言未畢而斃。」章懷注引謝承書曰：「伍孚字德瑜，汝南吳房人。質性剛毅，勇壯好義，力能兼人。」何焯曰：「孚與瓊疑是一人，因其被害，時人造此事以歸之耳。裴注中採謝承書，亦致疑及此。」惠棟曰：「依范書卓傳，則孚與瓊爲兩人。」陳景雲曰：「城門校尉伍瓊被殺，在關東義兵初起、卓未西遷之前。而荀攸傳載卓徙都後，攸與越騎校尉伍瓊等同謀刺卓，事垂就而覺。則當日自有兩伍瓊，謝承所記，乃與荀攸同謀刺卓之人，故稱孚官悉與志合。則孚爲瓊之別名無疑也。至二人名字並同者，是猶同時有二劉岱，皆字公山也。」侯康曰：「蔡中郎京兆樊惠渠頌有伍瓊，光和時爲京兆縣令。」

河內太守王匡，〔一〕遣泰山兵屯河陽津，將以圖卓。卓遣疑兵，若將於平陰渡者，潛遣銳衆從小平北渡，繞擊其後，〔二〕大破之津北，死者略盡。卓以山東豪傑並起，恐懼不寧。〔三〕初

平元年二月，乃徙天子都長安。焚燒洛陽宮室，悉發掘陵墓，取寶物。〔四〕

華嶠漢書曰：〔五〕卓欲遷都長安，〔六〕召公卿以下大議。司徒楊彪曰：「昔盤庚五遷，殷民胥怨，〔七〕故作三篇以曉天下之民，而海內安穩。〔八〕無故移都，恐百姓驚動，麋沸蟻聚爲亂。」〔九〕卓曰：「關中肥饒，故秦得并吞六國，今徙西京，設令關東豪彊敢有動者，以我彊兵蹙之，可使詣滄海。」〔一〇〕彪曰：「海內動之甚易，安之甚難。又長安宮室壞敗，不可卒復。」卓曰：「武帝時居杜陵〔一一〕南山下，有成瓦窯數千處，〔一二〕引涼州材木東下，〔一三〕以作宮室，爲功不難。」卓意不得，便作色曰：「公欲沮我計邪？邊章、韓約有書來，〔一四〕欲令朝廷必徙都。若大兵來下，〔一五〕我不能復相救，公便可與袁氏西行。」彪曰：「西方自彪道徑也，顧未知天下何如耳！」議罷，卓勑司隸校尉宣璠以災異劾奏，因策免彪。〔一六〕

續漢書曰：太尉黃琬、司徒楊彪、司空荀爽俱詣卓。卓言：「昔高祖都關中，十一世後中興，更都洛陽。從光武至今，復十一世。案，石苞室讖，〔一七〕宜復還都長安。」坐中皆驚愕，無敢應者。彪曰：「遷都改制，天下大事，皆當因民之心，隨時之宜。昔盤庚五遷，殷民胥怨，故作三篇以曉之。往者，王莽篡逆，變亂五常，更始、赤眉之時，焚燒長安，殘害百姓，民人流亡，百無一在。光武受命，更都洛邑，此其宜也。今方建立聖主，光隆漢祚，而無故捐宮廟，棄園陵，恐百姓驚愕，不解此意，必麋沸蟻聚，以致擾亂。石苞室讖，妖邪之書，豈可信用！」卓作色曰：「楊公欲沮國家計邪？關東方亂，所在賊起，崤、函險固，國之重防，又隴右取材，功夫不難。杜陵南山下有孝武故陶處，作塼瓦一朝可辦。宮室官府，蓋何足言！百姓小民，何足與議。若有前卻，我以大兵驅之，豈得自在。」百寮皆恐怖失色。琬謂卓曰：「此大事，楊公之語，得無重思？」〔一八〕卓罷坐，即日令司隸奏彪及琬，皆免官。〔一九〕大駕即西。卓部兵燒洛陽城外面百里。又自將兵燒南北宮〔二〇〕及宗廟、府庫、民家，城内埽地殄盡。又收諸富室，以罪惡沒入其財物，無辜而死者，不可勝計。

獻帝記曰：〔二一〕卓獲山東兵，以豬膏塗布十餘匹，用纏其身，然後燒之，先從足起。〔二二〕獲袁紹豫州從事李延，煮殺之。〔二三〕卓所愛胡，恃寵放縱，爲司隸校尉趙謙所殺。卓大怒曰：「我愛狗尚不欲令人呵之，而況人乎！」乃召司隸都官撾殺之。〔二四〕

卓至西京，爲太師，號曰尚父。〔二五〕乘青蓋金華車，爪畫兩轓，時人號曰竿摩車。〔二六〕

魏書曰：言其逼天子也。

獻帝紀曰：卓既爲太師，復欲稱尚父，以問蔡邕。邕曰：「昔武王受命，太公爲師，輔佐周室，以伐無道。是以天下尊之，稱爲尚父。今公之功德誠爲巍巍，宜須關東悉定，車駕東還，然後議之。」乃止。京師地震，卓（入）〔又〕問邕。邕對曰：「地動陰盛，大臣踰制之所致也。公乘青蓋車，遠近以爲非宜。」卓從之，更乘金華皁蓋車也。

卓弟旻爲左將軍，封鄠侯；〔二七〕兄子璜爲侍中、中軍校尉典兵；宗族内外，並列朝廷。〔二八〕

英雄記曰：「卓侍妾懷抱中子，皆封侯，弄以金紫。孫女名白，時尚未笄，封爲渭陽君。於郿城東起壇，從廣二丈餘，高五六尺，使白乘軒金華青蓋車，都尉、中郎將、刺史、二千石在郿者，各令乘軒簪筆，〔二九〕爲白導從。之壇上，使兄子璜爲使者，授印綬。」

公卿見卓，謁拜車下，卓不爲禮。召呼三臺尚書以下，自詣卓府啓事。〔三〇〕

山陽公載記曰：初，卓爲前將軍，皇甫嵩爲左將軍，俱征韓遂，各不相下。後卓徵爲少府、并州牧，兵當屬嵩。卓大怒。及爲太師，嵩爲御史中丞，拜於車下。卓問嵩：「義真服未乎？」〔三一〕嵩曰：「安知明公乃至於是！」卓曰：「鴻鵠固有遠志，但燕雀自不知耳。」嵩曰：「昔與明公俱爲鴻鵠，不意今日變爲鳳皇耳。」卓笑曰：「卿早服，今日可不拜也。」

張璠漢紀曰：「卓抵其手謂皇甫嵩曰：義真怖未乎？嵩對曰：明公以德輔朝廷，大慶方至，何怖之有；若淫刑以逞，將天下皆懼，豈獨嵩乎！」卓默然，遂與嵩和解。〔三二〕

築郿塢，高與長安城埒，〔三三〕積穀爲三十年儲。

英雄記曰：郿去長安二百六十里。〔三四〕

云：「事成，雄據天下；不成，守此足以畢老。」〔三五〕嘗至郿行塢，公卿已下祖道於橫門外。〔三六〕卓豫施帳幔飲，誘降北地反者數百人，〔三七〕於坐中先斷其舌，或斬手足，或鑿眼，或鑊煮之。〔三八〕未死，偃轉杯案閒。會者皆戰慄，亡失匕箸，〔三九〕而卓飲食自若。〔四〇〕太史望氣，言：「當有大臣戮死者。」故太尉張溫時爲衞尉，素不善卓，卓心怨之。因天有變，欲以塞咎，使人言溫與袁術交關，遂笞殺之。〔四一〕

傅子曰：靈帝時，牓門賣官。於是太尉段熲、司徒崔烈、太尉樊陵、司空張溫之徒，皆入錢；上千萬，下五百萬，以買三公。熲數征伐，有大功；烈有北州重名，溫有傑才，陵能偶時，皆一時顯士，猶以貨取位，而況於劉囂、唐珍、張顥之黨乎！〔四二〕

風俗通曰：〔四三〕司隸劉囂以黨諸常侍，致位公輔。

續漢書曰：唐珍，中常侍唐衡弟；張顥，中常侍張奉弟。〔四四〕

法令苛酷，愛憎淫刑，更相被誣，冤死者千數。百姓嗷嗷，道路以目。

魏書曰：卓使司隸校尉劉囂籍吏民有爲子不孝，爲臣不忠，爲吏不清，爲弟不順，有應此者，皆身誅，財物沒官。於是愛憎互起，〔四五〕民多冤死。

悉椎破銅人、鍾虡，〔四六〕及壞五銖錢。〔四七〕更鑄爲小錢，大五分，無文章，肉好〔四八〕無輪郭，不磨鑢。於是貨輕而物貴，穀一斛至數十萬。自是後錢貨不行。〔四九〕

〔一〕馮本、官本「內」作「南」，各本俱作「內」。范書、通鑑作「內」，袁宏後漢紀作「南」。按郡國志首列河南尹，百官志亦曰河南尹，蓋京尹別於外郡之太守也。此稱太守，自以作河內爲是。武紀初平元年及夏侯惇傳注引魏書，俱稱河內太守王匡。匡事詳見武紀初平元年注。

〔二〕范書「平」下有「津」字。水經注：「平縣俗謂之小平。」注見前。

〔三〕范書卓傳：「時長沙太守孫堅，亦率豫州諸郡兵討卓。卓遣將胡軫、呂布攻之。布與軫不相能，堅追擊之，軫、布敗走。卓遣將李傕詣堅求和，堅拒絕不受，進軍大谷，拒洛九十里。卓自出與堅戰於諸陵墓閒，卓敗走。卓謂長史劉艾曰：關東諸將數敗矣，無能爲也，唯孫堅小戇，諸將軍宜慎之。」吴志孫堅傳：「卓遣李傕等來求和親。堅曰：卓逆天無道，蕩覆王室，今不夷汝三族，縣示四海，則吾死不瞑目，豈將與乃和親耶！」

〔四〕范書卓傳：「於是盡徙洛陽人數百萬口於長安，步騎驅蹙，更相蹈藉，饑餓寇掠，積尸盈路。卓自屯留畢圭苑中，悉燒宮廟、官府、居家，二百里內無復孑遺。又使呂布發諸帝陵及公卿以下冢墓，收其珍寶。」惠棟曰：「魏文帝典論曰：喪亂以來，漢氏諸陵，無不發掘，至乃燒取玉柙金鏤，體骨並盡。」王補曰：「縱兵發掘帝陵，滔天之罪，漢之董卓，唐之温韜，一也。韜賜死於德州，卓然臍於郿塢，天道固不爽矣。」

〔五〕晉書華嶠傳：「嶠字叔駿，才學深博，少有令聞。元康初，遷尚書。以嶠博聞多識，屬書典實，有良史之志，轉祕書監，班同中書。寺爲內臺，中書、散騎、著作及治禮音律，天文數術，南省文章，門下撰集，皆典統之。初，嶠以漢紀煩穢，慨然有改作之意。會爲臺郎，典官制事，由是得徧觀祕籍，遂就其緒。起于光武，終于孝獻，一百九十五年，爲帝紀十二卷，皇后紀二卷，十典十卷，傳七十卷，及三譜、序傳、目錄，凡九十七卷。嶠以皇后配天作合，前史作外戚傳以繼末編，非其義也。故易爲皇后紀，又改志爲典，而改名漢後書，奏之。詔朝臣會議，咸以嶠文質事核，有遷、固之規，藏之祕府。元康三年卒，追贈少府，謚曰簡。所撰書十典，未成而終。永嘉喪亂，嶠書存者五十餘卷。」隋書經籍志：「後漢書十七卷，本九十七卷，今殘缺。晉少府卿華嶠撰。」唐志作三十一卷。文心雕龍史傳篇云：「若司馬彪之詳實，華嶠之準當，則其冠也。」史通正史篇云：「推其所長，華氏居最；晉室東徙，三惟一存。」序例篇云：「嶠言辭簡質，敍致溫雅，味其宗旨，亦孟堅之亞歟？」章宗源曰：「蔚宗撰史，實本華嶠，故亦易外戚爲后紀，而肅宗紀論，二十八將論，桓譚、馮衍傳論，袁安傳論，劉趙淳于傳序，班彪傳論，章懷並注爲華嶠之辭。」沈家本曰：「本傳稱漢後書，隋志曰：後漢書，裴注但稱漢書，其省文歟？」

〔六〕范書楊彪傳：「關東兵起，董卓懼，欲遷都以違其難。」章懷注：「違，避也。」

〔七〕章懷注：「盤庚，殷王之名也。胥，相也。遷都於亳，殷人相與怨恨。湯遷亳，仲丁遷囂，河亶甲居相，祖乙居耿，并盤庚五遷也。」

〔八〕何焯校，「而」作「今」。

〔九〕章懷注：「如糜粥之沸也。詩云：如沸如羹。」

〔一〇〕章懷注：「言不敢避艱險也。」

〔一一〕郡國志：「司隸京兆尹杜陵。」一統志：「杜陵故城，今西安府咸寧縣東南。」

〔一二〕局本「窑」作「窯」。

〔一三〕監本「州」作「川」，誤。

〔一四〕潘眉曰：「邊章即邊允，韓約即韓遂。獻帝春秋云：隴西以愛憎露布冠韓約、邊允名，以爲賊州，購約、允各千户侯。約、允被購，約改爲遂，允改爲章。」弼按：互見武紀建安二十年注。

〔一五〕何焯校本作「東下」。陳景雲云：「此言邊、韓自兩州擁兵而來，故曰東下。」

〔一六〕范書楊彪傳作「宣播」，獻紀稱「廷尉宣播」。章懷注引獻帝春秋「播」作「璠」。卓傳：「卓諷朝廷，使光禄勳宣璠持節拜卓爲太師。」章懷注：「璠音煩，又音甫袁反。」惠棟曰：「播後爲廷尉，李傕之亂，爲所殺也。」

〔一七〕通鑑作「石包讖」。胡三省曰：「當時緯書之外，又有石包室讖，蓋時人附益爲之，如孔子閉房記之類。」惠棟曰：「石包室中之讖也。蘇竟與劉龔書曰：孔丘祕經，爲漢赤制，元包幽室，文隱事明。蓋此類也。」

〔一八〕范書楊彪傳：「荀爽見卓意壯，恐害彪等，因從容言曰：相國豈樂此耶？山東兵起，非一日可禁，故當遷以圖之，此秦、漢之埶也。卓意小解。爽私謂彪曰：謂君堅爭不止，禍必有歸，故吾不爲也。」

〔一九〕范書黄琬傳：「琬退而駁議之曰：昔周公營洛邑以寧姬，光武卜東都以隆漢。天之所啓，神之所安，大業既定，豈宜妄有遷動，以虧四海之望？時人懼卓暴怒，琬必及害，固諫之。琬對曰：昔白公作亂於楚，屈廬冒刃而前；崔杼弑君於齊，晏嬰不懼其盟。吾雖不德，誠慕古人之節。琬竟坐免。」

〔二〇〕惠棟曰：「東京有南北宮，相去七里，中央作大屋，複道三道行，天子從中道，從官夾左右，十步一衛。」杭世駿曰：「太平御覽引續漢書曰：卓燒南北宮，雒陽城無隻瓦尺木。古今刀劍録曰：董卓少時耕野，得一刀，無文字，四面隱起，作山雲文，劚玉如泥。及卓貴，示五官郎將蔡邕。邕曰：此項羽之刀也。」

〔二一〕「記」應作「紀」。

〔二二〕范書卓傳：「卓所得義兵士卒，皆以布纏裹，倒立於地，熱膏灌殺之。」

〔二三〕范書卓傳：「生禽潁川太守李旻，亨之。」惠棟曰：「英雄記：卓攻得李旻、張安，畢圭苑中，生亨之。二人臨入鼎，相謂曰：不同日生，乃同日亨！」

〔二四〕元本「都」作「部」，誤。范書獻帝紀：「初平元年二月，以光禄勳趙謙爲太尉。」章懷注引謝承書曰：「謙字彦信，太尉趙戒之孫，蜀郡成都人也。」與司隸校尉之趙謙，當别爲一人。續百官志：「司隸都官從事，主察舉百官犯法者。」蔡質漢儀曰：「都官主雒陽百官朝會，與三府掾同。」博物記曰：「中興以來，都官從事多出之河内，掊擊貴戚。」

〔二五〕潘眉曰：「漢制，三公之上，惟有太傅爲上公，無太師。應劭漢官儀曰：太師，古官也。平帝元年，孔光以太傅見授。詔太師無朝，十日一賜餐，賜靈壽杖。省中施坐設几，太師入省中用杖，自是而闕。至卓，自尊爲太師，位在太傅上。范書云，位在諸侯王上。」杭世駿曰：「虞荔鼎録云：董卓爲太師，鑄一鼎，其文曰太師鼎，古隸書。」

〔二六〕章懷注：「金華，以金爲華飾車也。爪者，蓋弓頭爲爪形也。轓，音甫袁反。廣雅云：車箱也，畫爲文彩。續漢志曰：轓長六尺，下屈廣八寸。又云：皇太子青蓋，金華蚤畫轓。竿摩，謂相逼近也。今俗以事干人者，謂之相干摩。」太平御覽卷八百八十引獻帝春秋云：「初平二年，地震。董卓問蔡邕。邕曰：天爲陽，故轉運於上；地爲陰，故安靖於下。震是失其性，以陰而爲陽也。明公車不當青蓋，宜改之以應變。卓改爲緑蓋。」范書蔡邕傳：「邕對曰：前春郊天，公奉引車駕，乘金華青蓋，爪畫兩轓，遠近以爲非宜。卓於是改乘皁蓋車。」

〔二七〕郡國志：「司隸右扶風鄠。」劉昭注：「古扈國。」一統志：「鄠縣故城，今陝西西安府鄠縣北二里。」

〔二八〕范書卓傳：「其子孫雖在髫齔，男皆封侯，女爲邑君。」太平御覽卷三百五十六引卓别傳云：「卓孫年七歲，愛以爲己子，爲作小鎧胄，使騎駃騠馬，與玉甲一具，俱出入，以爲麟駒鳳雛。至殺人之子，如蚤蝨耳。」

〔二九〕史記滑稽傳：「西門豹簪筆磬折。」正義云：「簪筆，謂以毛裝簪頭，長五寸，插在冠前。謂之爲筆，言插筆備禮也。」

〔三〇〕胡三省曰：「三臺，尚書臺、御史臺、符節臺也。晉書曰：漢官，尚書爲中臺，御史爲憲臺，謁者爲外臺，是謂三臺。」范書蔡邕傳：「三日之間，周歷三臺。」錢大昕曰：「百官志，御史中丞爲御史臺率。風俗通云：尚書、御史臺，皆以官蒼頭爲吏，是尚書、御史皆稱臺也。又百官志，謁者僕射爲謁者臺率，符節令爲符節臺率。則漢時稱臺，亦不止尚書、御史矣。袁紹傳坐召三臺注引晉書云：「漢官以尚書、御史、謁者爲三臺。」然伯喈未授謁者，何以便有三臺之稱？」

〔三一〕嵩字義真。范書皇甫嵩傳：「卓還長安，公卿百官迎謁道次，卓風令御史中丞以下皆拜，以屈嵩。既而抵手言曰：『義真犕未乎？』」犕，古服字。

〔三二〕何焯曰：「山陽公載記之語，尤近實。觀義真後此，其氣已衰，未必能爲是言，僅足以避凶人之鋒耳。」

〔三三〕范書卓傳：「又築塢於郿，高厚七丈，號曰萬歲隖。」章懷注：「今按，隖舊基高一丈，周迴一里一百步。」惠棟曰：「風俗通云：『營居曰隖，安古切。』」潘眉曰：「按，長安城高三丈五尺，（見三輔黄圖。）依章懷説，塢僅高一丈，不能與長安城埒。蓋章懷所見者，唐時故基，非卓時之丈尺也。當時實高三丈五尺，與長安城正相等。范史云『高厚七丈』，號萬歲隖，其隖高三丈五尺，厚亦三丈五尺，故云高厚七丈也。」弼按：通鑑云「高厚皆七丈」，多一「皆」字。

〔三四〕元和郡縣志：「在郿縣東北十六里。」水經注：「渭水自郿縣故城，又東逕郿塢北。」通典曰：「郿，漢縣。秦寧公徙居平陽，即此。斜水自北入渭，董卓郿塢在此，高厚七丈，號曰萬歲隖。」

〔三五〕洪邁容齋隨筆卷十四云：「董卓一敗掃地，豈容老於隖耶？公孫瓚築京於易，以爲足以待天下之變，不知衝梯舞於樓上，城豈可保耶？曹爽自謂不失作富家翁，不知誅滅在旦暮耳。」

〔三六〕原注：横，音光。趙一清曰：「三輔黄圖，長安北出西頭第一門曰横門，即光門也。」

〔三七〕郡國志：「涼州北地郡，治富平。」一統志：「富平故城，今西安府富平縣東北。漢縣在今甘肅寧夏府界，三國魏移置於此。」宋書傳弘之傳：「北地郡，漢末失土，寄寓馮翊，置富平縣。」

〔三八〕杭世駿曰：「卓別傳云：『卓會公卿，召諸降賊，責曰：何不鑿眼！應聲眼皆落地。』」

〔三九〕匕，音比。説文：相與比敘也。亦用以取飯。蜀志先主傳：「先主方食，失匕箸。」

〔四〇〕范書卓傳：「諸將有言語蹉跌，便戮於前。又稍誅關中舊族，陷以叛逆。」

〔四一〕范書卓傳：「前温出屯美陽，令卓與邊章等戰，無功，温召，又不時應命。既到，而辭對不遜。孫堅勸温斬之，温不能從，而卓猶懷忌恨，故及於難。温字伯慎，少有名譽，累登公卿，亦陰與司徒王允共謀誅卓，事未及發而見害。」漢官儀曰：「温，穰人，封互鄉侯。太史奏言，有大臣誅死。董卓取温笞殺於市而厭之。」（見竇武傳注。）胡三省曰：「張温不能斬卓於西征之時，反死於卓手，可哀也已。」

〔四二〕范書靈帝紀：「光和元年，初開西邸賣官，自關内侯、虎賁、羽林，入錢各有差。私令左右賣公卿，公千萬，卿五百萬。」崔寔傳：「寔從兄烈，有重名於北州。歷位郡守、九卿。靈帝時，開鴻都門，榜賣官爵。公卿、州郡下至黄綬，各有差。其富者則先入錢，貧者到官而後倍輸。或因常侍阿保，别自通達。是時段熲、樊陵、張温等，雖有功勤名譽，然皆先輸貨財，而後登公位。烈時因傅母入錢五百萬，得爲司徒。及拜日，天子臨軒，百寮畢會。帝顧謂親倖者曰：悔不小靳，可至千萬！程夫人於旁應曰：崔公冀州名士，豈肯買官？賴我得是，反不知姝邪！烈於是聲譽衰減。」山陽公載記曰：「時賣官，二千石二千萬，四百石四百萬；其以德次應選者半之，或三分之一。於西園立庫以貯之。」桓範世論云：「靈帝置西園之邸賣爵，號曰禮錢。錢積如屋，封塗漆書。」華嶠書：「曹嵩時賂中官，及輸西園錢一億萬，故位至太尉。」

〔四三〕應劭撰風俗通，詳見王粲傳注引華嶠漢書。

〔四四〕范書宦者傳：「唐衡，潁川郾人，爲小黄門史。與誅梁冀，衡遷中常侍，封汝陽侯。五人同日封，世謂之五侯。」又蔡邕傳：「永樂門史霍玉，依阻城社，又爲姦邪。聞太尉張顥，爲玉所進。」

〔四五〕吴本、毛本「互」作「立」。

〔四六〕「鍾虡」解見明紀景初元年注。

〔四七〕李賢曰：「光武中興，除王莽貨泉，更用五銖錢。」孔穎達曰：「五銖者，其重五銖。凡十黍爲一參，十參爲一銖，二十四銖爲二兩。錢邊作五銖字。」獻帝春秋曰：「靈帝作錢，猶五銖，面有四道，連於邊輪。識者以爲妖。竊言錢有四道，京師將破壞，此錢四出，散於四方乎！還如其言。」

〔四八〕爾雅：「肉倍好謂之璧。」郭注：「肉，邊也；好，孔也。」

〔四九〕漢書武帝紀：「元封二年，作甘泉通天臺、長安飛廉館。」應劭曰：「飛廉，神禽，能致風氣者也。明帝永平五年，至長安迎取飛廉并銅馬，置上西門外，名平樂館。董卓悉銷以爲錢。」范書卓傳：「卓又壞五銖錢，更鑄小錢，悉取洛陽及長安銅人、鍾虡、飛廉、銅馬之屬，以充鑄焉。故貨賤物貴，穀石數萬。又錢無輪郭文章，不便人用。時人以爲秦始皇見長人於臨洮，乃鑄銅人。卓，臨洮人也，而今毀之，雖成毀不同，凶暴相類焉。」章懷注：「鍾虡，以銅爲之。故賈山上書云：懸石鑄鍾虡。前書音義曰：虡，鹿頭龍身，神獸也。張璠紀曰：太史靈臺及永安候銅蘭楯，卓亦取之。」惠棟曰：「潘岳關中記云：秦取天下兵器，鑄以爲銅人十二，置之諸宮。漢時皆在長安，卓壞以爲錢，餘二人徙在青門裏東宮前。鍾虡四枚，皆在漢高祖廟中。」趙一清曰：「太平御覽卷七百十二引三輔故事：卓壞銅人十枚爲小錢、熨斗。又洛陽伽藍記：修梵寺北有永和里，董卓之宅也。里南北皆有池，卓之所造，水冬夏不竭。」

三年四月，司徒王允，尚書僕射士孫瑞，〔一〕卓將呂布，共謀誅卓。是時天子有疾新愈，大會未央殿。〔二〕布使同郡騎都尉李肅等，〔三〕將親兵十餘人，僞著衛士服，守掖門。布懷詔書。卓至，肅等格卓，卓驚呼布所在。布曰：「有詔！」〔四〕遂殺卓，夷三族。〔五〕主簿田景〔六〕前趨卓尸，布又殺之。凡所殺三人，餘莫敢動。〔七〕

英雄記曰：時有謠言曰：「千里草，何青青；十日卜，猶不生。」又作董逃之歌。又有道士書布爲「呂」字以示卓，卓不知其爲呂布也。〔八〕卓當入會，陳列步騎，自營至宮，朝服導引行其中。〔九〕馬躓不前，卓心怪欲止；布勸使行，乃衷甲而入。〔一〇〕卓既死，當時日月清淨，微風不起。旻、璜等及宗族老弱，悉在郿，皆還，爲其羣下所斫射。卓母年九十，走至塢門，曰：「乞脱我死！」即斬首。袁氏門生故吏改殯諸袁死於郿者，斂聚董氏尸於其側而焚之。暴卓尸於市。卓素肥，膏流浸地，草爲之丹。守尸吏暝以爲大炷，〔一一〕致卓臍中以爲燈，光明達旦，如是積日。後卓故部曲收所燒者灰，并以一棺棺之，葬於郿。卓塢中金有二、三萬斤，銀八、九萬斤，珠玉、錦綺、奇玩、雜物，皆山崇阜積，不可知數。

長安士庶，咸相慶賀，〔一二〕諸阿附卓者，皆下獄死。

謝承漢書曰：蔡邕在王允坐，聞卓死，有歎惜之音。允責邕曰：「卓，國之大賊，殺主殘臣，天地所不祐，人神所同疾。君爲王臣，世受漢恩，國主危難，曾不倒戈；卓受天誅，而更嗟痛乎！」便使收付廷尉。邕謝允曰：「雖以不忠，〔一三〕猶識大義，古今安危，耳所厭聞，口所常玩，豈當背國而向卓也？狂瞽之詞，謬出患入，願黥首爲刑，以繼漢史。」〔一四〕公卿惜邕才，咸共諫允。允曰：「昔武帝不殺司馬遷，使作謗書，流於後世。〔一五〕方今國祚中衰，戎馬在郊，不可令佞臣執筆，在幼主左右，後令吾徒並受謗議。」遂殺邕。〔一六〕

臣松之以爲：蔡邕雖爲卓所親任，情必不黨。寧不知卓之姦凶，爲天下所毒？聞其死亡，理無歎惜。縱復令然，不應反言於王允之坐。斯殆謝承之妄記也。史遷紀傳，博有奇功於斯世，〔一七〕而云王允謂孝武應早殺遷，此非識者之言。但遷爲不隱孝武之失，直書其事耳，何謗之有乎！王允之忠正，可謂內省不疚者矣，既無懼於謗；且欲殺邕，當論邕應死與不，豈可慮其謗己而枉戮善人哉！此皆誣罔不通之甚者。〔一八〕

張璠漢紀曰：初，蔡邕以言事見從，〔一九〕名聞天下，義動志士。及還，內寵惡之。〔二〇〕邕恐，乃亡命海濱，往來依太山羊氏，〔二一〕積十年。卓爲太尉，辟爲掾，以高第爲侍御史治書，三日中，遂至尚書。〔二二〕後遷巴東太守，〔二三〕卓上留拜侍中，至長安爲左中郎將。卓重其才，厚遇之；每有朝廷事，嘗令邕具草。及允將殺邕，時名士多爲之言；允悔欲止，而邕已死。

〔一〕范書王允傳：「士孫瑞，字君策。」三輔決録注：「瑞字君榮。」詳見後。按王允傳，當時同謀者，尚有司隸校尉黄琬、尚書鄭泰、尚書楊瓚。

〔二〕趙一清曰：「方輿紀要卷五十三，未央宮在西安府西南十八里，長安故城西南隅。蕭何起。王莽改曰王路堂。更始初被焚，董卓劫還車駕入長安，復輯未央宮居之。」潘眉曰：「未央宮之殿，載在長安志者甚多，此指前殿路寢，見諸侯羣臣處也。」

〔三〕章懷注引獻帝紀曰：「肅，呂布同郡人也。」通鑑考異云：「袁紀作李順。」

〔四〕牛運震曰：「范書作有詔討賊，語意爲備。」

〔五〕本志呂布傳注云：「四月二十三日殺卓。」范書獻紀作「四月辛巳」，通鑑作「丁巳」。章懷注引九州春秋曰：「布素使秦誼、陳衛、李黑等僞作宮門衛士，持長戟。卓到宮門，黑等以長戟挾叉卓車，或叉其馬。卓驚呼布，布素施鎧於衣中，持矛即應聲刺卓，墜於車。」

〔六〕范書卓傳作「田儀」，九州春秋作「田景」。

〔七〕范書卓傳：「三年四月，帝病新愈，大會未央殿。卓朝服升車，既而馬驚墮泥，還入更衣，其少妻止之；卓不從，遂行。乃陳兵夾道，自壘及宮，左步右騎，屯衛周帀。令呂布等扞衛前後。王允乃與士孫瑞密表其事，使瑞自書詔以授布，（通鑑胡注：「使尚書僕射自書詔，懼謀泄也。」）令騎都尉李肅與布同心勇士十餘人，僞著衛士服於北掖門內，以待卓。卓將至，馬驚不行，怪懼欲還。呂布勸令進，遂入門。肅以戟刺之，卓衷甲不入，傷臂墮車，顧大呼曰：「呂布何在！」布曰：「有詔討賊臣！」卓大罵曰：「庸狗，敢如是耶！」布應聲持矛刺卓，趣兵斬之。主簿田儀及卓蒼頭前赴其尸，布又殺之。馳齎赦書，以令宮陛内外，士卒皆稱萬歲，百姓歌舞於道，長安中士女賣其珠玉、衣裝，市酒肉相慶者，填滿街肆。使皇甫嵩攻卓弟旻於郿塢，殺其母妻男女，盡滅其族。乃尸卓於市，天時始熱，卓素充(滿)〔肥〕，脂流於地，守尸吏然火置卓臍中，光明達曙。如是積日，諸袁門生又聚董氏之尸，焚灰揚之於路。塢中珍藏，有金二、三萬斤，銀八、九萬斤，錦綺繢(穀)〔縠〕、紈素奇玩，積如丘山。」

〔八〕續五行志一云：「獻帝踐阼之初，京師童謡曰：『千里草，何青青，十日卜，不得生。』案，千里草爲董，十日卜爲卓。凡別字之體，皆從上起，左右離合，無有從下發端者也。今二字如此者，天意若曰，卓自下摩上，以臣陵君也。青青者，暴盛之貌也；不得生者，亦旋破亡。」又云：「靈帝中平中，京都歌曰：『承樂世，董逃；遊四郭，董逃；蒙天恩，董逃；帶金紫，董逃；行謝恩，董逃；整車騎，董逃；垂欲發，董逃；與中辭，董逃；出西門，董逃；瞻宮殿，董逃；望京城，董逃；日夜絶，董逃；心摧傷，董逃。』案，董謂董卓也。言雖跋扈，縱其殘暴，終歸逃竄，至於族滅也。」劉昭注引楊孚卓傳曰：「卓改爲董安。」又引風俗通曰：「卓以董逃之歌，主爲已發，大禁絶之，死者千數。」太平御覽卷八百二十引華嶠後漢書曰：「有人書回字於布上，負而行於市，歌曰：『布乎！布乎！』有告卓者，卓不悟。」又卷七百三十五引幽明録云：「董卓信巫，軍中嘗有巫，都言禱求福利，言從卓求布。倉卒無布，有手巾，言曰：『可用耳。』便書布上，如作兩口，一口大，一口小，相累以舉卓曰：『慎此也！』後爲呂布所殺，乃知況呂布也。」

〔九〕胡三省曰：「魏祕書監秦静云：『漢氏承秦，改六冕之制，朝服俱玄冠絳衣而已。』晉名曰五時朝服，有四時朝服，又有朝服。」

〔一〇〕胡三省曰：「衷甲者，被甲於内，而加衣甲上。」

〔一一〕胡三省曰：「炷，燈也。燼所著者。」

〔一二〕杭世駿曰：「卓別傳云：呂布殺卓，百姓相對欣喜抃舞，皆賣家中珠環、衣服、牀榻，以買酒食，自相慶賀。長安酒肉爲之踴貴。」

〔一三〕局本「以」作「似」。

〔一四〕范書邕傳：「邕前在東觀，與盧植、韓說等撰補後漢記。會遭事流離，不及得成。因上書自陳，奏其所著十意。」章懷注：「猶前書十志也。」胡三省曰：「邕乞續漢書諸志，蓋其所學所志者在此。」

〔一五〕李賢曰：「凡史官記事，善惡必書，謂遷所記，但是漢家不善之事，皆爲謗也，非獨指武帝之身，即高祖善家令之言，武帝筭緡榷酤之類，是也。班固集云：史遷著書，成一家之言，至以身陷刑，故微文譏刺，貶損當世，非義士也。」

〔一六〕范書邕傳：「董卓爲司空，聞邕名高，辟之，稱疾不就。卓大怒，詈曰：我能族人，蔡邕遂偃蹇者，不旋踵矣。又切敕州郡，舉邕詣府。邕不得已，到，署祭酒，甚見敬重。舉高第，補侍御史，又轉持書御史，（錢大昕曰：「范史本是治書，章懷避諱，改作持。」）遷尚書。三日之閒，周歷三臺。遷巴郡太守，復留爲侍中，拜左中郎將，封高陽鄉侯。卓重邕才學，厚相遇待。每集讌，輒令邕鼓琴贊事，邕亦每存匡益。然卓多自很用，邕恨其言少從，謂從弟谷曰：董公性剛而遂非，終難濟也。吾欲東奔兗州，若道遠難達，且遯逃山東以待之，何如？谷曰：君狀異恒人，每行，觀者盈集，以此自匿，不亦難乎！邕乃止。及卓被誅，邕在司徒王允坐，殊不意言之而歎，有動於色。允勃然叱之曰：董卓，國之大賊，幾傾漢室。君爲王臣，所宜同忿，而懷其私遇，以亡大節。今天誅有罪，而反相傷痛，豈不共爲逆哉！即收付廷尉治罪。邕陳辭謝，乞黥首刖足，繼成漢史。士大夫多矜救之，不能得。太尉馬日磾馳往，謂允曰：伯喈曠世逸才，多識漢事，當續成後史，爲一代大典。且忠孝素著，而所坐無名，誅之，無乃失人望乎！允不從，邕遂死獄中。允悔欲止，而不及，時年六十一。搢紳諸儒，莫不流涕。北海鄭玄聞而嘆曰：漢世之事，誰與正之！」魏書地形志：「邕冢在陳留小黃縣。」樂史云：「在開封縣東北四十五里。邕死獄中，葬於此。」柳從辰曰：「河南通志，邕墓在今尉氏縣東北二十五里。」沈銘彝曰：「邕薦董卓表，極爲推重；收邕時不聞以此罪之，當由王允未見此表耳。而流傳至今，爲後世增一口實，才之爲累如此！」（弼按：邕表見本集。）韓菼曰：「欒布哭彭，朱詡葬董，伯喈一歎，未足爲累。且十年亡命，三日尚書，朝廷伸國討，國士感私恩，不妨並美也。」通鑑輯覽曰：「邕始節尚有可觀，後附董卓，隱忍依違，坐上之歎，遂至噬臍。古稱不息惡木陰，何未之聞也！」

〔一七〕宋本、元本無「斯」字。

〔一八〕惠棟曰：「商芸小説云：初，允數與邕會議，允詞常屈，由是銜邕。後允誅卓，并收邕，衆人爭之，不能得。」何焯曰：「裴松之以爲伯喈不應發歎於子師坐，此謝承妄記，是則商芸所載，爲得其實也。」

〔一九〕官本考證曰：「以言事見徙，各本俱誤，從後漢書改正。」陳景雲曰：「從當作徙。邕徙朔方事，詳范史。」

〔二〇〕范書邕傳：「邕自徙就還路，五原太守王智餞之。酒酣，智起舞，邕不爲報。智者，中常侍王甫弟也。密告邕謗訕朝廷，内寵惡之。」

〔二一〕范書邕傳：「邕亡命江海，遠跡吴會。」晉書景獻羊皇后傳：「后，泰山南城人。父衜，上黨太守；后母陳留蔡氏，漢左中郎將邕之女也。」何焯曰：「羊祜爲蔡邕外孫，蓋以婚姻依之。」

〔二二〕胡三省曰：「邕舉高第，補侍御史，又轉治書御史，遷尚書，三日之間，周歷三臺。」柳從辰曰：「袁宏紀作三月之間，是也。御覽二百十二、書鈔六十引謝承書亦作三月。遷轉雖速，亦當無一日一臺之理。范書既云周歷，則是已歷三官，非未拜而又徙官，自不可以日計，作月固較長。但范書後論云：信宿三遷，似仍作日也。」

〔二三〕巴東見武紀建安二十年注。潘眉曰：「蔡邕以初平三年卒，時尚未有巴東郡，當依范史作巴郡太守。至建安六年，始分巴郡爲巴東、巴西二郡，邕已歿九年矣。」

初，卓女壻中郎將牛輔〔一〕典兵別屯陝，〔二〕分遣校尉李傕、郭汜、〔三〕張濟略陳留、潁川諸

縣。卓死，呂布使李肅至陝，欲以詔命誅輔。輔等逆與肅戰，肅敗，走弘農；布誅肅。〔四〕

魏書曰：輔恇怯失守，不能自安。常把辟兵符，以鈇鑕致其旁，欲以自彊。見客，先使相者相之，知有反氣與不；又筮知吉凶，然後乃見之。中郎將董越來就輔，輔使筮之，得兑下離上。筮者曰：「火勝金，外謀内之卦也。」即時殺越。

獻帝紀云：〔五〕筮人常爲越所鞭，故因此以報之。

其後輔營兵有夜叛出者，營中驚；輔以爲皆叛，乃取金寶，獨與素所厚友胡赤兒等〔六〕五六人相隨，踰城北渡河。赤兒等利其金寶，斬首送長安。〔七〕

〔一〕胡三省曰：「姓譜，牛本自殷，周封微子於宋，其裔司寇牛父敗狄於長丘，死之；其子孫以王父字爲氏。」

〔二〕郡國志：「司隸弘農郡陝。」一統志：「陝縣故城今河南陝州治。」

〔三〕胡三省曰：「傕，克角翻；汜，音祀；又孚梵翻。」

〔四〕范書卓傳：「初，卓以牛輔子壻，素所親信，使以兵屯陝。輔分遣其校尉李傕、郭汜、張濟將步騎數萬，擊破河南尹朱儁於中牟，因掠陳留、潁川諸縣，殺掠男女，所過無復遺類。」

〔五〕宋本「紀」作「記」，誤。

〔六〕陳景雲曰：「范書卓傳注引魏志作支胡，當從之。支胡乃胡號；赤兒其名也。晉書懷帝紀有支胡五斗。」弼按：范書卓傳注乃引獻帝紀，非引魏志，仍作支胡，與陳説異。何焯校本友改支，云：「支胡，胡號也。」趙一清曰：「支胡，胡號也，友字誤，支字亦非。」吴翊寅曰：「支即氏之誤，古氏、支同音。月氏亦作月支，可證。趙氏以爲胡號，是也。」

〔七〕范書卓傳注：「獻帝紀曰：輔帳下支胡赤兒等素待之過急，盡以家寶與之，自帶二十餘餅金，大白珠瓔。胡謂輔曰：城北已有馬，可去也。以繩繫輔腰，踰城懸下之，未及地丈許，放之。輔傷腰，不能行；諸胡共取其金并珠，斬首詣長安。」

比傕等還，〔一〕輔已敗，衆無所依，欲各散歸。既無赦書，而聞長安中欲盡誅涼州人，憂恐不知所爲。用賈詡策，遂將其衆而西，所在收兵，比至長安，〔二〕衆十餘萬。〔三〕

九州春秋曰：傕等在陝，皆恐怖，急擁兵自守。胡文才、〔四〕楊整修〔五〕皆涼州大人，〔六〕而司徒王允素所不善也。及李傕之叛，允乃呼文才、整修，使東解釋之，不假借以温顔，謂曰：「關東鼠子〔七〕欲何爲邪？卿往呼之！」〔八〕於是二人往，實召兵而還。

與卓故部曲樊稠、李蒙、王方等合，〔九〕圍長安城。十日，城陷；與布戰城中，布敗走。傕等放兵略長安，老少殺之悉盡，死者狼籍。誅殺卓者，尸王允於市。〔一〇〕

張璠漢紀曰：布兵敗，駐馬青瑣門外，〔一一〕謂允曰：「公可以去。」〔一二〕允曰：「安國家，吾之上願也。〔一三〕若不獲，則奉身以死。朝廷幼主，恃我而已；臨難苟免，吾不爲也。努力謝關東諸公，以國家爲念。」〔一四〕傕、汜入長安城，屯南宮掖門，殺太僕魯馗，〔一五〕大鴻臚周奐，〔一六〕城門校尉崔烈，越騎校尉王頎。〔一七〕吏民死者不可勝數。〔一八〕司徒王允挾天子上宣平城門避兵。〔一九〕傕等於城門下拜，伏地叩頭。帝謂傕等曰：「卿無作威福，而乃放兵縱横，欲何爲乎？」〔二〇〕傕等曰：「董卓忠於陛下，而無故爲呂布所殺，臣等爲卓報讎，弗敢爲逆也。請事竟，詣廷尉受罪。」允窮逼出見傕，傕誅允及妻子宗族十餘人。長安城中男女大小，莫不流涕。〔二一〕允字子師，太原祁人也。〔二二〕少有大節，郭泰見而奇之，曰：「王生一日千里，王佐之才也。」泰雖先達，遂與定交。三公並辟，歷豫州刺史，辟荀爽、孔融爲從事，遷河南尹、尚書令。及爲司徒，其所以扶持王室，甚得大臣之節，自天子以下，皆倚賴焉。卓亦推信之，委以

朝廷。〔二三〕

華嶠曰：夫士以正立，以謀濟，以義成。若王允之推董卓，而分其權，伺其間而弊其罪。當此之時，天下之難解矣；本之，皆主於忠義也。故推卓不爲失正，分權不爲不義，伺閒不爲狙詐。是以謀濟義成，而歸於正也。〔二四〕

葬卓於郿，大風暴雨震卓墓，水流入藏，漂其棺槨。〔二五〕傕爲車騎將軍池陽侯，領司隸校尉、假節；汜爲後將軍美陽侯；稠爲右將軍萬年侯。〔二六〕傕、汜、稠擅朝政。〔二七〕

英雄記曰：傕，北地人；汜，張掖人，一名多。〔二八〕

濟爲驃騎將軍平陽侯，〔二九〕屯弘農。〔三〇〕

〔一〕胡三省曰：「傕等自陳留、潁川還也。」

〔二〕比，及也。

〔三〕范書卓傳：「傕、汜等以王允、呂布殺董卓，故忿怒并州人。并州人其在軍者，（弼按：「其」字疑衍。）男女數百人，皆誅殺之。牛輔既敗，衆無所依，欲各散去。傕等恐，乃先遣使詣長安，求乞赦免。王允以爲一歲不可再赦，不許之。傕等益懷憂懼，不知所爲。武威人賈詡，時在傕軍，說之曰：聞長安中議，欲盡誅涼州人，諸君若棄軍單行，則一亭長能束君矣。不如相率而西，以攻長安，爲董公報仇。事濟，奉國家以正天下；若其不合，走未後也。傕等然之。各相謂曰：京師不赦我，我當以死決之。若攻長安，剋，則得天下矣；不剋，則鈔三輔婦女財物，西歸鄉里，尚可延命。衆以爲然。於是共結盟，率軍數千，晨夜西行。王允聞之，乃遣卓故將胡軫、徐榮擊之於新豐，榮戰死，軫以衆降。」謝承後漢書云：「董卓死，陝中諸將共相要，遣使詣長安相聞求乞大赦。尚書令王允等以爲殺卓時已赦，今復求乞，一歲不可再赦。傕等曰：京師不赦我，我當以死決之。若攻長安克之，則可得天下；不克，則盡鈔取三輔婦女財物，西上隴西歸鄉里，作賊延命，尚可數年。於是帥兵西向長安。」本志賈詡傳裴注云：「是時元惡既梟，天地始開。厲階重結，大梗殷流，非由賈詡片言乎？自古兆亂，未有如是之甚。」通鑑輯覽曰：「傕、汜之變，始於賈詡報讎一言。詡雖自爲救命計，而其禍至於不可收復，則罪實浮於傕、汜。」黄山曰：「范書卓傳云，王允以爲一歲不可再赦，不許之。案獻紀初平三年正月大赦天下，四月誅卓，五月又大赦天下。李傕等陷長安，六月又大赦天下。方傕等乞赦時，是歲已再更赦矣。允安得爲是言乎？且卓誅後，允原無意罪其部曲，故胡軫、徐榮，並得無嫌，是其證也。惟傕、汜復從牛輔拒敗李肅軍，又殺并州男女數百人，新有罪。及輔敗，從求特赦，事容有之。允固疑特赦非所以安之，故仍不許。傕、汜輩因造此言，以脅衆耳。」又曰：「允遣卓故將往，仍欲自明無猜，而適以僨事，坐輕敵致敗也。不思傕、汜之來，求生於死，正如困獸之思鬭，誠令皇甫嵩深溝高壘拒之於前，而使朱儁率一軍以規其後，更遣徐榮等誘降其衆，賈詡雖智，尚安所施乎！」柳從辰曰：「袁紀，允與士孫瑞議赦卓部曲。案，允既慮特赦反啟其疑，必無更議罷涼州兵事，當是或疑涼州人內不自安，有議罷者，抑有議撫留者耳。惟允果不欲啟其疑，即當奏帝請詔一切不問，並簡拔其材後，撫而用之，則人情自安，何爲茫無料理，傕等乞赦反拒之邪？則史言前後不讐矣。」

〔四〕胡軫字文才，見吳志孫堅傳注引英雄記。軫事又見本志張既傳注引三輔決録注。

〔五〕惠棟曰：「楊整修即楊定也。興平元年爲安西將軍，二年遷後將軍。」

〔六〕章懷云：「大人，謂大家豪右。」又曰：「大人，長老之稱，言尊事之也。」

〔七〕嚴衍曰：「時董越屯澠池，牛輔屯安邑，皆在潼關之東，故曰關東鼠子。」

〔八〕范書卓傳注引此，作「即往曉之」。

〔九〕袁宏紀曰：「蒙後爲傕所殺。」

〔一〇〕范書卓傳：「長安城峻，不可攻，守之八日。呂布軍有叟兵內反，引傕衆得入，城潰，放兵虜掠，死者萬餘人，殺衛尉种拂等。呂布戰敗出奔，王允奉天子保宣平城門樓上，於是大赦天下。李傕、郭汜、樊稠等皆爲將軍，遂圍門樓，共表請司徒王允出問太師何罪。允窮蹙乃下，後數日見殺。」

〔一一〕離騷「欲少留此靈瑣兮」注云：「瑣，門鏤也。門如連瑣，以青畫之，則曰青瑣。」章懷注引前書音義曰：「以青畫户邊鏤中，天子制也。」三輔黄圖：「未央宫有青瑣門。」衛瓘注吴都賦曰：「青瑣，户邊青鏤也。一曰，天子門内有眉格，再重裏青畫曰瑣。」

〔一二〕范書允傳「去」下有「乎」字。

〔一三〕范書允傳作「若蒙社稷之靈，上安國家，吾之願也」。

〔一四〕范書允傳「幼主」作「幼少」，「不爲」作「不忍」，「諸公」下有「勤」字。

〔一五〕馗音逵。范書獻帝紀作魯旭。魯恭傳：「長子謙，謙子旭，官至太僕，與司徒王允謀誅董卓。及李傕入長安，旭與允俱遇害。」趙一清曰：「旭即馗也，字異耳。」

〔一六〕三輔決録注曰：「奂字文明，茂陵人。」

〔一七〕頎音祈。范書獻帝紀「太僕魯旭」上有「太常种拂校尉王頎」。下云「並戰殁」。范書卓傳云衛尉种拂，與此異。

〔一八〕范書獻帝紀：「吏民死者萬餘人。」又云：「李傕殺司隸校尉黄琬。」琬傳：「徙西都，轉司隸校尉，與司徒王允同謀誅卓。及卓將李傕、郭汜攻破長安，遂收琬下獄，死。時年五十二。」

〔一九〕三輔黄圖曰：「長安城東面北頭門號宣平門。」庾子山云「望宣平之貴里」，言貴戚所居也。

〔二〇〕袁山松書云：「允謂傕等曰，臣無作威作福，將軍乃放縱，欲何爲乎？傕等不應，自拜署爲將軍。」通鑑云：「帝謂傕等曰：卿等放兵縱横，欲何爲乎？」

〔二一〕范書允傳：「允死時年五十六。長子侍中蓋，次子景、定及宗族十餘人，皆見誅害，唯兄子晨、陵得脱歸鄉里。天子感慟，百姓喪氣，莫敢收允尸者。唯故吏平陵令趙戩，棄官營喪。戩字叔茂，長陵人。」惠棟曰：「戩，岐從子也。」

〔二二〕郡國志：「并州太原郡祁。」一統志：「祁縣故城，今山西太原府祁縣東南五里。」

〔二三〕范書允傳：「董卓遷都關中，允悉收斂蘭臺石室圖書、祕緯要者以從。既至長安，皆分別條上。又集漢朝舊事，所當施用者，一皆奏之。經籍具存，允有力焉。時董卓尚留洛陽，朝政大小，悉委之於允。允矯情屈意，每相承附；卓亦推心，不生乖疑。故得扶持王室於危亂之中，臣主内外，莫不倚恃。」

〔二四〕范書允傳論亦同。蓋蔚宗本華嶠書也。范書贊曰：「子師圖難，晦心傾節，功全元醜，身殘餘孽。時有隆夷，事亦工拙。」章懷注：「矯性屈意於董卓。誅卓爲工，被殺爲拙也。」通鑑輯覽曰：「誅首惡，赦脅從，非特自安，亦所以安朝廷也。允不審權變，自復驕傲，且議赦議罷，毫無斷制，以致釀成亂階，無足深惜。」

〔二五〕范書卓傳：「傕等葬董卓於郿，並收董氏所焚尸之灰，合斂一棺而葬之。葬日，大風雨，霆震卓墓，流水入藏，漂其棺木。」章懷注引獻帝起居注曰：「冢户開，大風暴雨，水土流入。抒出之，棺向入，輒復風雨，水溢郭户，如是者三四。冢中水半所。稠等共下棺，又風雨，益暴甚，遂閉户；户閉，大風復破其冢。」周壽昌曰：「獻帝起居注所云，更詳悉痛快。足見天生惡人以造亂，而流毒過甚，亦天之所痛恨，而不能稍貸也。」趙一清曰：「北齊書魏蘭根傳：丁母憂，將葬常山郡境，先有董卓祠，祠有柏樹。蘭根以卓凶逆不道，不應遺祠至今，乃伐柏樹，以爲槨材。人或勸之不伐，蘭根盡取之，了無疑懼。」

〔二六〕池陽見前。郡國志：「右扶風美陽，左馮翊萬年。」一統志：「美陽故城，今陝西乾州武功縣西南；萬年故城，今西安府臨潼縣東北七十里。」錢坫曰：「漢美陽縣在今扶風縣北二十五里崇正鎮。今武功縣西北七里美陽城，乃後魏徙置也。」

〔二七〕范書卓傳：「傕加稠、汜開府，與三公合爲六府，皆參選舉。」章懷注引獻帝起居注曰：「傕等各欲用其所舉，若一違之，便忿憤恚怒，主者患之。乃以次第用其所舉，先從傕起，汜次之，稠次之。三公所舉，終不見用。」王先謙曰：「此時實五府並建，蓋多擁空名。」

〔二八〕劉艾獻帝紀曰：「傕字稚然。」北地見前；張掖見文紀延康元年。傕、汜皆邊鄙小人，董卓餘孽，誤於賈詡之策，遂爲亂階。

〔二九〕平陽見武紀卷首。

〔三〇〕范書獻帝紀、卓傳皆云「張濟爲鎮東將軍」，與此異。趙一清曰：「作鎮東，是後乃爲驃騎耳。」

是歲，韓遂、馬騰等降，率衆詣長安。以遂爲鎮西將軍，遣還涼州；騰征西將軍，屯郿。侍中馬宇與諫議大夫种邵、左中郎將劉範等謀，〔一〕欲使騰襲長安，己爲內應，以誅傕等。騰引兵至長平觀，〔二〕宇等謀泄，出奔槐里。〔三〕稠擊騰，騰敗，走還涼州。又攻槐里，宇等皆死。〔四〕時三輔民尚數十萬户，傕等放兵劫略，攻剽城邑，人民饑困。二年閒，相啖食略盡。〔五〕

獻帝〔記〕〔紀〕曰：是時新遷都，宮人多亡衣服。帝欲發御府繒以與之，李傕弗欲，曰：「宮中有衣，胡爲復作邪？」詔責廄馬百餘匹，御府大司農出雜繒二萬匹，與所責廄馬直，賜公卿以下及貧民不能自存者。李傕曰：「我邸閣儲偫少。」乃悉載置其營。〔六〕賈詡曰：「此上意，不可拒。」傕不從之。

〔一〕范書卓傳作「右中郎將」。惠棟曰：「本紀及种邵傳皆云左中郎將。」李賢曰：「範，焉之子。」

〔二〕章懷注引前書音義曰：「長平，陂名也。上有觀，在池陽宮南，去長安五十里。今涇水南原眭城是也。」（見獻帝紀興平元年注。）又曰：「長平，坂名也，在池陽南。有長平觀，去長安五十里。」（見卓傳注。）又云：「長平，陵名也。有觀在長安西十五里。」（見种劭傳。）弼按：章懷此注，同一事實，同一地名，而一釋爲陂，一釋爲阪，一釋爲陵；一云去長安五十里，一云在長安西十五里；一云在池陽宮南，一云在池陽南。前後歧異如此。

〔三〕槐里見前。

〔四〕范書卓傳：「初，卓之入關，要韓遂、馬騰，共謀山東。遂、騰見天下方亂，亦欲倚卓起兵。興平元年，馬騰從隴右來朝，進屯霸橋。時騰私有求於傕，不獲而怒，遂與侍中馬宇、右中郎將劉範、前涼州刺史种邵、中郎將杜稟，合兵攻傕，連日不決。韓遂聞之，乃率衆來，欲和騰、傕，既而復與騰合。」种嵩傳：「种子拂，字穎伯。初平元年，代荀爽爲司空。以地震策免，復爲太常。李傕、郭汜之亂，長安城潰，百官多避兵衝。拂揮劍而出曰：爲國大臣，不能止戈除暴，致使凶賊兵刃向宮，去欲何之！遂戰而死。子邵，字申甫，爲侍中。卓既擅權，而惡邵彊力，遂左轉議郎，出爲益、涼二州刺史。會父拂戰死，竟不之職。服終，徵爲少府、大鴻臚，皆辭不受。曰：昔我先父，以身殉國，吾爲臣子，不能除殘復怨，何面目朝覲明主哉！遂與馬騰、韓遂及左中郎劉範、諫議大夫馬宇，共攻李傕、郭汜，以報其讎。與汜戰於長平觀下，軍敗，邵等皆死，騰、遂還涼州。」獻帝紀注引袁宏紀曰：「是時馬騰以李傕等專亂，以益州刺史劉焉，宗室大臣，遣使招引，共誅傕焉。遣子範將兵就騰。故涼州刺史种邵，太常拂之子也。拂爲傕所害，邵欲報仇，遂爲此戰。」

〔五〕范書卓傳云：「時長安中盜賊不禁，白日虜掠。傕、汜、稠乃參分城內，各備其界，猶不能制。而其子弟縱橫，侵暴百姓。」獻帝紀云：「是歲，穀一斛五十萬，豆、麥一斛二十萬。人相食啖，白骨委積。帝使侍御史侯汶出太倉米豆，爲飢人作糜，經日而死者無數。帝疑賦卹有虛，迺親於御座前量試作糜，迺知非實。」章懷注引袁宏紀曰：「時敕侍中劉艾取米豆五升，於御前作糜，得滿三盂。於是詔尚書曰：米豆五升，得糜三盂，而人委頓，何也？」

〔六〕李治敬齋古今黈卷四云：「邸閣者，乃軍屯蹊要，儲蓄資糧之所。此二字他書無有，見於漢末及三國志，其所明著者凡十一。董卓傳注引獻帝紀：李傕曰：我邸閣儲偫少。又張既傳：請置烽燧邸閣以備胡。又王基傳：取雄父邸閣，收米三十餘萬斛。又毌丘儉傳：南頓有大邸閣，計足軍人四十日糧。又蜀後主〔傳〕：建興十一年，運米集斜谷口邸閣。又魏延傳：橫門邸閣與散民之穀足周食也。又鄧芝傳：芝爲郫邸閣督。又孫策傳：盡得邸閣糧穀、戰具。又孫權傳：赤烏四年，燒安成邸閣；又赤烏八年，通會市，作邸閣。又周魴傳：修立邸閣，輦貲運糧，以爲軍儲云云。餘詳見王基傳注。」

諸將爭權，遂殺稠，并其衆。

九州春秋曰：馬騰、韓遂之敗，樊稠追至陳倉，〔一〕遂語稠曰：「天地反覆，未可知也。本所爭者非私怨，王家事耳。與足下州里人，〔二〕今雖小違，要當大同，欲相與善語以別。邂逅萬一不如意，後可復相見乎！」俱卻騎前接馬，交臂相加，共語良久而別。傕兄子利隨稠，利還告傕：「韓、樊交馬語，不知所道，意愛甚密。」傕以是疑稠與韓遂私和而有異意。〔三〕稠欲將兵東出關，從傕索益兵。因請稠會議，便於坐殺稠。〔四〕

汜與傕轉相疑，戰鬬長安中。

典略曰：傕數設酒請汜，或留汜止宿。汜妻懼傕與汜婢妾而奪己愛，〔五〕思有以離間之。會傕送饋，〔六〕妻乃以豉爲藥。汜將食，妻曰：「食從外來，儻或有故！」遂摘藥示之，曰：〔七〕「一棲不二雄，〔八〕我固疑將軍之信李公也。」〔九〕他日傕復請汜，大醉。汜疑傕藥之，絞糞汁飲之〔一〇〕乃解。於是遂生嫌隙，而治兵相攻。

傕質天子於營，燒宮殿城門，略官寺，盡收乘輿服御物置其家。〔一一〕

獻帝起居注曰：初，汜謀迎天子幸其營，〔一二〕夜有亡告傕者，傕使兄子暹將數千兵圍宮，以車三乘迎天子。〔一三〕楊彪曰：「自古帝王無在人臣家者，舉事當合天下心，〔一四〕諸君作此，非是也。」暹曰：「將軍計定矣。」於是天子一乘，貴人伏氏一乘，賈詡、左靈一乘，其餘皆步從。〔一五〕是日，傕復移乘輿幸北塢，〔一六〕使校尉監塢門，內外隔絕。諸侍臣皆有饑色，時盛暑熱，人盡寒心。帝求米五斛、牛骨五具，以賜左右。〔一七〕傕曰：「朝餔上飯，何用米爲？」乃與腐牛骨，皆臭不可食。帝大怒，欲詰責之。〔一八〕侍中楊琦上封事曰：「傕，邊鄙之人，習於夷風，今又自知所犯悖逆，常有怏怏之色，欲輔車駕幸黃白城，以紓其憤。臣願陛下忍之，未可顯其罪也。」帝納之。初，傕屯黃白城，故謀欲徙之。〔一九〕傕以司徒趙温不與己同，〔二〇〕乃内温塢中。温聞傕欲移乘輿，與傕書曰：「公前託爲董公報讎，然實屠陷王城，殺戮大臣，天下不可家見而户釋也。今爭睚眥之隙，〔二一〕以成千鈞之讎，〔二二〕民在塗炭，各不聊生，曾不改寤，遂成禍亂。朝廷仍下明詔，欲令和解，詔命不行，恩澤日損，而復欲輔乘輿於黃白城，此誠老夫所不解也。於易，一過爲過，再爲涉，三而弗改，滅其頂，凶。〔二三〕不如早共和解，引兵還屯，上安萬乘，下全生民，豈不幸甚！」傕大怒，欲遣人害温。其從弟應，温故掾也，〔二四〕諫之數日，乃止。帝聞温與傕書，問侍中常洽曰：「傕弗知臧否，温言太切，可爲寒心。」對曰：「李應已解之矣。」帝乃悅。〔二五〕

傕使公卿詣汜請和，汜皆執之。〔二六〕

華嶠漢書曰：汜饗公卿，議欲攻傕。楊彪曰：「羣臣共鬬，一人劫天子，一人質公卿，此可行乎！」汜怒，欲手刃之；中郎將楊密及左右多諫，汜乃歸之。〔二七〕

相攻擊連月，死者萬數。

獻帝起居注曰：傕性喜鬼怪左道之術，常有道人及女巫歌謳擊鼓下神，祠祭六丁，符劾厭勝之具，無所不爲。又於朝廷省門外，爲董卓作神坐，數以牛羊祠之。訖，過省閤問起居，〔二八〕求入見。傕帶三刀，〔二九〕手復與鞭合持一刃。侍中、侍郎見傕帶仗，皆惶恐，亦帶劍持刀，〔三〇〕先入在帝側。傕對帝，或言「明陛下」，或言「明帝」。爲帝説郭汜無狀，帝亦隨其意答應之。傕喜，出言「明陛下真賢聖主」。意遂自信，自謂良得天子歡心也。〔三一〕雖然，猶不欲令近臣帶劍在帝邊。謂人言：「此曹子將欲圖我邪？而皆持刀也。」侍中李禎，傕州里，〔三二〕素與傕通，語傕「所以持刀者，軍中不可不爾，此國家故事」。傕意乃解。天子以謁者僕射皇甫酈，〔三三〕涼州舊姓，有專對之才，遣令和傕、汜。酈先詣汜，汜受詔命；詣傕，傕不肯。曰：「我有呂布之功，〔三四〕輔政四年，三輔清靜，天下所知也。郭多，盜馬虜耳，何敢乃欲與吾等邪？必欲誅之。君爲涼州人，觀吾方略士衆，足辦多不？多又劫質公卿，所爲如是，而君苟欲利郭多，李傕有膽自知之。」酈答曰：「昔有窮后羿恃其善射，不思患難，以至於斃。近董公之彊，明將軍目所見，內有王公以爲內主，外有董旻、承、璜以爲鯁毒，〔三五〕呂布受恩而反圖之，斯須之閒，頭懸竿端，〔三六〕此有勇而無謀也。今將軍身爲上將，把鉞仗節，〔三七〕子孫握權，宗族荷寵，國家好爵，而皆據之。今郭多劫質公卿，將軍脅至尊，誰爲輕重邪？張濟與郭多、楊定有謀，又爲冠帶所附。楊奉，白波帥耳，猶知將軍所爲非是，將軍雖拜寵之，猶不肯盡力也。」傕不納酈言，而呵之令出。酈出詣省門，〔三八〕白傕不肯從詔，辭語不順。侍中胡邈爲傕所幸，呼傳詔者令飾其辭。又謂酈曰：「李將軍於卿不薄，又皇甫公爲太尉，李將軍力也。」酈答曰：「胡敬才！卿爲國家常伯，輔弼之臣也。語言如此，寧可用邪？」邈曰：「念卿失李將軍意，恐不易耳！我與卿何事者？」酈言：「我累世受恩，身又常在幃幄，君辱臣死，當坐國家。爲李傕所殺，則天命也。」天子聞酈答語切，恐傕聞之，便勑遣酈。酈裁出營門，傕遣虎賁王昌呼之。昌知酈忠直，縱令去。還答傕，言「追之不及」。天子使左中郎將李固持節，拜傕爲大司馬，在三公之右。〔三九〕傕自以爲得鬼神之力，乃厚賜諸巫。

〔一〕陳倉見武紀建安二十年。

〔二〕胡三省曰：「韓遂，金城人；與樊稠皆涼州人也。」

〔三〕范書卓傳：「遂、騰走還涼州，稠等又追之。韓遂使人語稠曰：天下反覆未可知，相與州里，今雖小違，要當大同，欲共一言。乃駢馬交臂相加，笑語良久。軍還，利告傕曰：樊、韓駢馬笑語，不知其辭，而意愛甚密。於是傕、稠始相猜疑。」袁宏紀：「初，樊稠擊馬騰等，李利戰不甚用力。稠叱之曰：人欲截汝父頭，何敢如此，我不能斬卿邪？利等怒，共譖之於傕。傕見稠勇，而得衆心，亦忌之。」

〔四〕章懷注引獻帝紀曰：「傕見稠果勇而得衆心，疾害之。醉酒，潛使外生騎都尉胡封於坐中拉殺稠。」

〔五〕官本考證云：「袁宏漢紀婢妾下多私字。」

〔六〕胡三省曰：「餉食曰饋。」

〔七〕通鑑「摘」作「擿」。胡三省曰：「擿，挑也。」

〔八〕沈欽韓曰：「韓非子揚權篇：一棲兩雄，其鬬嚬嚬。惠氏引此誤作有度篇。」

〔九〕胡三省曰：「以雞爲喻，一棲而兩雄，必鬬。」

〔一〇〕胡三省曰：「糞汁解衆毒。」

〔一一〕章懷注引山陽公載記曰：「時弓弩並發，矢下如雨，及御所止高棲殿前帷簾也。」

〔一二〕范書卓傳：「安西將軍楊定者，故卓部曲將也。懼傕忍害，乃與汜合謀，迎天子幸其營。」

〔一三〕范書作「迎天子皇后」。

〔一四〕范書作「當上順天心」。局本無下字。

〔一五〕范書卓傳：「帝於是遂幸傕營，彪等皆徒從。亂兵入殿，掠宮人什物，傕又徙御府金帛、乘輿、器服，而放火燒宮殿、官府，居人悉盡。」

〔一六〕章懷注引服虔通俗文曰：「營居曰塢。一曰，庳城也。」山陽公載記曰：「時帝在南塢，傕在北塢。時流矢中傕左耳，乃迎帝幸北隖。帝不肯從，强之乃行。」胡三省曰：「據傕、汜和後，然後帝得出長安宣平門，則北塢蓋在長安城中。傕、汜於城中各築隖而居也。」惠棟曰：「獻帝春秋云，使虎賁王曹等三百人，以軺車三乘載帝及伏后幸傕營，及迎宫人、公卿家屬入隖。棟案，王曹當作王昌。」趙一清曰：「范書獻帝紀興平二年三月丙寅，李傕脅帝幸其營，焚宫室。夏四月甲午，立貴人伏氏爲皇后。丁酉，郭汜攻李傕，矢及御前。是日，李傕移帝幸北隖。則幸傕營與幸北隖，不同日也。又卓傳注引獻帝紀曰：汜與傕將張苞、張龍謀誅傕，汜將兵夜攻傕門，候開門納汜兵，苞等燒屋，火不然；汜兵弓弩並發，矢及天子樓帷簾中。」

〔一七〕沈欽韓曰：「牛骨之肩髀全者爲一具。」

〔一八〕章懷注引獻帝紀曰：「傕令門設反關，校尉守察。盛夏炎暑，不能得冷水，飢渴流離。上以前移宫人及侍臣，不得以穀米自隨，入門有禁防，不得出市，困乏；使就傕索粳米五斛，牛骨五具，欲爲食賜宫人左右。傕不與米，取久牛肉牛骨給，皆已臭蟲，不可啖食。」

〔一九〕范書卓傳：「傕尋復欲徙帝於池陽黄白城。」水經渭水注：「黄白城，本秦曲梁宫也。」惠棟曰：「樂史云：黄白城在耀州三原縣西南十五里，秦曲梁宫在城内。三原本漢池陽地。王伯厚云：李傕亂政，天子東遷，三輔飢歉，乃移保黄白城，即此。」趙一清曰：「方輿紀要卷五十三，黄白城在西安三原縣西南二十里。」潘眉曰：「黄白城在池陽，時李傕封池陽侯，故欲帝幸黄白城。」

〔二〇〕趙一清曰：「後漢書趙典傳：温字子柔。」

〔二一〕章懷注：「睚，音語解反；眥，音仕懈反。」廣雅：睚，裂也。或謂裂眥瞋目貌。史記曰：范睢睚眦之怨必報。」胡三省曰：「睚，牛懈翻；怒視也。眥，疾智翻；目際也。」毛晃曰：「厓眥，舉目相忤貌。亦作眦，士懈翻。」

〔二二〕章懷注：「三十斤爲鈞，言其重也。」

〔二三〕胡三省曰：「易大過上六曰：過涉滅頂，凶。温依此而分一再三之義。」章懷注引王弼曰：「處大過之極，過之甚者也，涉難過甚，故至于滅頂凶也。」（見范書趙典傳。）惠棟曰：「風俗通：涉始於足，足率長十寸，十寸則尺。一躍三尺，法天地人；再躍則涉，所謂一爲過，再爲涉。章懷引王注與温語無涉。」

〔二四〕趙一清曰：「趙典傳作董卓從弟應，蓋范史之疏。」

〔二五〕常洽字茂尼，江原人，爲傕所殺。趙温，蜀郡成都人。華陽國志云：「曹公入從天子都許，政出諸侯，禮待温，居公位十五年。」范書趙典傳：「建安十三年，温以辟司空曹操子丕爲掾，操怒，奏温辟忠臣子弟，選舉不實，免官。」

〔二六〕范書卓傳：「帝使楊彪與司空張喜等十餘人和傕、汜，汜不從，遂質留公卿。」惠棟曰：「袁宏紀，尚書王隆、光禄勳劉淵、衛尉士孫瑞、太僕韓融、廷尉宣璠、大鴻臚榮郃、大司農朱儁、將作大匠梁邵、屯騎校尉姜宣等。邵一作紹。」

〔二七〕范書卓傳：「汜欲手刃彪，彪曰：卿尚不奉國家，吾豈求生邪！」

〔二八〕袁宏紀：「傕信鬼神，晝夜祭祀，爲董卓設坐，三牲祠之。祠畢，過問帝起居。」

〔二九〕官本「三」作「二」。

〔三〇〕何焯校改作「刃」。

〔三一〕胡三省曰：「良，信也。」

〔三二〕「州里」解見武紀初平元年注。

〔三三〕續百官志：「謁者僕射一人，比千石。爲謁者臺率，主謁者。天子出奉引。古重習武，有主射以督録之，故曰僕射。」漢官儀曰：「秦官也。謁，請也；僕，主也。古重武事，故設主射以督課之也。」酈，嵩從子。袁宏紀「酈」作「麗」。

〔三四〕袁宏紀「呂」上有「誅」字，册府元龜「呂」上有「討」字。

〔三五〕「鯁毒」二字疑誤。袁宏紀作「内有三公以爲主，外有縱横以爲黨。」胡玉縉曰：「鯁讀爲更，毒讀爲督。言外有叟、承、璜以更相督治也。後漢書段熲傳，至今爲鯁。李賢注：鯁與梗同。周禮女祝以時招梗禬禳之事。杜子春讀梗爲更，是鯁、更同聲相通。漢書張騫傳，身毒在大夏東南。師古曰：「今之天竺。」後漢杜篤論都賦摧天督，李注即天竺國。是毒、督祇一聲之轉。」趙一清曰：「卓弟旻，兄子璜。此云旻、承、璜，豈謂董承邪？承是河間人，不與卓同郡望，蓋因與卓同姓，故遂及之。卓傳云：李傕以故牛輔部曲，董承爲安集將軍，則是時承實在行閒也。」

〔三六〕袁宏紀作「身首異處」。

〔三七〕袁紀作「抱鉞持節」。

〔三八〕胡三省曰：「天子所居曰禁中，亦曰省中。省門，即禁門也。」

〔三九〕章懷注亦引獻帝起居注，李固作李國。潘眉曰：「大司馬即太尉，既改大司馬爲太尉，又置大司馬，在太尉之上，非古制也。」

傕將楊奉與傕軍吏宋果等謀殺傕，事泄，遂將兵叛傕。傕衆叛，稍衰弱。〔一〕張濟自陝和解之，天子乃得出，至新豐、霸陵閒。〔二〕

獻帝起居注曰：初，天子出到宣平門，當度橋，〔三〕汜兵數百人，遮橋問：「是天子邪？」車不得前。傕兵數百人，皆持大戟，在乘輿車左右。侍中劉艾大呼云：「是天子也！」使侍中楊琦高舉車帷，帝言諸兵：「汝不卻，何敢迫近至尊邪！」汜等兵乃卻。既度橋，士衆咸呼萬歲。〔四〕

郭汜復欲脅天子還都郿。〔五〕天子奔奉營，奉擊汜，破之；汜走南山，〔六〕奉及將軍董承以天子還洛陽。傕、汜悔遣天子，復相與和，追及天子於弘農之曹陽。〔七〕奉急招河東故白波帥韓暹、胡才、李樂等合，與傕、汜大戰。〔八〕奉兵敗，傕等縱兵殺公卿百官，略宮人，入弘農。〔九〕

獻帝紀曰：時尚書令士孫瑞爲亂兵所害。

三輔決録注曰：瑞字君榮，〔一〇〕扶風人，世爲學門。瑞少傳家業，博達無所不通，仕歷顯位。卓既誅，遷大司農，爲國三老。〔一一〕每三公缺，瑞常在選中。〔一二〕太尉周忠、皇甫嵩，司徒淳于嘉、趙温，司空楊彪、張喜等爲公，皆辭拜讓瑞。天子都許，追論瑞功，封子萌澹津亭侯。〔一三〕萌字文始，亦有才學，與王粲善。臨當就國，粲作詩以贈萌，萌有答，在粲集中。〔一四〕

天子走陜，〔一五〕北渡河，〔一六〕失輜重，步行，唯皇后貴人從。至大陽，止人家屋中。〔一七〕

獻帝紀曰：初，議者欲令天子浮河東下，〔一八〕太尉楊彪曰：「臣弘農人，從此已東，有三十六灘，非萬乘所當從也。」〔一九〕劉艾曰：〔二〇〕「臣前爲陜令，知其危險，有師猶有傾覆；況今無師？太尉謀是也。」〔二一〕乃止。及當北渡，使李樂具船，天子步行趨河岸，岸高不得下。董承等謀欲以馬羈相續，以繫帝腰。時中宮僕伏德扶中宮，一手持十匹絹，乃取德絹連續爲輦。〔二二〕行軍校尉尚弘多力，〔二三〕令弘居前負帝，乃得下登船。其餘不得渡者甚衆，復遣船收諸不得渡者，皆爭攀船。船上人以刃櫟斷其指，舟中之指可掬。〔二四〕

奉、暹等遂以天子都安邑，〔二五〕御乘牛車，太尉楊彪、太僕韓融近臣從者十餘人。〔二六〕以暹爲征東、才爲征西、樂征北將軍，並與奉、承持政。〔二七〕遣融至弘農與傕、汜等連和，還所略宮人公卿百官，及乘輿車馬數乘。是時蝗蟲起，歲旱無穀，從官食棗菜。〔二八〕

魏書曰：乘輿時居棘籬中，門戶無關閉。天子與羣臣會，兵士伏籬上觀，互相鎮壓以爲笑。諸將專權，或擅笞殺。尚書、司隸校尉出入，民兵抵擲之。諸將或遣婢詣省閤，或自齎酒啖，過天子飲。侍中不通，喧呼罵詈，遂不能止。又競表拜諸營壁民爲部曲，求其禮遺。醫師、走卒，皆爲校尉、御史，刻印

不供，乃以錐畫，示有文字，或不時得也。〔二九〕

諸將不能相率，上下亂，糧食盡。奉、暹、承乃以天子還洛陽。出箕關，下軹道，〔三〇〕張楊以食迎道路，拜大司馬。語在楊傳。〔三一〕天子入洛陽，宮室燒盡，街陌荒蕪，百官披荊棘，依丘牆閒。州郡各擁兵自衛，莫有至者。饑窮稍甚，尚書郎以下自出樵采，〔三二〕或饑死牆壁閒。

〔一〕胡三省曰：「果如皇甫酈之言。」袁宏紀云：「侍中楊琦、黃門侍郎丁沖、鍾繇、尚書左丞魯充、尚書郎韓斌，與傕將楊奉、軍吏楊帛，謀共殺傕。會傕以他事誅帛，奉將所領歸汜。」

〔二〕范書楊震傳：「長子牧，牧孫奇，爲侍中、衛尉，從獻帝西遷。李傕脅帝歸其營，奇與黃門侍郎鍾繇誘傕部曲將宋曄、楊昂，令反傕。傕由此孤弱，帝乃得東。」卓傳：「張濟欲還帝權幸宏農，帝亦思舊京，因遣使敦請傕求東歸，十反乃許。」章懷注引袁宏紀曰：「濟使天官令孫篤、校尉張式宣諭十反。」弼按：袁紀作「使太官令狐篤、綏民校尉張裁，宣喻十反」。與章懷注所引多異。又按袁紀云：「羌胡數來闚省，問曰：天子在此中邪？李將軍許我宮人美女，今皆何所在？帝患之，使侍中劉艾謂宣義將軍賈詡曰：卿前奉職公忠，故仍升榮寵，今羌、胡滿路，宜思方略。詡乃召大帥飲食之，許以封賞，羌胡乃引去。傕由此單弱。」郡國志：「司隸京兆尹新豐。」一統志：「新豐故城，今陝西西安府臨潼縣東北。」霸陵見明紀景初元年霸城注。

〔三〕胡三省曰：「宣平門，長安城東出北門第一門。」趙一清曰：「水經渭水注，霸水又北逕枳道，在長安縣東十三里，水上有橋，謂之霸橋。」潘眉曰：「三輔黃圖，宣平門外有飲馬橋。」

〔四〕袁宏紀云：「七月甲子，車駕出宣平門，汜兵數百人前曰：此天子非也？左右皆將戟欲交，侍中劉艾前曰：是天子也。使參乘高舉帷，〔帝曰〕：諸兵何敢逼至尊邪？汜兵乃卻，士衆皆稱萬歲。夜到霸陵，從者皆飢，張濟賦給各有差。傕出屯河陽。」弼按：范書卓傳作「李傕出屯曹陽」，通鑑作「屯池陽」。

〔五〕鄗縣見前。

〔六〕胡三省曰：「自新豐驪山西接終南，謂之南山。」袁宏紀云：「郭汜欲令車駕幸高陵，公卿及濟以爲宜幸弘農，大會議之，不決。詔尚書郭浦喻汜曰：朕遭艱難，越在西都，感惟宗廟靈爽，何日不歎。天下未定，厥心不革。武夫宣威，儒德合謀，今得東移，望遠若近，視險如夷。弘農近郊廟，勿有疑也。汜不從。」章懷注引帝王紀曰：「帝以尚書郎郭溥喻汜，汜以屯部未定，乞須留之。溥因罵汜曰：卿真庸人賤夫，爲國上將，今天子有命，何須留之，吾不忍見卿所行，請先殺我，以章卿惡。汜得溥言切，意乃少喻。」

〔七〕曹陽見武紀興平二年。惠棟曰：「晉灼漢書注，曹陽亭也，在弘農東十三里。杜佑云：陝郡西四十五里，有曹陽澗。」杭世駿曰：「太平寰宇記云，李傕、郭汜等追乘輿，戰於東澗，天子幸曹陽墟，次田中，今謂之曹陽澗，武帝改爲好陽澗。」王補曰：「是時沮授勸袁紹西迎大駕，即宮鄴都，見紹傳。補按，紹傳，車駕爲李傕所追於曹陽，授進是謀。考之袁紀、通鑑，實爲興平二年之冬十二月。及曹操奉迎車駕，則帝已還洛陽，時爲建安元年八月。帝以庚申出轘轅而東，己巳幸曹操營，遂遷都許。是授謀發於操未奉迎之前者且數月矣。格於郭圖、淳于瓊之梗議，紹不果從，而遂爲操所先，卒如授料。」

〔八〕薛瑩書曰：「黄巾郭泰等起於西河白波谷，時謂之白波賊。」

〔九〕趙一清曰：「後漢書獻帝紀：傕、汜等追乘輿，戰於東澗，王師敗績。殺光禄勳鄧泉、衛尉士孫瑞、廷尉宣播、大長秋苗祀、步兵校尉魏桀、侍中朱展、射聲校尉沮儁。楊奉、董承引白波帥胡才、李樂、韓暹及匈奴右賢王去卑，率師奉迎，與李傕等戰，破之，車駕乃進。傕等復來追戰，王師大敗，殺略宫人。少府田芬、大司農張義等皆戰歿。又卓傳：張濟合傕、汜共追乘輿，大戰於弘農東澗。承、奉軍敗，百官士卒，死者不可勝數。皆棄其婦女、輜重，御物、符策、典籍，略無所遺。射聲校尉沮儁被創墜馬，李傕謂左右曰：尚可活不？儁罵之曰：汝等凶逆，逼迫天子，亂臣賊子，未有如汝者！傕使殺之。承、奉密遣使招故白波帥李樂、韓暹、胡才及南匈奴右賢王去卑，並率衆來，與承、奉擊傕等，大破之，乘輿乃得進。傕等復來戰，奉等大敗，死者甚於東澗。」一清案：此所敘似誤合兩戰爲一事。

〔一〇〕「榮」一作「策」，見范書王允傳。惟本傳前云「尚書僕射」，此云「尚書令」，范書獻帝紀又作「衛尉」。

〔一一〕「三老」見高貴鄉公紀甘露三年。

〔一二〕范書王允傳：「瑞以允自專討董卓之勞，故歸功不侯，所以獲免於難。」司馬光曰：「士孫瑞有功不伐，以保其身，可不謂之智乎！」

〔一三〕趙一清曰：「范書卓傳注引三輔決録云：萌封津亭侯。」弼按：王粲詩有「悠悠澮澧」之語。文選吕向注：「澮澧，水名，在文始封國。」應作澮津亭侯。

〔一四〕三輔決録趙岐注云：「萌年十五，能屬文。父瑞知王允必敗，京師不可居，乃命萌將家屬至荆州依劉表。去無幾，果爲李傕等所殺。及天子都許昌，追論誅董卓之功，封萌爲澮津亭侯。」

〔一五〕陝見前。杜佑曰：「陝，春秋虢國之地，所謂北虢也。」水經河水注：「李傕、郭汜追戰于弘農澗，天子露次曹陽，楊奉、董承外與傕和，内引白波李樂等破傕，乘輿得進。復來戰，奉等大敗，兵相連綴四十餘里，方得達陝。」

〔一六〕范書獻帝紀作「夜度河」。伏后紀：「帝乃潛夜度河走。」章懷注：「度所在今陝州陝縣北。水經曰：銅翁仲所没處，是獻帝東遷潛度所。」汪文臺曰：「御覽八百十七引華嶠書云：董承夜潛過白，先具舟船爲應。帝步出營，臨河岸，高不得下。時伏德扶中宫，一手持十匹絹，乃取德絹連續挽而下。餘人匍匐岸側，或自投死亡。」

〔一七〕范書卓傳：「同濟唯皇后、宋貴人、楊彪、董承及后父執金吾伏完等數十人。其宫女皆爲傕兵所掠奪，凍、溺死者甚衆。既到太陽，止於人家。」郡國志：「司隸河東郡大陽。」一統志：「大陽故城，今山西解州平陸縣東北十五里。」

〔一八〕袁宏紀曰：「是時虎賁、羽林行者不滿百人，傕、汜繞營叫呼，吏士失色，各有分散之意。李樂懼，欲令車駕御船過砥柱出孟津。」

〔一九〕水經注：「河水逕大陽縣南，又東過底柱閒。底柱，山名也。昔禹治洪水，山陵當水者鑿之，故破山以通河。河水分流包山而過山，見水中若柱然，故曰底柱。三穿既決，水勢疎分，指狀表目，亦曰三門山，在虢城東北大陽城東。自底柱而下，至五户攤，其閒一百二十里，有一十九攤，水流濬急，破舟船，自古所患。河水又東過平陰縣北，又東過河陽縣南，則孟津也。」

〔二〇〕袁紀作「宗正劉艾」，范書作「侍中劉艾」。

〔二一〕袁紀云：「舊故有河師，猶時有傾危。」

〔二二〕范書伏后紀：「后手持縑數匹，董承使符節令孫徽以刃脅奪之。殺旁侍者，血濺后衣。」

〔二三〕袁宏紀作「向弘」。

〔二四〕袁宏紀：「既至河邊，士卒爭赴舟。董承、李樂以戈擊破之。傕見河北有火，遣騎候之，適見上渡河，呼曰：汝等將天子去邪？董承懼，射之，以被爲幔。既渡，幸李樂營。」

〔二五〕安邑見武紀興平二年注。惠棟曰：「獻帝春秋：乘輿到安邑，使侍中史跱、太僕韓融奉詔，詔張濟悉遣宮人、公卿以下、婦女及乘輿、服物、車馬諸見略者，皆詣安邑。」

〔二六〕范書卓傳：「河内太守張楊使數千人負米貢餉，帝乃御牛車，因都安邑。河東太守王邑奉獻綿帛，悉賦公卿以下，封邑爲列侯。」范書韓韶傳：「子融，字元長，獻帝初至太僕。」互見管寧傳注引先賢行狀。

〔二七〕袁宏紀：「拜胡才爲征北將軍，領并州牧；李樂爲征西將軍，領涼州牧；韓暹爲征東將軍，領幽州牧。皆假節開府如三公。」范書卓傳：「拜胡才征東將軍，張楊爲安國將軍，皆假節開府。其壘壁羣豎，競求拜職，刻印不給，至乃以錐畫之。或齎酒肉，就天子燕飲。」

〔二八〕袁宏紀作「後宮食棗菜」。范書伏后紀：「既至安邑，御服穿敝，唯棗栗爲糧。」范書卓傳：「初，帝入關，三輔户口尚數十萬。自傕、汜相攻，天子東歸後，長安城空四十餘日。强者四散，羸者相食，二三年閒，關中無復人跡。」

〔二九〕范書卓傳章懷注引此作「諸將或遣婢詣省問」。劉攽曰：「問當作閤。」周壽昌曰：「此時天子居棘籬中，尚有何省閤可詣乎！省問即存問，恐魏書本如是，不必作閤字也。」

〔三〇〕趙一清曰：「水經河水注：濝水出垣縣王屋西山濝溪，夾山東南流，逕故城東，即濝關也。獻帝自陜北渡安邑，東出濝關，即是關也。方輿紀要卷四十一：箕關在山西絳州垣曲縣東北七十里。又卷四十九：河南懷慶府濟源縣南十三里有軹城，即軹道也。」

〔三一〕范書卓傳：「建安元年春，諸將爭權，韓暹遂攻董承，承奔張楊，楊乃使承先繕修洛宮。七月，帝還至洛陽，幸楊安殿。張楊以爲己功，故因以楊名殿。乃謂諸將曰：天子當與天下共之，朝廷自有公卿大臣，楊當出扞外難，何事京師？遂還野王，楊奉亦出屯梁。乃以張楊爲大司馬，楊奉爲車騎將軍，韓暹爲大將軍，領司隸校尉，皆假節鉞。暹與董承並留宿衛。」

〔三二〕續百官志：「尚書侍郎三十六人，四百石。一曹有六人，主作文書起草。」蔡質漢儀曰：「尚書郎初從三署詣臺試，初上臺稱守尚書郎，中歲滿稱尚書郎，三年稱侍郎。」

太祖乃迎天子都許。〔一〕暹、奉不能奉王法，各出奔，寇徐、揚閒，爲劉備所殺。〔二〕

英雄記曰：備誘奉與相見，因於坐上執之。暹失奉，勢孤；時欲走還并州，爲杼秋屯帥張宣所邀殺。〔三〕

董承從太祖歲餘，誅。〔四〕建安二年，遣謁者僕射裴茂率關西諸將誅傕，夷三族。〔五〕

典略曰：傕頭至，有詔高縣。

汜爲其將五習所襲，死於郿。〔六〕濟饑餓，至南陽寇略，爲穰人所殺。〔七〕從子繡攝其衆。〔八〕才、樂留河東，才爲怨家所殺，樂病死。遂、騰自還涼州，更相寇。後騰入爲衛尉，子超領其部曲。十六年，超與關中諸將及遂等反，太祖征破之。語在武紀。遂奔金城，爲其將所殺。〔九〕超據漢陽，騰坐夷三族。趙衢等舉義兵討超，超走漢中從張魯，後奔劉備，死於蜀。

〔一〕范書卓傳：「暹矜功恣睢，干亂政事，董承患之，潛召兗州牧曹操。操乃詣闕貢獻，稟公卿以下，因奏韓暹、張楊之罪。暹懼誅，單騎奔楊奉。帝以暹、楊有翼車駕之功，詔一切無問。於是封衞將軍董承、輔國將軍伏完等十餘人爲列侯，贈沮儁爲弘農太守。曹操以洛陽殘荒，遂移帝幸許。」惠棟曰：「王應麟云：漢潁川許縣本許國，魏文帝改曰許昌。春秋佐助期曰：漢以許昌失天下。酈元曰：魏承漢歷，改名許昌。」王補曰：「備敍羣凶劫持車駕，流離顛沛之狀，及曹氏挾帝之由，以明卓雖伏誅，其禍實卓致之也。」

〔二〕范書卓傳：「楊奉、韓暹欲要遮車駕，不及；曹操擊之，奉、暹奔袁術，遂縱暴揚、徐閒。明年，左將軍劉備誘奉斬之。暹懼走，還并州，道爲人所殺。」

〔三〕杼秋見明紀景初二年。章懷注引九州春秋曰：「暹失奉，孤特，與千餘騎欲歸并州，爲張宣所殺。」弼按：通鑑作「特與十餘騎歸并州，爲杼秋令張宣所殺。」胡注：「杼秋縣，前漢屬梁國，後漢屬沛國。」

〔四〕范書卓傳：「帝忌操專逼，乃密詔董承，使結天下義士，共誅之。承遂與劉備同謀，未發；會備出征，承更與偏將軍王服、長水校尉种輯、議郎吳碩結謀，事泄；承、服、輯、碩皆爲操所誅。」弼按：承召操在建安元年，承死在建安五年，不止歲餘也。

〔五〕裴茂事見武紀建安十九年注，又見裴潛傳注引魏略。范書獻帝紀：「建安三年，遣謁者裴茂率中郎將段煨討李傕，夷三族。」惠棟曰：「茂字巨光，河東聞喜人。裴潛之父也。世系云：燉煌太守裴遵，自雲中從光武平隴、蜀，徙居河東安邑。安、順之際徙聞喜。曾孫曄，并州刺史、度遼將軍，生子茂也。孫愐曰：裴，伯益之後，封䢋鄉，因以爲氏。後徙封解邑，乃去邑從衣。至燉煌太守裴遵，始自雲中徙居河東。」胡三省曰：「董卓之黨，於是盡矣。」范書卓傳：「以段煨爲安南將軍，封闅鄉侯。」章懷注：「闅鄉，今虢州縣也。說文：闅，今作閿。流俗誤也。」趙一清曰：「安南當作安西。」

〔六〕范書卓傳：「爲其將伍習所殺。」錢大昭曰：「五、伍古字通。左氏傳伍參，漢書人表作五參。」

〔七〕穰見武紀建安二年。

〔八〕通鑑：「張濟自關中引兵入荆州界，攻穰城，（穰縣屬南陽郡。）爲流矢所中，死。濟族子建忠將軍繡，代領其衆。」

〔九〕遂爲麴演、蔣石等所殺，見武紀建安二十年。

袁紹字本初，汝南汝陽人也。〔一〕高祖父安，爲漢司徒。自安以下，四世居三公位，由是勢傾天下。〔二〕

華嶠漢書曰：安字邵公，好學有威重。明帝時，爲楚郡太守，〔三〕治楚王獄，所申理者四百餘家，皆蒙全濟。〔四〕安遂爲名臣。章帝時，至司徒，生蜀郡太守〔五〕京。京弟敞，爲司空；〔六〕京子陽，太尉。〔七〕陽四子：長子平，〔八〕平弟成，左中郎將；〔九〕並早卒。成弟逢，逢弟隗，皆爲公。〔一〇〕

魏書曰：自安以下，皆博愛容衆，無所揀擇。賓客入其門，無賢愚皆得所欲，爲天下所歸。紹即逢之庶子，術異母弟也，〔一一〕出後成爲子。〔一二〕

英雄記曰：成字文開，壯健有部分，貴戚權豪自大將軍梁冀以下，皆與結好，言無不從。〔一三〕故京師爲作諺曰：「事不諧，問文開。」

紹有姿貌威容，〔一四〕能折節下士，士多附之，太祖少與交焉。以大將軍掾爲侍御史，〔一五〕

英雄記曰：紹生而父死，二公愛之，幼使爲郎。〔一六〕弱冠，除濮陽長，〔一七〕有清名。遭母喪，服竟，又追行父服，凡在冢廬六年。〔一八〕禮畢，隱居洛陽，不妄通賓客；非海内知名，不得相見。又好游俠，〔一九〕與張孟卓、何伯求、吴子卿、許子遠、伍德瑜等，皆爲奔走之友，不應辟命。〔二〇〕中常侍趙忠謂諸黄門曰：「袁本初坐作聲價，不應呼召，而養死士，不知此兒欲何所爲乎！」紹叔父隗聞之，責數紹曰：「汝且破我家！」紹於是乃起應大將軍之命。〔二一〕

臣松之案：魏書云：「紹，逢之庶子，出後伯父成。」如此記所言，則似實成所生。夫人追服所生，禮無其文，況於所後而可以行之？二書未詳孰是。

稍遷中軍校尉，〔二二〕至司隸。〔二三〕

〔一〕郡國志：「豫州汝南郡汝陽。」前書作女陽。師古曰：「女讀曰汝。」水經：「潁水東過西華縣北，又南過女陽縣北。」酈注云：「縣故城南有汝水支流，故縣得厥稱。闞駰曰：本汝水別流，其後枯竭，號曰死汝水，故其字無水。余按汝、女乃方俗之音，故字隨讀改，未必一如闞氏之説，以窮通損字也。」一統志：「汝陽故城，今河南陳州府商水縣西北。」

〔二〕胡三省曰：「袁安爲司空、司徒，子敞爲司空，孫湯爲司空、司徒、太尉，湯子逢爲司空，少子隗亦爲三公，是累世貴寵也。」朱邦衡曰：「紹雖與卓、術有閒，然無匡輔漢室之志，而又剛愎無謀，以喪厥身，皆亂賊之無成者耳。陳氏列爲一傳，可爲特識。」弼按：紹之誤國，在召卓兵；合傳之意，或在於此。

〔三〕郡國志：「徐州彭城國。」劉昭注：「高帝置。爲楚，章帝改。」錢大昕曰：「袁安爲楚郡太守，然則國除之後，本爲楚郡；至肅宗遺詔徙封六安王恭爲彭城王，乃更爲彭城國也。」彭城見武紀建安三年。

〔四〕范書袁安傳：「永平十三年，楚王英謀爲逆，事下郡覆考。明年，三府舉安能理劇，拜楚郡太守。是時，英辭所連及，繫者數千家。顯宗怒甚，吏案之急，迫痛自誣，死者甚衆。安到郡，不入府，先往案獄。理其無明驗者，條上出之。府丞、掾史皆叩頭爭，以爲阿附反虜，法與同罪，不可。安曰：如有不合，太守自當坐之，不以相及也。遂分別具奏。帝感悟，即報許。得出者四百餘家。」

〔五〕蜀郡見武紀卷首。

〔六〕京字仲譽，敞字叔平。

〔七〕「陽」，范書袁紹傳作「湯」，各本皆作「陽」，官本改作「湯」。潘眉曰：「桓帝紀，司空袁湯爲司徒，又司徒袁湯爲太尉，又太尉袁湯免。字竝作湯。」周壽昌曰：「作陽者，因湯字近而誤。」弼按：湯字仲河，子逢字周陽，隗字次陽，似無父名陽，而子以陽爲字者。以作湯爲是。又按湯初爲陳留太守，有陳留耆舊傳，見袁宏紀。

〔八〕范書袁安傳：「湯長子成，早卒；次子逢，逢弟隗。」不言有長子平。然章懷注引風俗通云：「湯有子十二人。」則當有長子平也。

〔九〕范書袁安傳作「左中郎」。錢大昕曰：「左中郎似失之。」何焯云：「左中郎當有將字。范書袁紹傳作五官中郎將。」

〔一〇〕惠棟曰：「案西嶽華山碑，逢嘗歷弘農、京兆二郡太守，在桓帝延熹中。」

〔一一〕宋本、元本、馮本「弟」作「兄」。

〔一二〕章懷注引袁山松書曰：「紹，司空逢之孽子，出後伯父成。」魏書亦同。洪亮吉曰：「案魏書並云術異母弟。觀術與公孫瓚書，言紹非袁氏子，則孽子之言或信。（弼按：公孫瓚上疏數紹罪云：「紹母親爲傅婢，地實微賤。」）然案英雄記，紹生而父死，後追行父服。范史亦載幼孤追服之事。今考逢以靈帝光和二年罷司空，復爲執金吾而卒。紹中平三年（弼按：「三」字當係「五」字之誤。）已爲佐軍校尉，相距不過九年，且前又歷官郎令，復遭母憂，與追服父服。六年後，更歷侍御史、虎賁中郎將，而爲校尉，則逢卒時紹久已逾成人，安得云幼孤與生而父死之説乎？紹斷非逢子可知。魏書爲術異母兄弟，亦無所徵，當以陳、范兩書爲是。裴松之注陳志，於紹爲逢子，猶置疑詞，蓋亦不深考也。」弼按：范書袁安傳云：成子紹，逢子術。又云：逢卒，子基嗣。又云：卓忿紹、術背己，遂誅隗及術兄基等。獻帝紀章懷注云：基，袁術之母兄。陳志術傳云：術爲紹之從弟。皇甫謐逸士傳云：袁紹與弟術喪母，歸葬汝南，會者三萬人。當時各家紀載，傳聞異辭，裴注存疑，蓋有故矣。

〔一三〕范書紹傳：「紹壯健好交結，大將軍梁冀以下，莫不善之。」何焯曰：「此指其父成，衍紹字。」洪亮吉曰：「案英雄記所云，則范書紹傳壯健好交結二語，當屬紹父成。下云紹少爲郎，始敘明紹。」

〔一四〕宋本、元本、馮本「貌」作「皃」。

〔一五〕大將軍掾，見甄后傳；侍御史，見文紀延康元年。

〔一六〕郎見武紀卷首。

〔一七〕濮陽見武紀初平二年。范書許劭傳：「同郡袁紹，公族豪俠，去濮陽令歸，車徒甚盛。將入郡界，乃謝遣賓客曰：吾輿服豈可使許子將見？遂以單車歸家。」

〔一八〕周壽昌曰：「紹爲庶出，此必其嫡母也。然漢臣久不服親喪，紹爲母服三年喪，又能追行父服，此正紹少年養名之時也。觀獻帝春秋云，董卓收紹母及姊妹、嬰孩以上五十餘人，下獄死。足徵紹之生母慘死在後，而紹蕩然忘哀，視行嫡母服時，又一人矣。」

〔一九〕何焯云：「游俠之歸，必爲亂首，諸袁是已。曹操所語王儁者，上之人當圖之於未形也。」儁事見武紀建安十三年注。

〔二〇〕惠棟曰：「孟卓名邈，伯求名顒，子遠名攸，子卿未詳其名。」弼按：何顒事見本志武紀卷首，又見荀彧、荀攸傳及注。隋志有何顒使君家傳一卷。英雄記，德瑜名瓊，謝承後漢書，德瑜名孚，見前董卓傳注。

〔二一〕范書紹傳：「紹有姿貌威容，愛士養名。既累世臺司，賓客所歸，加傾心折節，莫不爭赴其庭。士無貴賤，與之抗禮；輜軿柴轂，填接街陌，內官皆惡之。後辟大將軍何進掾，爲侍御史、虎賁中郎將。」惠棟曰：「英雄記，紹舉高第，遷侍御史，弟術爲尚書，紹不欲爲臺下，告病求退。」沈家本曰：「范書紹傳云，叔父太傅隗聞而呼紹，以忠言責之，紹終不改。與此注不同。」

〔二〕范書紹傳：「中平五年，初置西園八校尉，以紹爲佐軍校尉。」樂資山陽公載記曰：「虎賁中郎將袁紹爲中軍校尉。」洪頤煊曰：「何進傳作中軍校尉，袁紹、蓋勳傳、五行志俱作佐軍校尉袁紹。」

〔三〕范書何進傳及通鑑皆言「進於是以紹爲司隸校尉，假節，專命擊斷。」在召董卓之後。

靈帝崩，太后兄大將軍何進與紹謀誅諸閹官，

續漢書曰：紹使客張津說進曰：〔一〕「黄門常侍秉權日久，又永樂太后與諸常侍專通財利，〔二〕將軍宜整頓天下，爲海内除患。」進以爲然，遂與紹結謀。

太后不從。乃召董卓，欲以脅太后。〔三〕常侍、黄門聞之，〔四〕皆詣進謝，唯所錯置。時紹勸進，便可於此決之，〔五〕至於再三，而進不許。〔六〕令紹使洛陽方略武吏檢司諸宦者。又令紹弟虎賁中郎將術，選温厚虎賁二百人，〔七〕當入禁中，代持兵黄門，陛守門户。中常侍段珪等矯太后命，召進入議，遂殺之，宮中亂。〔八〕

九州春秋曰：初，紹説進曰：「黄門、常侍累世太盛，威服海内，前竇武欲誅之，而反爲所害，但坐言語漏泄，以五營士爲兵故耳。〔九〕五營士生長京師，服畏中人，而竇氏反用其鋒，遂果叛走歸黄門，是以自取破滅。〔一〇〕今將軍以元舅之尊，二府並領勁兵，〔一一〕其部曲將吏，皆英雄名士，樂盡死力；事在掌握，天贊其時也。今爲天下誅除貪穢，功勳顯著，垂名後世，雖周之申伯，何足道哉！〔一二〕今大行在前殿，〔一三〕將軍以詔書領兵衛守，可勿入宫。」〔一四〕進納其言，後更狐疑。紹懼進之改變，脅進曰：「今交搆

已成，形勢已露，將軍何爲不早決之？事留變生，後機禍至。」進不從，遂敗。

術將虎賁燒南宮嘉德殿青瑣門，欲以迫出珪等。〔一五〕珪等不出，劫帝及帝弟陳留王走小平津，〔一六〕紹既斬宦者所署司隸校尉許相，〔一七〕遂勒兵捕諸閹人，無少長皆殺之。或有無鬚而誤死者，至自發露形體，而後得免。〔一八〕宦者或有行善自守，而猶見及，其濫如此。死者二千餘人。〔一九〕急追珪等，珪等悉赴河死。〔二〇〕帝得還宮。

〔一〕惠棟曰：「津字子雲，南陽人。後爲交州刺史，見吳志。」

〔二〕范書何進傳：「黄門常侍又與長樂太后專通姦利。」章懷注：「靈帝母董太后居長樂宮。」弼按：范書董后紀，后居南宮嘉德殿，宮稱永樂。又云，請永樂宮遷宮本國。以作永樂爲是。

〔三〕范書公孫瓚傳：「瓚上疏曰：袁紹昔爲司隸，招來不軌，疑誤社稷，至令丁原焚燒孟津，董卓造爲亂始，紹罪一也。」續漢書曰：「紹詐令武猛都尉丁原，放兵數千人，爲賊於河內，稱黑山伯。上事以誅趙忠等爲辭，燒平陰、河津莫府人舍，以怖動太后。」何焯曰：「紹勸進召董卓，爲謀不臧，漢室破壞，而袁宗先受其殃，天下之罪魁也。」

〔四〕「常侍、黄門」見武紀卷首。

〔五〕胡三省曰：「勸進於此時悉誅之也。」

〔六〕何焯曰：「進意既同，紹爲司隸，乘讓、忠之出，選爪牙武吏，執取渠魁，盡之于獄，反掌可以集事。徒見王甫既誅，陽球旋亦受禍，欲措其身于萬全之地，惟望進之早斷，不敢自決耳。」弼按：紹時爲司隸校尉，假節專命擊斷，可行其職權，不必謀進，何說是也。又按：何進之謀誅閹官，乃與黄門蹇碩爭權，欲藉以除之耳，非真有埽清奸穢之志，爲國家去毒賊也。蹇碩既誅，中常侍郭勝等又親信何氏，故其計久不決，紹謀亦不用也。

〔七〕趙一清曰：「楊子方言，燕、齊之閒，養馬者謂之娠。郭注：今之溫厚也。」

〔八〕范書何進傳：「進與紹定籌策而以其計白太后，太后不聽。進難違太后意，紹又爲畫策，多召四方猛將，及諸豪傑，使並引兵向京城，以脅太后。進然之，遂召董卓屯上林苑，橋瑁屯成皋。使丁原燒孟津，火照城中，皆以誅宦官爲言。太后猶不從，進於是以紹爲司隸校尉，假節專命擊斷。從事中郎王允爲河南尹，紹使洛陽方略武吏司察宦者，而促董卓等使馳驛上，欲進兵平樂觀。太后乃恐，悉罷中常侍、小黄門，使還里舍。惟留進素所私人，以守省中。諸常侍、小黄門皆詣進謝罪，惟所措置。進謂曰：天下匈匈，正患諸君耳。今董卓垂至，諸君何不早各就國？袁紹勸進便於此決之。至於再三，進不許。紹又爲書告州郡，詐宣進意，使捕案中官親屬。進謀積日頗泄，中官懼而思變。張讓子婦，太后之甥也。子婦言於舞陽君，入白太后，乃詔諸常侍皆復入直。八月，進入長樂白太后，請盡誅諸常侍以下，選三署郎入守宦官廬。張讓等使人潛聽，具聞其語，乃率常侍段珪、畢嵐等數十人，持兵竊自側闥入伏省中。及進出，因詐以太后詔召進入，坐省閤。讓等詰進曰：天下憒憒，亦非獨我曹罪也，今乃欲滅我曹種族，不亦太甚乎！於是尚方監渠穆拔劍斬進於嘉德殿前。讓、珪等爲詔，以故太尉樊陵爲司隸校尉，少府許相爲河南尹。尚書得詔板，疑之曰：請大將軍出共議。中黄門以進頭擲與尚書曰：何進謀反，已伏誅矣。」

〔九〕續百官志：「北軍中候一人，掌監五營。」謂屯騎、越騎、步兵、長水、射聲五校尉也。

〔一〇〕范書竇武傳：「營府兵素畏服中官。」胡三省曰：「營府，謂五營校尉府也。」

〔一一〕范書何進傳作「兄弟並領勁兵」。時進爲大將軍，弟苗爲車騎將軍。

〔一二〕章懷注：「申伯，周申后父也。詩大雅曰：唯申及甫，唯周之翰。」

〔一三〕章懷注：「人主崩，未有謚，故稱大行也。前書音義曰：大行者，不反之辭也。」

〔一四〕范書何進傳作「將軍宜受詔領禁兵，不宜輕出入宮省」。

〔一五〕章懷注：「嘉德殿在南宮九龍門内。」范書紹傳：「術燒南宮九龍門。」袁宏紀作「青瑣門」。青瑣門解見董卓傳注引張璠漢紀「吕布駐馬青瑣門外」。

〔一六〕小平津見董卓傳。

〔一七〕侯康曰：「後漢書靈帝紀云：中平六年，司隸校尉袁紹勒兵收僞司隸校尉樊陵、河南尹許相及諸閹人，無少長皆斬之。此云司隸校尉許相，誤也。許相以諂事宦官，致位台司，封侯，見范書許劭傳。」沈家本曰：「疑此傳司隸校尉下奪樊陵河南尹五字。」

〔一八〕嚴衍曰：「自發露者，自解下衣，舉其陰以示人，明非宦官也。」

〔一九〕范書何進傳：「或有無須而誤死者。至自發露、然後得免者，二千餘人。」劉攽曰：「案文少一死字，是時宦官死者二千餘人耳。若無須發露得免者二千人，則死者何可勝計矣！」惠棟曰：「依魏志免下脱一死字。」

〔二〇〕范書靈帝紀：「尚書盧植追讓等，斬數人，其餘投河而死。」章懷注引獻帝春秋云：「河南中部掾閔貢見天子出，率騎追之，北到河上，（御覽作「比曉，到河上」。）天子飢渴，貢宰羊進之。厲聲責讓等曰：君以閹宦之隸，刀鋸之賤，越從汙泥，扶侍日月，賣弄國恩，階賤爲貴，劫迫帝王，蕩覆王室，假息漏刻，游魂河津，自亡新以來，姦臣賊子，未有如君者。今不速死，吾射殺汝！讓等惶怖，叉手再拜叩頭，向天子辭曰：臣等死，陛下自愛。遂投河而死。」

董卓呼紹議，欲廢帝，立陳留王。是時紹叔父隗爲太傅，紹僞許之，曰：「此大事，出當與太傅議。」卓曰：「劉氏種不足復遺。」紹不應，橫刀長揖而去。〔一〕

獻帝春秋曰：卓欲廢帝，謂紹曰：「皇帝沖闇，非萬乘之主。〔二〕陳留王猶勝，今欲立之。人有少智，〔三〕大或癡，亦知復何如，爲當且爾；〔四〕卿不見靈帝乎？念此令人憤毒！」〔五〕紹曰：「漢家君天下四百許年，恩澤深渥，兆民戴之來久。〔六〕今帝雖幼沖，未有不善宣聞天下，公欲廢嫡立庶，〔七〕恐衆不從公議也。」卓謂紹曰：「豎子！天下事豈不決我？〔八〕我今爲之，誰敢不從？爾謂董卓刀爲不利乎！」紹曰：

「天下健者，豈唯董公！」引佩刀横揖而出。〔九〕

臣松之以爲：紹于時與卓未搆嫌隙，故卓與之諮謀。若但以言議不同，便駡爲豎子，而有推刃之心，及紹復答，屈彊爲甚，卓又安能容忍而不加害乎！且如紹此言，進非亮正，退違詭遜，而顯其競爽之旨，以觸哮闞之鋒，有志功業者，理豈然哉！此語妄之甚矣。〔一〇〕

紹既出，遂亡奔冀州。〔一一〕侍中周毖、城門校尉伍瓊、〔一二〕議郎何顒等，皆名士也，卓信之，〔一三〕而陰爲紹，乃說卓曰：「夫廢立大事，非常人所及。紹不達大體，恐懼，故出奔，非有他志也。今購之急，勢必爲變。袁氏樹恩四世，門生故吏，徧於天下，若收豪傑以聚徒衆，英雄因之而起，則山東非公之有也。不如赦之，拜一郡守，則紹喜於免罪，必無患矣。」卓以爲然，乃拜紹勃海太守，封邟鄉侯。〔一四〕

〔一〕趙一清曰：「范書紹傳注引英雄記曰：紹揖卓去，坐中驚愕。卓新至，見紹大家，故不敢害。一清案，續百官志注引蔡質漢儀曰：司隸校尉，每會後到先去。紹時爲司隸，故用此儀徑去。」

〔二〕馮本「乘」作「機」。官本考證曰：「監本訛作萬機，今改正。」

〔三〕宋本、元本「少」作「小」，通鑑同。

〔四〕胡三省曰：「且爾，猶言且如此也。卓意欲廢漢自立。」

〔五〕范書紹傳：「卓議欲廢立，謂紹曰：天下之主，宜得賢明，每念靈帝，令人憤毒；董侯似可，今當立之。」章懷云：「毒，恨也。」惠棟曰：「獻帝爲董太后所養，故云董侯。」

〔六〕通鑑無「來久」二字，何校改作「永久」。

〔七〕宋本、元本、馮本「嫡」作「適」。

〔八〕范書作「卓按劍叱紹曰：豎子敢然！天下之事豈不在我？」

〔九〕范書作「横刀長揖徑出」。通鑑作「引佩刀横揖徑出」。

〔一〇〕郝經曰：「時卓暴戾，氣淩一時，決計廢立，而紹忤之，故致忿罵。紹亦一時之傑，揖之而去，亦其宜也。是不爲安。」弼按：豎子之語，正類獷悍武夫所言。英雄記言，卓新至，見紹大家，故不敢害。可釋松之之疑。

〔一一〕范書紹傳：「紹懸節於上東門，而奔冀州。」胡三省曰：「懸所假司隸節也。」

〔一二〕通鑑作「尚書武威周毖、城門校尉汝南伍瓊」。考異曰：「范書云，吏部尚書漢陽周毖、侍中汝南伍瓊。袁紀作侍中周珌，今從魏志及英雄記。」弼按：范書紹傳作「侍中周珌、城門校尉伍瓊」，獻帝紀作「城門校尉伍瓊、督軍校尉周珌」。章懷云：「珌，音必。東觀記曰：周珌，豫州刺史慎之子也。續漢書、魏志並作毖，音祕。」餘見董卓傳。

〔一三〕何焯曰：「東漢崇尚信義，一時名士風流最盛。凶暴如卓，亦信用之。習俗之移人如此。」

〔一四〕勃海見武紀初平元年。范書黄瓊傳：「封瓊爲邟鄉侯。」章懷注：「説文云，邟，潁川縣也。漢潁川有周承休，侯國；元始二年，更名曰邟。音亢。」沈欽韓曰：「二漢志潁川均無邟縣，説文蓋譌鄉爲縣也。」弼按：范書紹傳：「紹猶稱兼司隸。」後紹上書云：「卓結外援，即臣勃海，申以軍號。」章懷注引山陽公載記曰：「董卓以紹爲前將軍、封邟鄉侯，紹受侯，不受前將軍。」

紹遂以勃海起兵，將以誅卓。語在武紀。紹自號車騎將軍，主盟。〔一〕與冀州牧韓馥立幽州牧劉虞爲帝，〔二〕遣使奉章詣虞，虞不敢受。後馥軍安平，〔三〕爲公孫瓚所敗。瓚遂引兵入冀州，以討卓爲名，内欲襲馥，馥懷不自安。

英雄記曰：逢紀説紹曰：「將軍舉大事，而仰人資給，不據一州，無以自全。」紹答云：「冀州兵彊，吾士飢乏，設不能辨，〔四〕無所容立。」紀曰：「可與公孫瓚相聞，導使來南，擊取冀州。公孫必至而馥懼矣，因使説利害，爲陳禍福，馥必遜讓。於此之際，可據其位。」紹從其言，而瓚果來。〔五〕

會卓西入關，紹還軍延津，〔六〕因馥惶遽，使陳留高幹、潁川荀諶等説馥曰：〔七〕「公孫瓚乘勝來向南，而諸郡應之。袁車騎引軍東向，〔八〕此其意不可知，竊爲將軍危之。」馥曰：「爲之柰何？」諶曰：「公孫提燕、代之卒，其鋒不可當。袁氏一時之傑，必不爲將軍下。夫冀州，天下之重資也，若兩雄并力，兵交於城下，危亡可立而待也。夫袁氏，將軍之舊，且同盟也。當今爲將軍計，莫若舉冀州以讓袁氏。袁氏得冀州，則瓚不能與之爭，必厚德將軍。冀州入於親交，是將軍有讓賢之名，而身安於泰山也。願將軍勿疑！」〔九〕馥素恇怯，因然其計。馥長史耿武、〔一〇〕別駕閔純、治中李歷諫馥曰：〔一一〕「冀州雖鄙，帶甲百萬，穀支十年。袁紹孤客窮軍，仰我鼻息，〔一二〕譬如嬰兒在股掌之上，絶其哺乳，立可餓殺。柰何乃欲以州與之！」馥曰：「吾袁氏故吏，且才不如本初，度德而讓，古人所貴，諸君獨何病焉！」從事趙浮、程奐〔一三〕請以兵拒之，馥又不聽，乃讓紹。

九州春秋曰：馥遣都督從事趙浮、程奐將彊弩萬張屯河陽。〔一四〕浮等聞馥欲以冀州與紹，自孟津馳東下。時紹尚在朝歌清水口，〔一五〕浮等從後來，船數百艘，衆萬餘人，整兵鼓〔一六〕夜過紹營，紹甚惡之。浮等到，謂馥曰：「袁本初軍無斗糧，各已離散，〔一七〕雖有張楊、於扶羅新附，〔一八〕未肯爲用，不足敵也。

小從事等請自以見兵拒之，旬日之閒，必土崩瓦解。明將軍但當開閤高枕，〔一九〕何憂何懼？」馥不從，乃避位出居趙忠故舍，遣子齎冀州印綬於黎陽與紹。紹遂領冀州牧。〔二〇〕

〔一〕通鑑：「紹自號車騎將軍，諸將皆板授官號。」胡注：「時卓挾天子，紹等罔攸稟命，故權宜板授官號。」

〔二〕何焯曰：「紹此舉更誤。方起兵討卓，以廢弑少帝爲辭，乃欲尊立疏宗，蹈其覆轍，終以獻帝君臣之好不固，狐疑未即奉迎，曹操先之，使號令爲他人所假，不戰而成敗異勢矣。」

〔三〕郡國志：「冀州安平國安平，故屬涿。」一統志：「故城今直隸深州安平縣治。」

〔四〕官本「辨」作「辦」。

〔五〕范書紹傳：「紹客逢紀謂紹曰：夫舉大事，非據一州，無以自立。今冀部强實，而韓馥庸才，可密要公孫瓚將兵南下，馥聞，必駭懼，并遣辯士，爲陳禍福。馥迫於倉卒，必可；因據其位。紹然之，益親紀。即以書與瓚，瓚遂引兵而至。外託董卓，而陰謀襲馥。」

〔六〕延津見武紀建安五年。

〔七〕范書作「紹乃使外甥陳留高幹及潁川荀諶等説馥。」通鑑作「使外甥陳留高幹及馥所親潁川辛評、荀諶、郭圖等説馥。」謝承書：「幹字元才，才志宏逸，文武秀出。父躬，蜀郡太守；祖賜，司隸校尉。」范書臧洪傳：「昔張景明登壇歃血，奉辭奔走，卒使韓馥讓印。」章懷注引英雄記云：「袁紹使張景明、郭公則、高元才説韓馥，使讓冀州與紹。」然則馥之讓位，景明亦有其功。趙一清曰：「景明名導，見水經注。」

〔八〕通鑑胡注：「自河内至延津爲東向。」

〔九〕范書紹傳：「諶曰：君自料寬仁容衆，爲天下所附，孰與袁氏？馥曰：不如也。臨危吐決，智勇邁於人，又孰與袁氏？馥曰：不如也。世布恩德，天下家受其惠，又孰與袁氏？馥曰：不如也。諶曰：勃海雖郡，其實州也。今將軍資三不如之勢，久處其上，袁氏一時之傑，必不爲將軍下也。」

〔一〇〕通鑑考異曰：「九州春秋作耿彧。」

〔一一〕章懷注引英雄記曰：「耿武字文威，閔純字伯典。後袁紹至，馥從事十人棄馥去，惟恐在後。獨武、純仗刀拒，兵不能禁。紹後令田豐殺此二人。」錢大昕曰：「范書紹傳亦載此事。同時進諫者有騎都尉沮授，而無李歷。」王補曰：「魏志言諫者有李歷而無沮授，通鑑從之。觀授之附紹意，當日未必諫也，當以魏志爲是。」柳從辰曰：「據袁紀，諫馥者實四人，沮授、李歷皆在。」

〔一二〕胡三省曰：「鼻息，氣一出入之頃也。鼻氣噓之則温，吸之則寒，故云然。」

〔一三〕范書作「涣」。

〔一四〕范書、通鑑均作「屯孟津」。

〔一五〕胡三省曰：「據水經，清水出河内修武縣，逕獲嘉汲縣而入於河，不至朝歌；惟淇水則逕朝歌耳。蓋俗亦呼淇水爲清水。據九州春秋，紹時在朝歌清水口，浮等自孟津東下，則兩軍皆舟行大河而向鄴也。清水口即淇口，南岸即延津。」趙一清曰：「寰宇記卷五十六，清水與淇水合，東入白溝。淇口水出共山，東至衛縣西一里，又南流二十三里，與清水合入河，謂之淇水口。」

〔一六〕英雄記「鼓」上有「駭」字。

〔一七〕英雄記「已」作「欲」。

〔一八〕吴本、毛本作「於浮羅」，誤。錢大昭曰：「張楊傳作於夫羅，浮、夫聲相近。」

〔一九〕英雄記「開閤」作「閉户」。

〔二〇〕范書紹傳：「紹承制以馥爲奮威將軍，而無所將御。」

從事沮授〔一〕說紹曰：〔二〕「將軍弱冠登朝，則播名海內；值廢立之際，則忠義奮發；單騎出奔，則董卓懷怖；〔三〕濟河而北，則勃海稽首。〔四〕振一郡之卒，〔五〕撮冀州之衆，〔六〕威震河朔，〔七〕名重天下。雖黃巾猾亂，黑山跋扈，舉軍東向，則青州可定；還討黑山，則張燕可滅；〔八〕回衆北首，則公孫必喪；〔九〕震脅戎狄，則匈奴必從。〔一〇〕橫大河之北，合四州之地，〔一一〕收英雄之才，〔一二〕擁百萬之衆，迎大駕於西京，〔一三〕復宗廟於洛邑，號令天下，以討未復；〔一四〕以此爭鋒，誰能敵之？比及數年，此功不難。」〔一五〕紹喜曰：「此吾心也！」〔一六〕即表授爲監軍、奮威將軍。〔一七〕

獻帝傳曰：沮授，廣平人。〔一八〕少有大志，多權略。仕州別駕，〔一九〕舉茂才，〔二〇〕歷二縣令，又爲韓馥別駕，表拜騎都尉。〔二一〕袁紹得冀州，又辟焉。

英雄記曰：是時年號初平，紹字本初，自以爲年與字合，必能克平禍亂。

卓遣執金吾胡母班、將作大匠吳脩齎詔書喻紹，紹使河內太守王匡殺之。〔二二〕

漢末名士録曰：〔二三〕班字季皮，〔二四〕太山人。少與山陽度尚、東平張邈等八人，〔二五〕並輕財赴義，振濟人士，世謂之八廚。〔二六〕

謝承後漢書曰：班，王匡之妹夫。董卓使班奉詔到河內，解釋義兵。匡受袁紹旨，收班繫獄，欲殺之以徇軍。班與匡書云：「自古以來，未有下土諸侯舉兵向京師者。劉向傳曰：〔二七〕擲鼠忌器。器猶忌之，況卓今處宮闕之內，以天子爲藩屏；幼主在宮，如何可討？僕與太傅馬公、太僕趙岐、少府陰脩，俱受詔命。〔二八〕關東諸郡，雖實嫉卓，猶以銜奉王命，不敢玷辱。而足下獨囚僕於獄，欲以釁鼓，此悖暴無道之甚者也！僕與董卓，有何親戚，義豈同惡？而足下張狼虎之口，吐長虵之毒，恚卓遷怒，何甚酷哉！死，人之所難；〔二九〕然恥爲狂夫所害。若亡者有靈，當訴足下於皇天。夫婚姻者，禍福之機，今日著矣。曩爲一體，今爲血讎。亡人子二人，〔三〇〕則君之甥；身没之後，慎勿令臨僕尸骸也。」匡得書，抱班二子而泣。班遂死於獄。班嘗見太山府君及河伯，事在搜神記，語多不載。

卓聞紹得關東，乃悉誅紹宗族太傅隗等。〔三一〕當是時，豪俠多附紹，皆思爲之報；州郡蜂起，〔三二〕莫不假其名。馥懷懼，從紹索去，往依張邈。

英雄記曰：紹以河內朱漢爲都官從事。〔三三〕漢，先時爲馥所不禮，内懷怨恨，且欲邀迎紹意，〔三四〕擅發城郭兵圍守馥第，拔刃登屋。馥走上樓，收得馥大兒，搥折兩脚。紹亦立收漢，殺之。馥猶有憂怖，故報紹索去。

後紹遣使詣邈，有所計議，與邈耳語。馥在坐上，謂見圖構。無何，起至溷，自殺。〔三五〕

英雄記曰：公孫瓚擊青州黄巾賊，大破之，還屯廣宗，〔三六〕改易守令。〔三七〕冀州長吏，無不望風響應，開門受之。紹自往征瓚，合戰於界橋南二十里。〔三八〕瓚步兵二萬餘人爲方陣，〔三九〕騎爲兩翼，左右各五千餘匹，白馬義從爲中堅，亦分作兩校，左射右，右射左，旌旗鎧甲，光照天地。〔四〇〕紹令麴義以八百兵爲先登，彊弩千張夾承之。〔四一〕紹自以步兵數萬，結陣於後。義久在涼州，曉習羌鬬，兵皆驍鋭。瓚見其兵少，便放騎欲陵蹈之。〔四二〕義兵皆伏楯下不動。未至數十步，乃同時俱起，揚塵大叫，直前衝突，彊弩雷發，所中必倒。臨陣斬瓚所署冀州刺史嚴綱甲首千餘級。瓚軍敗績，步騎奔走，不復還營。義追至界橋，瓚殿兵還戰橋上，〔四三〕義復破之。遂到瓚營，拔其牙門，〔四四〕營中餘衆，皆復散走。紹在後，未到橋十數里，下馬發鞍，見瓚已破，〔四五〕不爲設備，惟帳下彊弩數十張，大戟士百餘人自隨。瓚部迸騎二千餘匹卒至，便圍紹數重，弓矢雨下。〔四六〕別駕從事田豐扶紹欲卻入空垣，紹以兜鍪撲地曰：「大丈夫當前鬭死，而入牆閒，豈可得活乎！」彊弩乃亂發，多所殺傷。瓚騎不知是紹，亦稍引卻。會麴義來迎，乃散去。〔四七〕瓚每與虜戰，常乘白馬，追不虚發，數獲戎捷。虜相告云：「當避白馬。」〔四八〕因虜所忌，簡其白馬數千匹，選騎射之士，號爲「白馬義從」。一曰，胡夷健者，常乘白馬。瓚有健騎數千，多乘白馬，故以號焉。紹既破瓚，引軍南到薄洛津，〔四九〕方與賓客諸將共會，聞魏郡兵反，〔五〇〕與黑山賊于毒共覆鄴城，遂殺太守栗成。賊十餘部，衆數萬人，聚會鄴中。坐上諸客有家在鄴者，皆憂怖失色，或以啼泣。〔五一〕紹容貌不變，自若也。〔五二〕賊陶升者，故内黄小吏也，〔五三〕有善心，獨將部衆踰西城入，閉守州門，不内他賊，〔五四〕以車載紹家及諸衣冠在州内者，身自扞衛，〔五五〕送到斥丘，〔五六〕乃還。紹到，遂屯斥丘，以陶升爲建義中郎將。乃引軍入朝歌鹿場山蒼巖谷〔五七〕討于毒，圍攻五日，破之；斬毒及長安所署冀州牧壺壽。〔五八〕遂尋山北行，薄擊諸賊左髲丈八等，皆斬之。〔五九〕又擊劉石、青牛角、〔六〇〕黄龍、左校、郭大賢、李大目、于氐根等，〔六一〕皆屠其屯壁。奔走得脱，斬首數萬級。紹復還屯鄴。初平四年，天子使太傅馬日磾、太僕趙岐和解關東。〔六二〕岐別詣河北，紹出迎於百里上，拜奉帝命。岐住紹營，移書告瓚，瓚遣使具與紹書曰：「趙太僕以周、召之德，銜命來征，宣揚朝恩，示以和睦，曠若開雲見日，何喜如之！昔賈復、寇恂亦争士卒，欲相危害，遇光武之寬，親俱陛見，同輿共出，時人以爲榮。〔六三〕自省邊鄙，得與將軍共同此福，此誠將軍之眷，而瓚之幸也。」〔六四〕麴義後恃功而驕恣，紹乃殺之。〔六五〕

〔一〕原注：「沮，音菹。」

〔二〕范書紹傳：「紹引沮授爲別駕，因謂授曰：今賊臣作亂，朝廷遷移，吾歷世受寵，志竭力命，興復漢室。然齊桓非夷吾不能成霸，句踐非范蠡無以存國。今欲與卿戮力同心，共安社稷，將何以匡濟之乎？」胡三省曰：「沮，千余翻，又音諸；姓也。黄帝史官沮誦之後。」存硯樓集，近宜興儲大文撰，有沮授補傳，見史通通釋卷二小注。

〔三〕范書「怖」作「懼」。

〔四〕范書「首」作「服」。章懷注：「稽，音啟。」

〔五〕范書「振」作「擁」。

〔六〕廣雅曰：「撮，持也。」

〔七〕范書「震」作「陵」。

〔八〕范書「名重天下」下作「若舉軍東向，則黄巾可埽；還討黑山，則張燕可滅。」章懷注：「黑山在今衛州衛縣西北。」弼按：章懷又引九州春秋載張燕事，與本志張燕傳同，不録。黑山見武紀初平二年。

〔九〕范書「衆」作「師」，「喪」作「禽」。柳從辰曰：「袁紀作劉虞必喪。今按，授欲使紹合四州之地，而紹奪冀州在初平二年，其時幽州南屬劉虞，不屬公孫瓚。袁紀作劉虞，似亦可通。然虞不喜爭戰，非紹所忌。魏志原作則公孫必喪，陳書出袁紀前，自可信。」

〔一〇〕范書「必從」作「立定」。

〔一一〕官本考證云：「監本州誤作川。」

〔一二〕范書「才」作「士」。

〔一三〕范書「西京」作「長安」。

〔一四〕范書「以」作「誅」。

〔一五〕或曰：「授此説甚正，紹若能從之，河汾復唐之功也。惜紹既非其才，又懷挾自私，遂至敗亡。」

〔一六〕左傳：「秦伯曰：是吾心也。」

〔一七〕范書作「即表授爲奮武將軍，使監護諸將。」通鑑從之。潘眉曰：「前漢任千秋爲奮威將軍，漢末魏武行奮武將軍。奮威、奮武皆有，未知孰是。」趙一清曰：「范書紹傳作奮武將軍是也。時以韓馥爲奮威將軍，不得回授沮生也。」周壽昌曰：「范書紹傳明云以馥爲奮威將軍，而無所將御。是僅畀以虛銜，而不與軍事。至授則表爲此官，即以監護諸將，安知非紹特以此相形，激馥使去邪？據此，作奮威爲是。」弼按：呂布爲奮威將軍。宋書百官志云：「奮武將軍，呂布爲之。」蓋此類雜號將軍，本無定員，故記載亦互有岐異也。

〔一八〕廣平見武紀建安十七年。

〔一九〕州別駕見武紀初平三年。

〔二〇〕續百官志：「諸州常以八月巡行所部郡國，考殿最。」劉昭注：「胡廣曰：州又狀州中吏民茂才異等，歲舉一人。」弼按：郡國舉孝廉，口二十萬人舉一人。按人口比例，茂才則州舉一人，視孝廉尤殊異也。

〔二一〕騎都尉見武紀卷首。

〔二二〕鄭樵通志卷二十七氏族略：「胡母氏，嬀姓，齊宣王封母弟於母鄉，其鄉本胡國，因曰胡母氏。」范書獻帝紀章懷注引風俗通云：「胡母，姓，本陳胡公之後也。公子完奔齊，遂有齊國。齊宣王母弟別封母鄉，遠本胡國，近取母邑，故曰胡母氏。」史記索隱：「胡母，姓也。母，音無。」趙一清曰：「范書紹傳，卓遣大鴻臚韓融、少府陰循、執金吾胡母班、將作大匠吴循、越騎校尉王瓌，譬解紹等諸軍。紹使王匡殺班、瓌、吴循等，袁術亦執殺陰循，惟韓融以名德免。注引海内先賢傳曰：韓融字元長，潁川人。楚國先賢傳曰：陰循字元基，南陽新野人。一清案：循、脩二字，古多以形近相亂。」錢大昕曰：「范書獻帝紀，循皆作脩。魏志亦作吴脩，當以脩爲正。」弼按：通鑑亦作「吴脩」。王匡事見武紀初平元年注。沈家本曰：「范書獻帝紀，袁術、王匡殺胡母班等，在初平元年六月，而紹得冀州在二年七月，此敘殺班等於得冀州之後，與范書不同。」

〔二三〕沈家本曰：「漢末名士録，隋、唐志不著録。此注所引及劉表傳注、荀攸傳注所引，皆漢末人也。」

〔二四〕章懷注引此作季友，風俗通卷三作胡母季皮。

〔二五〕太山、山陽見武紀初平元年；東平見武紀初平三年。

〔二六〕范書黨錮傳，度尚、張邈、王考、劉儒、胡母班、秦周、蕃嚮、王章爲八廚。廚者，言能以財救人者也。

〔二七〕馮本「劉」上空格，誤。

〔二八〕侯康曰：「通鑑考異云：范書，初平元年六月，遣韓融等安集關東，袁術、王匡各執而殺之。三年八月，遣馬日磾及趙岐慰撫天下。袁紀遣馬、趙亦在三年八月，時董卓已死。而此書云與馬、趙俱受詔；又云恚卓遷怒。自相乖迕，疑非班書。案，温公之疑是也。馬日磾爲太傅，在董卓誅後。趙岐爲太僕，本傳雖未明繫何年，而本紀初平元年有太僕王允、太僕袁基；二年有太僕魯旭，（弼案：太僕魯旭在初平三年，「二」字誤。）其下乃稱太僕趙岐。則岐必代魯旭爲太僕者，亦在董卓伏誅後。今胡母班奉卓命撫集關東，而稱馬、趙爲太傅、太僕，豈非妄哉！」

〔二九〕章懷注引此，「甚」作「其」，「死」下有「者」字。

〔三〇〕章懷注引此，作「亡人二女」。

〔三一〕范書獻帝紀：「初平元年三月戊午，董卓殺太傅袁隗、太僕袁基，夷其族。」章懷注：「隗，紹之叔父；基，袁術之母兄。」又紹傳注引獻帝春秋曰：「卓使司隸宣璠盡口收之，母及姊妹嬰孩以上五十餘人，下獄死。」又引卓别傳曰：「悉埋青城門外、東都門内，而加書焉。又恐有盜取者，復以屍送郿藏之。」范書袁安傳：「誅隗及術兄基等男女二十餘人。」通鑑作「尺口以上五十餘人」。胡三省曰：「尺，謂嬰孩也。」沈家本曰：「時紹方得冀州，地在大河之北，而稱關東者，對關中言也。范書本傳，卓之誅隗等在紹起山東之時，此敘於紹得冀州之後，先後不同。獻紀書此事於初平元年三月戊午，日月皆備，似范書爲是。然卓傳注引英雄記，卓既死，諸袁門生故吏，改殯諸袁死于郿者。范書紹傳注引卓别傳，悉埋青城門外、東都門内，而加書焉。又恐有盜取者，復以屍送郿藏之。青城門、東都門並長安城門，見黄圖。又似諸袁之死，實在卓既入關之後者。或者卓先驅之入關，後又殺之乎？袁術傳注引吴書，紹與術議立劉虞爲帝事，紹、術書中有室家見戮、門户滅絶之語。是隗等之死在紹等議立劉虞之先。武紀兩書袁紹、韓馥謀立劉虞爲帝，一在初平元年，一在二年春，並在紹得冀州之先。然則隗等之死，范書所載年月不誤。」

〔三三〕宋本、元本、馮本「蜂」作「鋒」，范書作「蜂」。

〔三四〕都官從事，見董卓傳。胡三省曰：「紹置都官從事，則猶領司隸校尉也。」

〔三五〕宋本「邀」作「徼」，范書、通鑑同。

〔三六〕范書紹傳：「紹遣使詣邈，有所計議，因共耳語。馥時在坐，謂見圖謀。無何，如厠自殺。」章懷注引九州春秋曰：「至厠因以書刀自殺。」周壽昌曰：「韓馥前忌紹，後以冀州讓之，乃紹反噬無恩，逼馥走死。後上表漢朝，猶言故冀州牧韓馥，懷挾逆謀，欲專權勢，絶臣軍糧。又云，韓馥懷懼，謝咎歸土。其肆口詆訕，幾同喪心。忘我大德，思我小怨，紹真無人心哉！」

〔三七〕廣宗見后妃傳文德郭后傳。范書紹傳作「還屯槃河」。本志瓚傳作「屯磐河」。

〔三八〕瓚傳：「以嚴綱爲冀州，田楷爲青州，單經爲兖州，置諸郡縣。」

〔三九〕范書獻帝紀：「初平三年正月，袁紹及公孫瓚戰于界橋，瓚軍大敗。」章懷注：「今貝州宗城縣東有古界城，近枯漳水，則界橋在此也。」水經河水注：「大河古瀆，東北逕廣宗縣故城南，又東北逕界城亭北。」胡三省曰：「此蓋於河瀆上作橋。」水經淇水注：「清河東北逕界城亭東，水上有大梁，謂之界城橋。」一統志：「古界橋在今直隸廣平府威縣北。」謝鍾英曰：「據水經注，當在威縣東北，廣宗之東，老漳河上。」

〔四〇〕宋本、元本「二」作「三」。范書紹傳亦曰：「瓚兵三萬，列爲方陳。」

〔四〇〕范書紹傳：「分突騎萬匹，翼軍左右，其鋒甚鋭。」

〔四一〕漢尚書令鞠譚子閎，避難西平，改姓麴氏。義本韓馥將，叛降紹。

〔四二〕范書紹傳云：「瓚輕其兵少，縱騎騰之。」

〔四三〕范書作「斂兵」。

〔四四〕章懷注：「真人水鏡經曰：凡軍始出，立牙竿，必令完堅。若有折，將軍不利。牙門，旗竿，軍之精也。即周禮司常職云：軍旅會同置旌門是也。」惠棟曰：「國語云：執枹鼓，立於軍門。韋昭云：軍門，立旌爲門，若今牙門矣。丁度云：古者軍行有牙，尊者所在，後人因以所治爲衙。」

〔四五〕范書紹傳：「聞瓚已破，發鞍息馬。」

〔四六〕范書紹傳：「瓚散兵二千餘騎卒至，圍紹數重，射矢雨下。」

〔四七〕范書紹傳：「田豐扶紹，使卻入空垣。紹脱兜鍪抵地曰：大丈夫當前鬭死，而反逃垣牆閒邪！促使諸弩競發，多傷瓚騎。衆不知是紹，頗稍引卻。會麴義來迎，騎乃散退。三年，瓚又遣兵至龍湊挑戰，紹復擊破之。瓚遂還幽州，不敢復出。」弼按：據范書紹傳，界橋之戰，實在初平二年冬，范書獻紀、通鑑皆繫於三年正月，究其終也。

〔四八〕范書瓚傳：「瓚常與善射之士數十人，皆乘白馬，以爲左右翼，自號白馬義從。烏桓更相告語，避白馬長史。」

〔四九〕史記：「趙武靈王曰：吾國東有河薄洛之水。」范書紹傳：「紹引軍南還，三月上巳，大會賓徒於薄洛津。」郡國志：「冀州安平國經縣西有漳水津，名薄洛津。」水經濁漳水注：「漳水又歷經縣故城西，水有故津，謂之薄洛津。昔袁本初還自易京，上巳届此，率其賓從，禊飲於斯津。」寰宇記：「落漠水即古薄洛津，語訛爲落漠。」一統志：「古薄洛津即漳水，在今廣宗縣界，非即落漠水也。」方輿紀要：「今順德府廣宗縣西。」趙一清曰：「續漢志廮陶縣有薄洛亭，一統志薄洛亭在今趙州寧晉縣東南，蓋以漳水一名薄洛河而名。」

〔五〇〕魏郡治鄴，見武紀初平二年。

〔五一〕宋本「以」作「起」。

〔五二〕獻帝春秋云：「紹勸督引滿投壺，言笑容貌自若。」

〔五三〕內黃見武紀初平二年。

〔五四〕范書紹傳：「賊有陶升者，自號平漢將軍，獨反諸賊，將部衆踰西城入，閉府門，具車重。」

〔五五〕馮本「扞」作「杆」，誤。

〔五六〕章懷注：「斥丘縣屬鉅鹿郡，故城在今相州成安縣東南。十三州志云：土地斥鹵，故曰斥丘。」黃山曰：「斥丘，前、續志均屬魏郡。章懷或因續志鉅鹿郡有斥章，故誤記耳。」惠棟曰：「斥，音尺；一音昌夜反。闞駰云：在魏郡東八十里。前志及劉寬碑陰皆作庈。」謝鍾英曰：「斥丘，兩漢志屬魏郡。魏管輅傳，輅從兄孝國居於斥丘，即此。水經注，漳水逕平陽城北，又東右逕斥丘縣北。元和郡縣志，故城在成安縣東南三十里。一統志，斥丘故城，今廣平府成安縣東南。」

〔五七〕「埸」，宋本作「塲」。范書紹傳作「腸」。郡國志作「腹」。錢大昕曰：「腹當作腸。」朝歌見武紀建安十七年。范書「歌」作「哥」。章懷注：「朝歌故城，在今衛縣西。」續漢志朝歌有鹿腸山，兩漢志朝歌縣屬河內郡，元和郡縣志，魏黃初中置朝歌郡屬冀州。（分河內郡置移屬冀州。）按，在今河南衛輝府淇縣東北。謝鍾英曰：「朝歌故城疑在淇縣西北。地志相仍，以爲在東北者，恐誤。方輿紀要：鹿腸山在濬縣西北，與黑山相接。」趙一清曰：「水經清水注，清水又東與倉水合，水出西北方山，山西有倉谷，谷有倉玉珉石，故名焉。」

〔五八〕馮本「壺」作「壼」。

〔五九〕范書紹傳作「左髭文八」。潘眉曰：「張燕傳注引張璠漢記、後漢書朱儁、袁紹傳皆作左髭丈八，（弼按：紹傳作「文八」。）此作左髮，字之誤也。此是一種賊號，漢紀謂左校、郭大賢、左髭丈八三部。蓋左校一部，郭大賢一部，左髭丈八一部也。」

〔六〇〕潘眉曰：「青字誤，當爲張。張燕本姓褚，以冒牛角姓爲張，故張燕傳及章懷後漢書注引九州春秋並云博陵張牛角。」沈家本曰：「張燕傳注引九州春秋無青字。范書袁紹、朱儁傳並有青字。據張燕傳，張牛角先死於靈帝之世，則爾時之青牛角，當別一賊號，不得遽謂青字爲誤。」

〔六一〕張燕傳引典略：「饒鬚者自稱于羝根，眼大者自稱李大目。」

〔六二〕沈家本曰：「范書獻紀，日磾等之使，在三年八月，故紹傳云：四年初，天子遣太僕趙岐和解關東。雖敘於四年，而冠以初字也。此云四年，恐誤。」

〔六三〕范書寇恂傳：「賈復部將殺人於潁川，恂戮之。復曰：見恂必手劍之！帝徵恂，恂至；引見時復先在坐，欲起相避。帝曰：天下未定，兩虎安得私鬭？今日朕分之。於是並坐極歡，共車同出，結友而去。」

〔六四〕范書「眷」作「羞」，「幸」作「願」。惠棟曰：「羞字誤，當依英雄記作眷。」

〔六五〕紹殺義事，見瓚傳注引漢晉春秋，謂義爲瓚所誘也。范書紹傳，紹大會薄洛津及討平魏郡、黑山諸賊，皆在初平四年天子使趙岐和解之後，通鑑從之。

初，天子之立非紹意。及在河東，紹遣潁川郭圖使焉。圖還説紹迎天子都鄴，紹不從。

獻帝傳云：沮授説紹曰：〔一〕「將軍累葉輔弼，世濟忠義。今朝廷播越，〔二〕宗廟毀壞，觀諸州郡，外託義兵，內圖相滅，〔三〕未有存主卹民者。〔四〕且今州城粗定，〔五〕宜迎大駕，安宮鄴都，挾天子而令諸侯，畜士馬以討不庭，〔六〕誰能禦之！」〔七〕紹悅，將從之；郭圖、淳于瓊曰：〔八〕「漢室陵遲，〔九〕爲日久矣。今欲興之，不亦難乎！且今英雄據有州郡，衆動萬計，〔一〇〕所謂秦失其鹿，先得者王。〔一一〕若迎天子以自近，動輒表聞，從之，則權輕；違之，則拒命。非計之善者也。」〔一二〕授曰：「今迎朝廷，至義也；又於時宜，大計也。若不早圖，必有先人者也。夫權不失機，功在速捷，將軍其圖之！」紹弗能用。〔一三〕案：此書稱

郭圖之計，則與本傳違也。〔一四〕

會太祖迎天子都許，〔一五〕收河南地，關中皆附。紹悔，欲令太祖徙天子都鄄城，以自密近；〔一六〕太祖拒之。天子以紹爲太尉，轉爲大將軍，封鄴侯。〔一七〕

獻帝春秋曰：紹恥班在太祖下，怒曰：「曹操當死數矣，我輒救存之，〔一八〕今乃背恩，挾天子以令我乎？」太祖聞，而以大將軍讓於紹。〔一九〕

紹讓侯不受。頃之，擊破瓚於易京，并其衆。〔二〇〕

典略曰：自此，紹貢御希慢，私使主簿耿苞密白曰：「赤德衰盡，袁爲黄胤，宜順天意。」紹以苞密白事〔二一〕示軍府將吏，議者咸以苞爲妖妄，宜誅。紹乃殺苞以自解。〔二二〕

九州春秋曰：紹延徵北海鄭玄而不禮，〔二三〕趙融聞之曰：〔二四〕「賢人者，君子之望也；不禮賢，是失君子之望也。夫有爲之君，不敢失萬民之歡心，況於君子乎？失君子之望，難乎以有爲矣！」

英雄記載太祖作董卓歌，辭云：「德行不虧缺，變故自難常。鄭康成行酒，伏地氣絶；〔二五〕郭景圖命盡於園桑。」如此之文，則玄無病而卒，餘書不見，故載録之。〔二六〕

出長子譚爲青州，沮授諫紹「必爲禍始」。紹不聽，曰：「孤欲令諸兒各據一州也。」〔二七〕

九州春秋載授諫辭曰：「世稱一兔走衢，萬人逐之，一人獲之，貪者悉止。分定故也。〔二八〕且年均以賢，德均則卜，古之制也。〔二九〕願上惟先代成敗之戒，下思逐兔分定之義。」紹曰：「孤欲令四兒各據一州，〔三〇〕以觀其能。」授出曰：「禍其始此乎！」〔三一〕譚始至青州爲都督，未爲刺史。後太祖拜爲刺史。

其土自河而西，蓋不過平原而已。遂北排田楷，〔三二〕東攻孔融，〔三三〕曜兵海隅。是時百姓無主，欣戴之矣。然信用羣小，好受近言，肆志奢淫，不知稼穡之艱難。華彥、孔順皆姦佞小人也，信以爲腹心，王脩等備官而已。〔三四〕然能接待賓客，慕名敬士。使婦弟領兵在内，至令草竊市井，而外虜掠田野。別使兩將募兵下縣，有賂者見免，無者見取。貧弱者多，乃至於竄伏丘野之中，放兵捕索，如獵鳥獸。邑有萬户者，著籍不盈數百，收賦納稅，參分不入一。招命賢士，不就。不趨赴軍期，〔三五〕安居族黨，亦不能罪也。

又以中子熙爲幽州，甥高幹爲并州，〔三六〕衆數十萬。以審配、逢紀統軍事，田豐、荀諶、許攸爲謀主，〔三七〕顏良、文醜爲將軍。〔三八〕簡精卒十萬，騎萬匹，將攻許。

世語曰：紹步卒五萬，騎八千。孫盛評曰：案魏武謂崔琰曰：「昨案貴州户籍，可得三十萬衆。」由此推之，但冀州勝兵已如此，況兼幽（州）〔并〕及青州乎？紹之大舉，必悉師而起，十萬近之矣。獻帝傳曰：紹將南師，沮授、田豐諫曰：〔三九〕「師出歷年，〔四〇〕百姓疲弊，倉庾無積，賦役方殷，此國之深憂也。宜先遣使獻捷天子，務農逸民，若不得通，乃表曹氏隔我王路。〔四一〕然後進屯黎陽，漸營河南，〔四二〕益作舟船，繕治器械，分遣精騎，鈔其邊鄙，令彼不得安，我取其逸。三年之中，事可坐定也。」〔四三〕審配、郭圖曰：「兵書之法，十圍五攻，敵則能戰。〔四四〕今以明公之神武，跨河朔之彊衆，〔四五〕以伐曹氏，譬若覆手。〔四六〕今不時取，後難圖也。」授曰：「蓋救亂誅暴，謂之義兵，恃衆憑彊，謂之驕兵。兵義無敵，驕者先滅。〔四七〕曹氏迎天子，安宮許都，今舉師南向，於義則違。且廟勝之策，不在彊弱。〔四八〕曹氏法令既行，士卒精練，非公孫瓚坐受圍者也。今棄萬安之術，而興無名之兵，〔四九〕竊爲公懼之！」圖等曰：「武王伐紂，不曰不義，況兵加曹氏，而云無名？且公師武臣竭力，〔五〇〕將士憤怒，人思自騁。而不及時早定大業，慮之失也。夫天與弗取，反受其咎，〔五一〕此越之所以霸，吴之所以亡也。監軍之計，計在持牢，〔五二〕而非見時知機之變也。」紹從之。圖等因是譖授「監統内外，威震三軍，若其浸盛，何以制之？夫臣與主不同者，昌；主與臣同者，亡。此黄石之所忌也。〔五三〕且御衆於外，不宜知内」。〔五四〕紹疑焉。乃分監軍爲三都督，使授及郭圖、淳于瓊各典一軍，遂合而南。

〔一〕范書紹傳：「興平二年，拜紹右將軍。其冬，車駕爲李傕等所追於曹陽，沮授説紹迎天子。」

〔二〕胡三省曰：「播，流也，遷也；越，顛墜也，走也。賢曰：播，遷也；越，逸也。言失其所居。」

〔三〕范書作「内實相圖」。

〔四〕范書作「未有憂存社稷卹人之意」。

〔五〕通鑑作「州域」。胡注謂「冀州之域也」。范書是句下，有「兵强士附」四字。

〔六〕胡三省曰：「不庭，謂不朝者。杜預曰：下之事上皆成禮於庭中。一曰，庭，直也。不庭，謂不直者。」

〔七〕章懷注：「左傳，周襄王出奔於鄭，狐偃言於晉文公曰：求諸侯莫如勤王，諸侯信之，且大義也。繼文之業，而信宣於諸侯，今爲可矣。文公從之，納襄王，遂成霸業。」

〔八〕九州春秋：「圖字公則。」曹瞞傳：「瓊字仲簡。」

〔九〕胡三省曰：「王肅注家語曰：言若丘陵之漸逶遲。」

〔一〇〕范書紹傳作「且英雄並起，各據州郡，連徒聚衆，動有萬計」。

〔一一〕章懷注引史記：「蒯通曰，秦失其鹿，天下共追之，高才者先得焉。」

〔一二〕何焯曰：「後之權衡不審，爲此二語所誤者多矣。」

〔一三〕胡三省曰：「紹不能從授之言，果爲曹操所先。帝既都許，乃欲移以自近，不亦晚乎！」趙一清曰：「前載沮授説紹，有迎大駕於西京、復宗廟於洛邑之語。則奉迎漢帝，本沮生之謀。竊謂獻帝傳所言爲審。」弼按：通鑑考異云：「從范書，亦採沮授説紹迎天子之語。」

〔一四〕陳景雲曰：「郭圖當作沮授。此書，謂獻帝傳。」弼按：裴注所云之本傳，皆謂陳志之傳，如袁術傳「術殺陳温」注云「本傳」，張邈傳「邈自殺」注云「本傳」，皆同。林國贊曰：「獻帝傳所云，與本傳相反，獻帝傳是也。授初見紹，已勸紹迎天子計，授凡六出奇策，紹率不從。授諫紹勿興官渡之役，圖力折其説，紹遂舉兵，尋又惑譖，分授兵與圖及瓊，尋又銜授辭疾，復盡省其兵屬圖。圖於授，無一不相水火。袁氏諸臣，田豐外莫忠於授，後以身殉。然正惟策出於授，紹故不從，若圖則無不從矣。圖無計不左，末搆譚攻尚，譚、尚擬和，又堅沮之，竟覆冀州。生平憒憒，焉能辨此？范書從獻帝傳，似較精覈。」

〔一五〕杭世駿曰：「典論：大駕都許，使光禄大夫劉松，北鎮袁紹軍，與子弟宴飲。常以盛夏三伏之際，晝夜酣飲。」

〔一六〕鄄城見武紀初平四年。或曰：此同兒戲，可以譎操乎？止見其可笑耳。

〔一七〕章懷注引獻帝春秋曰：「使將作大匠孔融持節之鄴，拜太尉紹爲大將軍，封鄴侯。」

〔一八〕胡三省曰：「曹自滎陽汴水之敗，收兵從紹於河内，紹表爲東郡太守。吕布襲取兖州，紹復與操連和，欲令其遣家居鄴也。」

〔一九〕章懷注：「大尉位在大將軍上。初，武帝以衛青征伐有功，以爲大將軍，欲尊寵之，故置大司馬官號以冠之。其後霍光、王鳳等皆然。明帝以弟東平王蒼有賢才，以爲驃騎大將軍，以王故位公上。和帝以舅竇憲征匈奴還，遷大將軍，在公上。以勳戚者不拘常例焉。」范書紹傳：「建安元年，曹操迎天子都許，乃下詔書於紹，責以地廣兵多，而專自樹黨，不聞勤王之師，而但擅相討伐。紹上書曰：臣聞昔有哀歎而霜隕，悲哭而崩城者，每讀其書，謂爲信然，於今況之，乃知妄作。何者？臣出身爲國，破家立事，至乃懷忠獲釁，抱信見疑，晝夜長吟，剖肝泣血，曾無崩城隕霜之應，故鄒衍、杞婦，何能感徹？臣以負薪之資，拔於陪隸之中，奉職憲臺，擢授戎校。常侍張讓等滔亂天常，侵奪朝威，賊害忠德，扇動奸黨。故大將軍何進，忠國疾亂，義心赫怒，以臣頗有一介之節，可責以鷹犬之功，故授臣以督司，諮臣以方略。臣不敢畏憚彊禦，避禍求福，與進合圖。事無違異，忠策未盡，而元帥受敗，太后被質，宮室焚燒。陛下聖德幼沖，親遭戹困。時進既被害，師徒喪沮。臣獨將家兵百餘人，抽戈承明，竦劍翼室，虎叱羣司，奮擊凶醜，曾不浹辰，罪人斯殄，此誠愚臣效命之一驗也。會董卓承虛，所圖不軌，臣父兄親從，並當大位，不憚一室之禍，苟惟寧國之義。故遂解節出奔，創謀河外。時卓方貪結外援，招悦英豪，故即臣勃海，申以軍號。則臣之與卓，未有纖芥之嫌。若使苟欲滑泥揚波，偷榮求利，則進可以享竊禄位，退無門户之患。然臣愚所守，志無傾奪。故遂引會英雄，興師百萬，飲馬孟津，歃血漳河。會故冀州牧韓馥，懷挾逆謀，欲專權埶，絶臣軍糧，不得踵係。至使猾虜肆毒，害及一門，尊卑大小，同日並戮。鳥獸之情，猶知號呼，臣所以蕩然忘哀，貌無隱戚者，誠以忠孝之節，道不兩立，顧私懷己，不能全功，斯亦愚臣破家徇國之二驗也。又黄巾十萬，焚燒青、兗，黑山、張楊，蹈藉冀域。臣乃旋師，奉辭伐畔，金鼓未震，狡敵知亡。故韓馥懷懼，謝咎歸土，張楊、黑山，同時乞降。臣時輒承制，竊比竇融，以議郎曹操權領兗州牧。會公孫瓚師旅南馳，陸掠北境，臣即星駕席卷，與瓚交鋒。假天之威，每戰輒克。臣備公族子弟，生長京輦，頗聞俎豆，不習干戈。加自乃祖先臣以來，世作輔弼，咸以文德盡忠，得免罪戾。臣非與瓚角戎馬之勢，爭戰陳之功者也，誠以賊臣不誅，春秋所貶，苟云利國，專之不疑。故冒踐霜雪，不憚劬勤，實庶一捷之福，以立終身之功。社稷未定，臣誠恥之。太僕趙岐，銜命來征，宣陛下含弘之施，蠲除細故，與下更新。奉詔之日，引師南轅，是臣畏怖天威，不敢怠慢之三驗也。及臣所上將校，率皆清英宿德，令名顯達，登鋒履刃，死者過半，勤恪之功，不見書列；而州郡牧守，競盜聲名，懷持二端，優游顧望，皆列土賜圭，跨州連郡。是以遠近狐疑，議論紛錯者也。臣聞守文之世，德高者位尊；倉卒之時，功多者賞厚。陛下播越非所，洛邑乏祀，海内傷心，志士憤惋。是以忠臣肝腦塗地，肌膚横分，而無悔心者，義之所感故也。今賞加無勞，以攜有德；杜黜忠功，以疑衆望，斯豈腹心之遠圖，將乃讒慝之邪説使之然也？臣爵爲通侯，位二千石，殊恩厚德，臣既叨之，豈敢闚覬重禮，以希彤弓玈矢之命哉！誠傷偏裨列校，勤不見紀，盡心爲國，翻成重愆，斯蒙恬所以悲號於邊獄，白起歔欷於杜郵也。太傅日磾，位爲師保，任配東征，而耗亂王命，寵任非所。凡所舉用，皆衆所捐棄，而容納其策，以爲謀主，令臣骨肉兄弟，還爲仇敵，交鋒接刃，搆難滋甚。臣雖欲釋甲投戈，事不得已，誠恐陛下日月之明，有所不照，四聰之聽，有所不聞。乞下臣章，咨之羣賢，使三槐九棘，議臣罪戾。若以臣今行權爲舋，則桓、文當有誅絶之刑；若以衆不討賊爲賢，則趙盾可無書弒之貶矣。臣雖小人，志守一介，若使得申明本心，不愧先帝，則伏首歐刀，褰衣就鑊，臣之願也。惟陛下垂尸鳩之平，絶邪諂之論，無令愚臣結恨三泉。於是以紹爲太尉，封鄴侯。時曹操自爲大將軍，紹恥爲之下，僞表辭不受；操大懼，乃讓位於紹。二年，使將作大匠孔融持節拜紹大將軍，錫弓矢節鉞，虎賁百人，兼督冀、青、幽、并四州。然後受之。紹每得詔書，患有不便於己，乃欲移天子自近，使説操以許下埤溼，洛陽殘破，宜徙都鄄城，以就全實。操拒之。田豐説紹曰：「徙都之計，既不克從，宜早圖許，奉迎天子，動託詔令，響號海內，此算之上者。不爾，終爲人所禽，雖悔無益也。」紹不從。〔何焯曰：「先下詔責紹，所謂名其爲賊也。然操以紹恥班在其下，遽讓大將軍于紹，則仍蓄力俟時，不先動以挑强寇，故能從容取布破備，無後憂耳。」〕

〔二〇〕事在建安四年，詳見本志瓚傳。章懷注：「前書易縣屬涿郡，續漢志屬河閒。瓚所居易京，故城在今幽州歸義縣南十八里。」惠棟曰：「水經注云，易京城在易城西四五里，今樓基尚存。基上有井，世名易京樓，即瓚所保也。」一統志：「易縣故城，今直隸保定府雄縣西北。」

〔二一〕胡三省曰：「白事，所白之事也。」

〔二二〕范書紹傳「苞」作「包」。章懷注引獻帝春秋曰：「袁，舜後，黃應代赤，故包有此言。」王補曰：「范書紹傳贊中闕圖訊鼎，蓋指此事。紹雖殺包，以弭其迹，然以包白事示僚屬，則其心可知矣。」何焯曰：「紹雖失計，不迎天子，然既已據有四州，若能外脩職貢，內撫其民，以待事機，縱曹氏難圖，猶足宰制大河以北，未至一敗塗地也。」

〔二三〕何焯曰：「許靖猶當加禮，況鄭康成乎！」弼案：范書玄傳：「袁紹總兵冀州，遣使邀玄，大會賓客。玄最後至，迺延升上坐。紹客多豪俊，並有才說，競設異端，百家互起。玄依方辯對，咸出問表，皆得所未聞，莫不嗟服。時汝南應劭亦歸於紹，因自贊曰：故太山太守應中遠，北面稱弟子何如？玄笑曰：仲尼之門，考以四科，回、賜之徒，不稱官閥。劭有慚色。紹乃舉玄茂才，表爲左中郎將，皆不就。」本傳所載如此，並無不禮之事。

〔二四〕姚範曰：「何屺瞻云，趙下當有脱文。余按，何意爲孔融也。然後書何進傳有趙融，爲助軍校尉，與袁紹同列西園八校尉，亦見後張楊傳注。」

〔二五〕王鳴盛曰：「此乃曹欲甚袁之罪，故造此語。玄本傳稱紹與曹操相拒官渡，逼玄隨軍，不得已，載病到元城縣，疾篤不進而卒。安有行酒氣絶之事！」梁章鉅曰：「此與前言紹能折節下士，士多附之之言相矛盾。」

〔二六〕水經河水注：「袁紹與曹操相禦于官渡，紹逼大司農鄭玄載病隨軍，届此而卒。郡守以下受業者，衰絰赴者千餘人。」弼按：謂鄭玄卒於元氏縣之沙邱堰。

〔二七〕何焯曰：「紹不從迎天子之謀，所以先敗；不聽出長子之諫，所以速亡。史家撮舉之，乃一傳之綱也。」

〔二八〕章懷注：「慎子曰：兔逐於街，百人追之，貪人俱存，人莫之非者，以兔爲未定分也。積兔滿市，過不能顧，非不欲兔也，分定之後，雖鄙不爭。子思子、商君書並載，其詞略同。」

〔二九〕章懷注引左傳曰：「王后無嫡，則擇立長。年均以德，德鈞以卜。」

〔三〇〕趙一清曰：「紹三子譚、尚、熙，連外甥高幹數之，故云四兒。」周壽昌曰：本傳末注引吳書，尚有弟買，與尚俱走遼東。是紹本有四子，或時尚幼，故以幹領并州，而未授買。」

〔三一〕胡三省曰：「譚、尚之爭，沮授固知之矣。」

〔三二〕胡三省曰：「田楷，公孫瓚用爲青州刺史。」

〔三三〕范書孔融傳：「融爲北海相，在郡六年，劉備表領青州刺史。建安元年，爲袁譚所攻。自春至夏，戰士所餘，裁數百人。流矢雨集，戈矛内接。融隱几讀書，談笑自若。城夜陷，乃奔東山，妻子爲譚所虜。」

〔三四〕王脩傳見後。

〔三五〕宋本「趨赴」作「彊棄」。

〔三六〕幹，陳留圉人，見高柔傳注引謝承書。

〔三七〕諶爲荀彧之弟，見彧傳及注。

〔三八〕宋本、元本、馮本「軍」作「率」。

〔三九〕范書、通鑑俱作「沮授進諫」。

〔四〇〕范書紹傳此句上有「近討公孫」四字。

〔四一〕胡三省曰：「王路，謂尊王之路也。」

〔四二〕何焯曰：「師曲爲老，欲其出有名也。」

〔四三〕胡三省曰：「使紹能用授言，曹其殆乎！」

〔四四〕章懷注：「十倍則圍之，五倍則攻之。」

〔四五〕「跨」，范書作「連」，通鑑作「引」。

〔四六〕章懷注：「前書，陸賈謂南越王曰：越殺王降漢，如反覆手耳。」

〔四七〕章懷注：「前書，魏相上書曰：救亂誅暴，謂之義兵，兵義者王。敵加於己，不得已而起者，謂之應兵，兵應者勝。爭恨小故，不勝忿怒者，謂之忿兵，兵忿者敗。利人土地寶貨者，謂之貪兵，兵貪者破。恃國家之大，矜人庶之衆，欲見威於敵者，謂之驕兵，兵驕者滅。此非但人事，乃天道也。」

〔四八〕淮南子曰：「運籌於廟堂之中，決勝乎千里之外。」

〔四九〕章懷云：「前書，新城三老說高祖曰：順德者昌，逆德者亡，兵出無名，事故不成。音義曰：有名，伐有罪也。」惠棟曰：「禮記檀弓云：陳太宰嚭曰，師必有名。」

〔五〇〕沈家本曰：「師武臣力，本左傳，竭字衍文。」

〔五一〕章懷注：「史記，范蠡謂句踐曰：天與不取，反受其咎。」惠棟曰：「太公金匱文也。」

〔五二〕范書紹傳「持牢」作「將軍」，通鑑作「持牢」。胡三省曰：「紹使授監護諸將，故稱爲監軍。持牢，猶今南人言把穩也。」梁玉繩云：「范書持牢作將軍，（弼按：范書各本皆作將軍，當係梁氏所見之本不同。）疑持字誤。晉書姚萇載記，陛下將牢太過耳，可證。」李良裘云：「將軍二字，傳寫之誤。」惠棟云：「牢，重也。」沈家本曰：「持牢，蓋持重之意。持字不誤。」

〔五三〕范書、通鑑俱作「夫臣與主同者，亡」，此黃石之所忌也。」胡三省曰：「臣與主同，言作威作福，與主無別也。黃石，即張良於下邳圯上所得之書也。」

〔五四〕淮南子曰：「國不可從外理，軍不可從中御。」

先是，太祖遣劉備詣徐州拒袁術。術死，備殺刺史車胄，〔一〕引軍屯沛，紹遣騎佐之。太祖遣劉岱、王忠擊之，不克。建安五年，太祖自東征備，田豐說紹襲太祖後，〔二〕紹辭以子疾，不許。豐舉杖擊地曰：「夫遭難遇之機，而以嬰兒之病失其會，惜哉！」〔三〕太祖至，擊破備；備奔紹。〔四〕

魏氏春秋載紹檄州郡文曰：〔五〕「蓋聞明主圖危以制變，忠臣慮難以立權。〔六〕曩者，彊秦弱主，趙高執柄，專制朝命，〔七〕威福由己，〔八〕終有望夷之禍，〔九〕汙辱至今。〔一〇〕及臻呂后，〔一一〕禄、産專政，〔一二〕擅斷萬機，決事省禁，下陵上替，海内寒心。於是絳侯朱虚興威奮怒，誅夷逆亂，〔一三〕尊立太宗。故能道化〔一四〕興隆，光明顯融，〔一五〕此則大臣立權之明表也。〔一六〕司空曹操祖父騰，故中常侍，〔一七〕與左琯、〔一八〕

徐璜，並作妖孽，饕餮放橫，〔一九〕傷化虐民。父嵩，乞匄攜養，因贓假位，〔二〇〕輿金輦璧，〔二一〕輸貨權門，竊盜鼎司，〔二二〕傾覆重器。操，贅閹遺醜，〔二三〕本無令德，〔二四〕僄狡鋒俠，〔二五〕好亂樂禍。幕府昔統鷹揚，〔二六〕埽夷凶逆，〔二七〕續遇董卓，侵官暴國，〔二八〕於是提劍揮鼓，發命東夏。〔二九〕方收羅英雄，棄瑕録用，〔三〇〕故遂與操參咨策略，〔三一〕謂其鷹犬之才，爪牙可任。至乃愚佻短慮，〔三二〕輕進易退，傷夷折衄，〔三三〕數喪師徒。〔三四〕幕府輒復分兵命鋭，修完補輯，表行東郡太守、〔三五〕兖州刺史。〔三六〕被以虎文，〔三七〕授以偏師，〔三八〕奬蹙威柄，〔三九〕冀獲秦師一克之報。〔四〇〕而操遂乘資跋扈，肆行酷裂，〔四一〕割剥元元，殘賢害善。故九江太守邊讓，〔四二〕英才俊逸，〔四三〕天下知名，〔四四〕以直言正色，論不阿諂，身被梟縣之戮，〔四五〕妻孥受灰滅之咎。〔四六〕自是士林憤痛，民怨彌重，〔四七〕一夫奮臂，舉州同聲，故躬破於徐方，地奪於呂布，彷徨〔四八〕東裔，蹈據無所。幕府唯〔四九〕强幹弱枝之義，且不登叛人之黨，〔五〇〕故復援旌擐甲，〔五一〕席卷赴征，金鼓響震，布衆破沮。〔五二〕拯其死亡之患，復其方伯之任，〔五三〕是則幕府無德於兖土之民，而有大造於操也。〔五四〕後會鑾駕東反，羣虜亂政。〔五五〕時冀州方有北鄙之警，匪遑離局，〔五六〕故使從事中郎徐勛就發遣操，〔五七〕使繕修郊廟，翼衛幼主。而便放志專行，脅遷省禁，卑侮王官，〔五八〕敗法亂紀，坐召三臺，〔五九〕專制朝政，爵賞由心，刑戮在口，所愛光五宗，所惡滅三族，〔六〇〕羣談者蒙顯誅，〔六一〕腹議者蒙隱戮，道路以目，百寮鉗口，〔六二〕尚書記朝會，〔六三〕公卿充員品而已。故太尉楊彪，歷典三司，〔六四〕享國極位。〔六五〕操因睚眦，被以非罪，〔六六〕榜楚并兼，〔六七〕五毒俱至，〔六八〕觸情放慝，〔六九〕不顧憲章。〔七〇〕又議郎趙彦，忠諫直言，議有可納，〔七一〕故聖朝含聽，改容加錫。〔七二〕操欲迷奪時權，〔七三〕杜絶言路，擅收立殺，不俟報聞。又梁孝王，先帝母弟，〔七四〕墳陵尊顯，松柏桑梓，〔七五〕猶宜恭肅，而操率將校吏士，親臨發掘，破棺裸尸，略取金寶。至今聖朝流涕，士民傷懷。〔七六〕又署發丘中郎將、摸金校尉，〔七七〕所過隳突，〔七八〕無骸不露。身處三公之官，〔七九〕而行桀虜之態，殄國虐民，毒流人鬼。〔八〇〕加其細政苛慘，科防互設，繒繳充蹊，〔八一〕坑穽塞路，舉手挂網羅，動足蹈機陷，〔八二〕是以兗、豫有無聊之民，帝都有嗟吁之怨。〔八三〕歷觀古今書籍所載貪殘虐烈無道之臣，〔八四〕於操爲甚。幕府方詰外姦，未及整訓，加意含覆，〔八五〕冀可彌縫。而操豺狼野心，潛苞禍謀，乃欲撓折棟梁，〔八六〕孤弱漢室，除滅中正，〔八七〕專爲梟雄。往歲伐鼓北征，討公孫瓚，彊禦桀逆，〔八八〕拒圍一年。操因其未破，陰交書命，欲託助王師，以相掩襲，〔八九〕故引兵造河，方舟北濟。會其行人發露，〔九〇〕瓚亦梟夷，故使鋒芒挫縮，〔九一〕厥圖不果。屯據敖倉，阻河爲固，〔九二〕乃欲以螳蜋之斧，禦隆車之隧。〔九三〕幕府奉漢威靈，折衝宇宙，長戟百萬，胡騎千羣，〔九四〕奮中黃、育、獲之材，騁良弓勁弩之勢，〔九五〕并州越太行，青州涉濟、漯，大軍汎黃河以角其前，荆州下宛、葉而掎其後。〔九六〕雷震虎步，並集虜庭，若舉炎火以焫飛蓬，覆滄海而沃熛炭，有何不消滅者哉！〔九七〕當今漢道陵遲，綱弛紀絕，〔九八〕操以精兵七百，圍守宮闕，外稱陪衛，內以拘執。〔九九〕懼其篡逆之禍，因斯而作；乃忠臣肝腦塗地之秋，烈士立功之會也。可不勗哉！」〔一〇〇〕此陳琳之辭。

〔一〕「胄」元本、馮本作「胃」，誤。

〔二〕范書紹傳：「五年，左將軍劉備殺徐州刺史車胄，據沛以背曹操。操懼，乃自將征備。田豐說紹曰：『與公爭天下者，曹操也。操今東擊劉備，兵連未可卒解；今舉軍而襲其後，可一往而定。兵以幾動，斯其時也。』」胡三省曰：「紹攻公孫瓚，而操乘閒東取呂布，操擊劉備而紹不能襲許，此其所以敗也。」何焯云：「若用田豐之言，即使許不可拔，而紹據臨大河以爭其北，徐州出兵擾其東南，過於彭越之在梁地，操奔命不遑矣。」

〔三〕范書紹傳：「豐舉杖擊地曰：『嗟乎，事去矣！』紹聞而怒之，從此遂疎焉。」王補曰：「沮授、田豐，智略與荀彧等，而或言如石投水；授、豐所謀如枘鑿之不納。此袁、曹成敗所由異也。」

〔四〕蜀志先主傳：「五年，曹公東征先主，先主敗績。曹公盡收其衆，虜先主妻子，並禽關羽以歸。先主走青州。青州刺史袁譚，先主故茂才也，將步騎迎先主。先主隨譚到平原，譚馳使白紹，紹遣將道路奉迎，身去鄴二百里，與先主相見。」

〔五〕胡三省曰：「案文選陳琳爲袁紹檄豫州，蓋帝都許，許屬潁川郡，豫州部屬也。故選專以檄豫州爲言。」沈家本曰：「文選此文檄首有左將軍領豫州刺史郡國相守云云，如爲所告之人，則其時徧檄州郡，不應獨舉豫州；如爲立言之人，則檄乃紹之辭，不應稱左將軍云云也。未詳其義。」弼按：通鑑作「移檄州郡」。是時備方奔紹，自以移檄州郡爲是。文選「左將軍豫州刺史郡國相守」云云，乃以豫州刺史列郡國相守之前，仍爲通告文字。文選此文篇末有「州郡各整戎馬」之語，可證。

〔六〕文選下有「是以有非常之人」六語。

〔七〕文選「命」作「權」。

〔八〕文選下有「時人迫脅，莫敢正言」二語。

〔九〕文選「禍」作「敗」，下有「祖宗焚滅」四字。李賢曰：「胡亥齋望夷宮，趙高令其壻閻樂逼胡亥自殺。張華曰：望夷宮在長陵西北長平觀東，臨涇水作之，以望北夷。」

〔一〇〕文選下有「永爲世鑒」四字。

〔一一〕文選下有「季年」二字。

〔一二〕文選下有「内兼二軍，外統梁、趙」二語。李賢曰：「吕后以兄子禄爲趙王、上將軍；産爲梁王、相國。各領南北軍。」

〔一三〕文選「威」作「兵」，「亂」作「暴」。

〔一四〕文選作「王道」。

〔一五〕范書作「融顯」。

〔一六〕李善曰：「明表，謂明白之表儀也。」

〔一七〕文選作「祖父中常侍騰」。

〔一八〕宋本作「悺」。

〔一九〕李賢曰：「貪財爲饕，貪食爲餮。」

〔二〇〕范書「假」作「買」。惠棟曰：「陳琳集作假。」何焯曰：「范書宦官傳：嵩，靈帝時貨賂中官及輸西園錢一億萬，故位至太尉。」

〔二一〕范書「璧」作「寶」。

〔二二〕李善曰：「周易曰：鼎金鉉。鄭玄尚書注曰：鼎，三公象也。」

〔二三〕范書「贅」作「姦」。錢大昕曰：「姦當作贅。漢書如淳注：淮南俗，賣子與人作奴婢，名曰贅子。操父嵩本夏侯氏，爲中常侍曹騰養子，故云贅也。」李善曰：「贅，謂假相連屬也。」

〔二四〕文選「令」作「懿」。

〔二五〕方言曰：「僄，輕也。」鋒俠，言如其鋒之利也。文選作「猋狡鋒協」。

〔二六〕漢書霍光傳：「又擅調益幕府校尉。」師古曰：「幕府，大將軍府也。」李善注引漢書音義曰：「衛青征匈奴，大克獲，帝就拜大將軍於幕中，故曰幕府。」錢大昕曰：「漢制，將軍出征有莫府，而列將軍在京師者，亦有莫府之稱。范書、文選昔作董。向曰，幕府，謂紹也；董，督也；鷹，鷙鳥也。言紹督理鷙鳥，埽除閹官也。」

〔二七〕文選「夷」作「除」。李賢曰：「謂紹誅諸閹人也。」

〔二八〕左傳：「欒鍼謂欒書曰：侵官冒也。」呂延濟曰：「暴國，謂卓遷獻帝於西京也。」

〔二九〕惠棟曰："「東夏，即勃海也。紹於勃海起兵。」

〔三〇〕文選無「方」字，「録」作「取」。范書「收」作「廣」。

〔三一〕文選作「同諮合謀」，下有「授以裨師」四字。

〔三二〕文選「慮」作「略」。

〔三三〕宋本作「衂」，文選同。

〔三四〕李賢曰："「操引兵西，將據成皋，到滎陽汴水，遇卓將徐榮，戰不利，士卒死傷多，操爲流矢所中，所乘馬被創。曹洪以馬與操，得夜遁；又爲呂布所敗。」

〔三五〕李善注本無「太守」二字，六臣注本有之。

〔三六〕文選作「領兗州刺史」。

〔三七〕續漢志曰："「虎賁將冠鶡冠，虎文單衣。」李善注："「羊質虎文也。」

〔三八〕文選無此句。

〔三九〕范書「蹴」作「就」。惠棟曰："「就亦訓成，與蹴同義。蹴，子六反。」李善曰："「蹴，成也；言獎成其威柄也。」官本亦作「獎就」，據陳琳本集改正。朱碕曰："「當本作就，誤加足旁作蹴，又誤爲蹴耳。」

〔四〇〕文選「克」作「剋」。左傳："「晉敗秦師于殽，秦伯伐晉，濟河焚舟，取王官及郊，晉人不出，遂霸西戎。」

〔四一〕元本「裂」作「烈」。范書無「操」字。文選「乘」作「承」，「酷裂」作「凶忒」。

〔四二〕讓事見武紀建安二十五年注引曹瞞傳。

〔四三〕文選「逸」作「偉」。

〔四四〕范書無此句。

〔四五〕文選作「身首被梟懸之誅」。臣瓚漢書注："「懸首於木曰梟。」

〔四六〕李善注引魏志曰：「太祖在兗州，陳留邊讓言議，頗侵太祖；太祖殺讓，族其家。」胡克家曰：「袁本文選魏志作魏書，但未必非引王沈魏書也。」

〔四七〕范書作「人怨天怒」。

〔四八〕官本作「彷徨」。

〔四九〕五臣本文選作「推」。

〔五〇〕左傳：「且不登叛人。」杜預注曰：「登，成也。」李周翰曰：「叛人，謂呂布也。」

〔五一〕范書「旌」作「旍」。旍與旌本一字，解見明紀景初元年旍陽注。

〔五二〕文選「赴」作「起」，「破」作「奔」。李善曰：「紹征呂布，諸史不載，蓋史略也。」惠棟曰：「章懷注以爲操破布，失之。」

〔五三〕文選「任」作「位」。

〔五四〕范書無「之民」二字。

〔五五〕范書「後會」作「會後」。文選「東反」作「反旆」，「亂政」作「寇攻」。

〔五六〕李賢曰：「北鄙之警，謂公孫瓚攻紹也。左傳曰：局，部也。杜預注：遠其部曲爲離局。」

〔五七〕何焯曰：「紹不聽郭圖、沮授之言，天子在曹陽，去鄴甚近，不肯奉迎，乃爲操所先，故檄中極意彌縫。然天下人豈可盡欺乎？」

〔五八〕文選作「操便放志專行脅遷，當御省禁，卑侮王室」。范書作「威劫省禁，卑侮王僚」。「官」，宋本作「宮」。陳景雲曰：「若作王宮，複上省禁，疑係官字之誤。」官本考證同。

〔五九〕文選「召」作「領」。應劭漢官儀曰：「尚書爲中臺，御史爲憲臺，謁者爲外臺。」沈家本曰：「董卓傳，召呼三臺尚書以下，所謂坐召三臺也。則召字是。」

〔六〇〕范書「惡」作「怨」。李賢曰：「五宗，謂上至高祖，下及孫；三族，謂父族、母族、妻族。」

〔六一〕文選「蒙」作「受」。

〔六二〕文選此二句倒。

〔六三〕范書「朝」作「期」。章懷注：「賈誼曰：大臣特以簿書不報期會之閒，以爲大故。」

〔六四〕馮本「三」作「二」，范書、文選作「二司」。章懷曰：「續漢書曰：彪代董卓爲司空，又代黄琬爲司徒。」趙一清曰：「彪爲司空、司徒，故曰二司。三字誤。」沈家本曰：「彪又爲太尉，太尉即大司馬更名，與司空、司徒爲東漢之三公。則彪實歷典三司，未可遂以三字爲誤。」

〔六五〕范書「享國」作「元綱」。

〔六六〕文選作「因緣眦睚」。

〔六七〕文選作「參并」。

〔六八〕文選作「備至」。

〔六九〕文選作「任忒」。

〔七〇〕文選作「憲綱」。

〔七一〕文選「議」作「義」。

〔七二〕文選作「加飾」。

〔七三〕文選「權」作「明」。

〔七四〕文選作「母昆」。

〔七五〕顧炎武曰：「容齋隨筆謂小雅維桑與梓，必恭敬止，並無鄉里之説。後人文字，作鄉里事用。愚考之張衡南都賦云：永世克孝，懷桑梓焉；真人南巡，覩舊禮焉。漢人之文，必有所據。魏鍾會與蔣斌書：桑梓之敬，古今所敦。按古人桑梓之説，不過敬老之義，此於詩爲興體，言桑梓猶當敬養，而況父母爲人子之所瞻依？」

〔七六〕何焯曰：「此事不知信否？文選注曹瞞傳云：曹操破梁孝王棺，收金寶。天子聞之，哀泣。似緣此檄而實之。」

〔七七〕「又署」文選作「操又特置」。杭世駿曰：「宋書，廢帝曰：以魏武帝有發丘中郎將、摸金校尉，乃置此二官。」

〔七八〕文選「墮」作「隳」。

〔七九〕文選「官」作「位」。

〔八〇〕范書、文選「殄」作「汙」，「流」作「施」。

〔八一〕范書「繒」作「矰」，文選作「罾」。沈家本曰：「矰繳之矰，當從矢；古人借用繒字。淮南俶真：今繒繳機而在上。三輔黄圖：佽飛具繒繳以射鳧雁。是也。罾，魚網也。與矰繳字異義。」

〔八二〕文選「蹈」作「觸」。

〔八三〕范書「民」作「人」，「嗟吁」作「呼嗟」。

〔八四〕文選作「歷觀載籍無道之臣，貪殘酷烈」。

〔八五〕文選作「加緒含容」。

〔八六〕文選作「摧撓」。

〔八七〕范書作「除忠害善」，文選「中」作「忠」。

〔八八〕文選無「討」字，「歲」作「者」，「禦」作「寇」。

〔八九〕文選作「外助王師，内相掩襲」。范書「相」作「見」。

〔九〇〕各本均誤作「路」，官本作「露」。

〔九一〕范書、文選皆作「挫縮」。

〔九二〕章懷注引獻帝春秋曰：「操引軍造河，託言助紹，實圖襲鄴，以爲瓚援。會瓚破滅，紹亦覺之，以軍退屯於敖倉。」惠棟曰：「太康地志云：秦建敖倉於成皋。括地志云：敖倉在滎陽縣西五里，石門之東，北臨汴水，南帶三皇山。」文選「厥圖不果」下有「爾乃大軍過蕩，西山屠各左校，皆束手奉質，爭爲前登；犬羊殘醜，消淪山谷，於是操師震慴，晨夜逋遁」八語。

〔九三〕章懷注：「韓詩外傳曰：齊莊公獵，有螳蜋舉足，將持其輪。問其御曰：此何蟲？對曰：此螳蜋也。此蟲知進而不知退，不量其力，而輕就敵。莊子曰：螳蜋怒臂以當車轍，不知其不勝任也。隧，道也。」

〔九四〕馮本「千」作「于」，誤。

〔九五〕李善注引尸子：「中黃伯曰：余左執太行之獶，而右搏彫虎。」呂延濟曰：「中黃伯、夏育、烏獲，皆古之力士也。」

〔九六〕章懷曰：「紹甥高幹爲并州刺史，故言越太行山而來助。紹長子譚爲青州刺史。濟、漯，二水名。荆州謂劉表，與紹交，故云下宛、葉。」

〔九七〕范書「焫」作「焚」，「沃」作「注」。聲類曰：「焫，燒也。」說文曰：「熛，火飛也。」文選無「消」字，此句下有「操軍吏士其可戰者」八十六字。

〔九八〕文選「當」作「方」。范書作「綱弛網絕」，文選作「綱維弛絕」。此句下有「聖朝無一介之輔」四十八字。

〔九九〕局本「以」作「肆」，范書「執」作「質」。文選作「又操持部曲，精兵七百，圍守宮闕。外託宿衞，內實拘執」。

〔一〇〇〕文選「禍」作「萌」。此下有「操又矯命稱制」百五十字。

紹進軍黎陽，〔一〕遣顏良攻劉延於白馬。〔二〕沮授又諫紹：「良性促狹，雖驍勇，不可獨任。」紹不聽。太祖救延，與良戰，破斬良。〔三〕

獻帝傳曰：紹臨發，沮授會其宗族，散資財以與之，曰：「夫勢在則威無不加，勢亡則不保一身，哀哉！」其弟宗曰：「曹公士馬不敵，君何懼焉！」〔四〕授曰：「以曹兗州之明略，又挾天子以爲資，我雖克公孫，衆實疲弊，而將驕主忲，〔五〕軍之破敗，在此舉也。揚雄有言：六國蚩蚩，爲嬴弱姬。今之

謂也。」〔六〕

紹渡河，壁延津南，〔七〕使劉備、文醜挑戰。太祖擊破之，斬醜；再戰，禽紹大將，紹軍大震。

獻帝傳曰：紹將濟河，沮授諫曰：「勝負變化，不可不詳，今宜留屯延津，分兵官渡，〔八〕若其克獲，還迎不晚；〔九〕設其有難，衆弗可還。」紹弗從。授臨濟歎曰：「上盈其志，下務其功，悠悠黃河，吾其不反乎！」〔一〇〕遂以疾辭。〔一一〕紹恨之，乃省其所部兵屬郭圖。

太祖還官渡。沮授又曰：「北兵數衆，而果勁不及南，〔一二〕南穀虛少，而貨財不及北。〔一三〕南利在於急戰，北利在於緩搏。〔一四〕宜徐持久，曠以日月。」紹不從。連營稍前，逼官渡，合戰；太祖軍不利，復壁。〔一五〕紹爲高櫓，起土山，射營中，營中皆蒙楯，衆大懼。〔一六〕太祖乃爲發石車，擊紹樓，皆破；紹衆號曰霹靂車。〔一七〕

魏氏春秋曰：以古有矢石，又傳言「旝動而鼓」。說曰：〔一八〕「旝，發石也。」於是造發石車。〔一九〕

紹爲地道，欲襲太祖營。太祖輒於內爲長塹以拒之，又遣奇兵襲擊紹運車，大破之，盡焚其穀。〔二〇〕太祖與紹相持日久，百姓疲乏，多叛應紹，軍食乏。會紹遣淳于瓊等將兵萬餘人，北迎運車。沮授說紹「可遣將蔣奇別爲支軍於表，以斷曹公之鈔」。〔二一〕紹復不從。瓊宿烏巢，〔二二〕去紹軍四十里。太祖乃留曹洪守，自將步騎五千，候夜潛往攻瓊。紹遣騎救之，敗走；破瓊等，悉斬之。〔二三〕太祖還，未至營，紹將高覽、張郃等率其衆降。〔二四〕紹衆大潰，紹與譚單騎退渡河，〔二五〕餘衆僞降，盡坑之。

張璠漢紀云：殺紹卒凡八萬人。〔二六〕

沮授不及紹渡，爲人所執，詣太祖，

獻帝傳云：授大呼曰：「授不降也，爲軍所執耳！」太祖與之有舊，逆謂授曰：「分野殊異，遂用圮絶，〔二七〕不圖今日，乃相禽也。」授對曰：「冀州失策，〔二八〕以取奔北，授智力俱困，宜其見禽耳。」太祖曰：「本初無謀，不用君計，今喪亂過紀，〔二九〕國家未定，當相與圖之。」授曰：「叔父、母、弟，縣命〔三〇〕袁氏，若蒙公靈，速死爲福！」太祖歎曰：「孤早相得，天下不足慮。」

太祖厚待之。後謀還袁氏，見殺。

〔一〕黎陽見武紀建安四年。杭世駿曰：「古今刀劍録云：袁紹在黎陽，夢神授一寶刀，及覺，果在卧所。銘曰思召。紹解之曰：思召，紹字也。袁紹遺壘在滑縣東北十五里，每大營左右，環以二小營；大營九，小營十八。」

〔二〕白馬見武紀建安五年。章懷曰：「白馬縣屬東郡，今滑州縣也。故城在今縣東。」惠棟曰：「高誘云：白馬，津名。水經注云：河過黎陽縣南，爲白馬津，津之東南有白馬城。李吉甫云：白馬故關在衛州黎陽縣一里，後更名黎陽津。」黄山曰：「今衛輝府滑縣東二十里。案，杜預左傳注：東郡白馬縣有黎陽津，有滑臺。括地志：黎陽津一名白馬津，在滑州白馬縣北三十里。後漢書紹傳與魏志皆但云白馬，不言白馬津，又舉縣自可概津。章懷釋爲縣名，係依傳例，不必如惠氏説也。如必説白馬爲津，則黎陽亦可説爲津，轉嫌無別矣。」

〔三〕章懷曰：「蜀志云：曹操使張遼及關羽爲先鋒，羽望見良麾蓋，策馬刺良萬衆之中，斬其首還。諸將莫能當，遂解白馬圍。」

〔四〕惠棟曰：「魏武帝軍策令云：袁本初鎧馬萬領，吾大鎧二十領；本初馬鎧三百具，吾不能有十具。故云不敵也。」

〔五〕胡三省曰：「忕，他蓋翻；侈也。」

〔六〕章懷注：「法言之文也。嬴，秦姓；姬，周姓。方言：蚩，悖也。六國悖惑，侵弱周室，遂爲秦所併也。」

〔七〕延津見武紀建安五年，又見于禁傳。趙一清曰：「方輿紀要卷四十九，延津關舊在衛輝府新鄉縣東南，所謂大河北岸之延津也。袁紹以顔良敗於白馬，自黎陽渡河，迫操軍屯延津，謂此延津也。」

〔八〕官渡見武紀建安四年，范書作官度。章懷云：「官渡在今鄭州中牟縣北。」趙一清曰：「方輿紀要卷四十七，官渡水在中牟縣北中牟臺下，鴻溝自滎陽下分二渠，一爲官渡水，又北則爲黄河。胡氏謂官渡即黄河，故沮授曰：悠悠黄河，吾其濟乎！案，袁紹敗後，幅巾渡河，則黄河在官渡北矣。」黄山曰：「官渡在今開封府中牟縣東六里。」

〔九〕胡三省曰：「還迎留屯大軍也。」

〔一〇〕范書作「吾其濟乎！」惠棟曰：「言不反也。」

〔一一〕范書作「遂以疾退」。

〔一二〕范書「數」作「雖」，「南」下有「軍」字。

〔一三〕范書「貨財」作「資儲」。

〔一四〕范書「搏」作「師」。

〔一五〕范書作「復還堅壁」。

〔一六〕章懷曰：「釋名云：樓櫓者，露上無覆屋也。今官度臺北，土山猶在；臺之東，紹舊營遺基並在焉。楯，今之旁排也。楊雄羽獵賦曰：蒙楯負羽。獻帝春秋曰：紹令軍中各持三尺繩，曹操誠禽，但當縛之。」劉攽曰：「誠當作成。」

〔一七〕章懷曰：「以其發石聲震烈，呼爲霹靂，即今抛車也。」（通鑑胡注作「砲車」。）張晏曰：「范蠡兵法：飛石重十二斤，爲機，發行二百步。」操蓋祖其遺法耳。

〔一八〕官本考證云：「太平御覽引作説文曰。」趙一清曰：「説下脱文字。」

〔一九〕侯康曰：「左傳莊五年（弼按：莊當作桓。）正義，賈逵以旝爲發石，一曰飛石。引范蠡兵法作飛石之事證之。説文亦云：建大木，置石其上，發機以槌敵。與賈同。」潘眉曰：「釋文云：旝，説文作檜。按，今説文作旝，在㫃部；與釋文所引異。」胡玉縉曰：「侯氏引説文以爲與賈逵同，其説良是。官本考證及趙氏未知説曰即賈説，以爲説下脱文字，非也。黄以周禮説旝云：説文旝字次旞之後，在旃之前。旞爲旗而旃爲旗之曲柄，所以旃（段云：當爲展。旃、展雙聲。）表士衆，旝廁其閒，以見爲旗之大木，所以栝發碓石者也。旝建大木，連篆讀之，其義自明。（説文多此例。）其引春秋傳者，存師説也。并引三家詩，其旝如林者，明師説之所自也。蓋三家詩必有説所建發石之木，其多如林者矣。大唐類要武功部載魏武帝令引春秋傳檜動而鼓。説文曰：檜，發石車也。此即釋文所謂亦作檜之本也。太平御覽兵部亦引此令，檜字作旝，而注曰：一云从木，會聲。（今本「木」誤「衣」。）此即據類要文以校之也。嚴氏、王氏又據此以爲説文篆下有發石車也四字。殊不知魏武（令）〔令〕之作檜，從賈讀也；其所引説，即賈説也。説文作旝不作檜，其引説文曰檜，文字衍也。（古人引注語，多云「説曰」。）魏志，太祖乃爲發石車。裴注引魏氏春秋云，以古有矢石，又傳言旝動而鼓。説曰：發石也。於是爲發石車。説下無文字，發石下無車字，此可訂類要、御覽之譌，并可決嚴、王説之非矣。黄説考辯甚覈。」

〔二〇〕趙一清曰：「武帝紀云，用荀攸計，遣徐晃、史渙邀擊，大破之。曹仁傳，仁與史渙等鈔紹運車，即此傳所謂奇兵也。」

〔二一〕章懷曰：「以支軍爲瓊等表援。」胡三省曰：「支，别也；表，外也。」

〔二二〕烏巢見武紀建安五年。黄山曰：「烏巢，唐酸棗縣，今衛輝府延津縣治。」弼按：范書紹傳，是時許攸進襲許之策，紹不能用，攸遂奔操，説使襲取淳于瓊等。范書詳述於此，關鍵最爲重要。曹用其謀而勝，袁拒其言而敗。宜曹公聞許攸來，跣出迎也。

〔二三〕惠棟曰：「獻帝起居注曰：斬大將淳于瓊等八人。」

〔二四〕張郃有傳，見後。

〔二五〕范書紹傳：「紹與譚等幅巾乘馬，與八百騎度河，至黎陽北岸，入其將軍蔣義渠營。至帳下，把其手曰：孤以首領相付矣。義渠避帳而處之，使宣令焉。衆聞紹在，稍復集。」

〔二六〕通鑑云：「前後所殺七萬餘人。」胡三省引獻帝起居注：「曹公上言，凡斬首七萬餘級。」

〔二七〕通鑑胡注引皇甫謐曰：「皇帝推分星次，以定律度。天有十二次，日月之所躔也；地有十二分，王侯之所國也。分，扶問翻；圮當作否。否，隔也。」

〔二八〕胡注：「紹牧冀州，故稱之。」

〔二九〕章懷曰：「十二年曰紀。」

〔三〇〕縣，讀曰懸。

初，紹之南也，田豐說紹曰：〔一〕「曹公善用兵，〔二〕變化無方，衆雖少，未可輕也，不如以久持之。將軍據山河之固，擁四州之衆，外結英雄，内修農戰，然後簡其精鋭，分爲奇兵，〔三〕乘虛迭出，以擾河南。救右則擊其左，救左則擊其右。使敵疲於奔命，民不得安業。我未勞而彼已困，不及二年，可坐克也。今釋廟勝之策，〔四〕而決成敗於一戰，若不如志，悔無及也。」紹不從。〔五〕豐懇諫，紹怒甚，以爲沮衆，械繫之。〔六〕紹軍既敗，或謂豐曰：「君必見重。」豐曰：「若軍有利，吾必全；今軍敗，吾其死矣！」紹還，謂左右曰：「吾不用田豐言，果爲所笑。」遂殺之。〔七〕

先賢行狀曰：豐字元皓，鉅鹿人；或云勃海人。〔八〕豐天姿瓌傑，權略多奇。少喪親，居喪盡哀；日月雖過，笑不至矧。〔九〕博覽多識，名重州黨。初辟太尉府，舉茂才，遷侍御史。閹宦擅朝，英賢被害，豐乃棄官歸家。袁紹起義，卑辭厚幣，以招致豐。豐以王室多難，志存匡救，乃應紹命，以爲別駕。勸紹迎天子，紹不納。紹後用豐謀，以平公孫瓚。逢紀憚豐亮直，數讒之於紹，紹遂忌豐。紹軍之敗也，土崩奔北，師徒略盡。軍皆拊膺而泣曰：「向令田豐在此，不至於是也。」紹謂逢紀曰：「冀州人聞吾軍敗，皆當念吾，惟田別駕前諫止吾，與衆不同，吾亦慙見之。」紀復曰：「豐聞將軍之退，拊手大笑，喜其言之中也。」紹於是有害豐之意。初，太祖聞豐不從戎，喜曰：「紹必敗矣！」及紹奔遁，復曰：「向使紹用田別駕計，尚未可知也。」

孫盛曰：觀田豐、沮授之謀，雖良、平何以過之？故君貴審才，臣尚量主。君用忠良，則霸王之業隆；臣奉闇后，則覆亡之禍至。存亡榮辱，常必由茲。豐知紹將敗，敗則己必死，甘冒虎口，以盡忠規。烈士之於所事，慮不存己。夫諸侯之臣，義有去就，況豐與紹，非純臣乎！詩云：逝將去汝，適彼樂土。言去亂邦，就有道可也。〔一〇〕

紹外寬雅，有局度，憂喜不形於色；而內多忌害，皆此類也。

〔一〕范書紹傳：「曹操畏紹過河，乃急擊劉備，遂破之。紹於是進軍攻許，田豐以既失前機，不宜便行。」王補曰：「曹操擊劉備於沛，豐勸紹舉軍襲其後。及備敗奔紹，紹進軍攻許，豐力沮之。此兵機之微也。」

〔二〕范書紹傳此句上有「曹操既破劉備，則許下非復空虛」二語。弼按：操擊備，許下空虛，故可襲許。官渡之役，兩軍相持，操悉師拒紹，故許攸亦進襲許之謀。

〔三〕章懷云：「孫子兵法，凡戰者以正合，以奇勝。注云：正者當敵，奇者擊其不備。」

〔四〕通鑑胡注：「定策於廟堂之上。孫子曰：未戰而廟勝，得算多也。」

〔五〕通鑑輯覽曰：「田豐乘虛迭出之謀，與晉荀罃三駕敝楚之術同。罃計行而晉霸，豐不用而紹亡。明人所見略同，成事在乎審勢，信矣！」

〔六〕王補曰：「既拒沮授之諫，又不納田豐之策，而械繫之。紹之敗形已決，故操聞豐不從戎而喜也。」

〔七〕范書紹傳：「田豐曰：公貌寬而內忌，不亮吾忠，而吾數以至言迕之。若勝而喜，必能赦我；戰敗而怨，內忌將發。若軍出有利，當蒙全耳；今既敗矣，吾不望生。」通鑑輯覽曰：「既知不用人之言而致敗，乃以見笑殺之，如此矜忌，其得善終幸矣，尚冀子能克家哉！」杭世駿曰：「水經注曰：渠水又東逕田豐祠北。袁本初慚不納其言害之，時人嘉其誠謀，無辜見戮，故立祠於是，用表袁氏覆滅之宜。」

〔八〕先賢行狀見武紀建安十三年；鉅鹿見武紀建安十七年；勃海見武紀初平元年。

〔九〕禮曲禮：「笑不至矧。」鄭注：「齒本曰矧，大笑則見。」

〔一〇〕王補曰：「祿山聞房琯諸王分鎮之謀，拊膺歎曰：吾不能得天下矣！曹操聞豐不從戎而喜。又言向使紹用其別駕計，尚未可知。一謀之善，足以破賊膽而挫雄心，握軍政者，須於此探其幾焉。」又曰：「曹操征烏桓，羣臣諫之，不從。及見克而歸，召前諫者厚賞之，曰：孤乘危以徼幸，雖得之不可爲常；諸君之諫，萬安之計也。是以相賞，後勿難言。觀袁紹既敗於官渡，必殺田豐，可知二人之興亡所由矣。」

冀州城邑多叛，紹復擊定之。自軍敗後，發病；七年，憂死。〔一〕

〔一〕潘眉曰：「魏志載荀彧沮董昭等九錫議，太祖心不能平，彧以憂薨。裴注引傅子言，明帝疏劉子揚，遂發狂以憂死。兩處憂字不誤。此傳云：七年，憂死。憂乃夏字之譌。紹以夏五月死，見武帝紀。」周壽昌曰：「予案後漢書作七年夏，薨。潘氏謂憂死之憂爲夏字之誤。然紹以兵敗發病憂死，亦合情事。觀劉表傳只稱表病死，亦未詳何月。若書夏，則五月二字不可省。又按獻帝紀書七年夏五月庚戌，袁紹薨。不獨紀年月，並詳其日矣。」趙一清曰：「後漢書紹傳注引獻帝春秋曰：『紹爲人政寬，百姓德之。河北士女，莫不傷怨，市巷揮淚，如或喪親。』」惠棟曰：「樂史云，紹墓在相州臨漳縣西北十六里，漢之鄴也。」杭世駿曰：「冢記云，袁紹墓在臨漳縣西北十八里。紹爲冀州牧，卒，葬此。」

紹愛少子尚，貌美，欲以爲後而未顯。

典論曰：譚長而惠，尚少而美。紹妻劉氏愛尚，數稱其才，紹亦奇其貌，欲以爲後。未顯而紹死。〔一〕劉氏性酷妒，紹死，僵尸未殯，寵妾五人，劉盡殺之。以爲死者有知，當復見紹於地下，乃髡頭墨面，以毁其形。尚又爲盡殺死者之家。

審配、逢紀與辛評、郭圖爭權，〔二〕配、紀與尚比，評、圖與譚比。衆以譚長，欲立之；配等恐譚立而評等爲己害，緣紹素意，乃奉尚代紹位。〔三〕譚至，不得立，自號車騎將軍。〔四〕由是譚、尚有隙。太祖北征譚、尚，譚軍黎陽，尚少與譚兵，而使逢紀從譚。譚求益兵，配等議不與；譚怒，殺紀。

英雄記曰：紀字元圖。初，紹去董卓出奔，與許攸及紀俱詣冀州。紹以紀聰達有計策，甚親信之，與共舉事。後審配任用，與紀不睦。或有讒配於紹，紹問紀，紀稱：「配天性烈直，古人之節，不宜疑之。」紹曰：「君不惡之邪？」紀答曰：「先日所爭者，私情；今所陳者，國事。」紹善之，卒不廢配。配由是更與紀爲親善。〔五〕

太祖渡河攻譚，譚告急於尚。尚欲分兵益譚，恐譚遂奪其衆，乃使審配守鄴，尚自將兵助譚，與太祖相拒於黎陽。〔六〕自二月至九月，大戰城下，譚、尚敗走，入城守。太祖將圍之，乃夜遁。〔七〕追至鄴，收其麥，拔陰安，引軍還許。〔八〕太祖南征荆州，軍至西平。〔九〕譚、尚遂舉兵相攻，譚敗，奔平原；尚攻之急，譚遣辛毗詣太祖請救。〔一〇〕太祖乃還救譚，十月，至黎陽。〔一一〕

魏氏春秋載劉表遺譚書曰：〔一二〕「天篤降害，〔一三〕禍難殷流，〔一四〕尊公殂殞，〔一五〕四海悼心。賢胤承統，〔一六〕遐邇屬望，咸欲展布旅力，以投盟主，雖亡之日，猶存之年也。〔一七〕何寤青蠅飛於干旍，無極游於二壘，〔一八〕使股肱分爲二體，背膂絶爲異身。〔一九〕昔三王五伯，下及戰國，父子相殘，蓋有之矣；〔二〇〕然或欲以成王業，〔二一〕或欲以定霸功，〔二二〕或欲以顯宗主，或欲以固冢嗣。未有棄親即異，拔其本根，〔二三〕而能崇業濟功，垂祚後世者也。若齊襄復九世之讎，〔二四〕士匄卒荀偃之事，是故春秋美其義，君子稱其信。夫伯游之恨於齊，未若文公之忿曹；宣子之承業，未若仁君之繼統也。〔二五〕且君子之違難，不適讎國，〔二六〕豈可忘先君之怨，棄至親之好，爲萬世之戒，遺同盟之恥哉！〔二七〕冀州不弟之慠，〔二八〕既已然矣；仁君當降志辱身，以匡國爲務。雖見憎於夫人，未若鄭莊之於姜氏；兄弟之嫌，未若重華之於象傲也。然莊公有大隧之樂，象受有鼻之封。願棄捐前忿，遠思舊義，復爲母子昆弟如初。」〔二九〕又遺尚書曰：「知變起辛、郭，〔三〇〕禍結同生，追閼伯、實沈之蹤，〔三一〕忘棠棣死喪之義，〔三二〕親尋干戈，僵尸流血，聞之哽咽，雖存若亡。〔三三〕昔軒轅有涿鹿之戰，周武有商奄之師，〔三四〕皆所以翦除穢害，而定王業，非强弱之事爭喜怒之忿也。〔三五〕故雖滅親不爲尤，誅兄不傷義。〔三六〕今二君初承洪業，纂繼前軌，進有國家傾危之慮，退有先公遺恨之負，當唯義是務，〔三七〕唯國是康。何者？金木水火以剛柔相濟，然後克得其和，能爲民用。〔三八〕今青州天性峭急，迷於曲直，〔三九〕仁君度數弘廣，綽然有餘，當以大包小，以優容劣。

先除曹操以卒先公之恨，事定之後，乃議曲直之計，〔四〇〕不亦善乎！〔四一〕若留神遠圖，克己復禮，當振旆長驅，〔四二〕共獎王室。若迷而不反，違而無改，〔四三〕則胡夷將有誚讓之言，況我同盟，復能戮力爲君之役哉！〔四四〕此韓盧、東郭自困於前，而遺田父之獲者也。〔四五〕憤踊鶴望，〔四六〕冀聞和同之聲。若其泰也，則袁族其與漢升降乎；如其否也，則同盟永無望矣！」〔四七〕譚、尚盡不從。〔四八〕

漢晉春秋載審配獻書於譚曰：「春秋之義，〔四九〕國君死社稷，忠臣死王命，苟有圖危宗廟，敗亂國家，王綱典律，親疏一也。是以周公垂泣而蔽管、蔡之獄，〔五〇〕季友歔欷而行鍼叔之鴆。〔五一〕何則？義重人輕，事不得已也。昔衛靈公廢蒯聵而立輒，蒯聵爲不道，入戚以篡，衛師伐之。春秋傳曰：以石曼姑之義，爲可以拒之。是以蒯聵終獲叛逆之罪，而曼姑永享忠臣之名。父子猶然，豈況兄弟乎！〔五二〕昔先公廢絀將軍，以續賢兄；立我將軍，以爲適嗣；〔五三〕上告祖靈，下書譜牒，先公謂將軍爲兄子，將軍謂先公爲叔父，〔五四〕海內遠近，誰不備聞？且先公即世之日，我將軍斬衰居廬，而將軍齋于堊室，〔五五〕出入之分，於斯益明。是時凶臣逢紀，〔五六〕妄畫蛇足，〔五七〕曲辭諂媚，交亂懿親。將軍奮赫然之怒，誅不旋時，將軍亦奉命承旨，加以淫刑。〔五八〕自是之後，癰疽破潰，骨肉無絲髮之嫌；自疑之臣，皆保生全之福。故悉遣强胡，簡命名將，料整器械，選擇戰士，殫府庫之財，竭食土之實，其所以供奉將軍，何求而不備？君臣相率，共衛旌麾，戰爲雁行，賦爲幣主，雖傾倉覆庫，翦剥民物，上下欣戴，莫敢告勞。何則？推戀戀忠赤之情，盡家家肝腦之計，脣齒輔車，不相爲賜。謂爲將軍心合意同，混齊一體，必當并威偶勢，禦寇寧家。何圖凶險讒慝之人，造飾無端，誘導姦利，至令將軍翻然改圖，忘孝友之仁，聽豺狼之謀，〔五九〕誣先公廢立之言，違近者在喪之位，悖綱紀之理，不顧逆順之節，橫易冀州之主，欲當先公之繼。遂放兵鈔撥，〔六〇〕屠城殺吏，交尸盈原，裸民滿野，或有髡鬍髮膚，割截支體，冤魂痛於幽冥，創痍號於草棘。〔六一〕又乃圖獲鄴城，許賜秦、胡，財物婦女，豫有分界。〔六二〕或聞告令吏士云：孤雖有老母，輒使身體完具而已。〔六三〕聞此言者，莫不驚愕失氣，悼心揮涕，使太夫人憂哀憤懣於堂室，〔六四〕我州君臣士友，假寐悲歎，〔六五〕無所措其手足。念欲靜師拱默，以聽執事之圖，則懼違春秋死命之節，貽太夫人不測之患，〔六六〕隕先公高世之業。〔六七〕且三軍憤慨，人懷私怒，我將軍辭不獲已，以及館陶之役。〔六八〕是時外爲禦難，內實乞罪，既不見赦，而屠辱各二三其心，〔六九〕臨陣叛戾。我將軍進退無功，首尾受敵，引軍奔避，不敢告辭。亦謂將軍當少垂親親之仁，貺以緩追之惠，〔七〇〕而乃尋蹤躡軌，無所逃命。困獸必鬬，以干嚴行；而將軍師旅土崩瓦解，此非人力，乃天意也。是後又望將軍改往修來，克己復禮，追還孔懷如初之愛。而縱情肆怒，趣破家門，企踵鶴立，連結外讎，散鋒放火，播增毒螫，烽煙相望，涉血千里，遺城厄民，引領悲怨，雖欲勿救，惡得已哉！故遂引軍東轅，保正疆埸，雖近郊壘，未侵境域，然望旌麾，能不永歎！配等備先公家臣，奉廢立之命；而圖等干國亂家，禮有常刑。故奮敝州之賦，以除將軍之疾。若乃天啓於心，早行其誅，〔七一〕則我將軍匍匐悲號於將軍股掌之上，配等亦袒躬布體，以待斧鉞之刑。若必不悛，有以國斃，圖頭不縣，軍不旋踵。願將軍詳度事宜，錫以環玦。」〔七二〕

典略曰：譚得書，悵然，登城而泣。既劫於郭圖，亦以兵鋒累交，遂戰不解。

尚聞太祖北，釋平原還鄴。其將呂曠、呂翔叛尚，歸太祖。〔七三〕譚復陰刻將軍印假曠、翔。太祖知譚詐，與結婚以安之，〔七四〕乃引軍還。尚使審配、蘇由守鄴，復攻譚平原。太祖進軍將攻鄴，到洹水，去鄴五十里。〔七五〕由欲爲內應，謀泄，與配戰城中，敗，出奔太祖。太祖遂進攻之，爲地道，配亦於内作塹以當之。配將馮禮開突門，〔七六〕内太祖兵三百餘人。配覺之，從城上以大石擊突中柵門，柵門閉，入者皆沒。太祖遂圍之，爲塹，周四十里，〔七七〕初令淺，示若可越，配望而笑之，不出爭利。太祖一夜掘之，廣深二丈，決漳水以灌之。〔七八〕自五月至八月，城中餓死者過半。尚聞鄴急，將兵萬餘人還救之，依西山來，〔七九〕東至陽平亭，〔八〇〕去鄴十七里，臨滏水，〔八一〕舉火以示城中，城中亦舉火相應。配出兵城北，欲與尚對決圍。太祖逆擊之，敗還，尚亦破走，依曲漳爲營。〔八二〕太祖遂圍之。未合，尚懼，遣陰夔、陳琳乞降，不聽，尚還走濫口。〔八三〕進，復圍之急，其將馬延等臨陣降，衆大潰，尚奔中山。〔八四〕盡收其輜重，得尚印綬節鉞及衣物，以示其家，〔八五〕城中崩沮。配兄子榮守東門，〔八六〕夜開門内太祖兵，與配戰城中，生禽配。配聲氣壯烈，終無撓辭，見者莫不歎息。遂斬之。

先賢行狀曰：配字正南，魏郡人。〔八七〕少忠烈慷慨，有不可犯之節。袁紹領冀州，委以腹心之任，以爲治中別駕，〔八八〕并總幕府。初，譚之去，皆呼辛毗、郭圖家得出，而辛評家獨被收。及配兄子開城門内兵，時配在城東南角樓上，望見太祖兵入，忿辛、郭壞敗冀州，乃遣人馳詣鄴獄，指殺仲治家。〔八九〕是時辛毗在軍，聞門開，馳走詣獄，欲解其兄家，兄家已死。是日生縛配，將詣帳下，辛毗等逆，以馬鞭擊其頭，罵之曰：「奴，汝今日真死矣！」配顧曰：「狗輩！正由汝曹破我冀州，恨不得殺汝也！且汝今日能殺生我耶？」〔九〇〕有頃，公引見，謂配知「誰開卿城門」？配曰：「不知也。」曰：「自卿文榮耳。」〔九一〕配曰：「小兒不足用，乃至此。」公復謂曰：「曩日孤之行圍，〔九二〕何弩之多也？」配曰：「恨其少耳！」〔九三〕公曰：「卿忠於袁氏父子，亦自不得不爾也。」有意欲活之。配既無撓辭，〔九四〕而辛毗等號哭不已，乃殺之。初，冀州人張子謙先降，素與配不善，笑謂配曰：「正南，卿竟何如我？」配厲聲曰：「汝爲降虜，審配爲忠臣，雖死豈若汝生邪！」〔九五〕臨行刑，叱持兵者，令北向。曰：「我君在北。」〔九六〕樂資山陽公載記及袁暐獻帝春秋並云，太祖兵入城，審配戰於門中；既敗，逃於井中；於井獲之。臣松之以爲：配一代之烈士，袁氏之死臣，豈當數窮之日，方逃身於井？此之難信，誠爲易了。不知資、暐之徒，竟爲何人，未能識別然否，而輕弄翰墨，妄生異端，以行其書。如此之類，正足以誣罔視聽，疑誤後生矣。實史籍之罪人，達學之所不取者也。

高幹以并州降，復以幹爲刺史。

〔一〕監本、吴本、官本「死」作「妻」，誤。

〔二〕范書紹傳：「官渡之敗，審配二子爲曹操所禽。孟岱與配有隙，因蔣奇言於紹曰：配在位專政，族大兵强，且二子在南，必懷反叛。郭圖、辛評亦爲然。紹遂以岱爲監軍，代配守鄴。」

〔三〕范書紹傳：「配等矯紹遺命，奉尚爲嗣。」何焯曰：「袁氏傾覆，以紀、配立少促之。配後雖抗節，不足多也。」

〔四〕胡三省曰：「袁紹初起兵，自號車騎將軍，故譚亦稱之。」

〔五〕范書紹傳：「紀曰：配天性烈直，每所言行，慕古人之節，不以二子在南爲不義也。公勿疑之。」通鑑胡注：「逢紀能爲審配言，而不肯救田豐之死，果爲國事乎？」

〔六〕杭世駿曰：「述征記，黎陽城西南七里，有袁譚城，城西南三里，又有一城，曹操攻譚時所築。元和郡縣志，袁譚故城在黎陽縣西南一百步，曹操故城在縣西南一百里。濬縣志曰：袁譚城今呼爲團城。」趙一清曰：「方輿紀要卷十六，袁譚城在大名府濬縣西。又水經濁漳水注曰：衡水又北爲袁譚渡。蓋譚自鄴往還所由濟，故得厥名。」

〔七〕錢大昭曰：「按范書作自九月至明年二月。考武帝紀，建安七月（弼按：武紀無「七月」二字，「月」字當爲「年」字。）

譚自號車騎將軍，屯黎陽。秋九月，公征之；八年春三月，拔其郭，大破之，譚、尚夜遁。據此，則范史爲是，此傳誤也。」潘眉曰：「紹以五月死，公征譚、尚在是年九月，至明年二月，乃大破之。此二月至九月倒誤，當作自九月至明年三月。後漢書作自九月至明年二月，較明晰。然二月亦誤。蓋以三月破之，夏四月進軍鄴，五月還許也。」弼按：通鑑考異亦云：「當云自九月至二月。」

〔八〕郡國志：「魏郡陰安。」一統志：「今直隸大名府清豐縣北。」范書紹傳云：「譚、尚遁還鄴，操進軍，尚逆擊破操，操軍還許。」胡三省曰：「此諸葛孔明所謂逼於黎陽時也，必有破操軍事，魏人諱而不書耳。」弼按：武紀夏四月進軍鄴，五月還許。既進攻至鄴，非軍挫敗，豈有旋進旋退之理？觀范書紹傳，袁譚有及其未濟出兵掩之之語；及劉表與袁譚書，有摧嚴敵於鄴都之語；又操己酉令諸將出征，敗軍者抵罪，失利者免官爵之令，可互證操軍之敗。

〔九〕西平見武紀建安八年。

〔一〇〕辛毗説魏武，見毗傳；荀攸亦勸與譚和，見攸傳。

〔一一〕范書紹傳：「譚謂尚曰：我鎧甲不精，故前爲曹操所敗。今操軍退，人懷歸志，及其未濟，出兵掩之，可令大潰，此策不可失也。尚疑而不許。既不益兵，又不易甲。譚大怒。郭圖、辛評因此謂譚曰：使先公出將軍爲兄後者，皆是審配之所搆也。譚然之，遂引兵攻尚，戰於外門。譚敗，乃引兵還南皮。尚復自將攻譚，譚戰，大敗；嬰城固守。尚圍之急，譚奔平原，而遣潁川辛毗詣操請救。」

〔一二〕章懷注云：「劉表二書，見王粲傳。」弼按：蓋仲宣代劉表作。

〔一三〕「篤降」，范書作「降災」。

〔一四〕范書此句下有「初交殊族，卒成同盟，使王室震蕩，彝倫攸斁。是以智達之士，莫不痛心，入骨傷時，人不能相忍也。然孤與太公，志同願等，雖楚、魏絶邈，山河〔迴〕〔逈〕遠，戮力乃心，共奬王室。使非族不干吾盟，異類不絶吾好，此孤與太公無貳之所致也。功績未卒」九十一字。

〔一五〕范書「尊公」作「太公」。

〔一六〕范書此句下有「以繼洪業，宣奕世之德，履丕顯之祚。摧嚴敵於鄴都，揚休烈於朔土，顧定疆宇，虎視河外，凡我同盟，莫不景附」四十二字。

〔一七〕宋本、元本、馮本「年」作「願」。

〔一八〕范書「干旍」作「竿旌」，「無極」作「無忌」。章懷云：「史記：費無忌日夜讒太子於王。」左傳作「無極」。竿、旌二壘者，謂譚、尚也。

〔一九〕范書「背脅」作「匈脅」。此句下有「初聞此問，尚謂不然；定聞信來，乃知閼伯、實沈之忿已成，棄親即讐之計已決。旃旆交於中原，暴尸累於城下，聞之哽咽，若存若亡」五十字。

〔二〇〕李光地曰：「父子相殘云云，背謬如此，表喪其心矣。」

〔二一〕章懷云：「若周公誅管、蔡之類。」

〔二二〕章懷云：「若齊桓公殺子糾也。」范書此句下有「皆所謂逆取順守，而徼富强於一世也」十五字，無下二句。

〔二三〕「拔」，宋本、元本作「抗」，馮本作「杌」，范書作「兀」。沈家本曰：「杌當從手。說文，杌，動也。史記司馬相如傳集解引郭璞曰：杌，搖也。此言動搖其本根也。」

〔二四〕趙一清曰：「若乃昔字之譌。」

〔二五〕章懷云：「公羊傳曰：紀侯大去其國。大去者何？滅之也；孰滅之也？齊滅之。曷爲不言齊滅之？爲襄公諱也。春秋爲賢者諱。何賢於襄公？復讎也；何讎爾？遠祖也。哀公亨於周，紀侯譖之。遠祖者幾代？九代矣。左傳曰：荀偃將中軍，士匄佐之，伐齊。濟河，病目出；及卒，而視不可含。士匄撫之曰：主苟終，所不嗣事於齊，有如河！乃瞑受含。伯游，荀偃字也；宣子，即士匄也。」錢大昭曰：「文公當從范書作太公。案范書作宣子之臣承業，官本考證云：衍一臣字。」周壽昌曰：「仲宣集有臣字，言以臣承業，未若以子繼統。有臣字對勘語更顯。」

〔二六〕左傳：「公山不狃曰：君子違難，不適讎國。」杜預曰：「違，奔亡也。」

〔二七〕胡三省曰：「表與袁紹同盟。」

〔二八〕左傳曰：「段不弟。」尚據冀州，故稱之。

〔二九〕章懷曰：「鼻國在永州營道縣北，今猶謂之鼻亭。」史記曰：「舜名重華。」惠棟曰：「丘光庭云：案，虞書傲是不恭之稱，非兩字名。」棟案，傲不必象名，而可兼稱也。」

〔三〇〕古文苑此句上有「表頓首頓首將軍麾下：勤整六師，芟討暴虐，戎馬厮養，罄無不宜，甚善甚善！河山阻限，狼虎當路，雖遣驛使，或至或否，口使引領，告而莫達。初聞郭公則、辛仲治通內外之言，造交遘之隙，使士民不協，姦釁並作，聞之謂然，爲增忿怒。校尉劉堅、皇河、田買等，前後到荆，得二月六日所起書，又得賢兄貴弟顯雍及審別駕書，陳叙事變本末之理」云云。

〔三一〕左傳：「子產曰：高辛氏有二子，伯曰閼伯，季曰實沈，居於曠林，不相能也；日尋干戈，以相征討。」

〔三二〕章懷注作「常棣」。

〔三三〕章懷注作「若存若亡」。

〔三四〕史記：「蚩尤作亂，黄帝徵師諸侯，與蚩尤戰於涿鹿之野，禽殺蚩尤。周公東伐淮夷，（踐）〔殘〕奄，遷其君蒲姑。」章懷注「武」作「公」。沈家本曰：「武字誤。」

〔三五〕范書注衍事字。

〔三六〕范書注無「爲」字、「義」字。

〔三七〕范書注作「當唯曹是務」。古文苑作「當唯曹氏是務」。惠棟曰：「曹，衆也。王粲集云唯曹氏是務，此後人妄加也。」

〔三八〕胡三省曰：「金能勝木，然執柯伐柯，非木無以成金斲削之利；水能勝火，然水在火上，非火無以成水烹飪之功。

此類非一，可以概推也。」

〔三九〕譚據青州，故稱之。

〔四〇〕范書注「卒」作「平」，「計」作「評」。

〔四一〕古文苑作「且當先除曹操，以卒先公之恨；事定之後，乃議兄弟之怨。使記注之士，定曲直之評，不亦上策耶！」

〔四二〕范書作「振旅」。

〔四三〕范書「違」作「遵」，古文苑作「遂」。

〔四四〕范書「爲」作「仁」。

〔四五〕胡三省曰：「淳于髡說齊威王曰：韓盧者，天下之俊犬也，東郭兔者，天下之狡兔也。韓盧逐東郭逡，騰山者五，環山者三，兔極於前，犬疲於後，犬兔俱疲，各死其處。田父見而獲之，無勞苦而擅其功。」

〔四六〕古文苑此句上有「表與劉左將軍及北海孫公佑共說此事，未嘗不痛心入骨，相爲悲傷也。今整勒士馬」云云。

〔四七〕王補曰：「表與尚書，詳見章樵注本古文苑十，韓无咎本無之。其書七百七十九字，章懷注及魏志紹傳注所引魏氏春秋，僅録其半，且互有刪節。」

〔四八〕王補曰：「譚求救於曹，表以棄親即讎爲言；尚環攻譚，又規其失義自亡。厥後譚、尚均爲操所擒，而袁氏盡墮。二書所戒，其不信乎！然表竟自忘覆轍，廢長立愛，以喪荆州，是又所謂明不見眉睫也。范史合傳，意在於斯，故贊結以矜强少成，坐談奚望，回皇冢嬖，身頹業喪。垂鑒深矣！或曰，景升二書，可謂切至矣，卒之家事與袁氏若出一轍，絶不反而自思，何也？」

〔四九〕范書此句上有「配聞良藥苦口而利於病，忠言逆耳而便於行。願將軍緩心抑怒，終省愚辭」云云。

〔五〇〕范書「而蔽」作「以斃」。惠棟曰：「斃當作弊，斷也。或作蔽，義同。」

〔五一〕錢大昭曰：「鍼叔左氏傳作鍼季，范書作叔牙之誅。公羊傳曰：公子牙卒，何以不稱弟？殺也；爲季子諱殺也。」

〔五二〕輒，蒯聵之子，出公也，靈公適孫。魯哀公三年，衛石曼姑帥師圍戚。

〔五三〕范書「適」作「嫡」。姚範曰：「觀前沮授之諫，似未出後者。」

〔五四〕何焯云：「觀此二語，則漢末稱本生之親，不復系以父母之名矣。」梁玉繩曰：「此古者本生父母不稱父母之證。」

〔五五〕禮雜記：「三年之喪，廬堊室之中。」

〔五六〕范書作「何意凶臣郭圖」。或謂英雄記云，配與紀更爲親善，似不當言凶臣逢紀。又按本傳云：評、圖與譚比，此文後又有圖等干國亂家，及圖頭不縣軍不旋踵之語。似指郭圖爲是。又按，黄山駁錢大昭語，意亦相同，辭繁未載。沈家本曰：「譚殺逢紀，故下文云將軍奮赫然之怒，誅不旋時云云。下文凶險讒慝之人，方指郭圖。蓋譚、尚相攻，圖實搆之也。范書删將軍奮赫然之怒一段，故改逢紀爲郭圖，以就文義。然非其原文矣。配、紀並與尚比，而目爲凶臣者，殆歸罪於紀以自解歟？」

〔五七〕章懷云：「戰國策：楚有祠者，賜其舍人酒，請各畫地爲蛇，先成者飲酒。一人蛇先成，引酒且飲，乃左手持酒，右手畫蛇曰：吾能爲之足。未成，一人蛇成，奪其巵曰：蛇固無足，子安能爲足！遂飲酒。爲蛇足者，終亡其酒。」

〔五八〕李慈銘曰：「將軍上當有我字。蓋譚誅逢紀後，令尚誅其妻子。」黄山曰：「兩言將軍，既嫌無別；奉命承旨，又曰淫刑，亦不可通。」

〔五九〕范書作「襄閼、沈之迹」。

〔六〇〕范書「撥」作「突」。

〔六一〕范書「號」作「被」。

〔六二〕范書「界」作「數」。

〔六三〕官本考證云：「輒，宋本作趣，范書亦作趣。」

〔六四〕范書作「憂哀憤隔」。

〔六五〕范書「假」作「監」。桓帝紀：「監寐寤歎。」錢大昕曰：「監寐，猶假寐也。監、假聲相近。」

〔六六〕章懷曰：「貽，遺也。」

〔六七〕范書作「損先公不世之業」。

〔六八〕章懷注引獻帝春秋曰：「譚、尚遂尋干戈，以相征討。譚軍不利，保於平原。尚乃軍於館陶，譚擊之，敗；尚走保險。譚追攻之，尚設奇伏，大破譚軍。僵屍流血，不可勝計。譚走還平原。」

〔六九〕陳景雲曰：「辱字衍文。屠各，匈奴種。是時袁尚攻譚，倚匈奴爲助。及交兵之後，譚兵擊其前，屠各叛於後。故下云進退無功，首尾受敵也。」

〔七〇〕穀梁傳：「緩追逸賊，親親之道也。」

〔七一〕范書作「若乃天啟尊心，革圖易慮」。

〔七二〕章懷云：「孫卿子曰：絶人以玦，反人以環。」范書紹傳「以及館陶之役」以下，有「伏惟將軍，至孝蒸蒸，發於岐嶷；友于之性，生於自然。章之以聰明，行之以敏達，覽古今之舉措，覩興敗之徵符，輕榮財於糞土，貴名高於丘岳。何意奄然迷沈，墮賢哲之操；積怨肆忿，取破家之禍。翹企延頸，待望讐敵，委慈親於虎狼之牙，以逞一朝之志，豈不痛哉！」與此互有删節。

〔七三〕吕翔見武紀建安八年。潘眉曰：「吕翔，當依范書作高翔。武紀亦誤。」

〔七四〕范書紹傳：「乃以子整聘譚女以安之。」

〔七五〕洹水見武紀建安九年。趙一清曰：「水經洹水注，魏土地記曰：鄴城南四十里，有安陽城，城北有洹水東流者也。」

〔七六〕范書「禮」作「札」。陳景雲曰：「札當作礼，古禮字也。」錢大昕曰：「閩本作馮禮。」章懷云：「墨子備突篇曰，城百步一突門，突門用車兩輪，以木束之，塗其上，維置突門內，度門廣狹之，令人入。門四尺，中置窒。突門旁爲橐，充竈狀，又置艾。寇即入，下輪而塞之，鼓橐薰之也。」康發祥曰：「三輔黄圖，長安九市，四市在道西，三市在道東。凡四里爲一市，致九州之人在突門。水經注云，光門一名突門。是突門不獨鄴城有也。」突門又互見明紀太和二年注。

〔七七〕范書作「鑿壍圍城」。

〔七八〕漳水見武紀建安九年。水經濁漳水注引獻帝春秋曰：「司空鄴城圍周四十里，初淺而狹，如或可越。審配不出爭利，望而笑之，司空一夜增修，廣深二丈，引漳水以灌之，遂拔鄴。」謝鍾英曰：「水經注，漳水過鄴西。按，今臨漳縣西二里。」

〔七九〕西山見武紀建安九年。

〔八〇〕趙一清曰：「續郡國志，鄴有平陽城。方輿紀要卷四十九，平陽城在彰德府臨漳縣西二十五里。陽平亭即平陽也。」

〔八一〕康發祥曰：「吴起云，殷紂之國，左孟門而右漳、滏。注：水若出於釜，故名滏。」謝鍾英曰：「舊志滏有二源，一出神麕小黑龍洞口，一出武安鼓山南岩下。合流逕磁州南關，繞城東南至臨漳縣西十五里入漳水。方輿紀要，今臨漳縣西四十五里，永樂中漳河自張固村決入滏水，成化中漳水復挾而東南出，滏水之舊流幾絶。」弼按：聚珍本水經注案語云，太平御覽引水經注曰：「滏水發源出石鼓山南巖下，泉奮湧滚滚如湯，其水冬温夏冷。崖上有魏世所立銘，水上有祠，能興雲雨。滏水東流，注於漳，謂之合河。」原本及近刻並脱落。滏水又互見武紀建安九年注。

〔八二〕章懷云：「漳水之曲。」

〔八三〕濫口見武紀建安九年祁山注。胡三省曰：「陳壽魏武紀作祁山，袁紹傳作濫口，范史袁紹傳作藍口。賢注曰：相州安陽縣界有藍嵯山，與鄴相近，蓋藍山之口。」趙一清曰：「水經濁漳水注：絳水西出穀遠縣，爲濫水；濫水之名以此。方輿紀要卷四十九：藍嵯山，或謂之祁山，諸葛武侯謂曹操危於祁連，蓋即藍口之戰。」潘眉曰：「藍、濫古字通。郡國志東海昌慮有藍鄉，劉昭注引左傳昭三十一年邾黑肱以濫來奔。濫即藍鄉也。濫口之濫，音藍。」

謝鍾英曰：「方輿紀要，今彰德府城西。鍾英按，當時兵勢，祁山即濫口，一地兩名，猶之木門、青封也。」

〔八四〕中山見武紀建安九年。

〔八五〕范書作「以示城中」。

〔八六〕范書，榮爲東門校尉。

〔八七〕沈欽韓曰：「隸釋陳球碑陰，故吏陰安審配。則配是魏郡陰安人。」

〔八八〕治中別駕解見武紀初平三年。

〔八九〕辛評字仲治，毗之兄。

〔九〇〕胡三省曰：「言生殺由曹操，不由辛毗。」

〔九一〕盧明楷曰：「上正文云配兄子榮，此文字疑爲子字之譌。冊府元龜亦作子，何焯校改同。」

〔九二〕局本「日」作「者」。

〔九三〕胡三省曰：「謂射操不中也。」范書紹傳：「配令士卒曰：堅守死戰，操軍疲矣，幽州方至，何憂無主？操出行圍，配伏弩射之，幾中。」

〔九四〕胡三省曰：「撓，奴教翻，曲也。」惠棟曰：「法言云：越興亢眉，終無撓辭。」

〔九五〕通鑑「若」作「羡」。

〔九六〕胡三省曰：「袁紹下士，能盡死以效節者，審配一人而已。我君在北，謂袁尚已北奔也。」何焯曰：「配於廢立之際，從主於昏，雖能死，不得與沮授比。」

太祖之圍鄴也，譚略取甘陵、安平、勃海、河間，攻尚於中山。尚走故安從熙，〔一〕譚悉收其衆。太祖將討之，〔二〕譚乃拔平原，并南皮，自屯龍湊。〔三〕十二月，太祖軍其門，譚不出。夜遁，奔南皮，臨清河而屯。〔四〕十年正月，攻拔之，斬譚及圖等。〔五〕熙、尚爲其將焦觸、張南所攻，奔遼西烏丸。觸自號幽州刺史，驅率諸郡太守、令、長，背袁向曹，陳兵數萬，殺白馬盟，令曰：「違命者斬！」衆莫敢語，各以次歃。至别駕韓珩曰：「吾受袁公父子厚恩，今其破亡，智不能救，勇不能死，於義闕矣！若乃北面於曹氏，所弗能爲也。」一坐爲珩失色。觸曰：「夫興大事，當立大義，事之濟否，不待一人，可卒珩志，以勵事君。」高幹叛，執上黨太守，舉兵守壺口關。〔六〕遣樂進、李典擊之，未拔。十一年，太祖征幹，幹乃留其將夏昭、鄧升守城，自詣匈奴單于求救，不得，獨與數騎亡，欲南奔荆州，上洛都尉捕斬之。〔七〕

典略曰：〔八〕上洛都尉王琰獲高幹，以功封侯。其妻哭於室，以爲琰富貴，將更娶妾媵，而奪己愛故也。

十二年，太祖至遼西，擊烏丸。尚、熙與烏丸逆軍戰，敗走，奔遼東。公孫康誘斬之，送其首。

典略曰：尚爲人有勇力，欲奪取康衆，與熙謀曰：「今到，康必相見，欲與兄手擊之，有遼東猶可以自廣也。」康亦心計曰：「今不取熙、尚，無以爲説於國家。」乃先置其精勇於廄中，然後請熙、尚。熙、尚入，康伏兵出，皆縛之，坐於凍地。尚寒，求席。熙曰：「頭顱方行萬里，何席之爲！」〔九〕遂斬首。譚字顯思，熙字顯奕，〔一〇〕尚字顯甫。吴書曰：尚有弟名買，與尚俱走遼東。曹瞞傳云：買，尚兄子。未詳。

太祖高韓珩節，屢辟不至，卒於家。

先賢行狀曰：珩字子佩，代郡人。清粹有雅量。少喪父母，奉養兄姊，宗族稱孝悌焉。〔一一〕

〔一〕甘陵、安平、勃海、河閒、故安俱見武紀建安九年。

〔二〕胡三省曰：「袁尚破走，操於是始討譚。」

〔三〕通鑑：「初平三年，公孫瓚擊袁紹至龍湊。」胡三省曰：「龍湊，地名，在平原界。漢晉春秋載紹與瓚書曰：龍河之師，羸兵前誘。則龍湊蓋河津也。詳味紹書，龍湊宜在勃海界。又袁譚軍龍湊，曹操攻之，拔平原，走保南皮，蓋在平原界也。」趙一清曰：「方輿紀要卷三十一，龍湊城在德州東北，蓋河津置戍處。何氏曰，在平原、勃海閒，爲河津要口。」謝鍾英曰：「當在今山東濟南府平原縣南。一統志謂在德州北，非也。」

〔四〕胡三省曰：「水經，清河過南皮縣西。」

〔五〕曹純麾下騎斬譚首，見曹仁傳。胡三省曰：「郭圖、審配，各有黨附，交鬬譚、尚，使尋干戈，以貽曹氏之驅除。譚、尚既敗，二人亦誅，禍福之報，爲不爽矣。」趙一清曰：「寰宇記卷六十五，滄州南皮縣有曹公固，即漢京兆尹雋不疑葬所。魏太祖因冢爲固，以攻袁氏，因爲曹公固焉。又縣東有觀臺，袁譚所築，魏武擒譚於此。范書紹傳云，操急攻之，譚欲出戰，軍未合而破，譚披髮驅馳，追者意非恒人，趨奔之。譚墮馬，顧曰：咄！兒過我，我能富貴汝，言未絶口，頭已斷地。於是斬郭圖等，戮其妻子。」

〔六〕武紀作壺關口。章懷注：「潞州上黨縣有壺山口，因其險而置關焉。」一統志：「壺口關在長治縣東南十六里壺口山下，山川相錯，地形如壺。」又互見武紀建安十年。

〔七〕上洛見武紀建安十年。方輿紀要卷五十四：「商州上洛廢縣，漢末以縣在武關、嶢關之閒，置上洛都尉。」

〔八〕范書注作典論，宋本、元本、馮本、官本同。

〔九〕范書「熙曰」作「康曰」，「曰」下有「卿」字。周壽昌曰：「范書作公孫康語，情事稍不合。尚寒求席，熙故作此憤語也。」

〔一〇〕范書作顯雍。惠棟云：「案王粲集，粲爲劉表與尚書云：得賢兄貴弟顯雍及審别駕書。熙爲尚兄，不應稱貴弟。

吴書云，尚有弟名買，或字顯雍。然則熙字當從魏書也。」潘眉曰：「雍、熙字相應，奕字誤。」

〔一二〕章懷注引此無「孝」字。梁章鉅曰：「既云奉養兄姊，則孝字宜衍。」

袁術字公路，〔一〕司空逢子，紹之從弟也。以俠氣聞。〔二〕舉孝廉，除郎中，歷職内外，後爲折衝校尉、〔三〕虎賁中郎將。〔四〕董卓之將廢帝，以術爲後將軍；術亦畏卓之禍，出奔南陽。會長沙太守孫堅殺南陽太守張咨，術得據其郡。〔五〕南陽户口數百萬，而術奢淫肆欲，徵斂無度，百姓苦之。既與紹有隙，又與劉表不平，而北連公孫瓚；紹與瓚不和，而南連劉表。其兄弟攜貳，舍近交遠如此。〔六〕

吴書曰：時議者以靈帝失道，使天下叛亂，少帝幼弱，爲賊臣所立，又不識母氏所出。幽州牧劉虞，宿有德望，紹等欲立之，以安當時，使人報術。術觀漢室衰陵，陰懷異志，故外託公義以拒紹。紹復與術書曰：「前與韓文節〔七〕共建永世之道，欲海内見再興之主。今西名有幼君，無血脈之屬，公卿以下，皆媚事卓，安可復信？但當使兵往屯關要，皆自蹙死於西。東立聖君，太平可冀，如何有疑！又室家見戮，不念子胥可復北面乎？〔八〕違天不祥，願詳思之！」術答曰：「聖主聰叡，有周成之質。賊卓因危亂之際，威服百寮，此乃漢家小厄之會，亂尚未厭，復欲興之；乃云今主無血脈之屬，豈不誣乎！先人以來，奕世相承，忠義爲先。太傅公仁慈惻隱，雖知賊卓必爲禍害，以信徇義，不忍去也。門户滅絶，死亡流漫，幸蒙遠近來相赴助，不因此時上討國賊，下刷家恥，而圖於此，非所聞也。又曰室家見戮，可復北面。此卓所爲，豈國家哉！君命天也，天不可讎，況非君命乎？悽悽赤心，志在滅卓，不識其他。」〔九〕

引軍入陳留。太祖與紹合擊，大破術軍。〔一〇〕術以餘衆奔九江，〔一一〕殺揚州刺史陳温，領其州。〔一二〕

臣松之案英雄記：「陳温字元悌，汝南人。先爲揚州刺史，自病死。袁紹遣袁遺領州，敗散，奔沛國，爲兵所殺。〔一三〕袁術更用陳瑀爲揚州。瑀字公瑋，下邳人。〔一四〕瑀既領州，而術敗於封丘，〔一五〕南向壽春，瑀拒術不納。〔一六〕術退保陰陵，〔一七〕更合軍攻瑀，瑀懼，走歸下邳。」如此，則温不爲術所殺，與本傳不同。〔一八〕

以張勳、橋蕤等爲大將軍。〔一九〕李傕入長安，欲結術爲援，以術爲左將軍，封陽翟侯，〔二〇〕假節，遣太傅馬日磾因循行拜授。〔二一〕術奪日磾節，〔二二〕拘留不遣。

三輔決録注曰：日磾字翁叔，馬融之族子。〔二三〕少傳融業，以才學進，與楊彪、盧植、蔡邕等典校中書，歷位九卿，遂登台輔。

獻帝春秋曰：術從日磾借節觀之，因奪不還。備軍中千餘人，〔二四〕使促辟之。日磾謂術曰：「卿家先世諸公，辟士云何，而言促之，謂公府掾可劫得乎！」從術求去，而術留之不遣。既以失節屈辱，憂恚而死。〔二五〕

〔一〕胡三省曰：「術字公路，當讀如月令審端徑術之術，音遂。」

〔二〕惠棟曰：「北堂書鈔引魏志云：術爲長水校尉，好奢綺，盛車馬，以氣高人。謡曰：路中悍鬼袁長水。今魏志不載。」

〔三〕夏侯惇傳，惇遷折衝校尉。吳志孫策傳，袁術表策爲折衝校尉。甘寧傳，拜折衝將軍。書鈔引魏志云，術作長水校尉，與此異。

〔四〕虎賁中郎將解見甄后傳。范書術傳：「術數與諸公子飛鷹走狗。後頗折節，舉孝廉，累遷至河南尹、虎賁中郎將。」靈帝紀：「張讓等殺何進，虎賁中郎將袁術燒東西宮，攻諸宦者。」又何進傳：「進被害，宮閤閉。袁術與吳匡共斫攻之，因燒南宮九龍門及東西宮，欲以脅出讓等。」杭世駿曰：「九州春秋云，袁術爲虎賁中郎將，張讓殺何進，術斫閤起火。」

〔五〕張咨事見吳志孫堅傳注引英雄記及吳歷。通鑑考異曰：「范書術傳云：劉表上術爲南陽太守。表傳云：術阻兵屯魯陽，表不得至荆州。魏志術傳，孫堅殺張咨，術得據南陽。魏武帝紀初平元年二月，已云術屯南陽，蓋術初奔魯陽，此春孫堅取南陽，術乃據之，猶以魯陽爲治所也。」弼按：武紀諸軍大會酸棗，魏武云，使袁將軍率南陽之軍軍丹析，入武關，以震三輔者，當指此時。趙一清曰：「水經洛水注曰：合水東北流，注於公路澗，世俗音（僞）〔譌〕，號光祿澗，非也。上有袁術固，四周絶澗，迢遞百仞，廣四五里，有一水，淵而不流，故溪澗即其名也。又曰：九山谿水北逕袁公塢東，蓋公路始固有此也，故有袁公之名矣。寰宇記卷五，袁術固一名袁術塢，在河南緱氏縣西南十五里，四面絶澗甚險。（一統志：「今偃師縣西南。」）宋武北征記，少室西山有袁術固，可容十萬人。一夫守隘，千夫莫當；又有公路壘，公路澗在縣西南三里。（在今偃師縣西南。）」

〔六〕范書術傳：「術表孫堅領豫州刺史，擊破董卓於陽人。袁紹因堅討卓未反，遣其將會稽周昕奪堅豫州，術怒擊昕，走之。紹議欲立劉虞爲帝，術好放縱，憚立長君，託以公義不肯同。積此釁隙遂成。乃各外交黨援，以相圖謀。術結公孫瓚而紹連劉表，豪傑多附於紹。術怒曰：羣豎不吾從，而從吾家奴乎！又與公孫瓚書云：紹非袁氏子。紹聞，大怒。」何焯曰：「二事亦是撮舉其敗亡之由。」

〔七〕韓馥，字文節。

〔八〕史記：「伍子胥，名員，父曰伍奢，兄曰伍尚。費無忌讒太子建於楚平王，殺之；奢爲太傅，並殺奢及尚。員奔吳，事吴王闔廬，導之伐楚，入郢，掘楚平王墓，出其屍，鞭之三百。」

〔九〕何焯曰：「獻帝幼沖，董卓擅命，何可比於子胥？術書雖非本旨，於情理稍分明。」

〔一〇〕周壽昌曰：「術雖不善，固紹之弟，乃紹與曹操合擊，以破其軍，此何心哉！厥後譚、尚爭戰，同底於敗，亦紹之貽謀導之也。」

〔一一〕九江見武紀初平四年。

〔一二〕揚州，刺史治，見武紀初平元年。范書術傳：「初平四年，術引軍入陳留，屯封丘。黑山餘賊及匈奴於扶羅等佐術，與曹操戰於匡亭，大敗；術退保雍丘，又將其餘衆奔九江，殺揚州刺史陳温，而自領之，又兼稱徐州伯。」趙一清曰：「郡國志，汝南項注有公路城。水經潁水注，潁水東側有公路城，汝水別瀆又東逕公路臺北，皆袁術所築也。」

〔一三〕袁遺事見武紀初平元年。

〔一四〕范書陳球傳：「球字伯真，下邳淮浦人。歷世著名。子瑀，吴郡太守；瑀弟琮，汝陰太守；弟子珪，沛相；珪子登，廣陵太守。並知名。」謝承書曰：「珪字漢瑜，舉孝廉，劇令，去官。舉茂才，濟北相。珪子登，字元龍。學通今古，處身循禮，非法不行。性兼文武，有雄資異略。一領廣陵太守。」

〔一五〕封丘見武紀初平四年。

〔一六〕沈欽韓曰：「彪志，揚州刺史治歷陽；劉昭引漢官，稱治壽春。蓋彪志只據順帝時耳，中葉後實已移壽春。術用瑀爲揚州刺史，瑀拒術不納，術退保陰陵。則刺史固在壽春。」弼按：通鑑胡注引續漢志，揚州本治歷陽，蓋中世以後，徙治壽春也。

〔一七〕郡國志：「揚州九江郡陰陵。」一統志：「陰陵故城，今安徽鳳陽府定遠縣西北。」水經注：「淮水北逕莫邪山西，山南有陰陵縣故城，後漢九江郡治。」吴志孫賁傳：「賁依袁術，術從兄紹，用會稽周昂爲九江太守。紹與術不協，術遣賁攻破昂於陰陵。」即此。

〔一八〕趙一清曰：「范書獻帝紀，初平四年三月，袁術殺揚州刺史陳温，據淮南。術傳亦云，殺揚州刺史陳温，而自領之。又陳球傳，子瑀，吴郡太守。注引謝承書曰：瑀舉孝廉，辟公府，洛陽市長。後辟太尉府，未到。永漢元年，就拜議郎，遷吴郡太守，不之官。一清案：孫策傳注引江表傳，建安二年敕孫策與吕布及行吴郡太守安東將軍陳瑀，同討袁術。而瑀陰圖襲策，策攻瑀於海西，大破之。則不得不之官也。」梁章鉅曰：「案范書獻帝紀、術傳皆言術殺温，與志合，不得以英雄記之言爲疑。」弼按：通鑑考異引九州春秋曰：「初平三年，揚州刺史陳禕死，術以瑀領揚州。蓋陳禕當爲陳温，實以三年卒。今從之。」據此，則與裴注引英雄記相合。周壽昌曰：「術更用陳瑀爲揚州，則亦非遽自領矣。」弼按：范書鄭太傳：「太與何顒、荀攸謀殺董卓，事洩，脱身，自武關走，東歸袁術，術上以爲揚州刺史。未至官，道卒。」袁宏紀此事在初平三年，當在陳瑀爲揚州之先也。

〔一九〕官本考證云：「監本作大將軍。吕布傳云：遣大將張勳攻布，軍字衍文。」弼按：范書術傳亦云，遣其將張勳、橋蕤攻布。」

〔二〇〕毛本「陽」作「楊」，誤。郡國志：「豫州潁川郡，治陽翟。」一統志：「陽翟故城今河南開封府禹州治。」

〔二一〕范書獻紀：「初平三年七月，太尉馬日磾爲太傅；八月，遣日磾及太僕趙岐持節慰撫天下。」

〔二二〕周禮地官掌節：「掌守邦節而辨其用，以輔王命。」鄭注曰：「王有命則別其節之用，以授使者。輔王命者，執以行爲信。」後漢書注曰：「節所以爲信，以竹爲之，長八尺，以旄牛尾爲眊，三重。」漢書蘇武傳：「武杖漢節牧羊，臥起操持，節旄盡落。」

〔二三〕范書馬融傳：「族孫日磾，獻帝時位至太傅。」

〔二四〕范書孔融傳注引此，作「條軍中十餘人」。通鑑同。

〔二五〕范書獻帝紀：「興平元年十二月，太傅馬日磾薨於壽春。」范書孔融傳：「太傅馬日磾奉使山東，及至淮南，數有意於袁術。術輕侮之，遂奪取其節。求去，又不聽；因欲逼爲軍師。日磾深自恨，遂嘔血而斃。及喪還朝，廷議欲加禮。孔融乃獨議曰：「日磾以上公之尊，秉髦節之使，銜命直指，寧輯東夏，而曲媚姦臣，爲所牽率，章表署用，皆使首名。附下罔上，姦以事君，王室大臣，豈得以見脅爲辭！又袁術僭逆，非一朝一夕，日磾隨從，周旋歷歲。漢律：與罪人交關三日以上，皆應知情。聖上哀矜舊臣，未忍追案，不宜加禮。朝廷從之。」袁宏紀：「日磾、趙岐，俱在壽春。岐守志不撓，日磾頗有求於術，術侵侮之；從日磾借節視之，因奪不還。日磾欲去，術又不遣。病其所守，不及趙岐，嘔血而死。」通鑑：「日磾病其失節，嘔血而死。」胡注引杜預曰：「病者，以爲己病也。」弼按：當時割據自雄者，皆欲屈服前朝顯宦以自重，如曹丕之以鍾繇、華歆、王朗爲三公，劉備之以許靖爲太傅，與袁術之欲屈日磾，事正相同。又按：術又欲以故兗州刺史金尚爲太尉，尚不屈，逃去，爲術所害。見本志呂布傳注引典略。

時沛相下邳陳珪，故太尉球弟子也。〔一〕術與珪俱公族子孫，少共交游，書與珪曰：「昔秦失其政，天下羣雄爭而取之，兼智勇者卒受其歸。〔二〕今世事紛擾，復有瓦解之勢矣，誠英乂有爲之時也。與足下舊交，豈肯左右之乎？若集大事，子實爲吾心膂。」珪中子應時在下邳，術並脅質應，圖必致珪。珪答書曰：「昔秦末世，肆暴恣情，虐流天下，毒被生民，下不堪命，故遂土崩。今雖季世，未有亡秦苛暴之亂也。曹將軍神武應期，興復典刑，將撥平凶慝，清定海內，信有徵矣。〔三〕以爲足下當戮力同心，匡翼漢室；而陰謀不軌，以身試禍，豈不痛哉！若迷而知反，尚可以免。吾備舊知，故陳至情，雖逆於耳，肉骨之惠也。欲吾營私阿附，有犯死不能也！」

〔一〕珪事見前注。趙一清曰：「魏書地形志，下邳郡歸正縣有陳珪墓，在今江南邳州境。」
〔二〕袁宏紀「歸」作「福」。
〔三〕何焯曰：「當時人心歸操，其言至此，早知其爲漢賊者、不過數人而已。」

興平二年冬，天子敗於曹陽。〔一〕術會羣下，謂曰：「今劉氏微弱，海内鼎沸，吾家四世公輔，〔二〕百姓所歸，欲應天順民，於諸君意如何？」衆莫敢對。主簿閻象進曰：「昔周自后稷至于文王，積德累功，參分天下有其二，猶服事殷。〔三〕明公雖奕世克昌，〔四〕未若有周之盛；漢室雖微，未若殷紂之暴也。」〔五〕術嘿然不悅。〔六〕用河内張烱之符命，〔七〕遂僭號。〔八〕

典略曰：術以袁姓出陳。陳，舜之後；以土承火，得應運之次。〔九〕又見讖文云，「代漢者，當塗高也。」自以名字當之。〔一〇〕乃建號稱仲氏。〔一一〕

以九江太守爲淮南尹，〔一二〕置公卿，〔一三〕祠南北郊。荒侈滋甚，〔一四〕後宮數百，皆服綺縠，餘粱肉；

九州春秋曰：司隸馮方女，〔一五〕國色也。避亂揚州。術登城，見而悅之，遂納焉，甚愛幸。諸婦害其寵，語之曰：〔一六〕「將軍貴人，有志節；當時時涕泣憂愁，必長見敬重。」馮氏以爲然，後見術輒垂涕。術以有心志，益哀之。諸婦人因共絞殺，懸之廁梁。術誠以爲不得志而死，乃厚加殯斂。

而士卒凍餒，〔一七〕江、淮閒空盡，人民相食。〔一八〕術前爲呂布所破，〔一九〕後爲太祖所敗，〔二〇〕奔其部曲雷薄、陳蘭於灊山，〔二一〕復爲所拒，憂懼不知所出。將歸帝號於紹，欲至青州從袁譚，〔二二〕發病道死。〔二三〕

魏書曰：術歸帝號於紹曰：「漢之失天下久矣，天子提挈，政在家門，豪雄角逐，分裂疆宇，此與周之末年，七國分勢無異，卒彊者兼之耳。加袁氏受命當王，符瑞炳然。今君擁有四州，〔二四〕民戶百萬，以彊則無與比大，論德則無與比高。曹操欲扶衰拯弱，安能續絕命、救已滅乎！」紹陰然之。〔二五〕吳書曰：術既爲雷薄等所拒，留住三日，士衆絕糧，乃還至江亭，去壽春八十里。問廚下，尚有麥屑三十斛。時盛暑，欲得蜜漿，又無蜜。坐櫺牀上，〔二六〕歎息良久。乃大咤曰：「袁術至於此乎！」因頓伏牀下，嘔血斗餘而死。〔二七〕

妻子依術故吏廬江太守劉勳。〔二八〕孫策破勳，〔二九〕復見收視，術女入孫權宮。〔三〇〕子燿，〔三一〕拜郎中，燿女又配於權子奮。

〔一〕曹陽見董卓傳「李傕、郭汜追天子於弘農之曹陽」。范書獻紀：「興平二年十一月壬申，幸曹陽，露次田中。」術傳：「興平二年冬，天子播越，敗於曹陽。」

〔二〕章懷注：「袁安爲司空，子敞及京，京子湯，湯子逢，並爲司空。」

〔三〕章懷注：「國語曰：后稷勤周，十五代而王。毛詩國風序曰：國君積行累功，以致爵位。論語孔子曰：三分天下有其二，猶服事殷。」

〔四〕章懷注：「奕，猶重也。詩曰：不顯奕代。又曰：克昌厥後。」

〔五〕范書「未」作「孰」，「雖」作「衰」，「暴」作「敝」。

〔六〕范書術傳：「術嘿然，使召張範，範辭疾，遣弟承往應之。術問曰：昔周室陵遲，則有桓、文之霸；秦失其政，漢接而用之。今孤以土地之廣，士人之衆，欲徼福於齊桓，擬迹於高祖，可乎？承對曰：在德不在衆。苟能用德，以同天下之欲，雖云匹夫，霸王可也。若陵僭無度，干時而動，衆之所棄，誰能興之？術不悅。」

〔七〕「烱」，范書作「烱」。

〔八〕武紀建安十五年注引魏武故事云：「袁術僭號於九江，下皆稱臣，名門曰建號門，衣被皆爲天子之制。兩婦預爭爲皇后。」趙一清曰：「范書獻帝紀，建安二年春，袁術自稱天子。九月，殺陳王寵。」陳敬王羨傳：「義兵起，寵率衆屯陽夏，自稱輔漢大將軍。袁術遣客詐殺國相駱俊及寵。」寰宇記卷十六：「泗州招信縣，本漢淮陵縣，有公路城，在縣北六十里。袁術僭號九江，率兵擊殺陳王寵，曹操征之。術渡江，築此城以自據。」

〔九〕范書術傳作「以黄代赤，德運之次」。章懷注：「陳大夫轅濤塗，袁氏其後也。五行火生土，故云以黄代赤。」

〔一〇〕章懷注：「當塗高者，魏也。然術自以術及路皆是塗，故云應之。」

〔一一〕范書術傳：「建安二年，術因河内張烱符命，遂果僭號，自稱仲家。」章懷注：「仲或作沖。」錢大昕曰：「沖家猶沖人、沖子也。當以沖爲是。」沈濤曰：「仲乃術所僭國號，其稱曰家，猶漢氏之稱漢家耳。公孫述傳，遂自立爲天子，號成家。亦是僭國號曰成也。又魏志術傳注引典略曰：乃建號稱仲氏。則或作沖者，非也。」弼按：范書術傳：「術聞孫堅得傳國璽，遂拘堅妻奪之。孫策聞術將欲僭號，與書諫曰：董卓無道，陵虐王室，禍加太后，暴及弘農。天子播越，宫廟焚毁。是以豪傑發憤，沛然俱起，元惡既斃，幼主東顧。乃使王人奉命，宣明朝恩，偃武修文，與之更始。然而河北異謀於黑山，曹操毒被於東徐，劉表僭亂於南荆，公孫叛逆於朔北，正禮阻兵，玄德爭盟，是以未獲從命，櫜弓戢戈。當謂使君與國同規，而舍是弗恤，完然有自取之志，懼非海内企望之意也。成湯討桀，稱有夏多罪；武王伐紂，曰殷有重罰。此二王者，雖有聖德，假使時無失道之過，無由逼而取也。今主上非有惡於天下，徒以幼小，脅於彊臣，異於湯、武之時也。又聞幼主明智聰敏，有夙成之德，天下雖未被其恩，咸歸心焉。若輔而興之，則旦、奭之美，率土所望也。使君五世相承，爲漢宰輔，榮寵之盛，莫與爲比。宜效忠守節，以報王室。時人多惑圖緯之言，妄牽非類之文，苟以悦主爲美，不顧成敗之計，古今所慎，可不孰慮？忠言逆耳，駮議致憎。苟有益於尊明，無所敢辭。術不納，策遂絶之。」此書與吴志孫討逆傳注引吴録所載，稍有删節，文亦小異，故備録於此。

〔一二〕沈欽韓曰：「九江郡，魏復曰淮南郡。魏志楚王彪傳：楚國除爲淮南郡。陳壽志中，或稱九江，或稱楚國，或稱淮南，其例自亂。」弼按：沈説殆未細審。陳志所稱，皆據當時名稱。洪亮吉云：「淮南郡本漢九江郡，漢初爲淮南國，後復故；魏復改今名。」謝鍾英云：「班志，九江郡，秦置；高帝四年，更名淮南國；武帝元狩元年，復故。袁術傳：術，興平元年建號，以九江太守爲淮南尹。魏略楊沛傳：太祖輔政，沛遷九江太守。是建安中術改九江爲淮南，魏武并術，復淮南爲九江。邯鄲王邕傳：邕，黄初二年封淮南公，以九江郡爲國；三年，進封淮南王。楚王彪傳：太和六年，自白馬改封楚；嘉平元年，國除爲淮南郡。是魏以九江爲淮南國，後改楚國，又爲淮南郡。國志所書九江、楚國、淮南，皆據當時之名也。」

〔一三〕袁術以周瑜爲居巢長，以魯肅爲東城長。瑜、肅皆棄官從孫策。見吳志周瑜、魯肅傳。

〔一四〕范書楊彪傳注引華嶠書曰：「東京楊氏、袁氏，累世宰相，爲漢名族。然袁氏車馬衣服，極爲奢僭。」

〔一五〕錢大昭曰：「按馮方疑即馮芳，中平五年初置西園八校尉，以芳爲助軍右校尉，見靈帝紀及袁紹傳注。此作馮方，疑誤。」弼按：靈紀注引山陽公載記作馮方。

〔一六〕錢大昭曰：「語，（從當）〔當從〕後漢書術傳作紿。依説文解字，當作詒。詒，相欺詒也。列子黄帝篇，既而狎侮欺詒。郭璞注方言云：汝南人呼欺爲讉訑，亦曰詒。史記高祖本紀：高祖爲亭長，素易諸吏，乃紿爲謁。應劭曰：紿，欺也；音殆。蓋借用絲勞即紿之紿耳。」

〔一七〕「餒」，宋本作「餧」，古餒字。

〔一八〕范書術傳：「時舒仲應爲術沛相，術以米十萬斛與爲軍糧，仲應悉散以給飢民。術聞，怒，陳兵將斬之。仲應曰：知當必死，故爲之耳！寧可以一人之命，救百姓於塗炭。術下馬牽之曰：仲應，足下獨欲享天下重名，不與吾共之邪？」

〔一九〕范書術傳：「術遣使以竊號告呂布，并爲子聘布女。布執術使送許。術大怒，遣其將張勳、橋蕤攻布，大敗而還。」

〔二〇〕范書術傳：「曹操自征術，術聞，大駭，即走渡淮，留張勳、橋蕤於蘄陽（通鑑胡注：「此蓋沛國之蘄，范史衍陽字。」）以拒操。操破斬蕤，勳退走。術兵弱，大將死，衆情離叛。」

〔二一〕范書術傳：「四年夏，乃燒宮室，奔其部曲陳簡、雷薄於灊山。」章懷曰：「灊縣之山也。灊，今壽州霍山縣也。灊，音潛。」詳見何夔傳注。潘眉曰：「雷薄，劉馥傳作雷緒。」沈家本曰：「夏侯淵傳亦有雷緒，未知緒即薄否？」

〔二二〕趙一清曰：「水經淮水注，淮陰城西二里有公路浦，袁術將東奔袁譚，路出斯浦，因以爲名。」

〔二三〕范書獻紀：「建安四年夏六月，袁術死。」

〔二四〕李賢曰：「青、冀、幽、并。」

〔二五〕范書術傳：「術欲北至青州從袁譚，曹操使劉備徼之，不得過，復走還壽春。」

〔二六〕范書術傳作「坐簀牀」。

〔二七〕宋本「而」作「遂」。范書術傳：「因憤慨結病，歐血死。」

〔二八〕吴志孫策傳注引江表傳云：「袁術死，術從弟胤、女壻黄猗等畏懼曹公，不敢守壽春，乃共舁術棺柩，扶其妻子及部曲男女，就劉勳於皖城。」通鑑考異曰：「吴志孫策傳云，術死，長史楊弘、大將張勳等將其衆，欲就策，廬江太守劉勳邀擊，悉虜之，收其珍寶以歸。」與諸書不同。

〔二九〕劉勳事見武紀建安四年。

〔三〇〕吴志妃嬪傳注引吴録云：「袁夫人者，袁術女也。有節行而無子。步夫人薨，權欲立之，固辭不受。」

〔三一〕范書術傳「燿」作「曜」。

劉表字景升，山陽高平人也。〔一〕少知名，號八俊。〔二〕

張璠漢紀曰：〔三〕表與同郡人張隱、薛郁、王訪、宣靖、公褚恭、〔四〕劉祇、田林爲八交，〔五〕或謂之八顧。漢末名士録云：表與汝南陳翔字仲麟、〔六〕范滂字孟博、〔七〕魯國孔昱字世元、〔八〕勃海苑康字仲真、〔九〕山陽檀敷字文友、〔一〇〕張儉字元節、〔一一〕南陽岑晊字公孝〔一二〕爲八友。〔一三〕

謝承漢書曰：表受學於同郡王暢，〔一四〕暢爲南陽太守，行過乎儉。〔一五〕表時年十七，進諫曰：「奢不僭上，儉不逼下，蓋中庸之道。是故蘧伯玉恥獨爲君子。府君若不師孔聖之明訓，而慕夷、齊之末操，〔一六〕無乃皎然，自遺於世？」〔一七〕暢答曰：「以約，失之者鮮矣！且以矯俗也。」

長八尺餘，姿貌甚偉。〔一八〕以大將軍掾爲北軍中候。〔一九〕靈帝崩，代王叡爲荊州刺史。〔二〇〕是時，山東兵起，表亦合兵軍襄陽。〔二一〕

司馬彪戰略曰：〔二二〕劉表之初爲荊州也，江南宗賊盛，〔二三〕袁術屯魯陽，〔二四〕盡有南陽之衆。吴人蘇代領長沙太守，〔二五〕貝羽爲華容長，〔二六〕各阻兵作亂。表初到，單馬入宜城，〔二七〕而延中廬人蒯良、蒯越，〔二八〕襄陽人蔡瑁與謀。〔二九〕表曰：「宗賊甚盛，而衆不附；袁術因之，禍今至矣！吾欲徵兵，恐不集；其策安出？」良曰：「衆不附者，仁不足也；附而不治者，義不足也。苟仁義之道行，百姓歸之如水之趣下，何患所至之不從，而問興兵與策乎？」表顧問越，〔三〇〕越曰：「治平者先仁義，治亂者先權謀。兵不在多，在得人也。袁術勇而無斷，蘇代、貝羽皆武人，不足慮。宗賊帥多貪暴，爲下所患，越有所素養者，使示之以利，必以衆來。君誅其無道，〔三一〕撫而用之，一州之人，有樂存之心，聞君盛德，必襁負而至矣。兵集衆附，南據江陵，北守襄陽，荊州八郡，可傳檄而定。術等雖至，無能爲也。」〔三二〕表曰：「子柔之言，雍季之論也；異度之計，臼犯之謀也。」〔三三〕遂使越遣人誘宗賊，至者五十五人，〔三四〕皆斬之。襲取其衆，或即授部曲。唯江夏賊張虎、陳生，〔三五〕擁衆據襄陽，表乃使越與龐季單騎往説，降之，江南遂悉平。〔三六〕

袁術之在南陽也，與孫堅合從，欲襲奪表州，使堅攻表。堅爲流矢所中，死，軍敗。術遂不能勝表。〔三七〕李傕、郭汜入長安，欲連表爲援，乃以表爲鎮南將軍荆州牧，〔三八〕封成武侯，〔三九〕假節。天子都許，表雖遣使貢獻，然北與袁紹相結。治中鄧羲諫表，表不聽。〔四〇〕

漢晉春秋曰：表答羲曰：「内不失貢職，外不背盟主，此天下之大義也。〔四一〕治中獨何怪乎！」〔四二〕

羲辭疾而退，終表之世。〔四三〕張濟引兵入荆州界，攻穰城，〔四四〕爲流矢所中，死。荆州官屬皆賀，表曰：「濟以窮來，主人無禮，〔四五〕至於交鋒，此非牧意；牧受弔，不受賀也。」使人納其衆。衆聞之喜，遂服從。〔四六〕長沙太守張羨叛表，〔四七〕

英雄記曰：張羨，南陽人。先作零陵桂陽長，〔四八〕甚得江、湘閒心，然性屈彊不順。〔四九〕表薄其爲人，不甚禮也。羨由是懷恨，遂叛表焉。〔五〇〕

表圍之，連年不下。羨病死，長沙復立其子懌，表遂攻并懌，〔五一〕南收零、桂，〔五二〕北據漢川，〔五三〕地方數千里，帶甲十餘萬。〔五四〕

英雄記曰：州界羣寇既盡，表乃開立學官，博求儒士，使綦毋闓、宋忠等〔五五〕撰定五經章句，謂之後定。〔五六〕

〔一〕山陽郡見武紀初平元年，高平見武紀建安十八年，又互見王粲傳。故城在今山東兖州府鄒縣西南。范書劉表傳云：「魯恭王之後也。」周壽昌曰：「章懷注，恭王，景帝子，名餘。表係宗室近支，傳中似宜敍述。」弼按：魯恭王即治魯靈光殿，壞孔子舊宅，於壁中得古文經傳者。漢書有傳。

〔二〕范書表傳：「與同郡張儉等俱被訕議，號爲八顧。」杭世駿曰：「案黨錮傳，表、儉二人列於八及，前後不同。」惠棟曰：「黨錮傳云，張儉鄉人朱並告儉與同鄉二十四人，別相署號，共爲部黨。以儉及檀彬等爲八俊，田林、張隱、劉表等爲八顧，刻石立墠，共爲部黨。」沈家本曰：「八俊注作八顧，范書表傳及黨錮亦作八顧，疑俊字誤。黨錮傳列八俊人名，前後二説，並無表名。」

〔三〕吴本、毛本「紀」作「記」。

〔四〕陳景雲曰：「褚當作緒。」錢大昭曰：「後漢書黨錮傳作公緒。李賢曰：公緒，姓也。此作公褚，誤。廣韻一東作山陽公堵恭，亦誤。」

〔五〕何焯校改「八友」。

〔六〕范書黨錮傳：「翔字子麟，汝南邵陵人。少知名，拜侍御史，奏大將軍梁冀持貴不敬，請收案罪，時人奇之。坐黨事考黄門北寺獄，以無驗見原，卒于家。」

〔七〕范書黨錮傳：「滂，汝南征羌人。少厲清節，爲州里所服。登車攬轡，慨然有澄清天下之志。奏刺史二千石權豪之黨二十餘人。後牢修誣言鉤黨，滂坐繫黄門北寺獄，事釋南歸汝南、南陽，士大夫迎之者數千兩。建寧二年，大誅黨人，滂自詣獄，時年三十三。」

〔八〕范書黨錮傳：「昱字元世，魯國魯人。少習家學，後遭黨事禁錮。靈帝即位，補洛陽令，以師喪去官，卒於家。」

〔九〕范書黨錮傳：「范康字仲真，勃海重合人。少受業太學，與郭林宗親善。舉孝廉，再遷潁陰令，有能迹，遷太山太守。是時山陽張儉殺常侍侯覽母，案其宗黨賓客，或有迸匿太山界者。覽誣康詐上賊降，徵詣廷尉。減死罪一等，後原，還本郡，卒于家。」錢大昕曰：「荀淑、竇武傳并作苑康。」黃山曰：「唐柳宗元有送苑論登第後歸覲詩序，是苑姓至唐尚有聞。范書作范康，誤。」

〔一〇〕范書黨錮傳：「檀敷字文有，山陽瑕丘人。補蒙令，以郡守非其人，棄官去。」惠棟曰：「本傳及韓敕碑陰皆作敷。三君八俊録云：語曰，海内通士檀文有。」

〔一一〕范書黨錮傳：「張儉字元節，山陽高平人。趙王張耳之後也。延熹八年，太守翟超請爲東部督郵。時中常侍侯覽家在防東，殘暴百姓，所爲不軌。儉舉劾覽及其母罪惡，請誅之。覽遏絶章表，不得通。由是結仇。覽等鄉人朱並上書，告儉與同郡二十四人爲黨，於是刊章討捕。儉得亡命，困迫遁走。望門投止，莫不重其名行，破家相容。」

〔一二〕范書黨錮傳：「岑晊字公孝，南陽棘陽人。太守成瑨下車，聞晊名高，請爲功曹。宛有富賈張汎，賂遺中官，用埶縱橫。晊勸瑨收捕汎等，既而遇赦，晊竟誅之。并收其宗族賓客，殺二百餘人，後乃奏聞。於是中常侍侯覽使汎妻訟冤，徵瑨下獄死。晊遁逃。」

〔一三〕趙一清曰：「七人後漢書俱有傳，皆不及當塗之難；惟張儉以年高見徵。儉傳云：建安初，徵爲衛尉，不得已而起。儉見曹氏世德已萌，乃闔門懸車，不豫政事。歲餘，卒於許下，年八十四。」梁章鉅曰：「此一交游之末耳，而或爲八俊，或爲八顧，或爲八友，紀載岐互如此。」沈家本曰：「范書黨錮傳，張儉鄉人朱並上書所列八顧姓名，與漢紀同。傳中前一説列八及名，與名士録所列同；惟無范滂，而有翟超。朱並所列八及，名與此全異。范書云：及者，言其能導人追宗者也。八交、八友，並無意義。疑交與友皆及字之譌。」

〔一四〕范書王龔傳：「龔字伯宗，山陽高平人。世爲豪族，初舉孝廉，遷汝南太守。好才愛士，引進郡人黃憲、陳蕃。後遷司空，拜太尉。龔深疾宦官，上書極言其狀，請加放斥。諸黃門使賓客誣奏龔罪，後以老病乞骸骨，卒于家。子暢，字叔茂。初舉孝廉，太尉陳蕃薦暢清方公正，拜南陽太守，糾發豪黨，豪右大震。後遷司空。子謙，爲大將軍何進長史。謙子粲，以文才知名。」弼按：表既受學於暢，又同鄉里，宜仲宣之往荆州也。」

〔一五〕毛本「乎」作「于」。范書暢傳：「郡中豪族，多以奢靡相尚。暢常布衣皮褥，車馬羸敗，以矯其敝。」汪文臺曰：「書鈔七十四謝承書云：暢拜南陽太守，計日受俸，不噉魚肉。又云：羊皮庇身，車毀不改，馬羸不易。」

〔一六〕章懷注引論語：「孔子曰：奢則不遜，儉則固。言仲尼得奢儉之中，而夷、齊飢死，是未操也。」

〔一七〕范書暢傳「遺」作「貴」。

〔一八〕宋本「貌」作「皃」，後同。范書作「温偉」。

〔一九〕范書表傳：「詔書捕案黨人，表亡走得免。黨禁解，辟大將軍何進掾。」續百官志：「北軍中候一人，六百石，掌監五營。」宋書百官志：「漢有南北軍，衛京師。武帝置中壘校尉，掌北軍營。光武省中壘校尉，置北軍中候，監五校營。」惠棟曰：「高誘云：中候，候望者也。」錢大昕曰：「漢官制以委任爲重，不依秩禄之多寡。五營校尉皆比二千石，而中候以六百石監之；郡國守相皆二千石，而刺史以六百石察之。」潘眉曰：「凡軍皆有候。南軍領於衛尉，其候官名衛候；北軍領於中壘校尉，其候官名中候。南軍不屬中尉，惟北軍屬中尉，故但有北軍中候，而無南軍中候。或稱中候，或稱軍中候，或稱北軍中候，或稱北軍軍中候。」胡玉縉曰：「潘説似未盡。黄以周史説略漢南北軍兩宫衛考云：兩宫之地，一東一西，不相連屬。兩宫之中，有御道，道之左右，有九市。三輔黄圖云：六市在道西，三市在道東。是也。漢書胡建傳，建守軍正丞，時監軍御史爲姦，穿北軍壘垣，以爲賈區，建斬之。則北軍近於市，其所屯之地，在兩宫之中，於此有明證矣。百官公卿表云：中尉屬官有中壘兩尉，又式道、左右中候、候丞屬焉。又云：中壘校尉掌北軍壘門内。中壘者，北軍之壘也。中尉屬官有兩中壘尉、一中壘校尉。則中尉領北軍，於此有明證矣。北軍之壘近市，市夾御道，故式道、左右中候、候丞又屬焉。中壘之有校尉，雖始武帝，而北軍之稱中壘，實襲舊名。蓋以南北言，其軍在兩宫之北，故曰北軍；以東西言，其軍在兩宫之中，故曰中壘。合觀諸文，北軍所駐之地，可得見矣。據此，則但有北軍中候之意乃明。」弼按：北軍中候又互見崔琰傳注。

〔二〇〕范書表傳：「初平元年，長沙太守孫堅殺荆州刺史王叡，詔書以表爲荆州刺史。」叡事見吴志孫堅傳注。惠棟曰：

「鎮南碑云：辟大將軍府，遷北軍中候。在位十旬，以賢能特遷拜刺史。」

〔二一〕襄陽見武紀建安十三年。趙一清曰：「方輿紀要卷七十九、卷八十，後漢荆州刺史治漢壽。常德府城東四十里有漢壽城，初平二年劉表爲荆州，徙治襄陽。水經沔水注：水南有層臺，號景升臺，蓋劉表治襄陽之所築也。表盛游於此，常所止憩。表性好鷹，嘗登此臺，歌野鷹來曲，其聲韻似孟達上堵吟矣。」

〔二二〕沈家本曰：「此書隋、唐志不著録，所記亦漢末事。」黄逢元曰：「國志注作戰略，御覽目作戰經，兵部又作戰略，當即一書異名。今存黄奭輯本一卷，題作戰略。」丁國鈞曰：「彪有兵記二十卷，疑戰略、戰經皆其書中篇目也。」弼按：司馬彪戰略，據黄奭輯本所載傅幹、孟達、司馬懿、蔣濟、傅嘏、王基各條，則所記不盡爲漢末事，沈説未允。

〔二三〕章懷云：「宗黨共爲賊。」何焯曰：「宗當與巴賨之賨同義，南蠻號也。」惠棟曰：「吴志注引江表傳，鄱陽氏帥別立宗部。又云，海昏縣有五六千家，相結聚作宗伍。蓋漢末喪亂，人民結聚，劫略郡縣，自下言之謂之宗部、宗伍，自上言之謂之宗賊，不必皆南蠻賊也。何説未審。」

〔二四〕郡國志：「荆州南陽郡魯陽。」盛弘之云：「其地重險，楚之北塞也。」一統志：「魯陽故城，今河南汝州魯山縣治。」

〔二五〕郡國志：「荆州長沙郡治臨湘。」一統志：「臨湘故城，今湖南長沙府城南。」又互見毛玠傳、韓曁傳。

〔二六〕華容見武紀建安十三年。

〔二七〕宜城見明紀景初元年。章懷注：「宜城縣屬南郡，本鄢，惠帝三年改名宜城。」

〔二八〕郡國志：「荆州南郡中廬，侯國。」襄陽耆舊傳云：「古盧戎也。」魏改屬襄陽郡。一統志：「中廬故城，今湖北襄陽府襄陽縣西南。」方輿紀要：「今襄陽府南漳縣東北五十里中盧鎮。」惠棟曰：「良字子柔，越字異度，見後注引傅子。」

〔二九〕襄陽耆舊傳：「蔡瑁字德珪，襄陽人。性豪自喜，少爲魏武所親。劉琮之敗，武帝造其家，入瑁私室，呼見其妻子。

謂曰：德珪！故憶往昔共見梁孟星，孟星不見人時否？聞今在此，那得面目見卿邪？瑁家在蔡洲上，屋宇甚好，四牆皆以青石結角。婢妾數百人，別業四五十處。漢末諸蔡最盛，蔡諷姊適太尉張温，長女爲黄承彦妻，（弼按：黄承彦女，即諸葛亮妻，見亮傳注引襄陽記。）小女爲劉景升後婦，瑁之姊也。」水經沔水注：「沔水東南逕蔡洲，漢長水校尉蔡瑁居之，故名。南有蔡瑁冢，冢前刻石爲大鹿狀，甚大，頭高九尺，制作甚工。」

〔三〇〕官本「顧」作「復」。

〔三一〕范書「君」上有「使」字。

〔三二〕荊州八郡互見武紀建安十八年。章懷注引漢官儀曰：「荊州管長沙、零陵、桂陽、南陽、江陵、武陵、南郡、章陵等是也。」通鑑：「章陵太守蒯越勸劉琮降曹操。」胡三省云：「四親園廟在章陵，時以爲郡置守。」錢大昭曰：「江陵即南郡所治，章陵即春陵，南陽屬縣。郡國志荊州七郡，有江夏無江陵、章陵。三國志，建安二十年，劉備與孫權連和，分江夏、長沙、桂陽東屬，南郡、零陵、武陵西屬，不言南陽。建安二十四年，吴分宜都、秭歸二縣爲固陵郡。二十五年，權自公安都鄂，改名武昌，以武昌、下雉、尋陽、陽新、柴桑、沙羨六縣爲武昌郡。魏黄初三年，以荊、揚、江表八郡爲荊州，荊州江北諸郡爲郢州。權叛，復郢州爲荊州，此皆以後之事。劉表爲荊州刺史，尚在初平元年也。竊疑漢官儀之江陵，是江夏之譌。而章陵之郡，不知置於何時。建安十八年省州并郡時，已有章陵，見獻帝起居注。」趙一清曰：「續郡國志，荊州只是七郡，而無章陵，疑是漢末立。下文裴注云：詔書拜蒯越爲章陵太守是也。曹魏因之，故趙儼亦爲章陵太守。然魏武紀云：建安二年，南陽章陵諸縣復叛爲繡，則其時尚未爲郡，當在是年之後。」黄山曰：「案續志劉注引獻帝起居注曰：建安十八年三月庚寅，省州并郡，復禹貢之九州。荊州得交州之蒼梧、南海、九真、交趾、日南，與其舊所部南陽、章陵、南郡、江夏、武陵、長沙、零陵、桂陽，凡十三郡。據此，則官儀江陵確爲江夏之誤，而章陵亦舊郡也。疑光武改春陵爲章陵縣後，車駕屢幸，親祠園林，嘗升爲郡，旋又并省。桓、靈時因而復置。傕、汜亂長安，圖籍盡亡，遂無可徵也。觀表於初平元年至荊州，蒯越即云荊州八郡，已數章陵矣，安得云郡爲建安時立乎！續志斷自孝順，故荆州仍止七郡。」

〔三三〕晉狐偃，字子犯，爲公子重耳舅，故曰舅犯。呂氏春秋孝行覽義賞篇云：「昔晉文公將與楚人戰於城濮，召舅犯而問曰：楚衆我寡，柰何而可？舅犯對曰：臣聞繁禮之君，不足於文；繁戰之君，不足於詐。君亦詐之而已！文公以舅犯言告雍季，雍季曰：竭澤而漁，豈不獲得，而明年無魚；焚藪而田，豈不獲得，而明年無獸。詐僞之道，雖今偷可，後將無復，非長術也。文公用舅犯之言，而敗楚人於城濮，反而爲賞，雍季在上。左右諫曰：城濮之功，舅犯之謀也，君用其言，而賞後其身，或者不可乎？文公曰：雍季之言，百世之利也；舅犯之言，一時之務也。焉有以一時之務，先百世之利者乎！孔子聞之曰：臨難用詐，足以卻敵；反而尊賢，足以報德。文公雖不終始，足以霸矣！」通鑑輯覽云：「蒯良兄弟數語，當時所僅聞，昭烈偏安之業，有與此暗合者，表特不能善用之耳。然表在荆州，雖無弭亂之心，而撫輯凋敝，藉以稍安，或此說有以啟之。」

〔三四〕范書作「誘宗賊帥，至者十五人」。

〔三五〕范書「生」作「坐」，誤。

〔三六〕通鑑：「初平元年，劉表徙治襄陽，鎮撫郡縣，江南悉平。」胡三省曰：「荆州刺史本治武陵漢壽，襄陽縣屬南郡。荆部在江南者，長沙、武陵、零陵、桂陽四郡也。爲劉表專制荆州張本。」范書表傳：「諸守令聞表威名，多解印綬去。」惠棟曰：「謂長沙太守蘇代、華容長貝羽等也。」

〔三七〕范書（術）〔表〕傳：「表遂理兵襄陽，以觀時變。袁術與其從兄紹有隙，而紹與表相結，故術共孫堅合從襲表，表敗，堅遂圍襄陽。會表將黄祖救至，堅爲流箭所中，死；餘衆退走。」黄祖殺孫堅事，詳見吳志孫堅傳及注。

〔三八〕惠棟曰：「鎮南碑云：遣御史中丞鍾繇即拜鎮南將軍，錫鼓吹、大車，策命襃崇，謂之伯父。置長史、司馬、從事中郎，開府辟召，儀如三公。復遣左中郎將祝融授節，以增威重。并督揚、交二州。棟案：鎮南表先拜安南將軍也。」

〔三九〕吳本、毛本「成」誤作「城」。經典釋文序録作「南城侯」。郡國志：「兗州濟陰郡成武，故屬山陽。」李兆洛曰：「成武故城，今山東曹州府城武縣治。」

〔四〇〕范書表傳作「侍中從事鄧羲」。陳景雲曰：「侍中當作治中，因下有侍中之文而誤。」錢大昕曰：「章懷諱治爲持，此治中改持中，校書者妄易爲侍耳。」錢大昭曰：「後漢書作侍中，非也。時州牧有長史，有別駕，有治中。至侍中乃中朝官，非劉表所得有也。」

〔四一〕宋本「大」作「達」，通鑑同。

〔四二〕何焯云：「此曹操所謂乍前乍卻，以觀世事者也。」

〔四三〕范書作「終表世不仕」，語較完。或曰：鄧羲可謂潔身之士，高於田豐、沮授數等矣。蘭以香焚，膏以明煎，可不自珍乎！

〔四四〕穰見武紀建安二年。

〔四五〕胡三省曰：「言無郊勞授館之禮也。」

〔四六〕范書表傳：「建安元年，驃騎將軍張濟自關中走南陽，因攻穰城，中飛矢而死。」章懷注引獻帝春秋曰：「濟引衆入荊州，賈詡隨之歸劉表。襄陽城守不受，濟因攻之，爲流矢所中。濟從子繡，收衆而退。劉表自責，以爲己無賓主禮，遣使招繡，遂屯襄陽，爲表北藩。」本志賈詡傳：「詡説繡與表連和。」注引傅子曰：「詡南見劉表，表以客禮待之。詡曰：表平世三公才也，不見事變，多疑無決，無能爲也。」

〔四七〕長沙太守孫堅舉郡人桓階孝廉，堅擊劉表，戰死；階説羡拒表。

〔四八〕郡國志：「荊州零陵郡零陵；桂陽郡桂陽。」一統志：「零陵故城，今廣西桂林府全州北；桂陽故城，今廣東連州治。」鄒安鬯曰：「零陵在今桂林府全州西南七十八里。」潘眉曰：「縣官千石至六百石稱令，五百石稱長。長爲令之次。零陵、桂陽皆荊州郡，此長字誤也。章懷注引英雄記作零陵、桂陽守，當依之。」弼按：續百官志，每縣邑道大者置令一人，千石；其次置長，四百石；小者置長，三百石。潘説誤。零陵、桂陽爲零陵、桂陽二郡之屬縣，故稱長也。」

〔四九〕胡三省曰：「屈彊，梗戾不順從貌。」

〔五〇〕通鑑考異曰：「魏志桓階傳，袁、曹相拒於官渡，階説羨附曹拒表。按范書劉表傳，建安三年，羨拒表在官渡前也。」

〔五一〕范書表傳：「長沙太守張羨率零陵、桂陽三郡叛表，表遣兵攻圍破羨，平之。」周壽昌曰：「按魏志云，表圍之，連年不下。羨病死，長沙復立其子懌，表遂攻并懌。是表未能破羨，至張懌時始能平之耳。」

〔五二〕零陵、桂陽也。范書作「南接五嶺」。

〔五三〕胡三省曰：「漢川，謂襄樊上下、漢水左右之地也。」

〔五四〕通鑑：「建安五年，表攻張懌，平之。表地方數千里，帶甲十餘萬，遂不供職貢，郊祀天地，居處服用，僭擬乘輿焉。」袁宏紀：「張昭爲孫策與袁術書亦云：劉表僭亂於南。」何焯曰：「劉表郊祀天地事在孔融傳。」王補曰：「荊州牧劉表不供職貢，多行僭僞，遂乃郊祀天地，擬斥乘輿，事見范書孔融傳，而表傳略不之載。」

〔五五〕本志陶謙傳注引謝承書云：「趙昱就處士東莞綦毋君受公羊傳。」未知即闓否？李賢曰：「闓，音開。」惠棟曰：「經典序録云：宋衷字仲子，南陽章陵人，後漢荊州五等從事。衷與忠通。」姚振宗曰：「蕭常續後漢書云：宋忠子與魏諷謀誅曹操，不克，父子俱遇害。蜀志先主傳注引漢魏春秋云：劉琮乞降，令宋衷詣備宣旨，備大駭，引刀向忠曰：今斷卿頭，不足以解忿，遣忠去。又尹默傳注云：宋仲子後在魏。魏略曰：其子與魏諷謀反伏誅。梓潼李仁、尹默並從宋忠受古學，王肅從宋忠讀太玄。忠之事蹟，略可考見者如此。」汪師韓曰：「選注所引羣書，有宋衷易緯注、樂緯注、春秋緯注、孝經緯注。」

〔五六〕范書表傳：「荊州人情好擾，加四方震駭，寇賊相扇，處處麋沸。表招誘有方，威懷兼洽，其姦猾宿賊，更爲效用。萬里肅清，大小咸悦而服之。關西、兖、豫學士歸者，蓋有千數。表安慰賑贍，皆得資全。遂起立學校，博求儒術，綦毋闓、宋忠等撰立五經章句，謂之後定。愛民養士，從容自保。」本志杜夔傳：「夔以世亂奔荊州，劉表令爲漢主合雅樂，樂備，表欲庭觀之，夔諫，表乃止。」趙一清曰：「隋書經籍志：周易五卷，漢荊州牧劉表章句。梁有漢荊州五業從事宋忠注周易十卷，亡。又有漢荊州刺史劉表新定禮一卷。」後漢書儒林傳：「潁容字子嚴，陳國長平人。博學多通，善春秋左氏。初平中，避亂荊州，聚徒千餘人。劉表以爲武陵太守，不肯起，著春秋左氏條例五萬餘言。」晉書天文志雜星氣條云：「劉表命武陵太守劉叡集天文衆占，曰荊州占。」馬國翰輯本劉表喪服後定一卷。序云：「隋志有劉表新定禮一卷，新定即後定，題小異耳。唐志不著，佚已久。通典引六節，或僅題劉表，或稱後定喪服。」惠棟曰：「王粲荊州文學記云：荊州牧劉君命五業從事宋衷所作，文學延朋徒焉。宣德音以贊之，降嘉禮以勸之，五載之閒，道化大行。耆德故老綦毋闓等，負書荷器，自遠而至者三百有餘人。鎮南碑云：武功既亢，廣開雍泮，設俎豆，陳罍彝，親行鄉射。躋彼公堂，篤志好學，吏子弟受禄之徒，蓋以千數。洪生巨儒，朝夕講論，誾誾如也。又云：君深愍末學，遠本離質，乃令諸儒改定五經章句，删剗浮辭，芟除煩重，贊之者用日少，而控微知機者又求遺書，寫還新者，留其故本。於是古典畢集，充於州閭。」弼按：惠氏所引王粲荊州文學記，係節録。兹據藝文類聚三十八，補録於下：「天降純嘏，有所底授，臻于我君，受命既茂。南牧是建，荊、衡作守，時邁純德，宣其丕繇。厥繇伊何？四國交阻，乃赫斯威，爰整其旅。虔夷不若，屢戡寇侮，誕啟洪軌，敦崇聖緒，典墳既章，禮樂咸舉，濟濟搢紳，盛兹階宇，祁祁髦俊，亦集爰處。和化普暢，休徵時敘，品物宣育，百穀繁蕪；勳格皇穹，聲被四宇。」周壽昌曰：「後人謂漢儒文學盛於西北，自晉人渡江之後，東南人才始盛，景升實啟其端。」何焯曰：「喪亂中經籍不遂泯絶，實賴有此，非可以表無遠略，嗤爲不急。」

太祖與袁紹方相持於官渡，紹遣人求助，表許之，而不至；亦不佐太祖。欲保江、漢閒，觀天下變。〔一〕從事中郎韓嵩、〔二〕別駕劉先説表曰：「豪傑並爭，兩雄相持，天下之重，在於將軍。將軍若欲有爲，起乘其弊可也；若不然，固將擇所從。將軍擁十萬之衆，安坐而觀望，夫見賢而不能助，請和而不得，此兩怨必集於將軍，將軍不得中立矣！夫以曹公之明哲，天下賢俊皆歸之，其勢必舉袁紹，然後稱兵以向江、漢，恐將軍不能禦也。故爲將軍計者，不若舉州以附曹公，曹公必重德將軍，長享福祚，垂之後嗣，此萬全之策也。」表大將蒯越亦勸表，表狐疑，乃遣嵩詣太祖以觀虚實。嵩還，深陳太祖威德，説表遣子入質。表疑嵩反爲太祖説，大怒，欲殺嵩；考殺隨嵩行者，知嵩無他意，乃止。

傅子曰：初，表謂嵩曰：「今天下大亂，未知所定。曹公擁天子都許，君爲我觀其釁。」嵩對曰：「聖達節，次守節。〔三〕嵩，守節者也。夫事君爲君，君臣名定，以死守之。今策名委質，〔四〕唯將軍所命，雖赴湯蹈火，死無辭也。以嵩觀之，曹公至明，必濟天下。將軍能上順天子，下歸曹公，必享百世之利，楚國實受其祐，使嵩可也；設計未定，嵩使京師，天子假嵩一官，則天子之臣，而將軍之故吏耳。在君爲君，則嵩守天子之命，義不得復爲將軍死也。唯將軍重思，〔五〕無負嵩！」表遂使之，果如所言，天子拜嵩侍中，遷零陵太守。還，稱朝廷、曹公之德也。表以爲懷貳，大會寮屬數百人，陳兵見嵩，〔六〕盛怒，持節將斬之。〔七〕數曰：「韓嵩敢懷貳邪！」衆皆恐，欲令嵩謝。嵩不動，謂表曰：「將軍負嵩，嵩不負將軍！」具陳前言。表怒不已，其妻蔡氏諫之曰：「韓嵩，楚國之望也。且其言直，誅之無辭。」表乃弗誅，而囚之。

表雖外貌儒雅，而心多疑忌，皆此類也。

〔一〕何焯曰：「表不助紹以綴操後，則失合從之勢。雖欲保江、漢閒，其可得乎！」

〔二〕胡三省曰：「漢制，惟司隸校尉有從事中郎，至漢末則州牧亦有從事中郎矣。」弼按：續百官志司隸校尉與州刺史皆有從事史，而無從事中郎。范書王允傳：「大將軍何進召允爲從事中郎。」

〔三〕胡三省曰：「左傳曹公子欣時之言。」

〔四〕左傳：「策名委質，貳乃辟也。」

〔五〕胡三省曰：「重思，猶言三思也。」

〔六〕惠棟曰：「魯語，臧文仲云：大刑用甲兵。韋昭云：謂臣有大逆，則被甲執兵而誅之，若今陳軍也。」

〔七〕胡三省曰：「持節以示將斬，猶不敢專殺，存漢制也。」

劉備奔表，表厚待之，然不能用。〔一〕

漢晉春秋曰：太祖之征柳城，〔二〕劉備説表，使襲許，表不從。及太祖還，謂備曰：「不用君言，故失此大會也。」〔三〕備曰：「今天下分裂，日尋干戈，事會之來，豈有終極乎？若能應之於後者，則此未足爲恨也。」〔四〕

建安十三年，太祖征表，未至，表病死。〔五〕

〔一〕范書表傳：「建安六年，劉備自袁紹奔荆州，表厚相待結，而不能用也。」

〔二〕柳城見武紀建安十二年。

〔三〕胡三省曰：「猶言大機會也。」

〔四〕胡三省曰：「豪傑之言，故自與常人不同。」

〔五〕武紀：「秋七月，公南征劉表；八月，表卒。」范書表傳：「表疽發背卒。在荆州幾二十年，家無餘積。」何焯曰：「盡費於養士，亦不厚斂於民，故能保境歿身也。」惠棟曰：「鎮南碑云：年六十七。」

初，表及妻愛少子琮，欲以爲後，而蔡瑁、張允爲之支黨，乃出長子琦爲江夏太守，衆遂奉琮爲嗣。琦與琮遂爲讎隙。〔一〕

典論曰：表疾病，琦還省疾。琦性慈孝，瑁、允恐琦見表，父子相感，更有託後之意，謂曰：「將軍命君撫臨江夏，爲國東藩，其任至重。今釋衆而來，必見譴怒，傷親之歡心，以增其疾，非孝敬也。」遂遏于戶外，使不得見，琦流涕而去。

越、嵩及東曹掾傅巽等〔二〕說琮歸太祖，〔三〕琮曰：「今與諸君據全楚之地，守先君之業，以觀天下，何爲不可乎？」巽對曰：「逆順有大體，彊弱有定勢。以人臣而拒人主，逆也；以新造之楚而禦國家，其勢弗當也；以劉備而敵曹公，又弗當也。〔四〕三者皆短，欲以抗王兵之鋒，必亡之道也。將軍自料，何與劉備？」〔五〕琮曰：「吾不若也。」巽曰：「誠以劉備不足禦曹公乎，則雖保楚之地，不足以自存也；誠以劉備足禦曹公乎，則備不爲將軍下也。願將軍勿疑。」太祖軍到襄陽，琮舉州降。〔六〕備走奔夏口。〔七〕

傅子曰：巽字公悌，〔八〕瓌偉博達，有知人鑒。〔九〕辟公府，拜尚書郎。後客荆州，以說劉琮之功賜爵關内侯。文帝時，爲侍中；太和中卒。巽在荆州，目龐統爲半英雄，證裴潛終以清行顯。〔一〇〕統遂附劉備，見待次於諸葛亮。潛位至尚書令，並有名德。及在魏朝，魏諷以才智聞，〔一一〕巽謂之必反，卒如其言。巽弟子嘏，別有傳。

漢晉春秋曰：王威說劉琮曰：「曹操得將軍既降，劉備已走，必懈弛無備，〔一二〕輕行單進。若給威奇兵數千，徼之於險，操可獲也。獲操即威震天下，〔一三〕坐而虎步，中夏雖廣，可傳檄而定；非徒收一勝之功，保守今日而已。此難遇之機，不可失也！」琮不納。〔一四〕搜神記曰：建安初，荆州童謡曰：「八九年閒始欲衰，至十三年無子遺。」〔一五〕言自中興以來，〔一六〕荆州獨全；及劉表爲牧，民又豐樂。至建安八年、九年當始衰。始衰者，謂劉表妻死，諸將並零落也。〔一七〕十三年無子遺者，表當又死，因以喪破也。是時，華容有女子忽啼呼云：「荆州將有大喪！」言語過差，縣以爲妖言，繫獄月餘，忽於獄中哭曰：「劉荆州今日死！」華容去州數百里，即遣馬吏驗視，而劉表果死，縣乃出之。續又歌吟曰：「不意李立爲貴人。」後無幾，太祖平荆州，以涿郡李立字建賢爲荆州刺史。〔一八〕

〔一〕「遂」，宋本作「還」。魏文帝典論曰：「劉表長子曰琦，表始愛之，稱其類己。久之，爲少子琮納後妻蔡氏之姪。至蔡氏有寵，其弟蔡瑁、表甥張允並幸于表，憚琦之長，欲圖毀之。而琮日睦於蔡氏，允、瑁爲之先後：琮之有善，雖小必聞；有過，雖大必蔽。蔡氏稱美于內，瑁、允歎德于外，表日然之，而琦日疏矣。出爲江夏太守，監兵于外，瑁、允陰司其過闕，隨而毀之。美無顯而不掩，闕無微而不露。于是表忿怒之色日發，誚讓之書日至，而琮堅爲嗣矣。故曰：容刀生于身疏，積愛出于近習，豈謂是邪？」范書表傳：「表初以琦貌類於己，甚愛之。後爲琮娶其後妻蔡氏之姪，蔡氏遂愛琮而惡琦，毁譽之言，日聞於表。表寵躭後妻，每信受焉。又妻弟蔡瑁及外甥張允，並得幸於表，又睦於琮。而琦不自寧，嘗與琅邪人諸葛亮謀自安之術，亮初不對。後乃共升高樓，因令去梯，謂亮曰：今日上不至天，下不至地，言出子口，而入吾耳，可以言未？亮曰：君不見申生在內而危，重耳居外而安乎？琦意感悟，陰規出計。會表將江夏太守黄祖爲孫權所殺，琦遂求代其任，遂以琮爲嗣。琮以侯印授琦，琦怒，投之地，將因奔喪作難。會曹操軍至新野，琦走江南。」趙一清曰：「典論稱琦性慈孝，且表之亡也，南土已危，寧暇爲譚、尚之爭乎？作難之言，似未足據。」侯康曰：「表尚有子名修，字季緒，官至東安太守，見魏志陳思王傳注引摯虞文章志。子建所謂劉季緒才不能逮於作者，而好詆呵文章，掎摭利病，即其人也。」杭世駿曰：「典略云：劉表跨有南土，子弟驕貴，並好酒，爲三爵，大曰伯雅，次曰仲雅，小曰季雅。大雅受七升，仲雅六升，季雅五升。又設大針於坐端，客有醉酒寢地，輒以劖刺驗其醒醉。」

〔二〕續百官志，三公有東西曹掾，州牧無之。巽辟公府，當爲公府東曹掾，時客荆州也。

〔三〕王粲亦勸琮歸太祖，見粲傳。劉攽曰：「范書表傳，蒯越、韓嵩及東曹掾傅巽下文云：釋嵩之囚。則此時嵩方見囚，何得有說？明多韓嵩二字。若嵩有說，亦當見封也。」通鑑考異曰：「嵩時被囚，必不預謀。」官本考證曰：「日知録云，是表卒之後，琮已赦嵩而出之矣。下文云：操至，乃釋嵩之囚，此史家欲歸美於操，而不顧上下文之相戾也。」何焯曰：「魏志云，知嵩無他意，乃止。是則嵩未嘗見囚，實勸琮降也。封者十五人，焉知嵩不在其中？范書兼採傅子弗誅而囚之說，後又補釋嵩之囚一語，而仍陳氏越、嵩及東曹掾云，乃不覺違反也。」韓嵩二字，宜存而論之。」

〔四〕胡三省曰：「當，如字。言不敵也。」

〔五〕趙一清曰：「與疑作如。」

〔六〕王鳴盛曰：「陳壽總求簡嚴，然如劉表二子琦、琮，若于琦竟一字不提，亦已矣；乃上文既並出琦、琮，而下文但敘琮降曹後事，琦竟不見顛末。不特事蹟不全，行文亦無結束。不如范蔚宗於傳尾兼及琦云：操後敗于赤壁，劉備表琦爲荆州刺史；明年，卒。較爲完善。」柳從辰曰：「一統志，琦墓在今漢陽縣東。水經注，魯山縣中有琦墓。」弼按：琮以節迎曹公，諸將疑其詐。婁子伯謂其至誠，遂進兵。見崔琰傳注。

〔七〕夏口見武紀建安十三年。章懷云：「夏口城，今之鄂州也。」

〔八〕巽事見武紀建安十八年注。隋書經籍志：「魏尚書傅巽集二卷，録一卷。」

〔九〕章懷注引此，「鑒」下有「識」字。

〔一〇〕潛傳：「潛避亂荆州，劉表待以賓禮。潛私謂王粲、司馬芝曰：劉牧非霸王之才。」又杜襲傳：「襲避亂荆州，劉表待以賓禮。襲謂繁欽曰：「吾與子俱來者，龍蟠幽藪，待時鳳翔，豈謂劉牧當爲撥亂之主乎！」

〔一一〕諷事見武紀建安二十四年。

〔一二〕馮本、官本「懈」作「解」，誤。

〔一三〕宋本、元本「天下」作「四海」。

〔一四〕胡三省曰：「使琮用威言，操其殆哉！」何焯曰：「人心瓦解，遣之必相率而潰，將又凡材，豈能儌一時之幸？琮之勢，比于張繡之素能拊循其衆者，又已異矣。徒爾覆宗，琮不納爲愈。」

〔一五〕趙一清曰：「水經沔水注，宜城縣有太山，建安三年崩，聲聞五六十里，雉皆屋雊，縣人惡之，以聞侍中龐季。季云：山崩川竭，國土將亡之占也。十三年，魏武平荆州，沔南彫散。」弼案：兵亂之後，自然彫散。十年以前，表勢方盛，災祥之説，不免傅會。

〔一六〕陳景雲曰：「興當作平。中平元年，黄巾起，天下始亂。」

〔一七〕表前妻死於建安八、九年，後乃娶蔡氏，又旋爲子琮納後妻蔡氏之姪。表以十三年卒。據此，則琦、琮皆爲前妻所生也。

〔一八〕趙一清曰：「方輿紀要卷七十九，格壘在襄陽穀城縣南十二里岡上，舊志，岡東臨漢水。漢末劉表將李氏甚富，有奴僕數百，立壘保此。一清案：李氏疑即立也。」

太祖以琮爲青州刺史，封列侯。〔一〕

魏武故事載令曰：「楚有江、漢山川之險，後服先彊，〔二〕與秦爭衡，荆州則其故地。劉鎮南久用其民矣。身没之後，諸子鼎峙，雖終難全，猶可引日。青州刺史琮，心高志潔，智深慮廣，輕榮重義，薄利厚德，蔑萬里之業，忽三軍之衆，篤中正之體，敦令名之譽，上耀先君之遺塵，下圖不朽之餘祚。〔三〕鮑永之棄并州，〔四〕竇融之離五郡，〔五〕未足以喻也。雖封列侯、一州之位，猶恨此寵未副其人。而比有牋求還州，監史雖尊，秩禄未優；今聽所執，表琮爲諫議大夫，參同軍事。」

蒯越等侯者十五人。〔六〕越爲光禄勳；

傅子曰：越，蒯通之後也。〔七〕深中足智，魁傑有雄姿。大將軍何進聞其名，辟爲東曹掾。越勸進誅諸閹官，進猶豫不決，越知進必敗，求出爲汝陽令。佐劉表平定境内，表得以彊大。詔書拜章陵太守，〔八〕封樊亭侯。荆州平，太祖與荀彧書曰：「不喜得荆州，喜得蒯異度耳！」建安十九年，卒。臨終，與太祖書，託以門户。太祖報書曰：「死者反生，生者不愧，孤少所舉，行之多矣。魂而有靈，亦將聞孤此言也。」

嵩，大鴻臚；〔九〕

先賢行狀曰：嵩字德高，義陽人。〔一〇〕少好學，貧不改操。知世將亂，不應三公之命，與同好數人，隱居于酈西山中。黄巾起，嵩避難南方，劉表逼以爲别駕，轉從事中郎。表郊祀天地，嵩正諫不從，〔一一〕漸見違忤。奉使到許，事在前注。荆州平，嵩疾病，就在所拜大鴻臚印綬。

羲，侍中；

羲，章陵人。

先，尚書令；其餘多至大官。〔一二〕

零陵先賢傳曰：〔一三〕先字始宗，博學强記，尤好黄、老言，明習漢家典故。爲劉表别駕，奉章詣許，見太祖。時賓客並會，太祖問先：「劉牧如何郊天也？」先對曰：「劉牧託漢室肺腑，處牧伯之位，而遭王道未平，羣凶塞路，抱玉帛而無所聘頫，〔一四〕修章表而不獲達御，是以郊天祀地，昭告赤誠。」太祖曰：「羣凶爲誰？」先曰：「舉目皆是。」太祖曰：「今孤有熊羆之士，步騎十萬，奉辭伐罪，誰敢不服！」先曰：「漢道陵遲，羣生憔悴，既無忠義之士，翼戴天子，綏寧海內，使萬邦歸德，而阻兵安忍，〔一五〕曰莫己若，即蚩尤、智伯復見於今也！」〔一六〕太祖嘿然。拜先武陵太守。荆州平，先始爲漢尚書，後爲魏國尚書令。先甥同郡周不疑，字元直，零陵人。先賢傳稱不疑幼有異才，聰明敏達。太祖欲以女妻之，不疑不敢當。太祖愛子倉舒，夙有才智，謂可與不疑爲儔。及倉舒卒，太祖心忌不疑，欲除之；文帝諫，以爲不可。太祖曰：「此人非汝所能駕御也！」乃遣刺客殺之。〔一七〕

摯虞文章志曰：〔一八〕不疑死時年十七，著文論四首。〔一九〕

世語曰：〔二〇〕表死後八十餘年，至晉太康中，表冢見發。表及妻身形如生，芬香聞數里。〔二一〕

〔一〕遷徙青州，則去其根據地矣。再徙爲諫議大夫，則爲無士之人矣。

〔二〕宋本「服」作「復」。官本考證據何焯校改作「服」。沈欽韓曰：「穀梁莊十年傳，荆者，楚也。何爲狄之聖人立必後至，天子弱必先強？所謂後服先彊也。」

〔三〕馮本「朽」作「杇」，誤。

〔四〕范書鮑永傳：「永字君長，上黨屯留人。父宣任司隸校尉，爲王莽所殺。更始二年，徵永；再遷尚書僕射，行大將軍事；持節將兵，安集河東、并州、朔部。既知更始已亡，封上將軍列侯印綬，悉罷兵。」

〔五〕范書竇融傳：「融字周公，扶風平陵人，行河西五郡大將軍事。後遣長史劉鈞奉書獻馬，因授融爲涼州牧。」

〔六〕「蒯」字可省。何焯云：「封列侯者十五人，此子布等所以望風勸權迎操也。然琮本凡才，不失爲保族之計，傅巽、譙周亦難同論，在人所審處。」

〔七〕漢書蒯通傳：「通，范陽人。」師古曰：「通本燕人，後游齊，故曰齊辯士蒯通。」越爲中廬人，當由齊遷徙於楚。

〔八〕章陵見前荆州八郡注，又見武紀建安十八年注。趙一清曰：「章陵故春陵，本南陽之屬縣也。續志有，晉、宋志無。方輿紀要：曹魏時省入蔡陽。此云章陵太守，蓋後漢嘗立爲郡。章帝元和元年，和帝永元十五年，桓帝延熹七年，俱幸章陵。蒯越作守，則建安時猶有此郡，故武紀建安二年書南陽、章陵諸縣復叛爲繡，其後又以趙儼爲章陵太守。嗣後無聞，則郡縣皆廢省矣。」洪亮吉曰：「義陽郡治安昌，安昌，漢章陵縣。水經注，魏黄初二年改今名。考章陵漢末曾升作郡，疑魏平荆州後方省也。」王先謙曰：「章陵，漢末置郡，見劉表傳注及百官志注。魏文改章陵曰安昌，立義陽郡治，見沔水注及寰宇記。」義陽互見明紀景初元年義陽郡注。

〔九〕范書表傳：「釋嵩之囚，以其名重，甚加禮待。使條品州人優劣，皆擢用之。」

〔一〇〕趙一清曰：「方輿紀要卷五十，義陽城在河南信陽州南四十里，漢南陽郡平氏縣之義陽鄉也。魏文帝置縣，屬義陽郡。」一統志：「義陽故城，在今河南南陽府桐柏縣東。」

〔一一〕趙一清曰：「後漢書孔融傳，荆州牧劉表不供職貢，多行僭僞，遂乃郊祀天地，擬斥乘輿。詔書班下其事。融上疏，宜且諱之，以崇國防。」晉書劉弘傳：「劉景升以禮樂崩壞，命杜夔爲天子合樂，樂成，欲庭作之。夔曰：爲天子合樂，而庭作之，恐非將軍本意。」事亦見杜夔傳。

〔一二〕范書作劉光。惠棟曰：「即别駕劉先也。」趙一清曰：「後漢書竇武傳，武孫輔，年二歲，曹節等捕之急。武府掾桂陽胡騰及令史南陽張敞，共逃輔於零陵界，詐云已死。騰以爲己子，而使聘娶焉。後舉桂陽孝廉。建安中，劉表辟爲從事，使還竇姓，以事列上。會表卒，曹操定荆州，輔與宗人徙居於鄴，辟丞相府。從征馬超，爲流矢所中，死。」

〔一三〕隋書經籍志雜傳：「零陵先賢傳一卷，不著撰人。」唐志同。章宗源曰：「三國志注所引零陵先賢傳，皆記劉、曹時事。」藝文類聚祥瑞部引周不疑作白雀頌，亦係魏人。惟水經湘水注鄭産爲白土嗇夫，上言除民口錢事，乃漢末先賢。」弼按：陳運溶輯本零陵先賢傳一卷，尚有漢李融一人。

〔一四〕「頫」，周禮作「覜」，他弔切。説文：「諸侯三年大相聘曰覜。」覜，視也。周禮春官大宗伯：「時聘曰問，殷覜曰視。」鄭注：「殷覜，謂一服朝之歲。以朝者少，諸侯乃使卿以大禮衆聘焉。」典瑞「以覜聘」，鄭注：「大夫衆來曰覜，寡來曰聘。」曲禮孔疏云：「覜亦見也。爲來見王起居，故曰覜也。」

〔一五〕左傳隱公四年：「夫州吁阻兵而安忍。阻兵無衆，安忍無親，衆叛親離，難以濟矣。」杜注：「恃兵則民殘，民殘則衆叛；安忍則刑過，刑過則親離。」

〔一六〕史記五帝本紀：「黄帝徵師諸侯，與蚩尤戰於涿鹿之野，遂禽殺蚩尤。」左傳哀公二十七年杜注：「知伯帥韓、魏圍趙襄子於晉陽，韓、魏反與趙氏謀殺知伯於晉陽之下。」

〔一七〕本志武文世王公傳，鄧哀王沖，字倉舒，建安十三年亡。不疑之死，當在是時。赤壁戰敗，又喪愛子，故倒行逆施也。北堂書鈔卷一百一十八云：「曹操攻柳城不下，圖畫形勢，問計策，周不疑進十計，攻城即下也。」弼按：不疑死時，年十七；征柳城時，年十六。不疑爲零陵人，十餘歲之童子，何緣從軍至柳城？亦事之可疑者也。或曰，不疑之死，可與楊脩爲類。

〔一八〕摯虞事見武紀建安二十三年三輔決録注。沈家本曰：「隋志：文章志四卷，摯虞撰。二唐志同，晉書本傳同。」黄逢元曰：「魏志陳思王傳注、後漢書桓彬傳注、文選長笛賦注與魏文帝牋、答東阿王牋注均引存，世説各篇注屢引。」

〔一九〕御覽卷三百八十五引零陵先賢傳曰：「周不疑，字文直，（姚振宗曰：「元直、文直，其字互異，未詳孰是。」）長安人。（「長」疑「重」字之譌，漢零陵郡有重安縣。）始嬰孩時，已有奇異。至年十三，曹公聞之，欲拜識；既見，即以女妻之，不疑不受。時有白雀瑞，儒林並以作頌。不疑見操，援紙筆立令復作，操異而奇之。」侯康曰：「藝文類聚九十九引零陵先賢傳曰：周不疑，曹公欲以爲議郎，不就。時有白雀瑞，儒林並已作頌，援紙筆立令復作，操奇異之。

按此即文論四首之一也。」

〔二〇〕章懷注引此作代語，蓋避唐諱改。

〔二一〕水經沔水注：「襄陽城東門外二百步劉表墓，太康中爲人所發，見表大妻，（「大」一作「夫」。）其尸儼然，顏色不異，猶如平生。墓中香氣，遠聞三四里中，經月不歇。今墳冢及祠堂猶高顯整頓。」惠棟曰：「從征記云：（杭世駿、趙一清所引皆作述征記。）表冢在高平郡，表子琮擣四方珍香數十石，（杭引作「數十觔」，趙引作「數十斛」。）著棺中。（杭、趙引有「蘇合消疫之香畢備」八字。）永嘉中，郡人衛熙發其墓，見表貌如生，香聞數十里。熙懼，不敢犯。」柳從辰曰：「劉表墓，水經注謂在襄陽，太康中爲人所發，香聞三四里，與世語所引相同。述征記謂在高平，永嘉中郡人衛熙發其墓，香聞數十里。惠氏亦取其説，入補注。一統志遂兩存之。從辰以爲表卒荆州襄陽，一統志載表墓在縣東，於理可信。高平漢縣，屬安定郡，晉屬高平郡，今平涼府固原州。一統志亦載表墓在州西，此距荆、襄千數百里，琮何以能葬表及表妻於此？傅會無理，不解惠氏何反舍水經注而引之。今案：章懷注本有兼存異説之例，惠氏以從征記詳著香之由來，及發墓者之姓名，故特取之。搜神記載表前妻死在建安八、九閒，魏志載表卒在建安十三年八月，琮九月即降，表前妻原葬何所不可知，後妻猶存。表時卒未久，操兵已逼襄陽，擣香而葬，當然不在是時。琮以娶於蔡氏，見愛後母，而與兄琦固同爲表前妻子，與表合葬，亦未知爲前妻抑爲後妻也。如爲前妻，則是琮求還荆州後遷改合葬，宜在襄陽；如爲後妻，則先主得荆州，琮與蔡旅以降操故不自安，或表柩尚未葬，載之出走，遠至高平。及後母卒，遂合葬焉，亦事所偶有者。要之，襄陽、高平必皆有表一妻墓在，故至一事兩傳也。」弼按：據述征記所云，擣香入棺中，當然在表卒之時。柳云擣香而葬，不在卒時，誤。一統志所引，係據寰宇記，寰宇記亦本從征記。竊疑高平爲山陽郡之高平縣，即劉表之故里，狐死首丘，似爲情之所有。後人因高平郡之誤，遂致輾轉訛傳。然據蜀志先主傳注引典略，備過辭表墓，則確在襄陽也。

評曰：董卓狼戾賊忍，暴虐不仁，自書契以來，(殊)〔殆〕未之有也。〔一〕英雄記曰：昔大人見臨洮而銅人鑄，〔二〕臨洮生卓而銅人毀。世有卓而大亂作，大亂作而卓身滅，抑有以也。袁術奢淫放肆，榮不終己，自取之也。〔三〕臣松之以爲桀、紂無道，秦、莽縱虐，皆多歷年所，然後衆惡乃著。董卓自竊權柄，至于隕斃，計其日月，未盈三周，而禍崇山岳，毒流四海。其殘賊之性，實豺狼不若；「書契未有」，斯言爲當。但評既曰「賊忍」，又云「不仁」，賊忍、不仁，於辭爲重。袁術無毫芒之功，纖介之善，而猖狂于時，妄自尊立，固義夫之所扼腕，人鬼之所同疾。雖復恭儉節用，而猶必覆亡不暇。而評但云「奢淫不終」，未足見其大惡。袁紹、劉表，咸有威容器觀，知名當世。表跨蹈漢南，〔四〕紹鷹揚河朔，然皆外寬內忌，好謀無決，有才而不能用，聞善而不能納。廢嫡立庶，舍禮崇愛，至于後嗣顛蹙，社稷傾覆，非不幸也。昔項羽背范增之謀，以喪其王業；紹之殺田豐，乃甚於羽遠矣！〔五〕

〔一〕范蔚宗論曰：「董卓初以虓闞爲情，因遭崩剥之埶，故得蹈藉彝倫，毀裂畿服。夫以刳肝斮趾之性，則羣生不足以厭其快。然猶折意縉紳，遲疑陵奪，尚有盜竊之道焉。及殘寇乘之，倒山傾海，崐岡之火，自茲而焚；版、蕩之篇，於焉而極。嗚呼！人之生也難矣，天地之不仁甚矣！」又贊曰：「百六有會，過剥成災，董卓滔天，干逆三才。方夏崩沸，皇京烟埃，無禮雖及，餘祲遂廣；矢延王輅，兵纏魏象；區服傾回，人神波蕩。」

〔二〕史記秦始皇本紀：「收天下兵，聚之咸陽，銷以爲鍾鐻、金人十二，各千石，置廷宮中。」漢書五行志：「有大人長五丈，足履六尺，皆夷狄服。凡十二人，見于臨洮，故銷兵器，鑄而象之。」互見明紀景初二年注引魏略。

〔三〕范蔚宗論曰：「天命符驗，可得而見，未可得而言也。然大致受大福者，歸於信順乎？夫事不以順，雖强力廣謀，不能得也。謀不可得之事，日失忠信，變詐妄生矣。況復苟肆行之，其以欺天乎？雖假符僭稱，歸將安所容哉！」

〔四〕官本考證曰：「監本脱表字。」

〔五〕范蔚宗論曰：「袁紹初以豪俠得衆，遂懷雄霸之圖，天下勝兵舉旗者，莫不假以爲名。及臨場決敵，則悍夫爭命；深籌高議，則志士傾心。盛哉乎，其所資也！韓非曰：『佷剛而不和，愎過而好勝，嫡子輕而庶子重，斯之謂亡徵。』劉表道不相越，而欲臥收天運，擬蹤三分，其猶木禺之於人也！」又贊曰：「紹姿弘雅，表亦長者；稱雄河外，擅强南夏。魚儷漢舳，雲屯冀馬，闚圖訊鼎，禋天類社。既云天工，亦資人亮；矜彊少成，坐談奚望？回皇家孌，身頹業喪！」

魏書七

呂布張邈臧洪傳第七〔一〕

〔一〕錢大昭曰：「范書張邈事即附在呂布傳中，故張邈之前布事未終，張邈之後仍敘布事。且其作贊言布不言邈，大略與魏志同。蓋蔚宗因承祚之舊故也。魏志本以張邈、陳登附布傳，以陳容附臧洪傳。後之校書者，見有張邈字孟卓，東平壽張人也十一字，不及細檢，輒於卷首改題云呂布張邈臧洪傳，而于目録則云張邈陳登臧洪陳容，皆誤。」潘眉曰：「魏書爲董卓立傳，兼及李傕、郭汜者，敘亡漢之原委；爲二袁、劉、呂、張、公孫、陶、張等立傳者，敘同時割據，魏武兼并之始末。若臧洪未與魏武交兵，其人與魏事無涉，在魏書中當爲附傳，不應立專傳。觀其初爲盟詞曰：漢室不幸，皇綱失統；及爲紹所執，又曰：王室衰弱，無扶翼之意，蓋漢末義烈之士，漢書立專傳宜也。」姚範曰：「史記後班史即人自爲傳，不復錯綜成之。甘、陳傳以兩人之功本一事耳。承祚復用互體，如呂布、張邈、劉放、孫資是也。或曰，呂布傳寫布不能自定處亦生動，但子長以飄忽之才寫生易，此以簡潔之筆寫生難。讀者不可不審而妄置低昂也。」

呂布字奉先，五原郡九原人也。〔一〕以驍武〔二〕給并州。刺史丁原爲騎都尉，屯河內，〔三〕以

布爲主簿，〔四〕大見親待。靈帝崩，原將兵詣洛陽，〔五〕

英雄記曰：原字建陽，本出自寒家。爲人麤略，有武勇，善騎射。爲南縣吏，〔六〕受使不辭難。有警急，追寇虜，輒在其前。裁知書，少有吏用。

與何進謀誅諸黃門，拜執金吾。進敗，董卓入京都，將爲亂，欲殺原，并其兵衆。卓以布見信於原，誘布，令殺原。布斬原首詣卓，卓以布爲騎都尉，甚愛信之，誓爲父子。〔七〕

〔一〕按文多一郡字。五原郡見武紀建安二十年。郡有九原縣，漢末廢。王先謙曰：「河水注，河水又東逕九原縣故城南，其城南面長河，北背連山。秦始皇逐匈奴，並河以東屬之陰山，築亭障爲河上塞。徐廣曰：陰山在五原北，即此山也。一統志據水經注，故城今烏喇忒旗北。按，漢九原縣其北即陰山。」闞駰十三州志：「建安中，魏武集荒郡之户以爲縣，聚之九原界，以立新興郡。」謝鍾英曰：「十三州志之九原，即漢陽曲縣地，非五原郡之九原也。」趙一清、梁章鉅所引顧祖禹説，皆爲新興郡之九原縣，不録。

〔二〕范書布傳作「以弓馬驍武」。

〔三〕范書布傳作「原屯河内」。劉攽曰：「案文下原字宜在上原字下。」沈家本曰：「張楊傳以武勇給并州，則此傳當亦以州字句絶，不必補原字。范書衍下原字耳。」

〔四〕潘眉曰：「蓋原爲騎都尉，以布爲主簿也。刺史屬吏惟有主簿、功曹、簿曹、書佐等，騎都尉秩比二千石，非刺史所得置。呂布爲騎都尉在殺丁原後，此時未得爲也。後漢書誤移原字在爲騎都尉下，此傳并脱去原字，當補入。」

〔五〕袁宏紀：「進乃召武猛都尉丁原將兵向京師。」范書何進傳：「進使武猛都尉丁原燒孟津，火照城中。」章懷注：「武猛謂有武藝而勇猛者，取其嘉名，因以名官也。」弼按：本志張楊傳以武勇給并州，爲武猛從事。取義亦同。

〔六〕南字上下疑有脱文。兩漢地志無南縣，范書董卓傳注引此無此語。

〔七〕通鑑：「卓陰使丁原部曲司馬五原呂布殺原，而并其衆，卓兵於是大盛。」弼按：董卓入京，步騎不過三千，丁原不死，卓猶有所憚也。

布便弓馬，膂力過人，〔一〕號爲飛將。稍遷至中郎將，封都亭侯。卓自以遇人無禮，恐人謀己，行止常以布自衛。然卓性剛而褊，忿不思難，嘗小失意，拔手戟擲布。〔二〕布拳捷，避之。〔三〕

詩曰：「無拳無勇，職爲亂階。」注：「拳，力也。」〔四〕

爲卓顧謝，卓意亦解。由是陰怨卓。卓常使布守中閤，〔五〕布與卓侍婢私通，〔六〕恐事發覺，心不自安。

〔一〕胡三省曰：「膂，脊骨也。」

〔二〕胡三省曰：「手戟，小戟，便於擊刺者。」惠棟曰：「釋名云：手戟，手所持擿之戟也。」

〔三〕國語齊語「有拳勇股肱之力」注：「人勇爲拳。」胡三省曰：「勇力爲拳，迅疾爲捷。」

〔四〕此詩小雅巧言之辭。

〔五〕爾雅釋宮：「小者謂之閨，小閨謂之閤。」

〔六〕范書布傳作「私與傅婢情通」。潘眉曰：「侍婢與傅婢同，無誤字。」弼按：范書公孫瓚傳云：「袁紹母親爲傅婢，地實微賤。」是傅婢即侍婢也。汪繼熊曰：「李長吉呂將軍歌：榼榼銀龜搖白馬，傅粉女郎大旗下。殆即世所傳貂蟬也。」

先是司徒王允以布州里壯健，厚接納之。〔一〕後布詣允，陳卓幾見殺狀。時允與僕射士孫瑞密謀誅卓，〔二〕是以告布，使爲內應。布曰：「柰如父子何！」允曰：「君自姓呂，本非骨肉，今憂死不暇，何謂父子！」〔三〕布遂許之，手刃刺卓，語在卓傳。允以布爲奮威將軍，〔四〕假節，儀比三司，〔五〕進封溫侯，〔六〕共秉朝政。布自殺卓後，畏惡涼州人，涼州人皆怨。由是李傕等遂相結，還攻長安城。

英雄記曰：郭汜在城北，布開城門，將兵就汜，言「且卻兵，但身決勝負」。汜、布乃獨共對戰，布以矛刺中汜，汜後騎遂前救汜，汜、布遂各兩罷。

布不能拒，李傕等遂入長安。〔七〕卓死後六旬，布亦敗。

臣松之案英雄記曰：〔八〕諸書，布以四月二十三日殺卓，〔九〕六月一日敗走，時又無閏，不及六旬。

將數百騎出武關，〔一〇〕欲詣袁術。

〔一〕范書王允傳：「王允字子師，太原祁人也。」章懷注：「祁，今并州縣也。」弼按：州里者，謂同爲并州之人。如韓遂謂樊稠曰：「與足下州里，雖小有違，要當大同。」胡三省曰：「韓遂金城人，與樊稠皆涼州人也。」又如本傳布謂張楊曰：「布，卿州里也。」楊爲雲中人，同屬并州也。

〔二〕士孫瑞事見董卓傳注引獻帝紀。

〔三〕范書布傳：「允曰：擲戟之時，豈有父子情也？」

〔四〕通鑑作「奮武將軍」。胡三省曰：「奮武將軍，始於漢元帝用任千秋爲之。」潘眉曰：「奮威當作奮武。宋書百官志：奮武將軍，漢末呂布爲之。後漢書亦誤作威。」

〔五〕胡三省曰：「猶儀同三司也。」

〔六〕温縣見齊王紀嘉平三年。王允封温侯在初平二年，至是改封吕布也。胡三省曰：「温縣屬河内郡，周大夫蘇忿生之邑。」

〔七〕監本、官本無「李」字。

〔八〕「曰」字疑衍。

〔九〕范書獻紀作「四月辛巳」，袁紀同。通鑑作「丁巳」。

〔一〇〕武關見武紀初平二年。

布自以殺卓爲術報讎，欲以德之。〔一〕術惡其反覆，拒而不受。〔二〕北詣袁紹，〔三〕紹與布擊張燕於常山，燕精兵萬餘，騎數千。布有良馬曰赤兔，

曹瞞傳曰：時人語曰：「人中有吕布，馬中有赤兔。」

常與其親近成廉、魏越等，陷鋒突陣，遂破燕軍。而求益兵衆，將士鈔掠，紹患忌之。布覺其意，從紹求去。紹恐還爲己害，遣壯士夜掩殺布。不獲，事露，布走河内，〔四〕

英雄記曰：布自以有功於袁氏，輕傲紹下諸將，以爲擅相署置，不足貴也。〔五〕布求還洛，紹假布領司隸校尉。外言當遣，内欲殺布。明日，當發；紹遣甲士三十人，辭以送布。布使止於帳側，僞使人於帳中鼓箏。〔六〕紹兵臥，布無何出帳去，而兵不覺。夜半，兵起，亂斫布牀被，〔七〕謂爲已死。明日，紹訊問，知布尚在，乃閉城門。布遂引去。〔八〕

與張楊合。紹令衆追之，皆畏布，莫敢逼近者。〔九〕

英雄記曰：楊及部曲諸將，皆受傕、汜購募，共圖布。布聞之，謂楊曰：「布，卿州里也。〔一〇〕卿殺布，於

卿弱，不如責布，可極得汜、傕爵寵。」楊於是外許汜、傕，内實保護布。汜、傕患之，更下大封詔書，以布爲潁川太守。〔一一〕

〔一〕陳仁錫曰：「殺丁原之德安在？」

〔二〕范書布傳：「布以卓頭繫馬鞍，走出武關，奔南陽，袁術待之甚厚。布自恃殺卓，有德袁氏，遂恣兵鈔掠。術患之，布不安，復去從張楊於河内。」

〔三〕沈家本曰：「范書布去術從張楊，方投紹，與此異。」

〔四〕范書布傳：「布常御良馬，號曰赤菟，能馳城飛塹，與其健將成廉、魏越等數十騎，馳突燕陣，一日或至三四，皆斬首而出。連戰十餘日，遂破燕軍。」

〔五〕何焯云：「布是王官，又除董卓，故兗、徐之士，往往附之。曹、劉天下英雄，然其始衆心未一者，猶有擅相署置之嫌耳。」

〔六〕胡三省曰：「說文，箏，樂也。鼓絃竹身。十三弦，蒙恬所造。一說，秦人薄義，父子爭瑟而分之，因以爲名。案，箏制與瑟同。瑟二十五弦，而箏十三弦，故云然。風俗通：箏，秦聲，五弦，筑聲。箏者，上圓象天，下平象地，中空準六合，弦柱十二，擬十二月，乃仁智之器也。今并、涼二州箏形如瑟，不知誰改也。釋名：箏，施絃高，箏箏然，音爭。」

〔七〕毛本「斫」作「砍」，誤。

〔八〕臧洪答陳琳書云：「呂奉先討卓來奔，請兵不獲，告去何罪，復見斫刺，濱于死亡。」

〔九〕何焯云：「當連下作一傳，本末始具。」弼按：范書布傳，布從張楊在前，投袁紹在後，後又歸張楊，與此互異。黄山云：「范史於董卓以下至呂布九列傳，本依陳志，獨布傳增入袁術待之甚厚一節，又謂未詣袁紹之前，已詣張楊。楊謀之，乃詣紹；紹謀之，復歸楊。術又與書，皆不近事理，實爲大謬。夫布惟見忌於紹，乃往投楊，先過張邈，邈深相結。因楊部曲不相容，乃仍受邈之招耳。術亦惟始未與相接，故以書通耳。如前已嘗受楊之窘，何肯後再歸楊？術果先嘗相厚，何爲至與書始頌其功，而書又絕不復道前日之雅耶？此必當從陳志者也。」

〔一〇〕潘眉曰：「布，五原人；張楊，雲中人。五原、雲中皆并州郡。」

〔一一〕毛本「川」作「州」，誤。范書布傳：「時李傕等購募求布急，楊下諸將，皆欲圖之。布懼，謂楊曰：與卿州里，今見殺，其功未必多；不如生賣布，可大得傕等爵寵。楊以爲然。」

張邈字孟卓，東平壽張人也。〔一〕少以俠聞。振窮救急，傾家無愛，士多歸之。太祖、袁紹皆與邈友。辟公府，以高第拜騎都尉，遷陳留太守。董卓之亂，太祖與邈首舉義兵。汴水之戰，邈遣衛茲將兵隨太祖。〔二〕袁紹既爲盟主，有驕矜色。邈正議責紹，紹使太祖殺邈。〔三〕太祖不聽，責紹曰：「孟卓，親友也，是非當容之。今天下未定，不宜自相危也。」邈知之，益德太祖。太祖之征陶謙，勑家曰：「我若不還，往依孟卓。」後還，見邈，垂泣相對，其親如此。

〔一〕范書黨錮傳，度尚、張邈等爲八廚。語曰：海內嚴恪張孟卓是也。沈家本曰：「呂布、張邈事首尾相連，故合傳。范書附邈於布，此句上云：道經陳留，太守張邈遣使迎之，相待甚厚。臨別，把臂言誓，方接邈字孟卓云云，文法頗密。此以張邈另提，而敘布過邈於後，與范不同。錢大昭以此爲校者之誤。」東平、壽張俱見武紀初平三年。水經注：「汶水逕壽張縣故城東，縣有壽聚。」方輿紀要：「在壽張縣東南五十里。」

〔二〕衛茲事見武紀卷首，邈遣衛茲事見武紀初平元年。

〔三〕范書布傳：「紹既怨邈，且聞與布厚，乃令曹操殺邈。」

呂布之捨袁紹從張楊也，過邈，臨別，把手共誓。紹聞之，大恨。邈畏太祖終爲紹擊己也，心不自安。興平元年，太祖復征謙，邈弟超與太祖將陳宮、從事中郎許汜、王楷共謀叛太祖。〔一〕宮說邈曰：「今雄傑並起，天下分崩，君以千里之衆，〔二〕當四戰之地，〔三〕撫劍顧眄，〔四〕亦足以爲人豪，而反制於人，不以鄙乎！今州軍東征，〔五〕其處空虛，呂布壯士，善戰無前，若權迎之，共牧兗州，〔六〕觀天下形勢，俟時事之變通，此亦縱橫之一時也。」邈從之。太祖初使宮將兵留屯東郡，遂以其衆東迎布爲兗州牧，〔七〕據濮陽。〔八〕郡縣皆應，唯鄄城、東阿、范爲太祖守。〔九〕太祖引軍還，與布戰於濮陽，〔一〇〕太祖軍不利，相持百餘日。是時歲旱，蟲蝗，少穀，百姓相食。布東屯山陽。〔一一〕二年間，太祖乃盡復收諸城，擊破布於鉅野。〔一二〕布東奔劉備。

英雄記曰：布見備，甚敬之。謂備曰：「我與卿，同邊地人也。〔一三〕布見關東起兵，欲誅董卓。布殺卓東出，關東諸將無安布者，皆欲殺布耳。」請備於帳中坐婦牀上，令婦向拜，酌酒飲食，名備爲弟。備見布語言無常，外然之而內不悅。

邈從布，留超將家屬屯雍丘。〔一四〕太祖攻圍數月，屠之，斬超及其家。〔一五〕邈詣袁術請救，未至，自爲其兵所殺。

獻帝春秋曰：袁術議稱尊號，邈謂術曰：「漢據火德，絕而復揚，德澤豐流，誕生明公。」公居軸處中，入則享于上席，出則爲衆目之所屬，華、霍不能增其高，淵泉不能同其量，可謂巍巍蕩蕩，無與爲貳。何爲捨此而欲稱制？恐福不盈眥，〔一六〕禍將溢世。莊周之稱郊祭犧牛，養飼經年，衣以文繡，宰執鸞刀，以入廟門，當此之時，求爲孤犢，不可得也！」〔一七〕

按本傳，邈詣術未至而死。而此云諫稱尊號，未詳孰是。〔一八〕

〔一〕范書布傳：「興平元年，曹操東擊陶謙，令其將武陽人陳宮屯東郡。宮因說邈。」本志高柔傳：「柔謂鄉人曰：張府君先得志於陳留，吾恐變乘閒作，欲與諸君避之。衆人皆以張邈與太祖善，不然其言。」通鑑：「前九江太守陳留邊讓，嘗譏議操，操聞而殺之，并其妻子。讓素有才名，由是兗州士大夫皆恐懼，陳宮內亦自疑。」

〔二〕范書布傳作「君擁十萬之衆」。

〔三〕章懷云：「陳留地平，四面受敵，故謂之四戰之地也。」

〔四〕通鑑「眄」作「盼」。

〔五〕胡三省曰：「謂操兵征徐州也。」

〔六〕范書布傳「牧」作「據」。

〔七〕通鑑「東」作「潛」。

〔八〕濮陽見武紀初平二年。水經注：「瓠子河出東郡，濮水逕其南，故曰濮陽。」括地志：「故城在濮州西八十六里。」錢坫曰：「今大名府開州西南二十里。」

〔九〕鄄城見武紀初平四年；東阿、范見武紀興平元年。

〔一〇〕毛本「於」作「與」，誤。

〔一一〕武紀：「布到乘氏，爲其縣人李進所破，東屯山陽。」山陽郡見武紀初平元年。

〔一二〕武紀：「布將薛蘭、李封屯鉅野。」鉅野見武紀興平二年。

〔一三〕胡三省曰：「布，五原人；備，涿郡人。五原、涿郡皆邊地。」

〔一四〕雍丘見武紀興平二年。

〔一五〕錢大昭曰：「武紀，雍丘潰，超自殺。則超非爲魏武所斬也。」

〔一六〕「眥」，元本作「皆」，誤。班固答賓戲：「朝爲榮華，夕爲顦顇，福不盈眥，禍溢于世。」李奇曰：「當富貴之間，視之不滿目。」

〔一七〕莊子列御寇篇：「或聘於莊子，莊子應其使曰：子見夫犧牛乎？衣以文繡，食以芻菽，及其牽而入於大廟，雖欲爲孤犢，其可得乎！」

〔一八〕邈死於興平二年，術僭號於建安二年，諫稱尊號之說不足信。

備東擊術，布襲取下邳。〔一〕備還歸布，布遣備屯小沛。〔二〕布自稱徐州刺史。〔三〕

英雄記曰：布初入徐州，書與袁術，術報書曰：「昔董卓作亂，破壞王室，禍害術門戶。術舉兵關東，未能屠裂卓。將軍誅卓，送其頭首，爲術埽滅讎恥，〔四〕使術明目於當世，死生不愧，其功一也。昔將金元休向兗州，甫詣封部，〔五〕爲曹操逆所拒破，流離迸走，幾至滅亡。將軍破兗州，術復明目於遐邇，其功二也。術生年已來，不聞天下有劉備，備乃舉兵與術對戰，術憑將軍威靈，得以破備，其功三也。將軍有三大功在術，術雖不敏，奉以生死。將軍連年攻戰，軍糧苦少，今送米二十萬斛，迎逢道路，非直此止，當駱驛復致。若兵器戰具，佗所乏少，大小唯命。」布得書，大喜，遂造下邳。

典略曰：元休名尚，京兆人也。尚與同郡韋休甫、第五文休俱著名，號爲三休。〔六〕尚，獻帝初爲兗州刺史，東之郡，〔七〕而太祖已臨兗州，尚南依袁術。術僭號，欲以尚爲太尉，不敢顯言，私使人諷之。〔八〕尚無屈意，術亦不敢彊也。建安初，尚逃還，爲術所害。其後尚喪與太傅馬日磾喪〔九〕俱至京師，天子嘉尚忠烈，爲之咨嗟。〔一〇〕詔百官弔祭，拜子瑋郎中，而日磾不與焉。

英雄記曰：布水陸東下，〔一一〕軍到下邳西四十里。備中郎將丹陽許耽夜遣司馬章誑來詣布，言：「張益德與下邳相曹豹共爭，〔一二〕益德殺豹，〔一三〕城中大亂，不相信。丹陽兵有千人，屯西白城門內，〔一四〕聞將軍來東，大小踊躍，如復更生。將軍兵向城西門，丹陽軍便開門內將軍矣。」布遂夜進，晨到城下。天明，丹陽兵悉開門內布兵。布於門上坐，步騎放火，大破益德兵，獲備妻子、軍資，及部曲將吏士家口。

建安元年六月夜半時，布將河內郝萌反，將兵入布所治下邳府，詣廳事閤外，同聲大呼攻閤，閤堅不得入。布不知反者爲誰，直牽婦，科頭袒衣，〔一五〕相將從溷上排壁出，詣都督高順營，直排順門入。順問：「將軍有所隱不？」布言：「河內兒聲。」順言：「此郝萌也。」順即嚴兵入府，弓弩並射萌衆，萌衆亂走，天明還故營。萌將曹性反萌，與對戰，萌刺傷性，性斫萌一臂。〔一六〕順斫萌首，牀輿性，送詣布。布問性，言「萌受袁術謀」。「謀者悉誰？」性言：「陳宮同謀。」時宮在坐上，面赤，旁人悉覺之。布以宮大將，不問也。性言：「萌常以此問，性言呂將軍大將，有神，不可擊也。不意萌狂惑不止。」布謂性曰：「卿，健兒也！」善養視之。創愈，使安撫萌故營，領其衆。

術遣將紀靈等步騎三萬攻備，備求救於布。布諸將謂布曰：「將軍常欲殺備，今可假手於術。」布曰：「不然。術若破備，則北連太山諸將，〔一七〕吾爲在術圍中，不得不救也。」便嚴步兵千、騎二百，〔一八〕馳往赴備。靈等聞布至，皆斂兵不敢復攻。布於沛西南一里安屯，遣鈴下請靈等，〔一九〕靈等亦請布共飲食。〔二〇〕布謂靈等曰：「玄德，布弟也。弟爲諸君所困，故來救之。布性不喜合鬭，但喜解鬭耳。」〔二一〕布令門候於營門中舉一隻戟，〔二二〕布言：「諸君觀布射戟小支，[一三]一發中者，諸君當解去；不中，可留決鬬。」布舉弓射戟，正中小支。諸將皆驚言：「將軍天威也！」[一四]明日復歡會，然後各罷。

[一]下邳見武紀初平四年。

[二]小沛見武紀建安四年。胡三省曰：「沛國治相縣，而沛自爲縣，屬沛國，時人謂沛爲小沛。」

[三]范書布傳：「時劉備領徐州，居下邳，與袁術相拒於淮上。術欲引布擊備，乃與布書。布得書，大悦，即勒兵襲下邳，獲備妻子。備敗走海西，饑困，請降於布。布又恚術運糧不復至，乃具車馬迎備，以爲豫州刺史，遣屯小沛。布自號徐州牧。術懼布爲己害，爲子求婚，布復許之。」

[四]章懷云：「董卓殺隗及術兄基等男女二十餘人。」

[五]范書布傳：「昔金元休南至封丘。」錢大昭曰：「當作封丘。」

[六]陶淵明羣輔録引三輔決録云：「孝廉杜陵金敞，字元休；（位至兗州刺史。）上計掾長陵第五巡，字文休；（興先之子。興先名種，司空伯魚之孫，名士也。不詳巡位所至，時辟太尉掾。）上計掾杜陵韋端，字甫休；（位至涼州牧、太尉。）同郡齊名，時人謂之京兆三休。」據此，則金尚爲京兆杜陵人，尚當作敞，韋休甫當作韋甫休，方與三休合。

[七]劉攽曰：「刺史不當言郡，當是部字。」惠棟曰：「續志，兗州刺史治山陽昌邑。所云之郡，謂之山陽郡也。」

[八]元本「諷」作「謂」，誤。

[九]毛本「磾」作「殫」，誤。下同。

[一〇]監本、官本「嗟」作「嗟」，誤。

[一一]胡三省曰：「布去年奔備，蓋屯於下邳之西。」

[一二]曹豹，陶謙故將。

〔一三〕蜀志劉先主傳注引英雄記所云，與此異。

〔一四〕趙一清曰：「白門，下邳之城門，即布受擒於曹公處也。城字當在西上。」梁章鉅曰：「城門二字當互乙。」弼按：水經注：「下邳城有三重，其大城中有四碑，南門謂之白門，魏武擒陳宮於此。」云云，與趙、梁二說異。

〔一五〕胡三省曰：「科頭，不冠露髻也。今江東人猶謂露髻爲科頭。」

〔一六〕毛本「斫」作「砍」，誤。

〔一七〕胡三省曰：「太山諸將，謂臧霸、孫觀、吳敦、尹禮輩。」

〔一八〕范書陳紀傳：「不復辨嚴，即時之郡。」章懷注：「嚴，讀曰裝也。」吳志孫策傳注引江表傳云：「策奉詔治嚴。」又云：「策被詔討袁術、劉表，軍嚴當進。」范書布傳：「便率步騎千餘。」

〔一九〕元本、馮本「鈴」作「鈐」，誤。胡三省曰：「鈴下，卒也。在鈴閣之下，有警至則掣鈴以呼之，因以爲名。」續漢志曰：「五百、鈴下、侍閤、門闌部署、街里走卒，皆有程品，多少隨所典領。」程大昌續演繁露曰：「鈴下威儀，殆今典客之吏。」

〔二〇〕嚴衍通鑑補注云：「通鑑原文，布屯沛城西南，遣鈴下請靈等，靈等亦請布，布往就之，與備共飲食。是時和議猶未成，備焉敢同布共飲食於紀靈之座？陳志布傳云：布遣鈴下請靈等，靈等亦請布共飲食。布謂靈等曰：玄德，布弟也，云云。是射戟事只在靈座上爲之，備不與聞也。恐亦非講和之體。范書布傳曰：布遣鈴下招備，並請靈等與共飲食。最爲得情，故從之。」弼按：范書作「布遣人招備」。

〔二一〕胡三省曰：「言不喜合人之鬭，喜解人之鬭也。」

〔二二〕續漢志：「門有門候。」又云：「城門，每門候一人。」

〔二三〕章懷注：「周禮考工記曰：爲戟博二寸，内倍之，胡參之，援四之。鄭注云：援，直刃；胡，其孑也；小支，謂胡也。即今之戟旁曲支。」

〔二四〕范書布傳：「乃令軍候植戟於營門，布彎弓顧曰：諸君觀布射戟小支，中者當各解兵，不中可留決鬬。布即一發正中戟支，靈等皆驚言：將軍天威也！」通鑑從之。林暢園曰：「呂布一武人，不料亦有此深沈之幾，蘊藉之度。」

術欲結布爲援，乃爲子索布女，布許之。〔一〕術遣使韓胤以僭號議告布，〔二〕并求迎婦。沛相陳珪〔三〕恐術、布成婚，則徐、揚合從，將爲國難，〔四〕於是往說布曰：「曹公奉迎天子，輔讚國政，威靈命世，將征四海。將軍宜與協同策謀，圖太山之安。今與術結婚，受天下不義之名，必有累卵之危。」〔五〕布亦怨術初不已受也，〔六〕女已在塗，追還絕婚；〔七〕械送韓胤，梟首許市。〔八〕珪欲使子登詣太祖，布不肯遣。會使者至，拜布左將軍。布大喜，即聽登往，并令奉章謝恩。

英雄記曰：初，天子在河東，有手筆版書召布來迎。布軍無畜積，不能自致，遣使上書。朝廷以布爲平東將軍，〔九〕封平陶侯。〔一〇〕使人於山陽界亡失文字，太祖又手書厚加慰勞布，說起迎天子，當平定天下意，并詔書購捕公孫瓚、袁術、韓暹、楊奉等。布大喜，復遣使上書於天子曰：「臣本當迎大駕，知曹操忠孝，奉迎都許。臣前與操交兵，今操保傅陛下，臣爲外將，欲以兵自隨，恐有嫌疑，是以待罪徐州，進退未敢自寧。」答太祖曰：「布獲罪之人，分爲誅首，手命慰勞，厚見褒獎。重見購捕袁術等詔書，布當以命爲效。」太祖更遣奉車都尉王則爲使者，齎詔書；又封平東將軍印綬來拜布。太祖又手書與布曰：「山陽屯送將軍所失大封，〔一一〕國家無好金，〔一二〕孤自取家好金，更相爲作印；國家無紫綬，自取所帶紫綬以籍心。將軍所使不良。袁術稱天子，將軍止之，而使不通章。〔一三〕朝廷信將軍，使復重上，以相明忠誠。」布乃遣登奉章謝恩，并以一好綬答太祖。

登見太祖，因陳布勇而無計，〔一四〕輕於去就，宜早圖之。太祖曰：「布，狼子野心，誠難久養，〔一五〕非卿莫能究其情也。」即增珪秩中二千石，〔一六〕拜登廣陵太守。〔一七〕臨別，太祖執登手曰：「東方之事，便以相付。」令登陰合部衆，以爲內應。

〔一〕沈家本曰：「上文言術拒布不受，而此云靈等聞布至斂兵，又云術爲子索布女，情事不相接。范書於劉備拒術之下，採英雄記補敘術報布書一事，方爲完密。」

〔二〕范書布傳「議」作「事」。

〔三〕珪事見袁術傳注引英雄記。

〔四〕胡三省曰：「術領揚州，布領徐州。」

〔五〕「累卵」解見高貴鄉公紀甘露五年。

〔六〕事見初平三年。

〔七〕惠棟曰：「一說，勸布絶婚爲陳元方事，見鴻臚陳君碑。」弼按：碑文爲邯鄲淳撰，見古文苑。文云：「袁術恣睢，僭號江淮，圖覆社稷，結婚呂布，斯事成重，必不測救。君諗布不從，遂與成婚，送女在塗。君爲國深憂，乃奮策出奇，以奪其心，卒使絶好，追女而還。離逖姦謀，使不得成，國用乂安，君之力也。」然按下文「今致術軍，卿之由也」之語，仍爲陳珪之謀。

〔八〕范書布傳：「執胤送許，曹操殺之。」

〔九〕吳志孫策傳注引江表傳曰：「建安二年夏，詔勑孫策曰：定得使持節平東將軍領徐州牧溫侯布，上袁術所造惑衆妖妄。布前後上策乃心本朝，欲還討術。其亟與布及行吳郡太守安東將軍陳瑀，同時赴討。」

〔一〇〕郡國志：「并州太原郡平陶。」一統志：「平陶故城，今山西太原府文水縣西南。」

〔一二〕元本「送」作「道」。

〔一三〕「國家」見臧霸傳注引魏略。胡三省曰：「東都羣臣，謂天子爲國家。」

〔一四〕陳景雲云：「止當作上。」

〔一五〕或曰，四字的評，雖千百言無以易之。

〔一六〕李賢曰：「左傳，伯石之生也，叔向之母視之，曰：是豺狼之聲也。狼子野心。」

〔一七〕胡三省曰：「漢制，王國相秩二千石，增秩中二千石，則秩視九卿。」

〔一八〕何焯云：「據徐、揚之中。」

始布因登求徐州牧，〔一〕登還，布怒，拔戟斫机曰：「卿父勸吾協同曹公，絶婚公路，今吾所求無一獲，而卿父子並顯重，爲卿所賣耳！卿爲吾言，其説云何？」登不爲動容，徐喻之曰：「登見曹公言：待將軍譬如養虎，當飽其肉，不飽則將噬人。公曰：不如卿言也。譬如養鷹，飢則爲用，飽則揚去。其言如此。」布意乃解。

〔一〕范書布傳「牧」下有「不得」二字。

術怒，與韓暹、楊奉等連勢，遣大將張勳攻布。〔一〕布謂珪曰：「今致術軍，卿之由也，爲之柰何？」珪曰：「暹、奉與術，卒合之軍耳，〔二〕策謀不素定，〔三〕不能相維持。子登策之，比之連雞，勢不俱棲，〔四〕可解離也。」布用珪策，遣人説暹、奉，使與己并力共擊術軍，軍資所有，悉許暹、奉。於是暹、奉從之，勳大破敗。

九州春秋載布與暹、奉書曰：「二將軍拔大駕來東，〔五〕有元功於國，當書勳竹帛，萬世不朽。今袁術造逆，當共誅討，柰何與賊臣還共伐布？布有殺董卓之功，與二將軍俱爲功臣，可因今共擊破術，建功於天下，此時不可失也。」暹、奉得書，即迴計從布。布進軍，去勳等營百步，暹、奉兵同時並發，斬十將首，殺傷墮水死者不可勝數。〔六〕 英雄記曰：布後又與暹、奉二軍向壽春，水陸並進，所過虜略。到鍾離，〔七〕大獲而還。既渡淮北，留書與術曰：「足下恃軍彊盛，常言猛將武士，欲相吞滅，每抑止之耳。布雖無勇，虎步淮南，一時之閒，足下鼠竄壽春，無出頭者。猛將武士，爲悉何在？足下喜爲大言，以誣天下，天下之人，安可盡誣？古者兵交，使在其閒，造策者，非布先唱也。〔八〕相去不遠，可復相聞。」布渡畢，術自將步騎五千，揚兵淮上。布騎皆於水北，大咍笑之而還。〔九〕時有東海蕭建爲琅邪相，治莒，〔一〇〕保城自守，不與布通。布與建書曰：「天下舉兵，本以誅董卓耳。布殺卓，來詣關東，欲求兵西迎大駕，光復洛京；諸將自還相攻，莫肯念國。布，五原人也，去徐州五千餘里，〔一一〕乃在天西北角，今不來共爭天東南之地。莒與下邳，相去不遠，宜當共通。君如自遂以爲郡郡作帝，縣縣自王也？昔樂毅攻齊，呼吸下齊七十餘城，唯莒、即墨二城不下。〔一二〕所以然者，中有田單故也。布雖非樂毅，君亦非田單，可取布書，與智者詳共議之。」建得書，即遣主簿齎牋上禮，貢良馬五匹。建尋爲臧霸所襲破，得建資實。布聞之，自將步騎向莒。高順諫曰：「將軍躬殺董卓，威震夷狄，端坐顧盼，遠近自然畏伏，不宜輕自出軍。如或不捷，損名非小。」布不從。〔一三〕霸畏布引還抄暴，〔一四〕果登城拒守；布不能拔，〔一五〕引還下邳。霸後復與布和。

〔一〕范書布傳：「袁術怒布殺韓胤，遣大將張勳、橋蕤等與韓暹、楊奉連勢，步騎數萬，七道攻布。布時有兵三千，馬四百四，懼其不敵。」

〔二〕胡三省曰：「卒讀曰猝。」

〔三〕李賢曰：「素，舊也。」

〔四〕戰國策：「秦惠王曰：夫諸侯之不可一，猶連雞之不能俱上於棲。」

〔五〕范書布傳作「二將軍親扶大駕」，何焯校本「扶」改「拔」。

〔六〕范書布傳：「暹、奉大喜，遂共擊勳等於下邳，大破之。生禽橋蕤，餘衆潰走。」弼按：武紀，建安二年九月，曹公擊破蕤等。」通鑑考異云：「此又一橋蕤，將蕤被獲又還也？魏志呂布傳無橋蕤事，當是范書誤。」

〔七〕胡三省曰：「鍾離縣屬九江郡，距壽春二百餘里。」郡國志：「揚州九江郡鍾離，侯國。」一統志：「鍾離故城，今安徽鳳陽府鳳陽縣東。」

〔八〕宋本「造」作「告」。

〔九〕胡三省曰：「哈，呼來翻。楚人謂相嗤笑曰哈。」

〔一〇〕胡三省曰：「前漢莒縣屬城陽國，後漢屬琅邪國。」弼按：郡國志，琅邪國本治開陽，殆漢末徙治莒。一統志：「莒縣故城，今山東沂州府莒州治。」

〔一一〕「五」字當爲「三」字之譌。

〔一二〕郡國志：「青州北海國即墨。」一統志：「即墨故城，今山東萊州府平度州東南康王城。」

〔一三〕范書布傳：「太山臧霸等攻破莒城，許布財幣以相結，而未及送。布乃自往求之。其督將高順諫止曰：將軍威名宣播，遠近所畏，何求不得？而自行求賂，萬一不剋，豈不損耶？布不從。既至莒，霸等不測往意，固守拒之。無獲而還。」

〔一四〕何焯云：「引還二字疑衍。」

〔一五〕官本「拔」作「救」。

建安三年，布復叛爲術，遣高順攻劉備於沛，破之。〔一〕太祖遣夏侯惇救備，爲順所敗。〔二〕太祖自征布，至其城下，〔三〕遺布書，爲陳禍福。布欲降，陳宮等自以負罪深，沮其計。

獻帝春秋曰：太祖軍至彭城，〔四〕陳宮謂布：「宜逆擊之。以逸擊勞，無不克也。」布曰：「不如待其來攻，蹙著泗水中。」〔五〕及太祖軍攻之急，布於白門樓上謂軍士曰：〔六〕「卿曹無相困，我自首當明公。」〔七〕陳宮曰：「逆賊曹操，何等明公！今日降之，若卵投石，豈可得全也！」

布遣人求救於術，術自將千餘騎出戰，〔八〕敗走，還保城，不敢出。

英雄記曰：布遣許汜、王楷告急於術。〔九〕術曰：「布不與我女，理自當敗，何爲復來相聞邪？」汜、楷曰：「明上今不救布，爲自敗耳！布破，明上亦破也。」術時僭號，故呼爲明上。術乃嚴兵，爲布作聲援。布恐術爲女不至，故不遣兵救也，以綿纏女身，縛著馬上，夜自送女出與術，與太祖守兵相觸，格射不得過，復還城。布欲令陳宮、高順守城，自將騎斷太祖糧道。布妻謂曰：「將軍自出，斷曹公糧道，是也；宮、順素不和，將軍一出，宮、順必不同心共守城也。〔一〇〕如有蹉跌，將軍當於何自立乎？願將軍諦計之，無爲宮等所誤也。妾昔在長安，已爲將軍所棄，賴得龐舒私藏妾身耳，今不須顧妾也。」布得妻言，愁悶不能自決。

魏氏春秋曰：陳宮謂布曰：「曹公遠來，勢不能久，若將軍以步騎出屯，爲勢於外，宮將餘衆，閉守於內。若向將軍，宮引兵而攻其背；若來攻城，將軍爲救於外。不過旬日，軍食必盡，擊之可破。」布然之。布妻曰：「昔曹氏待公臺如赤子，猶舍而來；今將軍厚公臺，不過於曹公，而欲委全城，捐妻子，孤軍遠出，若一旦有變，妾豈得爲將軍妻哉！」布乃止。術亦不能救。布雖驍猛，然無謀而多猜忌，不能制御其黨，但信諸將。諸將各異意自疑，故每戰多敗。太祖塹圍之三月，〔一一〕上下離心，其將侯成、宋憲、魏續〔一二〕縛陳宮，將其衆降。

九州春秋曰：初，布騎將侯成遣客牧馬十五匹，客悉驅馬去，向沛城，欲歸劉備。成自將驅逐之，悉得馬還。諸將合禮賀成，成釀五六斛酒，獵得十餘頭豬，未飲食，先持半豬五斗酒自入詣布前，跪言：「間蒙將軍恩，逐得所失馬，諸將來相賀，自釀少酒，獵得豬，未敢飲食，先奉上微意。」布大怒曰：「布禁酒，卿釀酒，諸將共飲食作兄弟，共謀殺布邪？」成大懼而去，棄所釀酒，還諸將禮。由是自疑。會太祖圍下邳，成遂領衆降。〔一三〕

布與其麾下登白門樓。〔一四〕兵圍急，乃下降。〔一五〕遂生縛布。布曰：「縛太急，小緩之。」太祖曰：「縛虎不得不急也。」布請曰：「明公所患，不過於布，今已服矣，天下不足憂。明公將步，令布將騎，則天下不足定也。」太祖有疑色。劉備進曰：「明公不見布之事丁建陽及董太師乎！」太祖頷之。〔一六〕布因指備曰：〔一七〕「是兒最叵信者！」〔一八〕

英雄記曰：布謂太祖曰：「布待諸將厚也。諸將臨急，皆叛布耳。」太祖曰：「卿背妻，愛諸將婦，何以爲厚？」布默然。〔一九〕

獻帝春秋曰：布問太祖：「明公何瘦？」太祖曰：「君何以識孤？」布曰：「昔在洛，會温氏園。」太祖曰：「然！孤忘之矣。所以瘦，恨不早相得故也。」布曰：「齊桓舍射鉤，使管仲相；今使布竭股肱之力，爲公前驅，可乎？」布縛急，謂劉備曰：「玄德！卿爲坐客，我爲執虜，不能一言以相寬乎？」太祖笑曰：「何不相語，而訴明使君乎？」意欲活之，命使寬縛。主簿王必趨進曰：〔二〇〕「布，勍虜也。其衆近在外，不可寬也。」太祖曰：「本欲相緩，主簿復不聽，如之何！」

於是縊殺布。布與宮、順等皆梟首送許，然後葬之。

英雄記曰：順爲人清白，有威嚴，不飲酒，不受饋遺。所將七百餘兵，號爲千人；鎧甲鬬具，〔二一〕皆精練齊整。每所攻擊，無不破者，名爲陷陳營。順每諫布，言：「凡破家亡國，非無忠臣明智者也，但患不見用耳。將軍舉動，不肯詳思，輒喜言誤，誤不可數也。」布知其忠，然不能用。布從郝萌反後，更疏順。以魏續有外內之親，〔二二〕悉奪順所將兵以與續。及當攻戰，〔二三〕故令順將續所領兵，順亦終無恨意。〔二四〕

〔一〕通鑑：「呂布復與袁術通，遣其中郎將高順及北地太守雁門張遼攻劉備，順等破沛城，虜備妻子。」

〔二〕惇從征呂布，爲流矢所中，傷左目，見惇傳。

〔三〕趙一清曰：「寰宇記卷十五，呂布城在徐州彭城縣東南五十里。」弼按：武紀建安三年九月，公東征；十月，屠彭城，進至下邳。傳言至城下者，則下邳城也。

〔四〕彭城見武紀建安三年。

〔五〕水經：「泗水又東南過彭城縣東北，又東南過呂縣南，又東南過下邳縣西。」

〔六〕洪亮吉曰：「下邳，漢舊縣，有白門樓。元和郡縣志：下邳城有三重，大城周十二里，中城周四里。魏武擒布於白門，即大城之門；魏武決泗水灌城，即此處。」

〔七〕趙一清曰：「當字宜在自首上。」

〔八〕趙一清曰：「上術字當作袁。范書布傳亦云，潛遣人求救於袁術。」盧明楷曰：「下術字疑衍。」梁章鉅曰：「下接術亦不能救，文義甚明。」周壽昌曰：「下云術亦不能救，是術並未發兵可知。」

〔九〕胡三省曰：「汜，音祀。」

〔一〇〕宋本、元本、馮本「守城」作「城守」。

〔一一〕本志武紀：「決泗、沂水以灌城，月餘。」通鑑考異云：「范書布傳云：灌其城三月；魏志傳亦云：圍之三月。按：操以十月至下邳，及殺布，共在一季，不可言三月。宜從魏志武紀。」

〔一二〕各本「憲」作「慮」，毛本「續」作「績」。錢大昭曰：「裴注引英雄記中，魏續凡三見，作績疑誤。武帝紀作宋憲、魏續。憲與慮，形相涉而譌。」

〔一三〕范書布傳：「布將侯成使客牧其名馬，而客策之以叛。成追客得馬，諸將合禮以賀成。成分酒肉，先入詣布而言曰：蒙將軍威靈，得所亡馬，諸將齊賀，未敢嘗也，故先以奉貢。布怒曰：布禁酒，而卿等醞釀，爲欲因酒共謀布邪？成忿懼，乃與諸將共執陳宮、高順，率其衆降。」

〔一四〕李賢曰：「宋武北征記曰：下邳城有三重，大城周四里，吕布所守也。魏武禽布於白門，白門，大城之門也。酈元水經注曰：下邳城南門，謂之白門，魏武禽陳宮於此。」宋白曰：「下邳中城南臨白樓門。」趙一清曰：「前注引英雄記，白門是下邳西城門。（弼已辨正見前。）又寰宇記云，大城周十二里半，中城周四里，所說不同。」

〔一五〕范書布傳：「兵圍之急，令左右取其首詣操，左右不忍，乃下降。」

〔一六〕李賢曰：「杜預注左傳曰：頷，摇頭也。音五感反。」胡三省曰：「頷之者，微動頤頷以應之。」于慎行曰：「吕布，劍客之雄耳，非大豪也。然使得爲操用，夏侯惇、許褚之流，遠出其下，何至如丁原、董卓哉！而玄德不肯一言，非忌布也，乃忌操也。先主此等識見，又操所不能參耳。」

〔一七〕范書布傳作「布目備曰」，通鑑從之。趙一清曰：「范書此言得之。布已受縛，不得用手指也。」

〔一八〕范書布傳作「大耳兒最叵信」。李賢曰：「蜀志，備顧自見其耳。」胡三省曰：「叵，普火反，不可也。」洪邁曰：「叵爲不可，此以切腳稱也。」周壽昌曰：「當時勸殺布者，尚有主簿王必，不止一昭烈也。」

〔一九〕魏武納秦宜祿妻，在下邳城陷時，見明紀青龍元年注引魏氏春秋。梁章鉅曰：「注中前後引英雄記所云，布以綿纏女身，縛著馬上，夜自送出與術。又云，布將河内郝萌反，布牽婦科頭袒衣，相將從溷上排壁出。又云，布妻謂布曰：妾昔在長安，已爲將軍所棄，賴得龐舒私藏妾身，今不須顧妾也。又云：太祖曰，卿背妻，愛諸將婦。合此觀之，爲布妻女者，亦極不幸；亦布之生平宜有此報耳。」

〔二〇〕王必事，見武紀建安二十三年。

〔二一〕官本考證云：「監本鬭誤作鬬。」

〔二二〕元本、官本作「内外之親」。通鑑同。何焯云：「然則布妻乃魏氏也。」

〔二三〕毛本「及」作「反」，誤。

〔二四〕胡三省曰：「布疎順而親續，其後執順以敗布者，續也。」

太祖之禽宮也，問宮：「欲活老母及女不？」〔一〕宮對曰：「宮聞孝治天下者，不絕人之親；仁施四海者，不乏人之祀。老母在公，不在宮也。」太祖召養其母，終其身，嫁其女。

魚氏典略曰：陳宮字公臺，東郡人也。〔二〕剛直烈壯，少與海内知名之士，皆相連結。及天下亂，始隨太祖；後自疑，乃從呂布。爲布畫策，布每不從其計。下邳敗，軍士執布及宮，太祖皆見之，與語平生，故布有求活之言。太祖謂宮曰：「公臺！卿平常自謂智計有餘，今竟何如？」宮顧指布曰：「但坐此人不從宮言，以至於此。〔三〕若其見從，亦未必爲禽也。」太祖笑曰：「今日之事當云何？」宮曰：「爲臣不忠，爲子不孝，死自分也。」太祖曰：「卿如是，柰卿老母何！」宮曰：「宮聞將以孝治天下者，不害人之親。老母之存否，在明公也。」太祖曰：「若卿妻子何？」宮曰：「宮聞將施仁政於天下者，不絕人之祀，妻子之存否，亦在明公也。」太祖未復言。宮曰：「請出就戮，以明軍法。」遂趨出，不可止。太祖泣而送之，宮不還顧。宮死後，太祖待其家，皆厚於初。〔四〕

〔一〕沈家本曰：「典略言宮有妻子，不獨女也。宮言不絶人之祀，則有子明甚，恐此傳有誤。范書從典略。」

〔二〕范書布傳：「興平元年，曹操令其將武陽人陳宮屯東郡」，是宮爲東郡武陽人。

〔三〕黄山曰：「宮謂布不用其言，亦綜平昔所言論耳。至謀使布自以步騎出屯於外，布嘗自將千餘騎出戰而敗矣。其言豈可用乎？」

〔四〕胡三省曰：「操厚陳宮之家，而不肯存孔融之嗣，必陳宮之妻子可保其無能爲也。」

陳登者，字元龍，〔一〕在廣陵有威名。又掎角呂布有功，〔二〕加伏波將軍，年三十九卒。後許汜與劉備並在荆州牧劉表坐，〔三〕表與備共論天下人，汜曰：「陳元龍湖海之士，豪氣不除。」〔四〕備謂表曰：「許君論是非？」表曰：「欲言非，此君爲善士，不宜虚言；欲言是，元龍名重天下。」備問汜：「君言豪，寧有事邪？」汜曰：「昔遭亂過下邳，見元龍，元龍無客主之意，久不相與語，自上大牀臥，使客臥下牀。」備曰：「君有國士之名，今天下大亂，帝主失所，望君憂國忘家，有救世之意，而君求田問舍，言無可采，是元龍所諱也，何緣當與君語？如小人，欲臥百尺樓上，臥君於地，何但上下牀之間邪！」表大笑。備因言曰：「若元龍文武膽志，當求之於古耳，造次難得比也。」〔五〕

先賢行狀曰：登忠亮高爽，沈深有大略，少有扶世濟民之志。博覽載籍，雅有文藝，舊典文章，莫不貫綜。〔六〕年二十五，舉孝廉，除東陽長。〔七〕養耆育孤，視民如傷。是時世荒民饑，州牧陶謙表登爲典農校尉，〔八〕乃巡土田之宜，盡鑿溉之利，秔稻豐積。奉使到許，太祖以登爲廣陵太守，〔九〕令陰合衆，以圖呂布。登在廣陵，〔一〇〕明審賞罰，威信宣布。海賊薛州之羣，萬有餘户，束手歸命。未及期年，功化以就，百姓畏而愛之。〔一一〕登曰：「此可用矣！」太祖到下邳，登率郡兵爲軍先驅。時登諸弟在下邳城中，布乃質執登三弟，欲求和同。登執意不撓，進圍日急。布刺姦張弘，〔一二〕懼於後累，〔一三〕夜將登三弟出就登。布既伏誅，登以功加拜伏波將軍，甚得江、淮閒歡心，於是有吞滅江南之志。孫策遣軍攻登於匡琦城。〔一四〕賊初到，旌甲覆水，羣下咸以今賊衆十倍於郡兵，〔一五〕恐不能抗，可引軍避之，與其空城。水人居陸，不能久處，必尋引去。登厲聲曰：「吾受國命，來鎮此土，昔馬文淵之在斯位，〔一六〕能南平百越，北滅羣狄。吾既不能遏除凶慝，何逃寇之爲邪！吾其出命以報國，仗義以整亂，天道與順，克之必矣！」乃閉門自守，示弱不與戰，將士銜聲，寂若無人。登乘城望形勢，知其可擊，乃申令將士，宿整兵器。昧爽，開南門，引軍指賊營，〔一七〕步騎鈔其後。賊周章，方結陣，不得還船。登手執軍鼓，縱兵乘之，賊遂大破，皆棄船迸走。登乘勝追奔，斬虜以萬數。賊忿喪軍，尋復大興兵向登。登以兵不敵，使功曹陳矯求救於太祖。登密去城十里治軍營處所，令多取柴薪，兩束一聚，相去十步，從横成行。令夜俱起火，火然其聚。城上稱慶，若大軍到。賊望火驚潰，登勒兵追奔，斬首萬級。遷登爲東城太守。〔一八〕廣陵吏民佩其恩德，共拔郡隨登，老弱襁負而追之。登曉語令還，曰：「太守在卿郡，頻致吴寇，幸而克濟，諸卿何患無令君乎！」孫權遂跨有江外。太祖每臨大江而歎，恨不早用陳元龍計，而令封豕養其爪牙。文帝追美登功，拜登息肅爲郎中。〔一九〕

〔一〕登事見袁術傳注引英雄記。

〔二〕左傳襄公十四年：「譬如捕鹿，晉人角之，諸戎掎之，與晉踣之。」杜注：「掎其足也。」掎，居綺反。

〔三〕襄陽耆舊傳曰：「許汜是楊慮同里人，少師慮，爲魏武從事中郎，事劉備。昔在劉表坐，論陳元龍者，其人也。」弼按：楊慮事見蜀志楊儀傳注。

〔四〕潘眉曰：「世説補引云：陳元龍淮海之士。疑明人所見善本三國志湖海爲淮海，故所引如此。元龍，下邳人，作淮海是也。」周壽昌曰：「湖海之士，猶今俗言江湖之士，蓋輕之之辭也。汜豈尚慮昭烈不識爲下邳人乎？」何焯曰：「於時謂驕爲豪。魏略，畢軌在并州，名爲驕豪，是也。」弼按：陳登謂袁術驕豪，見蜀志先主傳，義亦相同。又按本志陳矯傳，亦謂登驕而自矜。

〔五〕何焯云：「安溪師謂元龍於昭烈一見傾心，然登父子始終爲曹，未謂知人。使永厥年，豈能自潔於漢、魏之閒乎！按，昭烈固嘗歸曹氏，當其奉迎都許，從掃地赤立之中，使天子復有尊安之勢，天下顒顒，孰不仰望？及後乃知其志在自封耳。使登尚在，當昭烈復據徐州，必戮力合規，同獎王室，或可不至失土北奔也。惜其早殁，不得與孔明、孝直並列季漢輔臣贊中，決不隨公達輩配食魏廟耳。」

〔六〕「元」本「綜」作「習」。

〔七〕郡國志：「徐州廣陵郡東陽。」一統志：「東陽故城，今安徽泗州天長縣西北。」詳見陳矯傳。杭世駿曰：「鍾玩良吏傳，陳登爲東陽令長，視民如子。」

〔八〕典農校尉，見武紀建安元年。陶謙死，登勸劉備領徐州，見蜀志先主傳。

〔九〕郡國志：「徐州廣陵郡，治廣陵。」吳志孫策傳注引江表傳：「廣陵太守陳登，治射陽。」射陽見臧洪傳。

〔一〇〕登爲太守，辟陳矯爲功曹，見矯傳。

〔一一〕趙一清曰：「寰宇記卷百二十三：愛敬陂在江都縣西十五里，（謝鍾英曰：「今江都縣西五十里。」）陳登初開此陂，百姓愛而敬之，因以爲名。」亦號陳登塘。方輿紀要卷二十三，陳公塘在揚州府西，周迴九十餘里，散爲三十六汊，爲利甚溥。唐食貨志，揚州疏太子港、陳登塘，凡三十四陂，以益漕河。又紀要卷二十二，高家堰在淮安府西南四十里，陳登築堤防淮，此其故址也。」

〔一二〕續百官志：「又置外刺刺姦，主罪法。」

〔一三〕元本「於」作「爲」。

〔一四〕趙一清曰：「匡琦似是人姓名，如高遷屯、白超壘之類。陳矯傳作匡奇。案，建安十三年，孫權圍合肥，使張昭攻九江之當塗，而張昭傳注引吳書云，別討匡琦，則匡琦城即當塗城也。」謝鍾英曰：「江表傳，廣陵太守陳登治射陽，孫權攻登，宜在射陽，則匡琦當與射陽相近。」弼按：此爲建安五年事，通鑑考異已詳辨之。登有吞滅江南之志，故孫策攻登。登時爲伏波將軍，故有「馬文淵在斯位」之語。本志陳矯傳云：「郡爲孫權所圍於匡奇」，當爲字句之脫誤。嚴衍曰：「孫策嘗破走陳瑀，而登即瑀之兄子也。故結連嚴白虎，以報從父之仇。斯爲得之。」

〔一五〕「倍」，毛本作「諸」，誤。

〔一六〕馬援字文淵，扶風茂陵人。斯位，謂馬援爲伏波將軍也。

〔一七〕元本「指」作「詣」。

〔一八〕趙一清曰：「漢書地理志，九江郡東城縣，後漢省，故續志無之，未聞立郡也。此城字疑郡字之誤。登由廣陵遷東郡，既去而淮南遂虛，曹公故追恨不用其計也。若仍在九江，則何歎恨之有！」錢儀吉曰：「此正是東城作郡之據耳。誠夫先生偶未審此。」謝鍾英曰：「東城廢縣，班志屬九江郡，國志屬下邳。先賢行狀，陳登遷東城太守，吳志，魯肅臨淮東城人。蓋漢末升作郡，三國時地當兵衝，遂廢。元和郡縣志，故城在定遠縣東南五十里。」王先謙曰：「晉志，復置作東城，改屬淮南郡。」一統志：「故城今安徽鳳陽府定遠縣東南。」沈家本曰：「續漢志，東城作東成，屬下邳國，未嘗省也。城、成之異，二字屢見。晉志屬揚州淮南郡，亦作東城，中間不聞爲郡。趙説是。」弼按：下文有廣陵吏民拔郡相隨之語，當仍爲下邳之東城，地望相近，故能相隨。若爲兗州之東郡，則距離甚遠，何能拔郡相隨乎？又按本志方伎傳華佗傳云：「廣陵太守陳登得病死。」不言其爲東城太守也。胡玉縉曰：「拔郡相隨，猶言從之者如歸市耳。原不拘遠近，況下文即稱曉語令還乎？趙説似未可廢。」

〔一九〕息，子也。登事又互見本志陳矯傳、吴志孫策傳注引江表傳。

臧洪字子源，〔一〕廣陵射陽人也。〔二〕父旻，歷匈奴中郎將，中山、太原太守，〔三〕所在有名。

謝承漢書曰：〔四〕旻有幹事才，達於從政，爲漢良吏。初從徐州從事〔五〕辟司徒府，除盧奴令。〔六〕冀州舉尤異，遷揚州刺史、丹陽太守。〔七〕是時邊方有警，羌、胡出寇，三輔舉能，〔八〕遷旻匈奴中郎將。討賊有功，〔九〕徵拜議郎，還京師。見太尉袁逢，〔一〇〕逢問其西域諸國土地、風俗、人物、種數。旻具答言西域本三十六國，後分爲五十五，〔一一〕稍散至百餘國。其國大小，道里近遠，人數多少，風俗燥溼，山川、草木、鳥獸、異物名種，不與中國同者，悉口陳其狀，手畫地形。逢奇其才，歎息言：「雖班固作西域傳，何以加此！」旻轉拜長水校尉，〔一二〕終太原太守。

洪體貌魁梧，有異於人，〔一三〕舉孝廉爲郎。〔一四〕時選三署郎以補縣長，〔一五〕琅邪趙昱爲莒長，〔一六〕東萊劉繇下邑長，〔一七〕東海王朗菑丘長，〔一八〕洪即丘長。〔一九〕靈帝末，〔二〇〕棄官還家，太守張超請洪爲功曹。

〔一〕惠棟曰：「唐贈工部尚書臧懷恪碑，歷敘臧氏，作子原。案字從厂、從泉，後人添三點，見顧炎武金石文字記。」

〔二〕胡三省曰：「射陽，前漢屬臨淮郡，後漢屬廣陵郡。應劭曰：在射水之陽。今楚州山陽縣有射陽湖，即其地。」顧祖禹曰：「射陽，漢縣；三國時廢，晉復置。在淮安府鹽城縣西九十里。」一統志：「射陽故城，今江蘇淮安府山陽縣東南。」惠棟曰：「范書臧洪傳全用王仲宣英雄記。」

〔三〕續百官志：「使匈奴中郎將一人，比二千石。」沈家本曰：「使匈奴中郎將，乃官名，不當去使字，疑奪。」趙一清曰：「後漢中山是王國，當云相。中山國都治盧奴。注云，爲盧奴令，是也。恐傳有誤。」沈家本曰：「旻爲盧奴令在先，不得以此爲疑。范書靈紀，熹平三年，中山王暢薨，無子，國除。是熹平之後，中山國已除爲郡，故有太守。旻爲揚州刺史，在熹平元年；至三年，遷使匈奴中郎將；六年，爲中山太守，在國除爲郡之後，傳文不誤。」弼按：本志王淩傳云：「稍遷至中山太守。」又范書劉虞傳云：「前中山相張純。」而南匈奴傳烏桓傳俱云「前中山太守」。張純稱相、稱守，爲例不純，史文往往有之。中山見武紀建安九年；太原見武紀初平三年。

〔四〕一本作後漢書。

〔五〕范書第五倫傳：「兗州刺史第五種，坐徙朔方，徐州從事臧旻上書訟之。」

〔六〕盧奴，今定州治。

〔七〕揚州、丹陽均見武紀初平元年。范書靈帝紀：「熹平元年，會稽人許生自稱越王，寇郡縣，遣揚州刺史臧旻、丹陽太守陳夤討破之。」又臧洪傳：「熹平元年，拜旻揚州刺史。旻率丹陽太守陳夤擊會稽妖賊許昭，連戰三年，破平之。」又續漢志天文志：「熹平三年冬，揚州刺史臧旻、丹陽太守陳夤，攻盜賊苴康，斬首數千級。」據此，則丹陽太守爲陳夤，或旻亦爲丹陽太守也。旻事又見吳志孫堅傳。

〔八〕宋本、元本、馮本「輔」作「府」。案，三府，三公府也；三輔，京兆尹、左馮翊、右扶風也。二説皆可通。

〔九〕范書鮮卑傳：「匈奴中郎將臧旻率南單于出雁門，將萬騎出塞二千餘里，大敗；喪節傳輜重，將數千騎（通鑑作「數十騎」。）奔還。」續漢志五行志：「臧旻將南單于討鮮卑無功，還者少半。」所云俱與謝承書絶異。

〔一〇〕范書袁安傳，逢爲司空，卒於執金吾。據此，逢未爲太尉也。袁湯官太尉在桓帝時，不在熹平以後也。

〔一一〕范書西域傳：「武帝時，西域内屬有三十六國，哀、平閒自相分割，爲五十五國。」

〔一二〕長水校尉，見文紀黄初元年。

〔一三〕李賢曰：「魁梧，壯大之貌也。梧，音吾。」惠棟曰：「前書張良傳贊：以爲其貌魁梧奇偉。應劭曰：魁梧，丘虚壯大之意。蘇林曰：梧，音悟。師古曰：魁，大貌也；梧者，言其可驚悟。今人讀爲吾，非也。」王念孫曰：「師古以梧爲驚悟，則義與魁大不相屬。案，魁梧皆大也，梧之言吴也。方言：吴，大也。魁梧奇偉，四字平列。魁與梧同義，奇與偉同義。」

〔一四〕范書洪傳：「洪年十五，以父功拜童子郎，知名太學，舉孝廉。」李賢曰：「漢法，孝廉試經者，拜爲郎。洪以年幼才俊，故拜童子郎。續漢書曰：汝南謝廉、河南趙建章，年始十二，各能通經，左雄並奏拜童子郎。」

〔一五〕漢書百官公卿表：「郎中令，秦官，武帝更名光禄勳。屬官有郎，郎掌守門户，出充車騎。」續百官志：「凡郎官皆主更直，執戟宿衛諸殿門，出充車騎。」蔡質漢儀曰：「三署郎見光禄勳，執板拜；見五官、左、右將，執板不拜。於三公諸卿無敬。」錢大昕曰：「班史紀傳稱郎者，皆指宿衛之郎，非尚書郎也。以其分隸五官、左、右中郎將，故又稱三署郎。三署者，五官中郎一署，左中郎一署，右中郎一署，而統屬於光禄勳焉。」李祖楙曰：「宿衛要地，故用郎官。而郎非公卿、校尉、尚書諸臣子弟不得補。范書凡稱除一人爲郎，以一子爲郎者，皆指三署諸郎，非尚書郎之職也。」又互見文紀延康元年。

〔一六〕琅邪見武紀興平元年；莒見吕布傳；昱事見陶謙傳注。

〔一七〕郡國志：「青州東萊郡，治黄。」一統志：「黄縣故城，今山東登州府黄縣東南。」劉繇爲東萊牟平人，吴志有傳。沈欽韓曰：「續漢志，梁國治下邑。元和志云，後漢無下邑，其疏如此。」錢坫曰：「今歸德府夏邑縣治。」一統志：「下邑故城，今江蘇徐州府碭山縣東。」寰宇記：「自漢至晉，梁國治睢陽。」

〔一八〕東海見武紀初平四年徐州牧注。王朗本志有傳。郡國志：「徐州彭城國菑丘。」一統志：「菑丘故城，今安徽鳳陽府宿州東北六十里。」

〔一九〕郡國志：「徐州琅邪國即丘，侯國。故屬東海。春秋曰祝丘。」一統志：「即丘故城，今山東沂州府蘭山縣東南。」
〔二〇〕范書洪傳云：「中平末。」

董卓殺帝，〔一〕圖危社稷，洪說超曰：「明府歷世受恩，兄弟並據大郡，〔二〕今王室將危，賊臣未梟，〔三〕此誠天下義烈報恩效命之秋也。今郡境尚全，吏民殷富，若動枹鼓，可得二萬人。以此誅除國賊，爲天下倡先，義之大者也。」超然其言，與洪西至陳留，見兄邈計事。邈亦素有心，會于酸棗。〔四〕邈謂超曰：「聞弟爲郡守，政教威恩，不由己出，動任臧洪。洪者，何人？」超曰：「洪才略智數優超，超甚愛之，海內奇士也。」邈即引見洪，與語，大異之，致之於劉兗州公山、孔豫州公緒，〔五〕皆與洪親善。乃設壇場，方共盟誓，諸州郡更相讓，莫敢當，咸共推洪。〔六〕洪乃升壇操槃歃血而盟曰：〔七〕「漢室不幸，皇綱失統，賊臣董卓，乘釁縱害，禍加至尊，虐流百姓。大懼淪喪社稷，翦覆四海。兗州刺史岱、豫州刺史伷、陳留太守邈、東郡太守瑁、廣陵太守超等，糾合義兵，〔八〕並赴國難。凡我同盟，齊心勠力，以致臣節，殞首喪元，必無二志。有渝此盟，俾墜其命，無克遺育。〔九〕皇天后土，祖宗明靈，實皆鑒之！」洪辭氣慷慨，涕泣橫下。聞其言者，雖卒伍廝養，莫不激揚，人思致節。

臣松之案：于時此盟，止有劉岱等五人而已。魏氏春秋橫內劉表等數人，皆非事實。表保據江、漢，身未嘗出境，何由得與洪同壇而盟乎？〔一〇〕

頃之，諸軍莫適先進，而食盡衆散。

〔一〕范書「殺」作「弒」。

〔二〕章懷注：「謂超爲廣陵，兄邈爲陳留也。」

〔三〕范書作「賊臣虎視」。

〔四〕酸棗見武紀初平元年。

〔五〕范書作「乃使詣兗州刺史劉岱，豫州刺史孔伷」。王鳴盛曰：「劉岱字公山，孔伷字公緒，見太祖紀。此段乃陳壽自執筆敘臧洪事，非詞命比，何爲於二刺史稱字乎？漢季風氣，好稱人字，此必壽沿襲他人紀載之言，未及改正耳。」姚範說同。胡玉縉曰：「名字錯出，左傳有此義例，陳書則似別有微意。二刺史稱字者，從致之於三字貫下，乃述張邈之意，邈固不稱岱，稱伷也。其他公孫瓚傳，朝議以劉伯安既有德義云云，下文則稱劉虞；彭羕傳，惟敬秦子勑，薦之於許靖，下文則稱秦宓；又秦宓傳薦儒士任定祖，下文則稱任安。蓋稱字所以述薦賢之意也。管寧傳並敬善陳仲弓，此明寧之尊，實與華歆邴原相友微別。潘濬傳從宋仲子受學；尹默傳從司馬德操、宋仲子等受古學；顧雍傳蔡伯喈避怨於吳，雍從學琴書；士燮傳事劉子奇治左氏春秋。此於諸人，各有師道，故稱字也。許靖傳宋仲子與王商書曰：文休有當世之具；張裔傳許文休入蜀，謂裔是鍾元常之倫。皆以其表彰賢哲，元常二字，仍當時口吻。秦宓傳譙允南錄其言於然否論，以其能述宓之學也。後人概欲以史法繩之，失承祚之旨矣。」

〔六〕沈欽韓曰：「左氏襄二十七年傳：叔向謂趙孟曰：諸侯盟，小國固必有尸盟者。注云：小國主辦具。正義云：如哀十七執牛耳之類，皆小國主備之法。當小國執牛耳，亦曰尸盟。哀公與齊侯盟於蒙，孟武伯問於高柴，諸侯盟，誰執牛耳，而武伯當之，是也。國君以次，雍容受歃而已。今此諸牧守同盟，去古未遠，猶曉其制；故洪以郡掾尸盟，非是推讓，莫敢先洪也。」胡玉縉曰：「黃以周禮說執牛耳條云：尸盟，執牛耳，爲盟主之事，無與小國。玉府疏云：若諸侯相與盟，則大國戎右執牛耳，此說是也。襄二十七年傳，且諸侯盟小國，句。固必有尸盟者。杜注，小國屬下讀，云：小國主辦具。非。哀十七年傳：武伯問於高柴曰：諸侯盟，誰執牛耳云云，武伯以尸盟執牛耳者，爲諸侯事，季羔荅以鄫衍、發陽二役，明其時執牛耳者皆其臣爲之，故武伯曰，然則彘也。上言諸侯，下言彘，語意相貫。杜注不體傳文，遂謂時執者無常，非季羔意。後人規杜、申杜，紛紛聚訟，亦非左氏意。據此，則注疏之誤，沈氏雖未及辨，而謂非是推讓，莫敢先洪；古意今情，固甚分曉也。」

〔七〕范書作「洪乃攝衣升壇操血而盟曰。」

〔八〕章懷注：「糾，收也。」

〔九〕章懷注：「左傳曰：王子虎盟諸侯于王庭，要言曰：皆奬王室，無相害也。有渝此盟，神明殛之；俾墜其師，無克祚國。」

〔一〇〕弼按：酸棗之會，雖止劉岱等五人，而同時起兵討董卓者，尚有袁術、袁紹、袁遺、韓馥、王匡、鮑信、曹操、劉表諸人，共推袁紹爲盟主，事實具在，未可誣也。

超遣洪詣大司馬劉虞謀，值公孫瓚之難，至河間，遇幽、冀二州交兵，使命不達。而袁紹見洪，又奇重之，與結分合好。會青州刺史焦和卒，紹使洪領青州，以撫其衆。

九州春秋曰：初平中，焦和爲青州刺史。是時英雄並起，黃巾寇暴，和務及同盟，俱入京畿，不暇爲民保障，引軍踰河而西。未久，而袁、曹二公與卓將戰於滎陽，敗績；黃巾遂廣，屠裂城邑。和不能禦，然軍器尚利，戰士尚衆，而耳目偵邏不設，恐動之言妄至，望寇奔走，未嘗接風塵、交旗鼓也。欲作陷冰丸沈河，令賊不得渡。〔一〕禱祈羣神，求用兵必利，著筮常陳於前，巫祝不去於側，〔二〕入見其清談干雲，〔三〕出則渾亂，命不可知。州遂蕭條，悉爲丘墟也。

洪在州二年，羣盜奔走，紹歎其能，〔四〕徙爲東郡太守，治東武陽。〔五〕

〔一〕范書洪傳：「和恐賊乘凍而過，命多作陷冰丸，以投於河，衆遂潰散。」惠棟曰：「前書郊祀志云：堅冰淖弱。晉灼曰：方士詐以藥石若陷冰丸，投之冰上，冰即消液。經籍志曰：扁鵲陷冰丸方一卷。」

〔二〕范書洪傳：「和不理戎警，但坐列巫史，禜禱羣神。」

〔三〕范書洪傳：「和好立虛譽，能清談。」洪亮吉曰：「清談二字始此。然則東漢之末，漸尚玄虛，其風不自魏、晉始也。」

〔四〕范書洪傳：「洪收撫離叛，百姓復安。任事二年，袁紹憚其能。」錢儀吉曰：「范書作憚，得之。」

〔五〕范書洪傳「治」作「都」。東武陽見武紀初平二年。錢大昭曰：「郡治本在濮陽，故特書都東武陽。」吳增僅曰：「東郡故治濮陽，魏武紀：初平二年，徙治東武陽。建安中，東武陽移魏郡，疑遂還治濮陽。」弼按：東武陽，漢舊縣，屬東郡。建安十七年移屬魏郡，黄初二年以魏郡東部爲陽平郡。

太祖圍張超於雍丘，〔一〕超言：「唯恃臧洪，當來救吾。」衆人以爲袁、曹方睦，〔二〕而洪爲紹所表用，必不敗好招禍，遠來赴此。〔三〕超曰：「子源天下義士，終不背本者，但恐見禁制，不相及逮耳。」洪聞之，果徒跣號泣，並勒所領兵，又從紹請兵馬，〔四〕求欲救超，而紹終不聽許。超遂族滅，〔五〕洪由是怨紹，絕不與通。紹興兵圍之，歷年不下。〔六〕紹令洪邑人陳琳書與洪，喻以禍福，責以恩義。〔七〕洪答曰：

隔闊相思，發於寤寐，幸相去步武之閒耳。〔八〕而以趣舍異規，〔九〕不得相見，其爲愴恨，〔一〇〕可爲心哉！前日不遺，比辱雅貺，〔一一〕述敘禍福，公私切至。所以不即奉答者，既學薄才鈍，不足塞詰；亦以吾子攜負側室，息肩主人，〔一二〕家在東州，僕爲仇敵。以是事人，雖披中情，墮肝膽，猶身疏有罪；言甘見怪，方首尾不救，何能恤人！且以子之才，窮該典籍，豈將闇於大道，不達余趣哉？然猶復云云者，僕以是知足下之言，信不由衷，將以救禍也。必欲算計長短，辯諮是非，是非之論，言滿天下，陳之更不明，不言無所損。又言傷告絶之義，非吾所忍行也。是以捐棄紙筆，一無所答。亦冀遥忖其心，知其計定，不復渝變也。重獲來命，援引古今，紛紜六紙，雖欲不言，焉得已哉！

僕小人也，本因行役，寇竊大州，〔一三〕恩深分厚，寧樂今日，自還接刃？每登城勒兵，望主人之旗鼓，感故友之周旋，撫弦搦矢，〔一四〕不覺流涕之覆面也。何者？自以輔佐主人，無以爲悔。〔一五〕主人相接，過絶等倫。當受任之初，自謂究竟大事，共尊王室，豈悟天子不悦，〔一六〕本州見侵，郡將遘牖里之厄，〔一七〕陳留克創兵之謀。〔一八〕謀計棲遲，喪忠孝之名，杖策攜背，虧交友之分。揆此二者，與其不得已，喪忠孝之名，與虧交友之道，輕重殊塗，親疏異畫，故便收淚告絶。若使主人少垂故人，住者側席，去者克己，不汲汲於離友，信刑戮以自輔，則僕抗季札之志，不爲今日之戰矣！〔一九〕何以效之？昔張景明親登壇歃血，〔二〇〕奉辭奔走，卒使韓牧讓印，主人得地，然後但以拜章朝主，賜爵獲傳之故，旋時之閒，不蒙觀過之貸，而受夷滅之禍。

臣松之案英雄記云：袁紹使張景明、郭公則、高元才等〔二一〕説韓馥使讓冀州。然馥之讓位，〔二二〕景明亦有其功。其餘之事未詳。

呂奉先討卓來奔，請兵不獲，告去何罪？復見斫刺，濱于死亡。〔二三〕劉子璜奉使踰

時，辭不獲命，畏威懷親，以計求歸，〔二四〕可謂有志忠孝，無損霸道者也。然輒僵斃麾下，不蒙虧除。〔二五〕

臣松之案公孫瓚表列紹罪過云：「紹與故虎牙將軍劉勳，〔二六〕首共造兵，勳仍有效，而以小忿枉害於勳，紹罪七也。」疑此是子璜也。

僕雖不敏，又素不能原始見終，覩微知著。竊度主人之心，豈謂三子宜死，罰當刑中哉？實且欲一統山東，增兵討讎，懼戰士狐疑，無以沮勸，故抑廢王命，以崇承制，慕義者蒙榮，待放者被戮，此乃主人之利，非游士之願也。故僕鑒戒前人，困窮死戰。僕雖下愚，亦嘗聞君子之言矣，此實非吾心也，乃主人招焉。凡吾所以背棄國民，用命此城者，正以君子之違，不適敵國故也。〔二七〕是以獲罪主人，見攻踰時，而足下更引此義，以爲吾規，無乃辭同趨異，非君子所爲休戚者哉！〔二八〕

吾聞之也，義不背親，忠不違君，故東宗本州以爲親援，中扶郡將以安社稷，一舉二得，以徼忠孝，何以爲非？而足下欲使吾輕本破家。均君主人，主人之於我也，年爲吾兄，分爲篤友，道乖告去，以安君親，可謂順矣。若子之言，則包胥宜致命於伍員，不當號哭於秦庭矣。苟區區於攘患，不知言乖乎道理矣。足下或者見城圍不解，救兵未至，感婚姻之義，惟平生之好，以屈節而苟生，勝守義而傾覆也。昔晏嬰不降志於白刃，南史不曲筆以求生，〔二九〕故身著圖象，名垂後世。況僕據金城之固，驅士民之力，散三年之畜，以爲一年之資，匡困補乏，以悦天下，何圖築室反耕哉！〔三〇〕但懼秋風揚塵，伯珪馬首南向，〔三一〕張楊、飛燕，膂力作難，〔三二〕北鄙將告倒縣之急，股肱奏乞歸之誠耳。〔三三〕主人當鑒我曹輩，〔三四〕反旌退師，治兵鄴垣，何宜久辱盛怒，暴威於吾城下哉！足下譏吾恃黑山以爲救，獨不念黄巾之合從邪？加飛燕之屬悉以受王命矣。昔高祖取彭越於鉅野，〔三五〕光武創基，兆於緑林，卒能龍飛中興，以成帝業。苟可輔主興化，夫何嫌哉！況僕親奉璽書，與之從事。

行矣孔璋！〔三六〕足下徼利於境外，臧洪受命於君親；吾子託身於盟主，〔三七〕臧洪策名於長安。〔三八〕子謂余身死而名滅，僕亦笑子生死而無聞焉。悲哉！本同而末離，努力努力，夫復何言！〔三九〕

〔一〕雍丘見武紀興平二年。

〔二〕范書「睦」作「穆」。

〔三〕范書作「恐不能敗好遠來，違福取禍」。

〔四〕范書作「並勒所領將赴其難。自以衆弱，從紹請兵」。

〔五〕武紀：「興平二年，張邈使其弟超將家屬保雍丘。武魏八月圍雍丘，十二月雍丘潰，超自殺，夷邈三族。」

〔六〕惠棟曰：「水經注云：今東武陽城四周，紹圍郭尚存。水匝隍塹于城東北，合爲一瀆。」

〔七〕李賢曰：「獻帝春秋云：紹使琳爲書八條，責以恩義，告喻使降也。」

〔八〕李賢曰：「爾雅云：武，迹也。」

〔九〕范書「趣」作「趨」。

〔一〇〕何焯校「恨」作「恨」。

〔一一〕李賢曰：「比，頻也。」

〔一二〕李賢曰：「洪常寓於紹，故謂之主人。」

〔一三〕趙一清曰：「寇，范書臧洪傳作遂。」

〔一四〕李賢曰：「搦，捉也。音女卓反。」

〔一五〕劉攽曰：「案文，悔字無義，未詳何字。或曰，悔當作益。」陸宗楷曰：「案無以爲悔，猶言内省不疚也。義本明顯，解者失之。」

〔一六〕沈家本曰：「范書無天子不悦四字。案，操之滅超，志在并吞，非有天子之命，故范書删之。」

〔一七〕史記周本紀：「紂因文王於羑里。」漢書景十三王傳中山靖王勝傳：「文王拘於牖里。」牖與羑通。范書史弼傳「昔文王牖里」章懷注：「牖里，殷獄名。或作羑，亦名羑城。」明（一）統志：「羑里在彰德府湯陰縣北九里，一名牖城。」袁宏紀作「使洪故君有羑里之厄」。胡三省曰：「郡將謂張超也。」

〔一八〕「克」字疑誤。

〔一九〕范書洪傳云：「豈悟本州見侵，郡將遘戹，請師見拒，辭行被拘。使洪故君遂至淪滅，區區微節，無所獲申，豈得復全交友之道，重虧忠孝之名乎！所以忍悲揮戈，收淚告絶，若使主人少垂忠恕之情，來者側席，去者克己，則僕抗季札之志，不爲今日之戰矣。」李賢曰：「來者側席而待之，去者克己自責，不責人也。吴王餘眛卒，欲授弟季札，季札逃去。」

〔二〇〕趙一清曰：「張景明名導。」水經濁漳水注：「張導字景明，建和三年爲鉅鹿太守。漳津汎濫，土不稼穡。導披按地圖，與丞彭參、掾馬道嵩等，原其逆順，揆其表裏，修防排通，以正水路。功績有成，民用嘉賴。題云：漳河神壇碑，即是人也。建和當作建安。」弼按：此述興平二年以前事，非建安也。建和或爲光和之誤。

〔二二〕惠棟曰：「郭圖字公則，高幹字元才。」

〔二三〕范書洪傳注引此，「然」下多一「則」字。

〔二三〕布事見前。

〔二四〕各本「計」作「詐」。

〔二五〕范書「畏威」作「畏君」，「以計」作「以詐」，「無損」作「無捐」，「僵斃」作「僵尸」。

〔二六〕瓚傳注作「虎牙都尉劉勳」。監本「勳」作「動」，誤。又按當時有兩劉勳，其一爲廬江太守，見武紀建安四年。

〔二七〕左傳：「公山不狃曰：君子違，不適敵國。」杜注：「違，奔亡也。」

〔二八〕各本「君」作「吾」。

〔二九〕章懷注：「崔杼殺齊莊公，欲劫晏子與盟，以戟拘其頸，劍承其心。晏子曰：劫吾以刃，而失其意，非勇也。崔杼遂釋之。事見晏子。左傳曰：太史書曰：崔杼弑其君。崔子殺之；其弟嗣書，而死者二人。其弟又書，乃舍之。南史氏聞太史盡死，執簡以往；聞既書矣，乃還。」

〔三〇〕左傳曰：「楚子圍宋，築室反耕。」杜預注曰：「築室於宋，反共耕田，示無還意也。」

〔三一〕公孫瓚，字伯珪。

〔三二〕張楊以所將兵略諸縣，衆至數千。張燕慓悍，捷速過人，軍中號爲飛燕，衆至百萬，號曰黑山。後助公孫瓚，與袁紹爭冀州。

〔三三〕「誠」，范書作「記」。章懷云：「股肱，猶手足也。言北鄙有倉卒之急，股肱之臣，將告歸自救耳。」

〔三四〕范書「我」作「戒」。

〔三五〕章懷云：「前書，彭越將其衆居鉅野中，無所屬。漢王乃使人賜越將軍印，使下濟陰以擊楚也。」

〔三六〕陳琳，字孔璋。

〔三七〕盟主，謂袁紹也。

〔三八〕帝在長安。

〔三九〕王補曰：「范書此書，較魏志洪傳少四百四十餘字，多出者亦四十餘字。」通鑑輯覽曰：「洪守東郡事跡，極類唐張巡；其答陳琳書，義正詞嚴，慷慨有烈士風，終能死不失節，可謂言行相顧之士矣。」

紹見洪書，知無降意，增兵急攻。城中糧穀以盡，外無彊救，洪自度必不免，呼吏士謂曰：「袁氏無道，所圖不軌，且不救洪郡將。洪於大義，不得不死，念諸君無事，空與此禍，〔一〕可先城未敗，將妻子出。」〔二〕將吏士民皆垂泣曰：「明府與袁氏本無怨隙，今爲本朝郡將之故，自致殘困，吏民何忍當舍明府去也！」初尚掘鼠煮筋角，後無可復食者。主簿啓內廚米三斗，請中分稍以爲糜粥。〔三〕洪歎曰：「獨食此何爲！」使作薄粥，衆分歠之，殺其愛妾以食將士。將士咸流涕，無能仰視者。男女七八千人，相枕而死，〔四〕莫有離叛。

〔一〕胡三省曰：「與讀曰豫。」范書洪傳「諸君」作「諸軍」。何焯云：「應作諸君。」

〔二〕胡三省曰：「將如字，領也。」

〔三〕范書作「饘粥」。杜預曰：「饘，糜也。」

〔四〕范書「千」作「十」，袁紀、通鑑俱作「千」。

城陷，紹生執洪。紹素親洪，盛施帷幔，大會諸將。見洪，謂曰：「臧洪，何相負若此！

今日服未？」洪據地瞋目曰：〔一〕「諸袁事漢，四世五公，〔二〕可謂受恩。今王室衰弱，無扶翼之意，欲因際會，希冀非望，多殺忠良，以立姦威。洪親見呼張陳留爲兄，〔三〕則洪府君亦宜爲弟。同共戮力，爲國除害。何爲擁衆，觀人屠滅？惜洪力劣，〔四〕不能推刃爲天下報仇，〔五〕何謂服乎！」紹本愛洪，意欲令屈服，原之；〔六〕見洪辭切，知終不爲己用，乃殺之。〔七〕

徐衆三國評曰：〔八〕洪敦天下名義，救舊君之危，其恩足以感人情，義足以勵薄俗。然袁亦知己親友，致位州郡，雖非君臣，且實盟主，既受其命，義不應貳。袁、曹方睦，夾輔皇室，呂布反覆無義，志在逆亂；而邈、超擅立布爲州牧，其於王法，乃一罪人也。曹公討之，袁氏弗救，未爲非理也。洪本不當就袁請兵，又不當還爲怨讎。爲洪計者，苟力所不足，可奔他國以求赴救。若謀力未展，以待事機，則宜徐更觀釁，效死於超。何必誓守窮城，而無變通，身死殄民，功名不立，良可哀也！〔九〕

洪邑人陳容，少爲書生，親慕洪，隨洪爲東郡丞。城未敗，洪遣出；紹令在坐，見洪當死，起謂紹曰：「將軍舉大事，欲爲天下除暴，而專先誅忠義，豈合天意？臧洪發舉爲郡將，柰何殺之！」紹慚，左右使人牽出，謂曰：「汝非臧洪儔，空復爾爲！」〔一〇〕容顧曰：「夫仁義豈有常，蹈之則君子，背之則小人。今日寧與臧洪同日而死，不與將軍同日而生！」復見殺。在紹坐者無不歎息。竊相謂曰：「如何一日殺二烈士！」先是洪遣司馬二人出，求救於呂布，比還，城已陷，皆赴敵死。

〔一〕范書作「瞋目」，通鑑從之。

〔二〕胡三省曰：「自袁安至袁隗四世，安爲司徒，子敞爲司空，孫湯爲司空，曾孫逢爲司空，隗爲太傅，凡五公。」

〔三〕張陳留，謂超兄邈也。

〔四〕劣，弱也。

〔五〕公羊傳曰：「事君猶事父也。父受誅，子復仇，推刃之道。」

〔六〕范書「原」作「赦」。

〔七〕柳從辰曰：「山東通志，洪墓在朝城縣南二里。」

〔八〕隋志：「三國評志三卷，徐爰撰。」唐志：「三國評三卷，徐衆撰。」新唐志：「徐衆三國評三卷。」章宗源曰：「裴松之注臧洪傳、程昱傳、黄權傳、顧雍傳、全琮傳、周魴傳、鍾離牧傳、是儀傳，並引徐衆三國評。隋志作徐爰，爰疑衆字之訛。」杭世駿曰：「徐衆當是徐爰。」趙一清説同。沈家本曰：「是書隋志在正史，唐志在雜史，此與漢書駁議之類相似，在正史爲是。隋志三國評志，疑評志二字誤倒，當曰三國志評。其但稱三國評者，省文。章、杭二説相左，莫衷一是。考徐爰在宋書恩倖傳，領著作郎，踵成國史。隋志，宋書六十五卷，宋中散大夫徐爰撰是也。史言字長玉，經典釋文言字季玉，微有不同。而爰之名可考，衆之名則無可考。第裴氏此注表上元嘉六年，至二十八年卒，徐則卒於元徽三年，後於裴二十三年，上距裴上書之年凡四十六年。爰之年資，實在裴後，即有著述，未必爲裴所採。則以爲徐爰者，恐未可從。裴注所引，始終稱徐衆，（二唐志同。）當非無本矣。」弼按：通典卷八十，東晉成帝咸康中，有黄門郎徐衆駁王濛奔喪議；又卷九十五有晉徐衆論徐恩龍事，又有散騎常侍徐衆論庾左丞孫見事。沈氏謂徐衆名無可考，殆未細審耳。徐衆爲晉人，徐爰爲宋人。沈氏謂當作徐衆，其説極是。

〔九〕何焯曰：「當時無他國可奔。與袁、曹不協者，北有公孫，與超鞭長不及；南則袁術，方謀僭盜。況身又爲紹所拘留哉！惟有辭東郡之符，退而耕野，待如昭烈者，起而事之，報曹氏于後，斯上策耳。」

〔一〇〕胡三省曰：「爾爲，猶如此也。」

評曰：呂布有虓虎之勇，而無英奇之略，輕狡反覆，唯利是視，自古及今，未有若此不夷滅也。昔漢光武謬於龐萌，〔一〕近魏太祖亦蔽於張邈。知人則哲，唯帝難之，〔二〕信矣！陳登、臧洪，並有雄氣壯節，登降年夙隕，功業未遂，洪以兵弱敵彊，烈志不立。惜哉！〔三〕

〔一〕范書劉永傳：「龐萌，山陽人。更始立，爲冀州牧。光武即位，以爲侍中。萌爲人遜順，甚見信愛。帝嘗稱曰：可以託六尺之孤，寄百里之命者，龐萌是也。拜爲平狄將軍，與蓋延共擊董憲，詔書獨下延，而不及萌。萌自疑，遂反。帝自將討萌，與諸將書曰：吾嘗以龐萌社稷之臣，將軍得無笑其言乎！」

〔二〕尚書皋陶謨之辭。

〔三〕范曄論曰：「雍丘之圍，臧洪之感憤壯矣。想其行跣且號，束甲請舉，誠足憐也。夫豪雄之所趨舍，其與守義之心異乎？若乃締謀連衡，懷詐算以相尚者，蓋惟利勢所在而已。況偏城既危，曹、袁方穆，洪徒指外敵之衡，以紓倒懸之會，忿悁之師，兵家所忌，可謂懷哭秦之節，存荆則未聞也。」王補曰：「宋楊時言：袁、曹方穆，而紹之與超，無一日之雅，則雍丘之圍，非切於己，欲其背好用師，以濟不切之難，則紹之不聽未爲過，而洪之絶紹，毋乃不諒彼己與？其不屈而死，過矣！與范論同意。而范言豪傑所趨舍，與守義之心異，尤中當日事勢。然觀洪策名長安之語，所謂義存君父者矣。」王夫之曰：「張邈兄弟，黨呂布以奪曹操之兗州，其時天子蒙塵，超無能恤，彼於袁、曹均耳。洪以私恩，爲一曲之義，奮不顧身，而一郡之生齒，爲之併命，殆所謂任俠者與？於義未也。而食人之罪，不可逭矣。」弼按：此說是。

魏書八

二公孫陶四張傳第八〔一〕

〔一〕周壽昌曰：「後漢書公孫瓚傳前有劉虞傳，此志無之。而瓚傳實包敘劉虞本末在內，似宜援他傳例題目，於公孫瓚附劉虞名。」

公孫瓚〔一〕字伯珪，〔二〕遼西令支人也。〔三〕

令，音郎定反；支，音其兒反。〔四〕

爲郡門下書佐。〔五〕有姿儀，大音聲，故太守器之，以女妻焉。〔六〕

典略曰：瓚性辯惠，〔七〕每白事，不肯稍入。常總說數曹事，無有忘誤，太守奇其才。

遣詣涿郡盧植讀經。〔八〕後復爲郡吏。劉太守坐事，〔九〕徵詣廷尉，瓚爲御車，身執徒養。〔一〇〕及劉徙日南，〔一一〕瓚具米肉，於北芒上祭先人，〔一二〕舉觴祝曰：「昔爲人子，今爲人臣，當詣日南。日南鄣氣，〔一三〕或恐不還，與先人辭於此。」再拜慷慨而起，時見者莫不歔欷。劉道得赦還。瓚以孝廉爲郎，除遼東屬國長史。〔一四〕嘗從數十騎出行塞，見鮮卑數百騎，瓚乃退入空亭中，〔一五〕約其從騎曰：「今不衝之，則死盡矣！」瓚乃自持矛，兩頭施刃，〔一六〕馳出刺胡，殺傷數十人，亦亡其從騎半，遂得免。鮮卑懲艾，後不敢復入塞。〔一七〕遷爲涿令。〔一八〕光和中，涼州賊起，〔一九〕發幽州突騎三千人，假瓚都督行事傳，〔二〇〕使將之。軍到薊中，〔二一〕漁陽張純誘遼西烏丸丘力居等叛，〔二二〕劫略薊中，自號將軍。

九州春秋曰：純自號彌天將軍安定王。〔二三〕

略吏民，攻右北平、〔二四〕遼西屬國諸城，所至殘破。瓚將所領，追討純等有功，遷騎都尉。〔二五〕屬國烏丸貪至王率種人詣瓚降，遷中郎將，封都亭侯。〔二六〕進屯屬國，〔二七〕與胡相攻擊五六年。丘力居等鈔略，青、徐、幽、冀四州被其害，瓚不能禦。〔二八〕

〔一〕胡三省曰：「瓚，音藏旱反。」

〔二〕惠棟曰：「劉寬碑陰作圭。」

〔三〕郡國志：「幽州遼西郡令支，有孤竹城，伯夷、叔齊本國。」王先謙曰：「漢末鮮卑據遼西之土，建安十二年，曹公討平之。」惠棟曰：「酈元云，秦始皇二十二年，分燕置遼西郡，令支隸焉。齊語云，北伐山戎，刜令支，斬孤竹。爾雅作觚竹，四荒之一也。括地志云：孤竹，殷諸侯。」一統志：「令支故城，今直隸永平府遷安縣西；孤竹山在今盧龍縣西；孤竹城在其陰。」

〔四〕應劭曰：「令，音鈴。亦作離支。令、離，聲相近也。」章懷注：「令，音力定反；支，音巨移反。」

〔五〕郡門下書佐，見董卓傳。范書瓚傳：「家世二千石，以母賤，遂爲郡小吏。」

〔六〕宋本、元本「故」作「侯」。章懷注引魏志曰：「侯太守妻之以女。」何焯曰：「繫太守以侯氏者，所以别下劉太守也。宋本亦作侯。」沈家本曰：「太守上加以故字，與劉太守已有别矣。」

〔七〕范書作「言事辯慧」。

〔八〕宋本「遣」作「適」。范書作「後從涿郡盧植學於緱氏山中」。李安溪曰：「與先主同師。」惠棟曰：「劉寬碑陰載門生姓氏中，有瓚名，則瓚又從寬學也。」

〔九〕惠棟曰：「英雄記，太守劉基。」

〔一〇〕范書：「太守劉君坐事檻車徵，官法不聽吏下親近。瓚乃改容服，詐稱侍卒，身執徒養，御車到洛陽。」

〔一一〕日南郡見陳留王紀咸熙元年。

〔一二〕范書：「太守當徙日南，瓚具豚酒於北芒上，祭辭先人。」何焯曰：「瓚，遼西人，前世又非素官於朝，何緣先墓乃在北芒？」惠棟曰：「按，謝承書，乃泣辭母墓也。」周壽昌曰：「北芒，一作北邙，在洛陽。續漢書五行志載童謡，千乘萬騎上北邙。予案，北芒爲叢瘞之所，俗以爲鬼所羣聚。樂府輓歌辭多引北芒，可證。瓚祭其先人之鬼，亦是此意，非必墓祭也。」朱邦衡曰：「此蓋在北郭遥祭之耳。令支在洛陽北，瓚往日南，故出郭遥祭，亦去國爲壇之義，非必北芒定有先墓也。」弼按：范書言瓚家世二千石，何氏言非素官於朝，誤也。又按謝承書有「泣辭母墓」之語，則何、周、朱三説皆誤。趙一清曰：「遼西亦有北芒。」弼按：瓚既隨劉太守徵詣廷尉，不得遽返遼西。

〔一三〕范書云：「日南多瘴氣。」李慈銘曰：「鄣，官本作瘴。説文無瘴字，作鄣亦通。」沈家本説同。

〔一四〕遼東屬國，見齊王紀正始五年。錢大昭曰：「續漢志云：每郡置太守一人，丞一人。郡當邊戍者，丞爲長史。每屬國置都尉一人，丞一人。屬國長史，即屬國丞耳。不知何時改此制。」李祖楙曰：「公孫瓚爲遼東屬國長史，蓋即都尉丞如邊郡稱長史例也。」

〔一五〕顧炎武日知録卷二十二云：「秦制，十里一亭，十亭一鄉。風俗通云：漢家因秦，大率十里一亭。亭，留也；蓋行旅宿會之所。」

〔一六〕周壽昌曰：「後漢書作持兩刃矛，是矛固有兩刃者爲一器。此云持矛兩頭施刃，則爲兩器合成一器。倉卒施用，不恐失事乎？似從後漢書爲正。」

〔一七〕杭世駿曰：「英雄記云：瓚除遼東屬國長史，連接邊寇，每有警，輒厲色嗔怒，如赴讎敵；望塵而奔，繼之夜戰。虜識瓚聲，憚其勇，莫敢犯之。又云：瓚與破虜校尉鄒靖俱追胡，靖爲所圍，瓚迴師奔救，胡即破散。解靖之圍，乘勝窮追，日入之後，把炬逐北。見御覽八百七十。」

〔一八〕涿見齊王紀嘉平五年。

〔一九〕范書瓚傳作「中平中」，通鑑同。作中平是。沈家本曰：「涼州賊起在中平元年十一月，光和二字誤。」

〔二〇〕潘眉曰：「釋名：傳，轉也；轉移所在，執以爲信也。後漢書申屠蟠傳爲封傳護送注：傳，謂符牒。陳蕃傳投傳而去注：傳，符也。」

〔二一〕薊見武紀初平元年幽州牧注。胡三省曰：「薊縣屬廣陽國。薊，音計，幽州牧所治。」

〔二二〕漁陽見明紀景初二年。范書烏桓鮮卑傳：「烏桓，本東胡也。靈帝初，烏桓大人上谷有難樓者，衆九千餘落；遼西有丘力居者，衆五千餘落；皆自稱王。中平四年，前中山太守張純叛入丘力居衆中，自號彌天安定王，遂爲諸郡烏桓元帥，寇掠青、徐、幽、冀四州。五年，以劉虞爲幽州牧，虞購募斬純首，北州乃定。」本志烏丸鮮卑東夷傳：「漢末遼西烏桓大人丘力居，衆五千餘落。中山太守張純叛入丘力居衆中，自號彌天安定王，爲三郡烏丸元帥。」裴注引魏書云：「烏丸者，東胡也。漢初匈奴冒頓滅其國，餘類保烏丸山，因以爲號焉。」

〔二三〕范書劉虞傳：「前中山相張純（錢大昕曰：「南匈奴、烏桓傳俱作前中山太守。」）私謂前太山太守張舉曰：子若與吾共率烏桓之衆以起兵，庶幾可定大業。舉因然之。舉稱天子，純稱彌天將軍、安定王。移書州郡云：舉當代漢，告天子避位，敕公卿奉迎。」

〔二四〕右北平見明紀景初四年。

〔二五〕范書靈帝紀：「中平四年六月，漁陽人張純與同郡張舉舉兵叛，攻殺右北平太守劉政、遼東太守陽終、（惠棟曰：「水經注作楊紘。」）護烏桓校尉公綦稠等。（錢大昕曰：「劉虞傳作箕稠。」）舉自稱天子，寇幽、冀二州。五年九月，遣中郎將孟益（惠棟曰：「水經注作孟溢。」）率騎都尉公孫瓚討漁陽賊張純等。十一月，瓚與純戰於石門，大破之。六年三月，幽州牧劉虞購斬純。」

〔二六〕范書瓚傳：「詔拜瓚降虜校尉，封都亭侯，復兼領屬國長史，職統戎馬。瓚常與善射之士數十人，皆乘白馬，以爲左右翼，自號白馬義從。烏桓更相告語，避白馬長史。乃畫作瓚形，馳騎射之，中者咸稱萬歲。」

〔二七〕胡三省曰：「屬國，遼東屬國也。」范書瓚傳：「瓚追擊丘力居等，戰於屬國石門，虜遂大敗，棄妻子，踰塞走，悉得其所略男女。瓚深入無繼，反爲丘力居等所圍於遼西管子城二百餘日。糧盡食馬，馬盡，煮弩楯。力戰不敵，乃與士卒辭訣，各分散還。時多雨雪，墜坑死者十五六；虜亦飢困，遠走柳城。」

〔二八〕沈家本曰：「范書云：虜自此之後，遂遠竄塞外。與此不同。以范書劉虞傳證之，此傳爲是。」

朝議以宗正東海劉伯安〔一〕既有德義，昔爲幽州刺史，恩信流著，戎狄附之。若使鎮撫，可不勞衆而定。乃以劉虞爲幽州牧。〔二〕

吴書曰：虞，東海恭王之後也。〔三〕遭世衰亂，又與時主疏遠，仕縣爲户曹吏。以能治身奉職，召爲郡吏；以孝廉爲郎，累遷至幽州刺史，轉甘陵相，〔四〕甚得東土戎狄之心。後以疾歸家，常降身隱約，與邑黨州閭同樂共卹，等齊有無，不以名位自殊，鄉曲咸共宗之。時鄉曲有所訴訟，不以詣吏，自投虞平之。虞以情理爲之論判，皆大小敬從，不以爲恨。嘗有失牛者，骨體毛色，與虞牛相似，因以爲是，虞便推與之。後主自得本牛，乃還謝罪。會甘陵復亂，吏民思虞治行，〔五〕復以爲甘陵相，甘陵大治。徵拜尚書令、光禄勳，以公族有禮，更爲宗正。

英雄記曰：虞爲博平令，〔六〕治正推平，高尚純樸，〔七〕境内無盜賊，災害不生。時鄰縣接壤，蝗蟲爲害，至博平界，飛過不入。

魏書曰：虞在幽州，清靜儉約，以禮義化民。靈帝時，南宫災，吏遷補州郡者，皆責助治宫錢，或一千萬，或二千萬。富者以私財辦，或發民錢以備之，貧而清慎者，無以充調，或至自殺。〔八〕靈帝以虞清貧，特不使出錢。〔九〕

虞到，遣使至胡中，告以利害，責使送純首。丘力居等聞虞至，喜，各遣譯自歸。〔一〇〕瓚害虞有功，〔一一〕乃陰使人徼殺胡使。胡知其情，閒行詣虞。虞上罷諸屯兵，但留瓚步騎萬人屯右北平。純乃棄妻子，逃入鮮卑，爲其客王政所殺，送首詣虞。〔一二〕封政爲列侯。虞以功即拜太尉，封襄賁侯。〔一三〕

英雄記曰：虞讓太尉，因薦衛尉趙謨、〔一四〕益州牧劉焉、〔一五〕豫州牧黄琬、〔一六〕南陽太守羊續，〔一七〕並任爲公。

會董卓至洛陽，遷虞大司馬，〔一八〕瓚奮武將軍，封薊侯。〔一九〕

〔一〕錢大昕曰：「紀事之文，當稱名；承祚志多有稱字者，如此傳之劉伯安虞、管寧傳之陳仲弓寔、許靖、潘濬、尹默傳之宋仲子忠、張裔傳之許文休靖、彭羕傳之秦子勑宓、尹默傳之司馬德操徽、秦宓傳之任定祖安、譙允南周、顧雍傳之蔡伯喈邕、士燮傳之劉子奇陶皆是。若孫炎之稱叔然，則以避晉武帝諱故也。」梁章鉅曰：「此與前稱劉公山、孔公緒同。」周壽昌曰：「前稱東海劉伯安，後稱劉虞，志中如此失檢處甚多。」沈家本曰：「下文皆稱劉虞，此獨稱字，不免参差。」弼按：名字錯出，胡玉縉有說，見上卷臧洪傳。

〔二〕范書靈帝紀：「中平五年，改刺史，新置牧。」

〔三〕東海恭王彊，范書有傳。後嗣襲封至漢末。范書虞傳：「虞字伯安，東海郯人。祖父嘉，光祿勳。」章懷注引謝承書曰：「虞父舒，丹陽太守。虞通五經。」

〔四〕甘陵見武紀建安十年。錢大昭曰：「獻王忠之相也。」

〔五〕毛本「思」作「使」，誤。

〔六〕郡國志：「兗州東郡博平。」一統志：「博平故城，今山東東昌府博平縣西北三十里。」

〔七〕杭世駿曰：「太平御覽引英雄記云：劉虞食不重餚，藍縷繩履。」

〔八〕范書靈紀：「中平二年二月，南宮大災，火半月迺滅。」宦者傳：「中常侍張讓、趙忠等說帝，斂天下田，畝稅十錢，以修宮室。刺史、二千石及茂才、孝廉遷除，皆責助軍修宮錢，大郡至二三千萬，餘各有差。當之官者，皆先至西園諧價，然後得去。有錢不畢者，或至自殺。」

〔九〕范書虞傳：「舊幽部應接荒外，資費甚廣，歲常割青、冀賦調二億有餘，以給足之。時處處斷絕，委輸不至，而虞務存寬政，勸督農植，開上谷胡市之利，通漁陽鹽鐵之饒，民悅年登，穀石三十。青、徐士庶避黃巾之難，歸虞者百餘萬口，皆收視溫恤，爲安立生業，流民皆忘其遷徙。虞雖爲上公，天性節約，敝衣繩履，食無兼肉，遠近豪俊夙僭奢者，莫不改操而歸心焉。」

〔一〇〕范書虞傳：「虞到薊，罷省屯兵。務廣恩信。遣使告峭王等以朝恩寬弘，開許善路；又設賞購舉、純，舉、純走出塞，餘皆降散。」

〔一一〕范書虞傳：「初，詔令公孫瓚討烏桓，受虞節度。瓚但務會徒衆，以自强大，而縱任部曲，頗侵擾百姓。而虞爲政仁愛，念利民物，由是與瓚漸不相平。」瓚傳：「瓚志埽滅烏桓，而劉虞欲以恩信招降，由是與虞相忤。」王補曰：

「通鑑，公孫瓚志欲埽滅烏桓，而虞欲以恩信招降，由是與瓚有隙。蓋據瓚傳也。而虞傳顧云爾，豈彼此各稱其美邪？未可爲信史也。袁紀言虞懼奔居庸，欲召烏桓、鮮卑以自救。則虞、瓚之隙灼然矣。」弼按：本傳前言四州被害，瓚不能禦；後言瓚害虞有功，曲直顯然。

〔一二〕參閱本志卷三十烏丸傳注。

〔一三〕襄賁見武紀建安十一年。應劭曰：「賁，音肥。」范書虞傳：「靈帝遣使者就拜太尉，封容丘侯。及董卓秉政，遣使者授虞大司馬，封襄賁侯。」袁宏紀：「中平六年三月己丑，光祿勳劉虞爲大司馬，領幽州牧。」范書烏桓傳：「中平五年，以劉虞爲幽州牧。虞購募斬純首，北州乃定。」柳從辰曰：「劉虞爲幽州牧，設賞購純，范書虞傳在中平五年，與烏桓傳合。范書靈紀虞斬純在中平六年三月，蓋純叛始於中平四年六月；設賞購純在五年；王政斬純在六年三月。袁紀蓋并前後事俱書於六年三月耳。」

〔一四〕范書趙典傳：「典，靈帝時爲衛尉。」未知是否典、謨二字之誤。

〔一五〕蜀志有傳。

〔一六〕范書黄琬傳：「琬爲豫州牧，時寇賊陸梁，州境彫殘，琬討擊平之。」

〔一七〕范書羊續傳：「續字興祖，太山平陽人。中平三年，江夏兵趙慈反，拜續爲南陽太守，擊慈斬之。六年，靈帝欲以續爲太尉。時拜三公者，皆輸東園禮錢千萬，令中使督之。續坐使人於單席，舉緼袍以示之，以此故不登公位。」柳從辰曰：「御覽二百七引袁山松書，太尉劉虞讓位於羊續。今案英雄記所云，是不僅讓位於續也。」

〔一八〕大司馬見文紀黄初二年。劉昭曰：「劉虞爲大司馬，而與太尉並置焉。」

〔一九〕范書瓚傳：「初平二年，青、徐黄巾三十萬衆入勃海界，欲與黑山合。瓚率步騎二萬人逆擊於東光南，大破之，斬首三萬餘級。賊棄其車重數萬兩，奔走渡河。瓚因其半濟，薄之，賊復大破，死者數萬，流血丹水。收得生口七萬餘人，車甲、財物不可勝算。威名大震，拜奮武將軍，封薊侯。」水經淇水注：「初平二年，黄巾三十萬人入渤海，公孫瓚破之于東光界，退奔是水，斬首三萬，血流丹水。」沈家本曰：「范書瓚傳拜奮武將軍、封薊侯在初平二年瓚破青州黃巾之後，靈紀瓚破黃巾在二年十一月，而卓劫帝西遷在元年二月。此敍封侯於西遷之先，與范書異；當以范爲是。瓚破黃巾而封侯，於情事爲得。」

關東義兵起，卓遂劫帝西遷，徵虞爲太傅。道路隔塞，信命不得至。〔一〕袁紹、韓馥議，以爲少帝制於姦臣，天下無所歸心。虞，宗室知名，民之望也，遂推虞爲帝。遣使詣虞，虞終不肯受。〔二〕紹等復勸虞領尚書事，承制封拜，虞又不聽。然猶與紹等連和。

九州春秋曰：紹、馥〔三〕使故樂浪太守甘陵張岐齎議詣虞，使即尊號。虞厲聲呵岐曰：「卿敢出此言乎！忠孝之道，既不能濟，孤受國恩，天下擾亂，未能竭命以除國恥，望諸州郡烈義之士，勠力西面，援迎幼主，而乃妄造逆謀，欲塗污忠臣邪」！

吳書曰：馥以書與袁術云：「帝非孝靈子，欲依絳、灌誅廢少主，迎立代王故事。」稱「虞功德治行，華夏少二；當今公室枝屬，皆莫能及。」又云：「昔光武去定王五世，以大司馬領河北，耿弇、馮異勸即尊號，卒代更始。今劉公自恭王枝別，其數亦五，以大司馬領幽州牧，此其與光武同。」是時有四星會于箕尾，馥稱讖云：「神人將在燕分。」又言「濟陰男子王定得玉印，文曰虞爲天子。」〔四〕又見兩日出於代郡，謂虞當代立。紹又別書報術。〔五〕是時，術陰有不臣之心，不利國家有長主，外託公義以答拒之。紹亦使人私報虞，虞以國有正統，非人臣所宜言，固辭不許。乃欲圖奔匈奴以自絕，紹等乃止。虞於是奉職脩貢，愈益恭肅。諸外國羌、胡有所貢獻，道路不通，皆爲傳送，致之京師。

虞子和爲侍中，在長安；天子思東歸，使和僞逃卓，潛出武關〔六〕詣虞，令將兵來迎。〔七〕和道經袁術，爲説天子意。術利虞爲援，留和不遣，許兵至俱西，令和爲書與虞。虞得和書，乃遣數千騎詣和。瓚知術有異志，不欲遣兵，止虞，虞不可。瓚懼術聞而怨之，亦遣其從弟越將千騎詣術以自結，而陰教術執和，奪其兵。由是虞、瓚益有隙。〔八〕和逃術來北，復爲紹所留。

〔一〕范書虞傳：「初平元年，復徵虞代袁隗爲太傅。道路隔塞，王命竟不得達。」

〔二〕范書虞傳：「初平二年，冀州刺史韓馥、勃海太守袁紹及山東諸將議，以朝廷幼沖，逼於董卓，遠隔關塞，不知存否。以虞宗室長者，欲立爲主。乃遣故樂浪太守張岐等齎議，上虞尊號。虞見岐等，厲色叱之曰：今天下崩亂，主上蒙塵，吾被重恩，未能清雪國恥。諸君各據州郡，宜共戮力，盡心王室，而反造逆謀，以相垢誤邪！固拒之。」何焯曰：「此紹等之謬計，然亦可見照〔昭〕烈當日之足以有爲。但屬宗室，自爲人所服從，乃兩漢稍存封建之效也。」

〔三〕元本「馥」作「復」。

〔四〕何焯曰：「四星會於箕尾，昭烈起涿郡之祥。虞爲天子，魏，虞後也。」趙一清曰：「當時，有以魏爲舜後者，故義門云然。見蔣濟傳。」

〔五〕紹書及術答書，均見本志袁術傳注引吴書。

〔六〕武關見武紀初平元年。

〔七〕范書虞傳：「虞選掾右北平田疇、從事鮮于銀蒙險閒行，奉使長安。獻帝既思東歸，見疇等大悦。時虞子和爲侍中，因此遣和潛從武關出，告虞將兵來迎。」通鑑考異云：「魏志瓚傳但云天子思歸，不云因疇至也。若爾，當令和與疇俱還，不應出武關。又疇未還，劉虞已死。虞死在初平四年冬，界橋戰在三年春，范書誤也。」弼按：本志田疇傳：「劉虞署田疇爲從事，自出祖而遣之，遂至長安致命。得報馳還，未至，虞已爲瓚所害。」不言與和同行也。

〔八〕胡三省曰：「虞先與瓚有隙，至是而隙愈深。」

是時，術遣孫堅屯陽城拒卓，〔一〕紹使周昂奪其處。〔二〕術遣越與堅攻昂，不勝，越爲流矢所中，死。瓚怒曰：「余弟死，禍起於紹。」〔三〕遂出軍屯磐河，〔四〕將以報紹。紹懼，以所佩渤海太守印綬授瓚從弟範，遣之郡，欲以結援。〔五〕範遂以渤海兵助瓚，破青、徐黄巾，兵益盛，進軍界橋。〔六〕

典略載瓚表紹罪狀曰：「臣聞皇、羲以來，始有君臣上下之事，張化以導民，刑罰以禁暴。〔七〕今行車騎將軍袁紹，託其先軌，寇竊人爵，既性暴亂，厥行淫穢。〔八〕昔爲司隸校尉，會值國家喪禍之際，太后承攝，何氏輔政。紹專爲邪媚，不能舉直，至令丁原焚燒孟津，招來董卓，造爲亂根，紹罪一也。〔九〕卓既入雒，而主見質，紹不能權譎以濟君父，〔一〇〕而棄置節傳，迸竄逃亡。〔一一〕忝辱爵命，背上不忠，紹罪二也。紹爲渤海太守，默選戎馬，當攻董卓，不告父兄，至使太傅門戶、太僕母子，一旦而斃。不仁不孝，紹罪三也。〔一二〕紹既興兵，涉歷二年，不卹國難，廣自封殖，乃多以資糧，專爲不急，割剝富室，收考責錢，百姓吁嗟，莫不痛怨，紹罪四也。韓馥之迫，竊其虚位，矯命詔恩，刻金印玉璽，〔一三〕每下文書，皁囊施檢，〔一四〕文曰詔書一封，邟〔一五〕鄉侯印。〔一六〕昔新室之亂，漸以即真，〔一七〕今紹所施，擬而方之，紹罪五也。紹令崔巨業候視星日，〔一八〕財貨賂遺，與共飲食，克期會合，攻鈔郡縣，此豈大臣所當宜爲？〔一九〕紹罪六也。紹與故虎牙都尉劉勳，〔二〇〕首共造兵，勳仍有効，又降服張楊，〔二一〕而以小忿枉害於勳，信用讒慝，殺害有功，紹罪七也。紹又上故上谷太守高焉、〔二二〕故甘陵相姚貢，橫責其錢，錢不備畢，二人并命，紹罪八也。春秋之義，子以母貴。紹母親爲婢使，紹實微賤，不可以爲人後，以義不宜，乃據豐隆之重任，忝污王爵，損辱袁宗，紹罪九也。〔二三〕又長沙太守孫堅，前領豫州刺史，驅走董卓，埽除陵廟，其功莫大。紹令周昂盜居其位，斷絶堅糧，令不得入，使卓不被誅，紹罪十也。臣又每得後將軍袁術書云，紹非術類也。〔二四〕紹之罪戾，雖南山之竹不能載。昔姬周政弱，王道陵遲，天子遷都，諸侯背叛。於是齊桓立柯亭之盟，〔二五〕晉文爲踐土之會，〔二六〕伐荆楚以致菁茅，〔二七〕誅曹、衛以彰無禮。〔二八〕臣雖闒茸，〔二九〕名非先賢，蒙被朝恩，當此重任，職在鈇鉞，〔三〇〕奉辭伐罪，輒與諸將州部兵討紹等。〔三一〕若事克捷，罪人斯得，〔三二〕庶續桓、文忠誠之效，攻戰形狀，前後續上。」〔三三〕遂舉兵與紹對戰，紹不勝。

以嚴綱爲冀州，〔三四〕田楷爲青州，單經爲兗州，置諸郡縣。〔三五〕紹軍廣川，〔三六〕令將麴義先登，與瓚戰，生禽綱。瓚軍敗走渤海，與範俱還薊，〔三七〕於大城東南築小城，與虞相近，稍相恨望。〔三八〕

〔一〕陽城見董卓傳注。胡三省曰：「孫堅領豫州刺史，屯陽城。」吴志孫堅傳：「袁術表堅行破虜將軍，領豫州刺史，治兵於魯陽。堅移屯梁東，大爲卓軍所攻。堅復收兵，合戰於陽人，大破卓軍。陽人去魯陽百餘里。」范書獻帝紀：「初平二年二月，袁術遣將孫堅與董卓將胡軫戰於陽人。」章懷注：「陽人，聚名，屬河南郡。」王先謙曰：「陽人聚在今汝州梁縣西四十里。」謝鍾英曰：「今汝州西八十五里。」

〔二〕通鑑：「紹以會稽周昂爲豫州刺史，襲奪堅陽城。」錢大昕曰：「陳景雲謂魚豢典略載瓚表列紹罪，亦作周昂。據孫堅傳注引吴録及會稽典録，當堅領豫州時，紹所遣與堅相持者乃會稽周喁，非昂也。昂乃喁之兄，爲九江太守袁術攻破之，其事别見孫賁傳，吴録、典録皆同。蓋賁傳仍吴史舊文，而瓚傳周昂似沿典略之失也。范史瓚傳作周昕。案，漢末昕爲丹陽太守，見孫靜傳及注，無奪據陽城事，此范史之誤。」趙一清曰：「瓚表紹罪狀亦云周昂，而范書瓚傳作周昕。案吴志孫靜傳，昕爲孫策所殺。孫堅傳注引吴録云，袁紹遣會稽周喁爲豫州刺史，來襲取州。喁字仁明，周昕之弟也。又引會稽典録曰：喁與堅爭豫州，屢戰失利，會次兄九江太守昂爲袁術所攻，喁往助之，軍敗，還鄉里，爲許貢所害。則昂自爲袁術所攻，與堅無與，宜以周喁爲得其實。蓋周昂兄弟三人，皆與孫氏爲讐敵，故各書所記不同也。」

〔三〕惠棟曰：「謝承書云：瓚非紹立劉伯安，斂其衆以攻紹。與此異。」

〔四〕范書瓚傳作「槃河」。章懷云：「槃即爾雅九河鉤槃之河也。其枯河在今滄州樂陵縣東南。」（唐樂陵，今山東武定府樂陵縣西南三十里。）惠棟曰：「前書地理志云：平原有槃縣。師古曰：即九河鉤槃也。」趙一清曰：「磐河即般河。水經河水注所謂東入般縣爲般河也。故河在今德州德平縣界，入滄州樂陵縣，今名枯槃河。方輿紀要，今濟南府德平縣東北。一統志，在陵縣東四十五里曰磐河店。舊志，般河自陵縣東南臨邑西北分爲二水，其一東經德平商河北行至武定之陽信縣南二十里，而斷爲截河鋪；其一自德平西北流入武定之樂陵，經海豐之南、賓州霑化之北，至久山鎮入海。」謝鍾英曰：「公孫瓚戰處，當在德平縣北。」

〔五〕官本考證云：「宋本作欲以自結援。」

〔六〕界橋見本志袁紹傳注引英雄記。

〔七〕「張」一作「教」。范書瓚傳作「張禮以導人，設刑以禁暴」。

〔八〕范書作「託承先軌，爵任崇厚，而性本淫亂，情行浮薄」。

〔九〕此真實録，罪無可逭。

〔一〇〕元本「譎」作「謀」。

〔一一〕范書紹傳：「紹懸節於上東門，而奔冀州。」

〔一二〕范書作「致使太傅一門，纍然同斃」。章懷注：「董卓恨紹起兵山東，乃誅紹叔父太傅隗，及宗族在京師者，盡誅滅之。」

〔一三〕惠棟曰：「獻帝起居注云：紹刻金璽遺劉虞，擅鑄金銀印。孝廉、計吏，皆往詣紹。」

〔一四〕章懷云：「漢官儀曰：凡章表皆啓封，其言密事，得皁囊。說文曰：檢，書署也。今俗謂之排；其字從木。」惠棟曰：「釋名云：檢，禁也；禁閉諸物，使不得開露也。又曰：書文書檢曰署。署，予也；題所予官號也。毛晃曰：檢，書檢也，印窠封題也。」

〔一五〕原注：口浪反。

〔一六〕紹封邟鄉侯，見紹傳。

〔一七〕新室，王莽也。

〔一八〕范書瓚傳：「紹令星工，伺望祥妖。」章懷注：「星工，善星者。」周壽昌曰：「星工姓名崔巨業，即紹所遣攻圍故安之將。」

〔一九〕范書「宜」作「施」。

〔二〇〕臧洪傳作「虎牙將軍」。惠棟曰：「裴松之云：勳字子橫，見臧洪傳。」（洪傳作子璜。）錢儀吉曰：「兩劉勳。」

〔二一〕馮本「服」作「伏」。

〔二二〕官本考證云：「又上，上字或爲止字之訛。」周壽昌曰：「上即爲上事之上，或是紹進劾二人也。范書無紹又上三字。」沈家本曰：「上者，上於朝也。恐不誤。」

〔二三〕周壽昌曰：「瓚以母賤，遂爲郡小吏。今劾紹母親爲婢使，絶不自爲地。」

〔二四〕惠棟曰：「類，族類也。」

〔二五〕春秋：「公會齊侯盟于柯。」公羊傳曰：「齊桓公之信，著於天下，自柯之盟始也。」范書瓚傳柯亭作柯會。杜預曰：「此柯，今濟北東阿，齊之阿邑，猶祝柯今爲祝阿。」漢東阿縣屬東郡，故城在今泰安府東阿縣西南二十五里。

〔二六〕章懷注：「踐土，鄭地也。」左傳：周襄王出居於鄭，晉文公重耳爲踐土之會，率諸侯朝天子，以成霸功。」高士奇曰：「晉文公敗楚于城濮，還至衡雍，作王宫於踐土。」括地志：滎澤縣西北十五里有王宫城，城内東北隅有踐土臺，即諸侯盟處，去衡雍三十餘里。寰宇記：「王宫城在縣北四十五里，唐滎澤即今縣治。」

〔二七〕章懷注：「菁茅，靈茅，以供祭祀也。左傳僖四年：齊桓伐楚，責之曰：爾貢包茅不入，王祭不供，無以縮酒，寡人是徵。」

〔二八〕章懷注：「左傳僖二十八年：晉侯伐曹，假道于衛，衛人不許，還，自河南濟。侵曹、伐衛，責其無禮也。」惠棟曰：「左傳無此文。僖二十三年，僖負羈之妻曰：晉公子反國，必得志于諸侯，得志于諸侯，而誅無禮，曹其首也。傳蓋指此。」

〔二九〕章懷云：「闒，猶下也；茸，細也。闒，音吐盍反；茸，音人勇反。」柳從辰曰：「史記屈賈列傳索隱引應劭、胡廣訓闒茸爲不才；引字林訓闒茸爲不肖。文選司馬遷報任安書李注引張揖訓闒茸爲獰劣；楚辭注又訓闒茸爲駑頓。又前書顔注賈誼傳云：闒茸下材，不肖之人也。李夫人傳云：闒茸，衆賤之稱也。而司馬遷傳則云：闒茸，猥賤也。闒，下也；茸，細毛也；言非豪桀也。隨文異訓，亦所取不同。詳章懷此注，闒茸分訓，即主非豪桀之義。」

〔三〇〕章懷云：「鈇，音方于反；莝刃也。鉞，斧也。」

〔三一〕宋本、元本、馮本「部」作「郡」，范書作「輒與諸將州郡共討紹等。」

〔三二〕章懷注：「尚書，周公東征三年，罪人斯得。」柳從辰曰：「注引尚書，與今本異。」

〔三三〕范書瓚傳載此表大旨相同，辭句多異。

〔三四〕通鑑考異曰：「九州春秋作劉綱。」

〔三五〕范書瓚傳：「瓚乃自署其將帥爲青、冀、兖三州刺史，又悉置郡縣守令。」

〔三六〕郡國志：「冀州清河國廣川，故屬信都。」文選應璩有與廣川長岑文瑜書，即此。闞駰云：「縣有長河爲流，故曰廣川。」一統志：「廣川故城，今直隸冀州棗強縣東。」姚範曰：「以袁紹傳校，當作廣宗。」

〔三七〕范書瓚傳：「瓚與紹大戰於界橋，瓚軍敗，還薊。紹遣將崔巨業將兵數萬，攻圍固安，不下，退軍南還。瓚將步騎三萬人，追擊於巨馬水，大破其衆，死者七八千人。乘勝而南，攻下郡縣，遂至平原，乃遣其青州刺史田楷，據有齊地。紹復遣兵數萬，與楷連戰二年，糧食並盡，士卒疲困，互掠百姓，野無青草。紹乃遣子譚爲青州刺史，楷與戰，敗，退還。」

〔三八〕范書虞傳：「瓚既累爲紹所敗，而猶攻之不已。虞患其黷武，且慮得志不可復制，固不許行，而稍節其稟假。瓚怒，屢違節度，又復侵犯百姓。虞所賚賞典當胡夷，瓚數抄奪之，積不能禁。乃遣驛使奉章，陳其暴掠之罪，瓚亦上虞稟糧不周。二奏交馳，互相非毀，朝廷依違而已。瓚乃築京於薊城以備虞」。本志田疇傳注引先賢行狀曰：「疇與虞密議，公孫瓚阻兵安忍，不早圖之，必有後悔。虞不聽。」

虞懼瓚爲變，遂舉兵襲瓚，虞爲瓚所敗，出奔居庸。〔一〕瓚攻拔居庸，生獲虞，執虞還薊。會卓死，天子遣使者段訓增虞邑，督六州，瓚遷前將軍，封易侯。瓚誣虞欲稱尊號，脅訓斬虞。〔二〕

魏氏春秋曰：初，劉虞和輯戎狄，瓚以胡夷難禦，當因不賓而討之。今加財賞，必益輕漢，效一時之名，非久長深慮。故虞所賞賜，瓚輒鈔奪。虞數請會，稱疾不往。至是戰敗，虞欲討之，告東曹掾右北平人魏攸。攸曰：「今天下引領，以公爲歸，謀臣爪牙，不可無也。瓚文武才力足恃，雖有小惡，固宜容忍。」乃止。後一年，攸病死。虞又與官屬議，密令衆襲瓚。瓚部曲放散在外，自懼敗，掘東城門欲走。虞兵無部伍，不習戰，又愛民屋，勑令勿燒。故瓚得放火，因以精鋭衝突，虞衆大潰，奔居庸城。瓚攻及家屬以還，〔三〕殺害州府，衣冠善士殆盡。

典略曰：瓚曝虞於市而祝曰：「若應爲天子者，天當降雨救之。」時盛暑，〔四〕竟日不雨，遂殺虞。

英雄記曰：虞之見殺，故常山相孫瑾掾張逸、張瓚等，忠義奮發，相與就虞，罵瓚極口，然後同死。〔五〕

瓚上訓爲幽州刺史。瓚遂驕矜，記過忘善，多所賊害。〔六〕

英雄記曰：瓚統内外，衣冠子弟有才秀者，必抑使困在窮苦之地。〔七〕或問其故，答曰：「今取衣冠家子弟及善士富貴之，皆自以爲職當得之，不謝人善也。」所寵遇驕恣者，類多庸兒，若故卜數師劉緯臺、〔八〕販繒李移子、賈人樂何當等三人，與之定兄弟之誓，自號爲伯，三人者爲仲、叔、季，〔九〕富皆巨億。或取其女以配己子。常稱「古者曲周、灌嬰之屬」以譬也。〔一〇〕

虞從事漁陽鮮于輔、〔一一〕齊周、騎都尉鮮于銀等，率州兵〔一二〕欲報瓚，〔一三〕以燕國閻柔〔一四〕素有恩信，共推柔爲烏丸司馬。〔一五〕柔招誘烏丸、鮮卑，得胡漢數萬人，與瓚所置漁陽太守鄒丹戰于潞北，〔一六〕大破之，斬丹。袁紹又遣麴義及虞子和，將兵與輔合擊瓚。瓚軍數敗，乃走還易京固守。〔一七〕

英雄記曰：先是有童謠曰：「燕南垂，趙北際，中央不合大如礪，惟有此中可避世。」瓚以易當之，乃築京固守。〔一八〕瓚别將有爲敵所圍，義不救也。其言曰：「救一人，使後將恃救不力戰；今不救此，後將當念在自勉。」是以袁紹始北擊之時，瓚南界上别營，自度守則不能自固，又知必不見救，是以或自殺其將帥，或爲紹兵所破，遂令紹軍徑至其門。〔一九〕

臣松之以爲：童謠之言，無不皆驗；至如此記，似若無徵。謠言之作，蓋令瓚終始保易，無事遠略。而瓚因破黄巾之威，意志張遠，遂置三州刺史，圖滅袁氏，所以致敗也。

爲圍塹十重，於塹裏築京，〔二〇〕皆高五六丈，爲樓其上；中塹爲京，特高十丈，自居焉；〔二一〕

積穀三百萬斛。

英雄記曰：瓚諸將家家各作高樓，樓以千計。瓚作鐵門，居樓上，屏去左右，婢妾侍側，汲上文書。〔二二〕

瓚曰：「昔謂天下事可指麾而定，〔二三〕今日視之，非我所決，不如休兵，力田畜穀。兵法，百樓不攻。今吾樓櫓千重，〔二四〕食盡此穀，足知天下之事矣！」欲以此斃紹。紹遣將攻之，連年，不能拔。

漢晉春秋曰：袁紹與瓚書曰：「孤與足下，既有前盟舊要，申之以討亂之誓，愛過夷、叔，分著丹青，謂爲旅力同仇，〔二五〕足踵齊、晉，故解印釋紱，以北帶南；分割膏腴，以奉執事，〔二六〕此非孤赤情之明驗邪？豈寤足下棄烈士之高義，尋禍亡之險蹤，輒而改慮，〔二七〕以好易怨，盜遣士馬，犯暴豫州。〔二八〕始聞甲卒在南，親臨戰陣，懼於飛矢迸流，狂刃橫集，以重足下之禍，徒增孤子之咎釁也，〔二九〕故爲薦書懇惻，冀可改悔。而足下超然自逸，矜其威詐，謂天罔可吞，豪雄可滅，果令貴弟殞於鋒刃之端。斯言猶在於耳，而足下曾不尋討禍源，克心罪己，苟欲逞其無疆之怒，不顧逆順之津，匿怨害民，騁於余躬。遂躍馬控弦，〔三〇〕處我疆土。〔三一〕毒徧生民，〔三二〕辜延白骨。孤辭不獲已，以登界橋之役。是時足下兵氣霆震，駿馬電發，僕師徒肇合，〔三三〕機械不嚴，彊弱殊科，衆寡異論。假天之助，小戰大克，〔三四〕遂陵躡奔背，因壘館穀，此非天威棐諶，〔三五〕福豐有禮之符表乎？足下志猶未厭，乃復糾合餘燼，率我蟣賊，以焚爇渤海。孤又不獲寧，用及龍河之師。〔三六〕羸兵前誘，大軍未濟，而足下膽破衆散，不鼓而敗，兵衆擾亂，君臣並奔。此又足下之爲，非孤之咎也。自此以後，禍隙彌深，孤之師旅，不勝其忿，遂至積尸爲京，頭顱滿野，愍彼無辜，未嘗不慨然失涕也。後比得足下書，辭意婉約，有改往脩來之言。〔三七〕僕既欣於舊好克復，且愍兆民之不寧，每輒引師南駕，以順簡書。弗盈一時，而北邊羽檄之文，未嘗不至。孤是用痛心疾首，靡所錯情。夫處三軍之帥，當列將之任，宜令怒如嚴霜，喜如時雨，臧否好惡，坦然可觀。而足下二三其德，彊弱易謀，急則曲躬，緩則放逸，行無定端，言無質要，爲壯士者，固若此乎！既乃殘殺老弱，幽土憤怨，〔三八〕衆叛親離，孑然無黨。又烏丸、濊貊，皆與足下同州，〔三九〕僕與之殊俗，各奮迅激怒，爭爲鋒銳；又東西鮮卑，舉踵來附。此非孤德所能招，乃足下驅而致之也。夫當荒危之世，處干戈之險，內違同盟之誓，外失戎狄之心，兵興州壤，禍發蕭牆，將以定霸，不亦難乎！前以西山陸梁，出兵平討，會麴義餘殘，畏誅逃命，〔四〇〕故遂住大軍，分兵撲蕩。此兵孤之前行，乃界橋搴旗拔壘，先登制敵者也。始聞足下鐫金紆紫，命以元帥，謂當因茲奮發，以報孟明之恥，是故戰夫引領，竦望旌旆，怪遂含光匿影，寂爾無聞，卒臻屠滅，相爲惜之。夫有平天下之怒，希長世之功，權御師徒，帶養戎馬，叛者無討，服者不收，威懷並喪，何以立名？今舊京克復，天罔云補，罪人斯亡，忠幹翼化。華夏儼然，望於穆之作，將戢干戈，放散牛馬。足下獨何守區區之土，保軍內之廣，甘惡名以速朽，亡令德之久長？壯而籌之，非良策也。宜釋憾除嫌，敦我舊好。若斯言之玷，皇天是聞。」瓚不答，而增脩戎備。謂關靖曰：「當今四方虎爭，無有能坐吾城下，相守經年者，明矣。袁本初其若我何！」

建安四年，〔四一〕紹悉軍圍之。瓚遣子求救於黑山賊，〔四二〕復欲自將突騎直出，傍西南山，〔四三〕擁黑山之衆，陸梁冀州，〔四四〕橫斷紹後。長史關靖說瓚曰：「今將軍將士，皆已土崩瓦解，其所以能相守持者，顧戀其居處老小，以將軍爲主耳。將軍堅守曠日，袁紹要當自退；自退之後，四方之衆，必復可合也。若將軍今舍之而去，〔四五〕軍無鎮重，易京之危，可立待也。將軍失本，孤在草野，何所成邪！」瓚遂止不出。〔四六〕英雄記曰：關靖字士起，太原人，本酷吏也。諂而無大謀，特爲瓚所信幸。救至，欲内外擊紹。遣人與子書，刻期兵至，舉火爲應。典略曰：瓚遣行人文則齎書告子續曰：「袁氏之攻，似若神鬼，鼓角鳴於地中，梯衝舞吾樓上。日窮月跛，無所聊賴。汝當碎首於張燕，速致輕騎，到者當起烽火於北，吾當從内出；不然，吾亡之後，天下雖廣，汝欲求安足之地，其可得乎！」獻帝春秋曰：瓚夢薊城崩，知必敗，乃遣閒使與續書。紹候者得之，使陳琳更其書曰：「蓋聞在昔衰周之世，僵尸流血，以爲不然，豈意今日身當其衝！」其餘語與典略所載同。〔四七〕紹候者得其書，如期舉火，瓚以爲救兵至，遂出欲戰。紹設伏擊，大破之，復還守。紹爲地道，突壞其樓，稍至中京。〔四八〕英雄記曰：袁紹分部攻者，〔四九〕掘地爲道，穿穴其樓下，稍稍施木柱之。度足達半，便燒所施之柱，樓輒傾倒。瓚自知必敗，盡殺其妻子，乃自殺。〔五〇〕漢晉春秋曰：關靖曰：「吾聞君子陷人於危，必同其難，豈可獨生乎！」乃策馬赴紹軍而死。」〔五一〕紹悉送其首於許。〔五二〕

〔一〕范書虞傳：「虞數請瓚，輒稱病不應。虞乃密謀討之。初平四年冬，遂自率諸屯兵，衆合十萬人，以攻瓚。將行，從事代郡程緒免胄而前曰：公孫瓚雖有過惡，而罪名未正，明公不先告曉，使得改行，而兵起蕭牆，非國之利。加勝敗難保，不如駐兵以武臨之，瓚必悔禍謝罪，所謂不戰而服人者也。虞以緒臨事沮議，遂斬之以徇。戒軍士曰：無傷餘人，殺一伯珪而已。時州從事公孫紀者，瓚以同姓，厚待遇之。紀知虞謀，而夜告瓚。瓚時部曲放散在外，倉卒自懼不免，乃掘東城欲走。虞兵不習戰，又愛人廬舍，敕不聽焚燒，急攻圍不下。瓚乃簡募鋭士數百人，因風縱火，直衝突之，虞遂大敗，與官屬北奔居庸縣。通鑑輯覽曰：「虞號爲寬厚，而軍無部伍，其惜民廬舍，戒無傷餘人，皆適足自貽伊戚。宋襄、建文胥用是致亂者。然史稱瓚居薊南小城，與虞相去不遠，又何至興十萬之師乎？記載失實，比比然矣。」郡國志：「幽州上谷郡居庸。」水經濕水注：「滄河又西逕居庸縣故城南，魏上谷郡治。昔劉虞攻公孫瓚不克，北保此城，爲瓚所擒。」胡嶠曰：「自幽州西北入居庸關。」宋祁曰：「唐嬀州懷戎縣東南五十里，有居庸塞，東連盧龍碣石，西屬太行常山，實天下之險。」一統志：「居庸故城，今直隸宣化府延慶州東；居庸關今昌平州西北，去延慶州五十里。」

〔二〕范書虞傳：「虞以恩厚得衆，懷被北州，百姓流舊，莫不痛惜焉。初，虞以儉素爲操。及遇害，瓚兵搜其内，而妻妾服羅紈，盛綺飾，時人以此疑之。」柳從辰曰：「范史著一搜字，明其爲瓚姦謀也。瓚敗虞儉德，豫藏羅綺，使兵搜之。若妻妾果服羅綺，人必夙有見聞，不待搜而始知也。」范曄論曰：「劉虞守道慕名，以忠厚自牧，美哉乎，季漢之名宗子也！若虞、瓚無閒，同情共力，糾人完聚，稸保燕、薊之饒，繕兵昭武，以臨羣雄之隙，舍諸天運，徵乎人文，則古之休烈，何遠之有！」

〔三〕趙一清曰：「攻下有脱文。」范書虞傳：「瓚追攻之，三日，城陷，遂執虞並妻子還薊，猶使領州文書。」

〔四〕何焯云：「北宋本暑下有熱字。」

〔五〕范書虞傳：「瓚傳虞首京師，故吏尾敦於路劫虞首，歸葬之。」章懷注：「尾敦，姓名。」孫愐云：「史記有尾生。」

〔六〕范書瓚傳：「瓚恃其才力，不恤百姓，記過忘善，睚眦必報。州里善士，名在其右者，必以法害之。常言：衣冠皆自以職分富貴，不謝人惠。故所寵愛，類多商販庸兒。所在侵暴，百姓怨之。」

〔七〕宋本「才」作「材」，「使困」作「困使」。

〔八〕毛本「卜」誤作「十」。

〔九〕官本考證云：「北宋本三人上多一謂字。」

〔一〇〕史記酈商傳：「曲周侯酈商者，高陽人。」又灌嬰傳：「潁陰侯灌嬰者，睢陽販繒者也。」

〔一一〕鮮于輔事見武紀建安十年。胡三省曰：「姓譜，鮮于子姓。周武王封箕子於朝鮮，支子仲食采於于，因以鮮于爲氏。」

〔一二〕幽州兵也。

〔一三〕田疇傳：「疇至長安致命，詔拜騎都尉，固辭不受，得報馳還。虞爲瓚害，疇謁祭虞墓，陳發章表，哭泣而去。」案，疇號稱義士，誓報君仇，當時同行之鮮于銀興兵報瓚，何以未聞疇亦與謀？袁紹、劉和與鮮于輔等連兵擊瓚，烏桓峭王亦感虞恩德，率種人及鮮卑與麴義合兵，袁紹數遣使招疇，授將軍印。疇之於虞，有知己之感，何以始終未嘗一報？裴松之謂疇之舉止進退無當，豈其然邪？抑志在報烏桓，建異日盧龍之策邪？又按，鮮于銀一作從事，一作騎都尉，互異。

〔一四〕惠棟曰：「烏桓傳云，柔少没烏桓、鮮卑中，爲其種人所歸信。燕國，後漢廣陽也。」弼按：柔事見本志烏丸傳。

〔一五〕惠棟曰：「應劭漢官儀云：護烏桓校尉有司馬二人，秩六百石。」

〔一六〕黄山曰：「胡注，潞縣屬漁陽郡。袁紀，潞作蒯，非。蒯鄉屬河南。」

〔一七〕水經鮑丘水注：「鮑丘水又西南流，公孫瓚既害劉虞，烏丸思劉氏之德，迎其子和，合衆十萬，破瓚于是水之上，斬首二萬。」范書瓚傳：「烏桓峭王感虞恩德，率種人及鮮卑七千餘騎，共鮮于輔南迎虞子和，與袁紹將麴義合兵十萬共攻瓚。興平二年，破瓚於鮑丘，斬首二萬餘級。瓚遂保易京，開置屯田，稍得自支。相持歲餘，麴義軍糧盡，士卒飢困，餘衆數千人退走，瓚徼破之，盡得其車重。」章懷注：「鮑丘，水名也。又名路水，在今幽州漁陽縣。」又云：「鮑丘水出北塞中，南流經九莊嶺東，俗謂之大榆河。又東南經漁陽縣故城東，是瓚之戰處，見水經注。」寰宇記：「幽州潞縣，以水字縣。」州志：「今通州東」謝鍾英曰：「破瓚處在今通州南。」趙一清曰：「方輿紀要卷十二，麴義壘在河間縣東城鎮北十四里。」

〔一八〕水經濕餘水注：「濕餘水東流，易荆水注(云)〔之〕。公孫瓚之敗于鮑丘也，走保易荆，疑阻此水也。」聚珍本水經注案語：「瓚走保易京，在今雄縣界，非易荆水也，此誤引。」章懷注：「前書易縣屬涿郡。續漢志曰：屬河閒。瓚所居易京故城，在今幽州歸義縣南十八里。」胡三省曰：「易縣，前漢屬涿郡，後漢省。」殆誤。一統志：「今保定府雄縣西北。」

〔一九〕胡三省曰：「易京之門也。」

〔二〇〕章懷注：「公孫瓚頻失利，迺臨易河築京以自固，故號易京。其城三重，周回六里。今內城中有土京，在幽州歸義縣南。爾雅曰：絶高謂之京，(爾雅「謂」作「爲」。)非人爲之丘。」弼按：本傳，瓚於大城東南築小城，乃薊城之京；此則易城之京。

〔二一〕水經易水注：「瓚自薊徙臨易水，謂之易京。城在易城西四五里。趙建武四年，石虎自遼西南達易京，以京障至固，令二萬人廢(壤)〔壞〕之。今者城壁夷平，其樓基尚存，猶高一匹餘。基上有井，世名易京樓，即瓚所保也。故瓚與子書云：袁氏之攻，狀若鬼神，衝梯舞于樓上，鼓角鳴于地中。即此樓也。」

〔二二〕毛本「汲上」誤作「汲土」。胡三省曰：「以繩索引之而上，若汲水然。」范書瓚傳：「瓚慮有非常，乃居於高京，以鐵爲門，斥去左右。男人七歲以上，不得入易門，專侍姬妾。其文簿書記，皆汲而上之。令婦人習爲大言聲，(通鑑引此無「言」字。)使聞數百步。(胡注：「聞，音問。」)以傳宣教令。疏遠賓客，無所親信，故謀臣猛將，稍有乖散；自此之後，希復攻戰。」

〔二三〕范書瓚傳：「瓚曰：昔我驅畔胡於塞表，埽黃巾於孟津，當此之時，謂天下指麾可定。」章懷注引九州春秋曰：「瓚曰，始天下兵起，我謂唾手而決。」

〔二四〕范書作「今吾諸營，樓櫓千里」。章懷注：「櫓，即櫓字，見說文。釋名曰：櫓，露也；上無覆室。」梁章鉅曰：「兵法，百樓不攻，語不知所出。沈欽韓引墨子備城門百步一木樓，二百步一大樓語爲證，亦未確。」周壽昌曰：「太平御覽兵部引九州春秋作今吾諸營，樓櫓千里。不作千重。」

〔二五〕宋本「旅」作「流」，元本「同」作「司」，均誤。

〔二六〕謂以渤海印綬授瓚弟範也。

〔二七〕「輒」，宋本作「輙」。

〔二八〕謂攻周昂也。案，本傳攻昂在先，授範印綬在後。

〔二九〕何焯校，「子」字宜刪。

〔三〇〕官本考證云：「控弦一作橫弦。」

〔三一〕何焯曰：「疆土，宋本作祇上，北雍本作疆上。」

〔三二〕馮本「徧」作「偏」，誤。

〔三三〕爾雅：「肇，始也。」

〔三四〕「小戰」，局本誤作「小蓺」，各本皆不誤。

〔三五〕詩大雅蕩篇：「天生烝民，其命匪諶。」毛傳云：「諶，誠也。」

〔三六〕趙一清曰：「龍河，即龍湊也。胡注，龍湊，地名；蓋河津。詳味紹書，龍湊宜在勃海界。又袁譚軍龍湊，曹操攻之，拔平原，走保南皮，蓋在平原界也。」謝鍾英曰：「當在今平原縣南。一統志謂在德州北，非也。」

〔三七〕何焯曰：「此指趙岐和解時言。」

〔三八〕宋本「土」作「士」。

〔三九〕宋本無「與」字。

〔四〇〕本志紹傳裴注引英雄記：「麴義後恃功而驕恣，紹乃殺之。」

〔四一〕范書瓚傳攻瓚在三年，瓚敗亡在四年。沈家本曰：「此承祚力求簡嚴，不復分敘也。」

〔四二〕胡三省曰：「黑山諸帥張燕等也。」

〔四三〕趙一清曰：「南字衍。西山，謂太行山。張燕傳所云常山、趙郡、中山、上黨、河北諸山谷皆相通，是也。」弼按：范書瓚傳及通鑑皆云出傍西山，無南字。胡注：「自易京西抵故安閻鄉以西，諸山連接中山之界，山谷深廣，皆黑山諸賊所依阻也。」謝鍾英曰：「今雄縣迤西北至紫荆關，皆西山也。」

〔四四〕揚雄甘泉賦：「飛蒙茸而走陸梁。」註：「陸梁，亂走貌。」通鑑作「侵掠冀州」。

〔四五〕范書瓚傳「去」作「出」。

〔四六〕范書瓚傳：「紹漸相攻逼，瓚衆日蹙，乃築三重營以自固。」

〔四七〕范書瓚傳：「建安四年春，黑山賊帥張燕與續率兵十萬，三道來救瓚。未及至，瓚乃密使行人齎書告續曰：昔周末喪亂，僵屍蔽地，以意而推，猶爲否也。不圖今日，親當其鋒。袁氏之攻，狀若鬼神，梯衝舞吾樓上，鼓角鳴於地中，日窮月急，不遑啓處。鳥戹歸人，滀水陵高，汝當碎首於張燕，馳驟以告急。父子天性，不言而動。且厲五千鐵騎於北隰之中，起火爲應，吾當自內出，奮揚威武，決命於斯。不然，吾亡之後，天下雖廣，不容汝足矣。」章懷注：「獻帝春秋：候者得書，紹使陳琳易其辭，即此書。」何焯云：「更其書者，所以譎瓚在昔衰周二十四字。後漢書即作瓚與續書發端者近之，非琳所更也。」梁章鉅曰：「陳琳更下當有脱文。在昔衰周二十四字，無關要害。後漢書作瓚與續書發端語者近之，非琳所更也。後言紹候者得其書，如期舉火，瓚以爲救兵至，遂出欲戰。紹設伏擊，大破之。則紹所更書，必使續緩進之計，以遲其期也。」沈家本曰：「瓚書不傳，所傳琳所更書。此注陳琳更下，未必有奪文。且瓚與子刻期，書中必有刻期月日；而此書無之。則非瓚之原書，尤爲顯然。」

〔四八〕胡三省曰：「易之中京，瓚所居也。」

〔四九〕何焯曰：「分部，當作部分。」

〔五〇〕范書瓚傳：「紹候得其書，如期舉火，瓚以爲救至，遂便出戰。紹設伏，瓚遂大敗，復還保中小城。自計必無全，乃悉縊其姊妹妻子，然後引火自焚。紹兵趣登臺斬之。續爲屠各所殺，田楷與袁紹戰，死。」

〔五一〕范書瓚傳：「關靖見瓚敗，歎恨曰：前若不止將軍自行，未必不濟。」胡三省曰：「公孫瓚之計，與陳宮之計，一也。陳宮之計，呂布不能用；公孫瓚之計，關靖止之。是知不惟決計之難，贊決者亦難也。」黄山曰：「瓚、布垂敗，衆叛親離，守且不能，尚安能戰？況瓚非紹敵，布尤非操敵，棄城出戰，敗或可以逃死於一時；欲恃苟且之謀，以徼行險之幸，則瓚出而將士必送款於紹，以求全其老小，易京立危，直如關靖所料耳。布出而操以兵綴布，與之戰，仍決水以灌城。陳宮又豈能支乎！」

〔五二〕瓚，詔書所購，故送其首。

鮮于輔將其衆奉王命。〔一〕以輔爲建忠將軍，督幽州六郡。太祖與袁紹相拒於官渡，閻柔遣使詣太祖受事，遷護烏丸校尉。而輔身詣太祖，拜左度遼將軍，〔二〕封亭侯。〔三〕遣還，鎮撫本州。

魏略曰：輔從太祖於官渡。袁紹破走，太祖喜，顧謂輔曰：「如前歲本初送公孫瓚頭來，孤自視忽然耳；而今克之，此既天意，亦二三子之力。」

太祖破南皮，柔將部曲及鮮卑獻名馬以奉軍；從征三郡烏丸，以功封關内侯。〔四〕

魏略曰：太祖甚愛閻柔，每謂之曰：「我視卿如子，亦欲卿視我如父也。」柔由此自託於五官將，如兄弟。

輔亦率其衆從。文帝踐阼，拜輔虎牙將軍，〔五〕柔度遼將軍。皆進封縣侯，位特進。

〔一〕田豫傳：「瓚敗，輔爲國人所推，行太守事，以田豫爲長史。豫謂輔，宜速歸命，輔從其計。」胡三省曰：「輔既斬鄒丹，遂領漁陽太守。」

〔二〕通鑑：「操以輔爲右度遼將軍，還鎮幽土。」胡三省曰：「當是時，幽州爲紹所統，與許隔遠，而柔、輔已歸心於操矣。漢度遼將軍始於范明友。中興之後，置度遼將軍以護南匈奴，屯於西河。今使鮮于輔還鎮幽土，故以爲右度遼將軍。自中國而北向，以西河爲左，幽土爲右也。」

〔三〕范書作「封都亭侯。」潘眉曰：「鮮于輔封南昌亭侯，見魏公卿上尊號奏碑。武帝十八年紀注作昌鄉亭侯，誤。」

〔四〕范書瓚傳：「閻柔將部曲從曹操擊烏桓，拜護烏桓校尉。」

〔五〕潘眉曰：「據公卿上尊號奏，稱虎牙將軍南昌亭侯臣輔。輔在延康中已爲虎牙將軍，傳誤。」弼按：武紀建安十八年注，輔爲建忠將軍。

陶謙字恭祖，丹楊人。〔一〕

吳書曰：謙父，故餘姚長。〔二〕謙少孤，始以不羈聞於縣中。年十四，猶綴帛爲幡，〔三〕乘竹馬而戲，〔四〕邑中兒僮〔五〕皆隨之。故蒼梧太守同縣甘公〔六〕出，遇之塗，〔七〕見其容貌，異而呼之，住車與語，甚悅，因許妻以女。甘公夫人聞之，怒曰：「妄聞陶家兒敖戲無度，如何以女許之！」〔八〕公曰：「彼有奇表，長必大成。」遂妻之。〔九〕

少好學，爲諸生。仕州郡，舉茂才，除盧令，〔一〇〕

吴書曰：謙性剛直，有大節。少察孝廉，拜尚書郎，除舒令。〔一一〕郡守張磐，〔一二〕同郡先輩，與謙父友，意殊親之，而謙恥爲之屈。與衆還城，因以公事進見；坐罷，磐常私還入，與謙飲宴，或拒不爲留。常以舞屬謙，謙不爲起。固强之；及舞，又不轉。〔一三〕磐曰：「不當轉邪？」曰：「不可轉，轉則勝人。」由是不樂，卒以搆隙。謙在官清白，無以糾舉。祠靈星，〔一四〕有贏錢五百，欲以臧之。〔一五〕謙委官而去。

遷幽州刺史，徵拜議郎，參車騎將軍張温軍事，西討韓遂。〔一六〕

吴書曰：會西羌寇邊，皇甫嵩爲征西將軍，表請武將。召拜謙揚武都尉，與嵩征羌，大破之。後邊章、韓遂爲亂，司空張温銜命征討，又請謙爲參軍事，〔一七〕接遇甚厚。而謙輕其行事，心懷不服。及軍罷還，百寮高會，温屬謙行酒，謙衆辱温，温怒，徙謙於邊。或説温曰：「陶恭祖本以材略見重於公，一朝以醉飲過失，不蒙容貸，遠棄不毛。厚德不終，四方人士，安所歸望？不如釋憾除恨，克復初分，於以遠聞德美。」温然其言，乃追還謙。謙至，或人謂謙曰：〔一八〕「足下輕辱三公，罪自己作，今蒙釋宥，德莫厚矣，宜降志卑辭以謝之。」謙曰：「諾。」又謂温曰：「陶恭祖今深自罪責，思在變革。謝天子禮畢，必詣公門，公宜見之，以慰其意。」時温於宫門見謙，謙仰曰：「謙自謝朝廷，豈爲公邪！」温曰：「恭祖癡病尚未除邪？」遂爲之置酒，待之如初。〔一九〕

會徐州黄巾起，以謙爲徐州刺史，擊黄巾，破走之。董卓之亂，州郡起兵，天子都長安，四方斷絶。謙遣使閒行致貢獻，〔二〇〕遷安東將軍徐州牧，封溧陽侯。〔二一〕是時徐州百姓殷盛，〔二二〕穀米豐贍，流民多歸之。而謙背道任情：廣陵太守琅邪趙昱，〔二三〕徐方名士也，以忠直見疏；〔二四〕

謝承漢書曰：昱年十三，母嘗病，經涉三月。昱慘慼消瘠，至目不交睫，握粟出卜，祈禱泣血，鄉黨稱其孝。就處士東莞綦毋君受公羊傳，〔二五〕兼該羣業。至歷年潛志，不闚園圃，親疏希見其面。時入定省父母，須臾即還。高潔廉正，抱禮而立，清英儼恪，莫干其志。旌善以興化，殫邪以矯俗。〔二六〕州郡請召，常稱病不應。國相檀謨陳遵，〔二七〕共召不起；〔二八〕或興盛怒，終不迴意。舉孝廉，除莒長，〔二九〕宣揚五教，政爲國表。會黄巾作亂，陸梁五郡，〔三〇〕郡縣發兵，以爲先辦。徐州刺史巴祇表功第一，當受遷賞。昱深以爲耻，委官還家。徐州牧陶謙，初辟別駕從事，辭疾遜遁。謙重令揚州從事會稽吴範宣旨，昱守意不移；欲威以刑罰，然後乃起。舉茂才，遷廣陵太守。賊笮融從臨淮見討，迸入郡界，昱將兵拒戰，敗績見害。〔三一〕

曹宏等，讒慝小人也，謙親任之。刑政失和，良善多被其害，由是漸亂。下邳闕宣自稱天子，〔三二〕謙初與合從寇鈔，後遂殺宣，并其衆。〔三三〕

初平四年，太祖征謙，攻拔十餘城，至彭城〔三四〕大戰。謙兵敗走，死者萬數，泗水爲之不流。謙退守郯。〔三五〕太祖以糧少，引軍還。〔三六〕

吴書曰：曹公父於泰山被殺，歸咎於謙。〔三七〕欲伐謙而畏其彊，乃表令州郡，一時罷兵。詔曰：「今海内擾攘，州郡起兵，征夫勞瘁，寇難未弭；或將吏不良，因緣討捕，侵侮黎民，離害者衆。風聲流聞，震蕩城邑，丘牆懼於横暴，貞良化爲羣惡。此何異乎抱薪救焚，扇火止沸哉！今四民流移，託身佗方，攜白首於山野，棄稚子於溝壑，顧故鄉而哀歎，〔三八〕向阡陌而流涕。饑厄困苦，亦曰甚矣！〔三九〕雖悔往者之迷謬，思奉教於今日，然兵連衆結，鋒鏑布野，恐一朝解散，夕見係虜，是以阻兵屯據，欲止而不敢散也。

詔書到，其各罷遣甲士，還親農桑，惟留常員吏，以供官署。慰示遠近，咸使聞知。」謙被詔，乃上書曰：「臣聞懷遠柔服，非德不集；克難平亂，非兵不濟。是以涿鹿、阪泉、三苗之野〔四〇〕有五帝之師，有扈、鬼方、商、奄四國有王者之伐。〔四一〕自古在昔，未有不揚威以弭亂，震武以止暴者也。臣前初以黄巾亂治，受策長驅，匪遑啓處。雖憲章敕戒，奉宣威靈，敬行天誅，每伐輒克。然妖寇類衆，殊不畏死，父兄殲殪，子弟羣起，治屯連兵，至今爲患。若承命解甲，弱國自虚，釋武備以資亂，損官威以益寇，今日兵罷，明日難必至，上忝朝廷寵授之本，下令羣凶日月滋蔓，非所以彊幹弱枝，遏惡止亂之務也。臣雖愚蔽，忠恕不昭，抱恩念報，所不忍行。輒勒部曲，申令警備，出芟彊寇，惟力是視；入宣德澤，躬奉職事。冀効微勞，以贖罪負。」又曰：「華夏沸擾，于今未弭，包茅不入，職貢多闕，寤寐憂歎，無日敢寧。誠思貢獻必至，薦羞獲通，然後銷鋒解甲，臣之願也。臣前調穀百萬斛，已在水次，輒勑兵衛送。」曹公得謙上事，知不罷兵，乃進攻彭城，多殺人民。謙引兵擊之，青州刺史田楷亦以兵救謙，公引兵還。〔四二〕

臣松之案：此時天子在長安，曹公尚未秉政，罷兵之詔，不得由曹氏出。

興平元年，復東征，略定琅邪、東海諸縣。〔四三〕謙恐，欲走歸丹楊。會張邈叛迎吕布，〔四四〕太祖還擊布。是歲，謙病死。〔四五〕

吴書曰：謙死時年六十三。張昭等爲之哀辭曰：「猗歟使君，君侯將軍，膺秉懿德，允武允文，體足剛直，守以温仁。令舒及盧，遺愛于民；牧幽暨徐，〔四六〕甘棠是均。憬憬夷、貊，賴侯以清；〔四七〕蠢蠢妖寇，匪侯不寧。唯帝念績，爵命以章；既牧且侯，啓土溧陽。遂升上將，受號安東，將平世難，社稷是崇。降年不永，奄忽殂薨，喪覆失恃，民知困窮。曾不旬日，五郡潰崩，〔四八〕哀我人斯，將誰仰憑！追思

靡及，仰叫皇穹。嗚呼哀哉！」〔四九〕謙〔三〕〔二〕子商、應，皆不仕。〔五〇〕

〔二〕李賢曰：「丹陽郡丹陽縣人也。」郡國志：「揚州丹陽郡丹陽。」一統志：「丹陽故城，今安徽太平府當塗縣東，秦始皇三十七年東巡，由丹陽至錢塘。晉志作丹楊，以山多赤柳，故名。漢仍爲丹陽縣，以屬丹陽郡。亦曰小丹陽。後漢建安初，吕範從孫策渡江，下小丹陽。案，此吴地之丹陽也。漢置丹陽郡於宛陵，而此爲丹陽縣，因有小丹陽之名。吴移丹陽郡治建業，相沿至陳無改。若楚始封之丹陽，一在枝江，一在秭歸，與此相距皆數千里。班志於丹陽注爲熊繹所封，而陳宣帝詔亦曰邇熊繹之遺封，誤矣。」王先謙曰：「楚世家，熊繹居丹陽。徐廣注：丹陽在南郡枝江縣。江水注亦以班志爲非。王鳴盛曰：左傳，篳路藍縷，以啓山林，宣十二年文；指若敖、蚡冒言。又僻在荆山，篳路藍縷，跋涉山林，昭十二年文；則指熊繹言。酈氏引此駁班，似也。但楚境大矣，即使藍縷啓山在荆州，熊繹始封何妨在揚州丹揚！周成王時吴尚微甚，其地狹小，僻在蘇松一隅，何知丹揚郡之丹陽必吴境、非楚境乎！漢書地理志後總論一段，以丹陽爲吴分，此班氏就晚周之吴境言之耳，其實丹陽未必吴始封即得也。先謙案：王說是也。陳宣帝詔云：龍山南指，牛渚北臨，邇熊繹之遺封，對全琮之舊壘，即本班志爲文。吴録載張紘言於孫權曰：秣陵，楚武王所置，名爲金陵。是春秋之初，江南猶爲楚境，慶封在朱方，今之丹徒，以距楚疆不遠，靈王故能伐而取之。伍子胥潛行入吴，乞食投金於溧陽境内，則溧陽在平王時爲吴邊邑。可見江南乃楚國累世經營之地，始封在此，未必定非。世代緜遠，載籍闕如，徐廣之言，亦無塙證。似不若班、張近古，聞見較有可憑也。」胡玉縉曰：「宋翔鳳過庭録有楚鬻熊居丹陽武王徙郢攷，以爲鬻熊先封丹水之陽，熊繹始遷荆山之麓。其文甚辨，不主漢志之説。宋祁曰：丹揚當作丹陽，王鳴盛曰：揚字從手，其屬縣丹陽則從𨸏，而南監本俱作陽，晉志或作揚，或作陽，而屬縣則作楊。且注云：丹楊山多赤柳，在西。然則縣名從木甚明，而郡亦當以此得名。凡从手从𨸏，皆傳寫誤也。」沈家本曰：「兩漢書陽、揚、楊錯見，未知孰是。」弼按：水經江水注所云熊繹始封之丹陽，在南陽丹水之陽，應从𨸏。若丹楊縣之楊，應從晉志作楊。顧祖禹曰：「丹陽城在江寧府西南五十里，兩漢爲丹陽縣，屬丹陽郡。隋開皇九年廢入溧水縣，俗謂之小丹陽，對丹陽郡而言也。通志，今太平府當塗縣東少北五十里丹陽鎮，與江寧縣接界。」錢大昭曰：「郡縣兼書，史之例也。志於魏陶謙、張楊、徐奕、倉慈、吕虔、杜夔、朱建平、周宣、管輅，蜀張飛、黄忠、龐統、孫乾、簡雍、伊籍、陳震、吕乂、彭羕、李嚴、劉琰、魏延、楊儀、王連、許慈，吴張紘、嚴畯、劉惇、趙達、濮陽興、王蕃，皆書郡不書縣，此例之未密也。」

〔二〕郡國志：「揚州會稽郡餘姚。」一統志：「餘姚故城，今浙江紹興府餘姚縣治。」詳見吴志孫策傳注引吴録。

〔三〕説文：「幡，書兒，拭觚布也。」

〔四〕後漢書郭汲傳：「童兒數百，各騎竹馬迎拜。」博物志：「小兒七歲曰竹馬之戲。」

〔五〕馮本作「童」。

〔六〕郡國志：「交州蒼梧郡治廣信。」漢官曰：「刺史治。」一統志：「廣信故城，今廣西梧州府蒼梧縣治。」

〔七〕章懷注引此無「塗」字，又無下「住車」二字。

〔八〕章懷注作「甘夫人怒曰」，無「妄聞」二字，「如何」作「於何」。

〔九〕章懷注「妻」作「與」。

〔一〇〕郡國志：「兖州濟北國，治盧。」一統志：「今山東濟南府長清縣南二十五里。」互見武紀初平元年。趙一清引漢書地理志，城陽國有慮縣，即盧縣，其説誤，不採。錢大昭曰：「志除盧令注引吴書作舒令。考張子布哀辭云：『令舒及盧，遺愛於民。』是謙於二縣並爲令也。」

〔一一〕郡國志：「揚州廬江郡，治舒。」互見武紀建安四年。胡三省曰：「舒在魏、吴境上，棄而不耕，去舒口甚近。」一統志：「故城今廬江府廬江縣西。」

〔一二〕潘眉曰：「郡守，廬江太守也。」惠棟曰：「磐字子石，丹楊人，見度尚傳。」

〔一三〕御覽五百七十四引作「乃舞，舞不轉。」章懷注引此作「乃舞，舞又不轉。」劉家立曰：「日知録九引此文亦同。」趙一清曰：「宋書樂志，前世樂，飲酒酣必起自舞。魏、晉以來尤重以舞相屬，所屬者代起舞，猶若飲酒以代栢相屬也。」梁章鉅曰：「沈欽韓云，通典樂五云，前代宴樂，必舞；魏晉以來尤重以舞相屬，謝安以屬桓嗣是也。案，後漢書蔡邕傳：徙朔方，赦還。太守王智餞之，起舞屬邕，邕不爲報，智銜之。是賓主歡洽之常態也。淮南齊俗訓：古者歌樂而無轉。又脩務訓：今鼓舞者，繞身若環，此所謂轉也。漢書注：長沙定王來朝，有詔稱壽、歌舞，定王但張袖小舞手，上怪問之。對曰：臣國小地狹，不足囘旋。是則舞故不轉以示意，與此事正同也。」

〔一四〕續漢志祭祀志：「高帝令天下立靈星祠，以后稷配。」

〔一五〕潘眉曰：「六書正譌：吏受賕曰臧。漢書凡贓字並作臧。」何焯曰：「臧下疑有劾字。」

〔一六〕范書謙傳：「四遷爲車騎將軍張溫司馬，西討邊章。」錢大昭曰：「四遷，謂舉茂才、除盧令、遷幽州刺史、徵拜議郎參車騎將軍張溫事也。」

〔一七〕范書皇甫嵩傳：「董卓被誅，以嵩爲征西將軍，又遷車騎將軍。其年秋，拜太尉。」獻帝紀：「初平三年四月，誅董卓；五月，征西將軍皇甫嵩爲車騎將軍。」是皇甫嵩爲征西將軍，獻帝初平三年事也。又按靈帝紀：「中平元年四月，大司農張溫爲司空；十一月，北宮伯玉以金城人邊章、韓遂爲軍帥，攻殺護羌校尉伶徵、金城太守陳懿；二年八月，以司空張溫爲車騎將軍，討北宮伯玉；三年，以車騎將軍張溫爲太尉；四年四月，太尉張溫免。」獻帝紀：「初平二年十月，董卓殺衛尉張溫。」是張溫爲司空、爲車騎將軍，靈帝中平元二年事也。吳書以皇甫嵩爲征西將軍召謙拜都尉在前，以司空張溫請謙參軍事在後，則事實前後顛倒矣。張溫事又見董卓傳。沈家本曰：「范書靈紀，中平元年，湟中義從胡北宮伯玉與先零叛，以金城人邊章、韓遂爲帥。二年，北宮伯玉寇三輔，遣左車騎將軍皇甫嵩討之，不剋。秋七月，左車騎將軍皇甫嵩免。八月，以司空張溫爲車騎將軍，討北宮伯玉。嵩傳：會邊章、韓遂作亂隴右，明年春，詔嵩囘鎮長安，章等遂復入寇三輔，使嵩因討之。然則嵩、溫所討者並是章、遂等，非二時二事。吳書分爲二，疑誤。又嵩時爲左車騎將軍，非征西也。嵩爲征西將軍在董卓被誅之後，此亦誤。」

〔一八〕馮本「人」作「又」。

〔一九〕何焯曰：「漢末爭以下士爲賢，故恭祖得以行其意也。」梁章鉅曰：「恭祖之癡病，與元龍之豪氣，正可作對。」

〔二〇〕范書朱儁傳：「陶謙以儁名臣，數有戰功，可委以大事，乃與諸豪桀共推儁爲太師，因移檄牧伯，同討李傕等，奉迎天子。乃奏記於儁曰：徐州刺史陶謙、前揚州刺史周乾、琅邪相陰德、東海相劉馗、彭城相汲廉、北海相孔融、沛相袁忠、太山太守應劭、汝南太守徐璆、前九江太守服虔、博士鄭玄等敢言之行車騎將軍河南尹莫府：國家既遭董卓，重以李傕、郭汜之禍，幼主劫執，忠良殘敝，長安隔絶，不知吉凶。是以臨官尹人、搢紳有識，莫不憂懼，以爲自非明哲雄霸之士，曷能剋濟禍亂。自起兵已來，于兹三年，州郡轉相顧望，未有奮擊之功；而互爭私變，更相疑惑。謙等並共諮諏，議消國難，僉曰：將軍君侯，既文且武，應運而出，凡百君子，靡不顒顒。故相率厲，簡選精悍，堪能深入，直指咸陽。多持資糧，足支半歲，謹同心腹，委之元帥。會李傕用太尉周忠、尚書賈詡策，徵儁入朝，軍吏皆憚入關，欲應陶謙等。儁曰：以君召臣，義不俟駕，況天子詔乎！且傕、汜小豎，樊、稠庸兒，無他遠略，又埶力相敵，變難必作，吾乘其閒，大事可濟。遂辭謙議，而就傕徵，復爲太僕。謙等遂罷。」通鑑輯覽曰：「儁與皇甫嵩同著威名，乃俱就逆賊之徵，而儁較嵩尤陋。觀其對諸將方謂庸兒小豎，變亂可乘，乃反爲劫質；大言不慙，莫甚於此。」本志王朗傳：「朗爲徐州治中，與別駕趙昱説刺史陶謙曰：求諸侯莫如勤王，今天子越在西京，宜遣使奉承王命。謙乃遣昱奉章至長安。」

〔二一〕郡國志：「丹陽郡溧陽。」一統志：「故城今江蘇鎮江府溧陽縣西北四十五里。」

〔二二〕范書謙傳「徐州」作「徐方」。胡三省曰：「古語多謂州爲方，故八州八百謂之方伯。詩曰：徐方不庭，是也。」

〔二三〕廣陵郡見武紀建安十三年注；琅邪國見武紀興平元年。

〔二四〕范書謙傳：「昱字元達，琅邪人。清己疾惡，潛志好學，雖親友希得見之。爲人耳不邪聽，目不妄視。太僕种拂舉爲方正。」許劭傳：「劭南到廣陵，徐州刺史陶謙禮之甚厚，劭不自安，告其徒曰：陶恭祖外慕聲名，内非真正，待吾雖厚，其勢必薄，不如去之。後謙果捕諸寓士。」袁宏紀：「陳留史堅元，陳郡相仲華，逃竄江湖，皆名士也。」

〔二五〕郡國志：「徐州琅邪國東莞。」一統志：「東莞故城，今山東沂州府沂水縣治。」范書劉表傳「博求儒術，綦母闓、宋衷等」，未知即綦母君否？

〔二六〕宋本「殫」作「彈」。

〔二七〕琅邪國相也。

〔二八〕宋本「共」作「比」。

〔二九〕昱爲莒長，見臧洪傳。

〔三〇〕「陸梁」注，見前公孫瓚傳。

〔三一〕范書謙傳：「謙同郡人笮融，聚衆數百，往依於謙。謙使督廣陵、下邳、彭城運糧，遂斷三郡委輸，大起浮屠寺，上累金盤，下爲重樓。又堂閣周回，可容三千許人。作黄金塗像，依以錦綵。每浴佛輒多設飲飯，布席於路。其有就食及觀者且萬餘人。及曹操擊謙，徐方不安，融乃將男女萬口、馬三千匹走廣陵。廣陵太守趙昱，待以賓禮。融利廣陵資貨，遂乘酒酣殺昱。」何焯曰：「此與魏志注引謝承書互異。」

〔三二〕闕宣見武紀初平四年。劉攽曰：「范書獻紀作闕宣，謙傳作闔宣，誤。」

〔三三〕周壽昌曰：「陶謙此傳，恐多過甚之辭，非實録。謙性剛直，謂過傲則有之，未必至於疏名士而任小人。且既舉趙昱茂才，遷廣陵太守，何云疏之？其任曹宏，究未聞有顯擢。闕宣作亂，謙自應討而殺，何得云與合寇鈔，而復殺宣？後降其軍，何得云并其衆？魏武不嘗降黄巾數十萬爲青州軍邪？蓋謙士卒殺曹嵩全家，爲所深恨，時載記者多魏臣，不惜誣謙以媚操，故肆詆之如此。觀注引吴書張昭等哀辭，末有云：喪覆失恃，民知困窮，曾不旬日，五郡潰崩。時謙已死，昭尚何用諂諛？乃其哀且如是，可以攷其實矣。」

〔三四〕彭城見武紀建安三年。

〔三五〕郯，各本皆作剡，局本改作郯，范書作郯，是。郯，東海郡治，又爲徐州刺史治，見武紀初平四年。

〔三六〕范書謙傳：「曹操父嵩，避難琅邪，時謙別將守陰平，士卒利嵩財寶，遂襲殺之。初平四年，曹操擊謙，破彭城、傅陽，謙退保郯。操攻之，不能克，乃還；過拔取慮、睢陵、夏丘，皆屠之。凡殺男女數十萬人，雞犬無餘，泗水爲之不流。自是五縣城保，無復行迹。初，三輔遭李傕亂，百姓流移依謙者，皆殲。」弼按：本志荀彧傳注引曹瞞傳云：「坑殺男女數萬口於泗水，水爲不流。」與本傳死者萬數尚不甚懸殊。若如范書謙傳云「凡殺男女數十萬人」，（通鑑同。）則多至十倍矣。二者未知孰是。

〔三七〕曹嵩被殺事，見武紀興平元年注。錢大昕曰：「按應劭傳謂，謙素怨嵩子操，數擊之，乃使輕騎追嵩，殺之。與范書謙傳互異，當以謙傳爲正。操欲吞併徐部，文致謙罪，以爲出兵之名耳。韋曜吴書謂歸咎於陶謙者，得之。」

〔三八〕明監本「歎」作「難」，誤。

〔三九〕宋本「曰」作「已」。

〔四〇〕各本「阪」作「版」，誤。

〔四一〕史記五帝本紀：「軒轅脩德整兵，以與炎帝戰於阪泉之野，三戰而後得其志。蚩尤作亂，不用帝命，於是黃帝乃徵師諸侯，與蚩尤戰於涿鹿之野，遂禽殺蚩尤，而諸侯咸尊軒轅爲天子，代神農氏，是爲黃帝。」又云：「三苗在江、淮、荆州數爲亂，舜言於帝，遷三苗於三危。」夏本紀云：「有扈氏不服，啓伐之，大戰於甘，遂滅有扈氏。」易既濟：「高宗伐鬼方，三年克之。」左傳昭公元年：「趙孟曰：虞有三苗，夏有觀扈，商有姺邳，周有徐奄。」

〔四二〕蜀志先主傳：「曹公征徐州，徐州牧陶謙遣使告急於田楷，楷與先主俱救之。謙表先主爲豫州刺史，屯小沛。謙病篤，謂別駕麋竺曰：非劉備不能安此州也。」

〔四三〕杭世駿曰：「名勝志云：曹公城，莒州南七十二里，魏太祖征陶謙拔五城，略地東海，築以戍守，今謂之五花營。」

〔四四〕毛本「迎」作「逆」。

〔四五〕武紀：「興平元年，陶謙死，劉備代之。」本志荀彧傳：「興平二年，陶謙死。」蓋謂謙已死，非謂死於二年也。

〔四六〕毛本「牧幽」作「幽牧」，誤。

〔四七〕錢大昭曰：「此用詩憬彼淮夷也。韓詩憬作獷。薛君曰：獷，覺悟之貌。」

〔四八〕徐州有東海、琅邪、彭城、廣陵、下邳，凡五郡。

〔四九〕何焯曰：「子布之文，未爲奇傑，何以禰衡重之？」

〔五〇〕姚範曰：「恭祖竟無一毫可取，似不必立傳。」柳從辰曰：「一統志，謙墓在今蕭縣東陶墟村。案，自董卓擁兵，入京乘亂，廢置西遷，而後中國分崩。卓雖受誅，豪傑並起，跨州連郡，如劉虞、公孫瓚、陶謙、袁紹、劉表、劉焉、袁術、呂布者，皆嘗雄視一時，其權力猶足匡正帝室。且斯時傕、汜相屠，已就衰滅，朝廷播越，未有所托，操之勢抑尚微。苟有一人焉，發至忠之忱，攄撥亂之略，先迎天子，以爵命收攬才賢，練兵實民，以次削平僭逆，則權不集於操，漢祚未遽亡也。乃劉虞守正，雖遠勝表、焉，而迂闇尠通，紐於平純、舉之役，罷兵息民，欲以儉約感人，以惠愛孚衆。矜情飾貌，冠敝補穿，已既不知兵，兵又不習戰，拒戮忠諫，城陷身亡，非不幸也！夫虞之討瓚，與瓚之討紹，雖曾各表其罪，而憤兵自動，朝廷不與知，非真能奉朝命者也。特瓚猶必假託朝廷，謙猶能不廢職貢，均有似於虞，故范史連類傳之。自袁紹以下，則彌不如矣。」

張楊字稚叔，雲中人也。〔一〕以武勇給并州，爲武猛從事。〔二〕靈帝末，天下亂，帝以所寵小黃門蹇碩爲西園上軍校尉，〔三〕軍京都，欲以禦四方，〔四〕徵天下豪傑以爲偏裨。太祖及袁紹等，皆爲校尉，屬之。

靈帝紀曰：以虎賁中郎將袁紹爲中軍校尉，屯騎校尉鮑鴻爲下軍校尉，議郎曹操爲典軍校尉，趙融、馮

芳爲助軍校尉，〔五〕夏牟、淳于瓊爲左右校尉。〔六〕

并州刺史丁原遣楊將兵詣碩，爲假司馬。靈帝崩，碩爲何進所殺，楊復爲進所遣歸本州募兵，〔七〕得千餘人；因留上黨，擊山賊。〔八〕進敗，董卓作亂，楊遂以所將攻上黨太守於壺關，〔九〕不下；略諸縣，衆至數千人。山東兵起，欲誅卓。袁紹至河内，〔一〇〕楊與紹合，復與匈奴單于於夫羅屯漳水。單于欲叛，紹、楊不從，單于執楊與俱去，紹使將麴義追擊於鄴南，破之。單于執楊至黎陽，〔一一〕攻破度遼將軍耿祉軍，衆復振。卓以楊爲建義將軍、河内太守。〔一二〕天子之在河東，楊將兵至安邑，〔一三〕拜安國將軍、封晉陽侯。〔一四〕楊欲迎天子還洛，諸將不聽，楊還野王。〔一五〕建安元年，楊奉、董承、韓暹挾天子還舊京，糧乏；楊以糧迎道路，遂至洛陽。〔一六〕謂諸將曰：「天子當與天下共之，幸有公卿大臣，楊當捍外難，何事京都？」遂還野王，即拜爲大司馬。

英雄記曰：楊性仁和，無威刑。下人謀反，發覺，對之涕泣，輒原不問。

楊素與呂布善，〔一七〕太祖之圍布，楊欲救之，不能；乃出兵東市，遥爲之勢。〔一八〕其將楊醜殺楊以應太祖，〔一九〕楊將眭固殺醜，〔二〇〕將其衆，欲北合袁紹。太祖遣史渙邀擊，破之於犬城，斬固，盡收其衆也。〔二一〕

典略曰：固字白兔，既殺楊醜，軍屯射犬。〔二二〕時有巫誡固曰：「將軍字兔。而此邑名犬。兔見犬，其勢必驚，宜急移去。」固不從，〔二三〕遂戰死。〔二四〕

〔一〕雲中郡見武紀建安二十年。馬與龍曰：「魏黄初中，牽招破鮮卑軻比能於雲中故郡，見招傳。一統志據水經注，漢雲中縣故城，在陰山之南，黄河自西來折南流之處，今歸化城之西，托克托城地。」

〔二〕沈家本曰：「州從事無武猛之名，此蓋漢末臨時所置，如張燕傳之將兵從事也。」

〔三〕范書靈帝紀：「中平五年八月，初置西園八校尉。」山陽公載記曰：「小黄門蹇碩爲上軍校尉，八校尉皆統於蹇碩。」胡三省曰：「姓譜，蹇，姓也。左傳有秦大夫蹇叔。」

〔四〕「禦」，宋本作「御」。

〔五〕章懷注引山陽公載記「芳」作「方」。潘眉曰：「助軍有左右校尉，時趙融爲助軍左校尉，馮芳爲助軍右校尉。」

〔六〕通鑑考異曰：「范書袁紹傳：紹爲佐軍校尉。何進傳：淳于瓊爲佐軍校尉。今從樂資山陽公載記。」

〔七〕歸并州也。

〔八〕上黨見武紀建安九年。

〔九〕壺關見武紀建安十年。

〔一〇〕河内見武紀初平元年。

〔一一〕黎陽見武紀建安四年。何焯曰：「北宋本作單于與楊至黎陽。」錢大昭曰：「上既云單于執楊矣，下何必重複言之？至黎陽上執楊二字疑衍。」周壽昌曰：「單于執楊至黎陽，蓋言單于軍雖破，而楊被執如故也。惟單于衆復振，楊何以得脱，復爲將軍太守，此處特未敘明。」弼按：「執」作「與」，則上下文皆可通。

〔一二〕錢大昭曰：「英雄記云：楊及部曲諸將，皆受傕、汜購募，共圖布。圖布者，爲董卓；卓既誅，故傕、汜等欲殺呂布，爲卓復仇也。是時傕、汜等用事，以楊爲建義將軍，必非董卓明矣。」沈家本曰：「案呂布傳，布殺卓後，先詣袁術，次詣袁紹，次走河内，與張楊合。范書則從術後即從張楊，楊下諸將欲圖布，後投袁紹，是呂布出關之初，楊已在河内，非至傕、汜等購布，始爲河内太守也。卓字未必誤。」

〔一三〕宋本「至」作「控」。安邑見武紀興平二年。

〔一四〕晉陽見武紀建安十年。范書董卓傳：「河内太守張楊，使數千人負米貢餉，帝乃御牛車，因都安邑，拜張楊爲安國將軍。」胡三省曰：「安國將軍之號，蓋始於此。」

〔一五〕野王見文紀黃初二年。

〔一六〕范書獻帝紀：「建安元年八月，幸南宫楊安殿。」董卓傳：「張楊以爲己功，故因以楊名殿。」

〔一七〕本志呂布傳：「布走河内，與張楊合。」

〔一八〕胡三省曰：「野王縣東市也。」趙一清曰：「河内郡野王有射犬聚，東市亦當在其處。」謝鍾英曰：「河内縣南。」

〔一九〕范書獻紀：「建安三年十一月，盜殺大司馬張楊。」董卓傳：「四年，張楊爲其將楊醜所殺。」本志武紀亦云「四年」。弼按：呂布之死，在建安三年十二月，張楊之死，當在布先。武紀連屬下文，故敘入四年也。

〔二〇〕此即黑山賊之眭固，見武紀初平二年。

〔二一〕犬城即射犬。郡國志：「野王有射犬聚。」方輿紀要：「在故武德縣北。」王先謙曰：「今懷慶府河内縣東北。」

〔二二〕射犬見武紀建安四年。

〔二三〕宋本「固」作「兔」，何焯校改作「固」。

〔二四〕互見武紀建安四年。

公孫度字升濟，〔一〕本遼東襄平人也。〔二〕度父延，避吏居玄菟，〔三〕任度爲郡吏。時玄菟太守公孫琙，〔四〕子豹，年十八歲，早死。度少時名豹，又與琙子同年，琙見而親愛之，遣就師學，爲取妻。後舉有道，除尚書郎，稍遷冀州刺史，以謠言免。〔五〕同郡徐榮爲董卓中郎將，〔六〕薦度爲遼東太守。度起玄菟小吏，爲遼東郡所輕。先時，屬國〔七〕公孫昭守襄平令，召度子康爲伍長。〔八〕度到官，收昭，笞殺於襄平市。郡中名豪大姓田韶等，宿遇無恩，皆以法誅，所夷滅百餘家，郡中震慄。東伐高句驪，西擊烏丸，威行海外。〔九〕初平元年，度知中國擾攘，語所親吏柳毅、陽儀等曰：〔一〇〕「漢祚將絶，當與諸卿圖王耳。」

魏書曰：度語毅、儀：「讖書云：孫登當爲天子。太守姓公孫，字升濟。升即登也。」

時襄平延里社生大石，長丈餘；下有三小石爲之足。或謂度曰：「此漢宣帝冠石之祥，〔一一〕而里名與先君同。〔一二〕社主土地，明當有土地，而三公爲輔也。」度益喜。〔一三〕故河内太守李敏，郡中知名，惡度所爲，恐爲所害，乃將家屬入于海。度大怒，掘其父冢，剖棺焚屍，誅其宗族。〔一四〕

晉陽秋曰：〔一五〕敏子追求敏，出塞，越二十餘年不娶。州里徐邈責之曰：〔一六〕「不孝莫大於無後，何可終身不娶乎！」乃娶妻，生子胤而遣妻，〔一七〕常如居喪之禮。不勝憂，數年而卒。胤生，不識父母。及有識，蔬食哀戚，亦如三年之喪。以祖父不知存亡，設主奉之。由是知名。仕至司徒。〔一八〕

臣松之案：本傳云，敏將家入海，而復與子相失，未詳其故。〔一九〕

分遼東郡爲遼西中遼郡，〔二〇〕置太守。越海收東萊諸縣，置營州刺史。〔二一〕自立爲遼東侯、平州牧。〔二二〕追封父延爲建義侯。立漢二祖廟，承制設壇墠於襄平城南，〔二三〕郊祀天地，藉田治兵。〔二四〕乘鸞輅，九旒，旄頭羽騎。〔二五〕太祖表度爲武威將軍，〔二六〕封永寧鄉侯。度曰：「我王遼東，何永寧也！」藏印綬武庫。〔二七〕度死，子康嗣位，以永寧鄉侯封弟恭。是歲，建安九年也。

〔一〕范書獨行傳王烈傳注引此作「字叔濟」。按後注文升即登之語，以作升爲是。

〔二〕遼東襄平見明紀景初元年。漢獻帝初平元年，公孫度分遼東爲遼西、中遼郡。魏景初二年，公孫淵滅，郡復合。

〔三〕郡國志：「幽州玄菟郡，治高句驪。」一統志：「高句驪故城，在盛京興京城北。」案，漢志，縣爲小遼水所發源，今興京北近渾河之源，蓋即漢高句驪縣地。高句驪國本在縣東，去遼東千里，漢置縣取其名耳。玄菟郡雖初治沃沮，尋徙句驪，漢志可考。方輿紀要謂公孫度始改置於遼東之北，治高句驪縣，非是。又吳書謂郡去遼東二百里，而郡國志遼東郡下云：雒陽東北三千六百里；玄菟郡則云四千里，其實相去四百里也。周濟曰：「高句驪故城，在撫順縣東少北八十里。」謝鍾英曰：「今奉天府鐵嶺縣東。」

〔四〕范書王烈傳注作公孫域。

〔五〕范書謝弼傳：「建寧二年，詔舉有道之士。弼與玄菟公孫度俱對策，皆除郎中。」范書袁紹傳：「度初避吏爲玄兔小吏，稍仕，中平元年，遷爲本郡守。」

〔六〕徐榮事見武紀初平元年。

〔七〕遼東屬國也，見齊王紀正始五年。

〔八〕沈欽韓曰：「續漢志，里有里魁，民有什伍。里魁掌一里，什主十家，伍主五家。」

〔九〕范書王烈傳：「黃巾、董卓之亂，烈避地遼東，太守公孫度接以昆弟之禮，訪酬政事，欲以爲長史。烈乃爲商賈自穢，得免。」本志管寧傳：「寧聞公孫度令行海外，遂與邴原、王烈等至遼東，度虛館以候之。」

〔一〇〕胡三省曰：「姓譜，柳本自魯孝公子子展之孫，以王父字爲氏。至展禽食采於柳下，因爲氏。」

〔一〕漢書五行志中之上云：「孝昭元鳳三年正月，泰山萊蕪山南匈匈有數千人聲，民視之，有大石自立，高丈五尺，大四十八圍，入地深八尺。三石爲足，石立處有白鳥數千集其旁。」御覽八百七十三引此云：「宣帝中興之瑞也。」

〔二〕度父名延。

〔三〕范書袁紹傳：「時王室方亂，度恃其地遠，陰獨懷幸。念襄平社生大石丈餘，下有三小石爲足，度以爲己瑞。」

〔四〕杭世駿曰：「王隱晉書云：李裔字宣伯，父敏爲公孫度所迫，浮海莫知所終。裔以父母不知存亡，設木主以奉之。」侯康曰：「據晉書李宣伯傳，敏子名信。杭氏引王隱晉書，以宣伯爲即敏子，非也，乃敏孫耳。王隱書蓋出傳寫之訛。」

〔五〕隋書經籍志古史類：「晉陽秋三十二卷，訖哀帝，孫盛撰。續晉陽秋二十卷，宋永嘉太守檀道鸞撰。」舊唐志編年類：「魏武春秋二十卷，孫盛撰；晉陽秋二十卷，檀道鸞注；晉陽春秋二十二卷，鄧粲撰。」新唐志編年類：「孫盛魏武春秋二十卷，又晉陽秋二十二卷，鄧粲晉陽秋三十二卷，檀道鸞晉春秋二十卷。」宋史藝文志編年類：「孫盛晉陽春秋三十卷。」高似孫史略：「孫盛晉陽秋三十二卷，訖哀帝。盛著魏氏春秋、晉陽秋，詞直而理正，咸稱良史焉。字安國，太原人。檀道鸞續晉陽秋二十卷，王韶之晉陽秋續後事訖義熙九年。」晉書孫盛傳：「盛著晉陽秋，詞直而理正，咸稱良史。桓溫見之，怒謂盛子曰：枋頭誠爲失利，何至乃如尊君所説！若此史遂行，自是關君門户事。其子拜謝，因請删改之。盛大怒，諸子遂爾改之。盛寫兩定本，寄於慕容儁。太元中，孝武帝博求異聞，始於遼東得之。以相考校，多有不同，書遂兩存。」文心雕龍才略篇曰：「孫盛、干寶，文盛爲史，準的所擬，存乎典訓，户牖雖異，而筆彩略同。」史傳篇曰：「孫盛陽秋，以約舉爲能。」又曰：「鄧璨晉紀，始立條例，安國立例，乃鄧氏之規。」史通採撰篇曰：「安國之述陽秋，梁、益舊事，訪諸故老。夫以芻蕘鄙説，列爲竹帛正言，而欲與五經方駕，三志競爽，斯亦難矣！」直書篇曰：「孫盛不平，竊撰遼東之本。」模擬篇曰：「孫盛魏、晉二陽秋，每書年首，必云某年春帝正月。夫年既編帝紀，而月又編帝名，以此擬春秋，所謂貌同心異也。」案，孫盛晉陽秋一書，見於史志及文心、史通者，大略如此。自當以隋志爲足徵。二劉去古未遠，所言亦當有據。舊唐志所云之魏武春秋、晉陽秋，當即史通所謂魏、晉二陽秋也。晉避簡文母后諱，（簡文宣鄭太后，諱阿春。）易春爲陽，如習鑿齒之漢晉陽秋，亦同此例。據彥和所云，鄧粲亦有此著。至檀氏所續，則别爲一書也。章宗源隋志考證有説，辭繁未録。此書今存漢學堂輯本。

〔一六〕同爲幽州之人，故稱州里。徐邈傳見後。

〔一七〕其妻後嫁牽招，生子嘉，見招傳。

〔一八〕晉書李胤傳：「胤字宣伯，遼東襄平人。祖敏，漢河内太守，去官，還鄉里。遼東太守公孫度欲彊用之，敏乘輕舟浮滄海，莫知所終。胤父信追求積年，浮海出塞，竟無所見。欲行喪制服，則疑父尚存；情若居喪，而不聘娶。燕國徐邈與之同州里，以不孝莫大於無後，勸使娶妻。既生胤，遂絶房室，恆如居喪禮，數年而卒。胤既幼孤，母又改行，有識之後，降食哀戚，亦以喪禮自居。又以祖不知存亡，設木主以事之，由是以孝聞。」

〔一九〕邴原傳：「原至遼東，與同郡劉政，俱有勇略雄氣。遼東太守公孫度畏惡，欲殺之，盡收捕其家，政得脱，原匿之月餘。東萊太史慈當歸，原因以政付之。原又説度出政之家，原又資送政家，得歸故郡。」

〔二〇〕錢大昕曰：「晉書地理志，帶方郡，公孫度置。本傳卻不載，而於東夷傳見之。」梁章鉅曰：「本傳未有遼東、帶方、樂浪、玄菟悉平語，遼東、樂浪、玄菟皆漢故郡，帶方爲樂浪屬縣。東夷傳云：建安中，公孫康分屯有縣以南荒地爲帶方郡。晉志以爲公孫度置，殊誤。」

〔二一〕東萊見臧洪傳。東萊郡東、南、北三面盡海，爲今山東登州府、萊州府地，故公孫度得越海而收之。顧炎武曰：「海道用師，古人蓋屢行之矣。吴徐承率舟師自海入齊，此蘇州下海至山東之路；越王勾踐命范蠡率師沿海泝淮，以絶吴路，此浙東下海至淮上之路；漢楊僕從齊浮渤海擊朝鮮，魏田豫督青州諸軍自海道討公孫淵，此山東下海至遼東之路；公孫度越海收東萊諸縣，此又遼東下海而至山東也。」

〔二二〕吳增僅曰：「初平元年，公孫度自立爲平州牧，平州之號始此。迨恭、淵之際，或自稱太守，或自稱燕王，平州之名，久已不著。蓋公孫度一時自稱，固不同於建置也。晉志：魏分遼東、昌黎、玄菟、帶方、樂浪五郡爲平州，後還合幽州。蓋置於公孫滅後，旋亦見省耳。」

〔二三〕說文：「墠，野土也。」一曰，除地祭處，築土爲壇，除地爲墠。墠，音善。

〔二四〕「藉田」解見武紀建安十九年。

〔二五〕胡三省曰：「羽騎，羽林騎也。」

〔二六〕范書袁紹傳：「建安九年，司空曹操表度爲奮威將軍。」

〔二七〕胡三省曰：「遼東郡之武庫也。」

十二年，太祖征三郡烏丸，屠柳城。〔一〕袁尚等奔遼東，康斬送尚首，語在武紀。封康襄平侯，拜左將軍。康死，子晃、淵等皆小，衆立恭爲遼東太守。文帝踐阼，遣使即拜恭爲車騎將軍，假節，封平郭侯。〔二〕追贈康大司馬。

〔一〕柳城見武紀建安十二年。趙苞傳：「苞爲遼西太守，迎母到郡，道經柳城。」是遼西郡治在柳城之東，遼西郡治陽樂。一統志：「漢陽樂縣今永平府東北口外。」

〔二〕郡國志：「幽州遼東郡平郭。」一統志：「平郭故城今奉天府蓋平縣南。」

初，恭病陰消爲閹人，劣弱不能治國。太和二年，淵脅奪恭位。明帝即位，〔一〕拜淵揚烈將軍遼東太守。〔二〕淵遣使南通孫權，往來賂遺。〔三〕

吳書載淵表權曰：「臣伏惟遭天地反易，遇無妄之運，〔四〕王路未夷，傾側擾攘。自先人以來，歷事漢、魏，階緣際會，爲國効節；繼世享任，得守藩表。猶知符命未有攸歸，每感厚恩，頻辱顯使。退念人臣交不越境，是以固守所執，拒違前使。雖義無二信，敢忘大恩！陛下鎮撫，長存小國，前後裴校尉、葛都尉等到，〔五〕奉被勑誡，聖旨彌密，重紈累素，幽明備著，所以申示之事，言提其耳。臣晝則謳吟，宵則發夢，終身誦之，志不知足。〔六〕季末凶荒，乾坤否塞，兵革未戢，人民蕩析。仰此天命，將有眷顧；私從一隅，永瞻雲日。今魏家不能採録忠善，褒功臣之後，乃令讒諂得行其志，〔七〕聽幽州刺史、東萊太守誑誤之言，猥興州兵，圖害臣郡。臣不負魏，而魏絶之。蓋聞人臣有去就之分：田饒適齊，〔八〕樂毅走趙，〔九〕以不得事主，故保有道之君。陳平、耿況，亦覩時變，卒歸於漢，勒名帝籍。〔一〇〕伏惟陛下，德不再出，時不世遇，是以慺慺，懷慕自納，望遠視險，有如近易。誠願神謨蚤定洪業，奮六師之勢，收河、洛之地，爲聖代宗。天下幸甚！」

魏略曰：國家知淵兩端，而恐遼東吏民爲淵所誤。故公文下遼東，因赦之曰：「告遼東、玄菟將校吏民：逆賊孫權，遭遇亂階，因其先人，劫略州郡，遂成羣凶，自擅江表；含垢藏疾，冀其可化。故割地王權，使南面稱孤，位以上將，禮以九命。權親叉手，北向稽顙。假人臣之寵，受人臣之榮，未有如權者也。狼子野心，告令難移，卒歸反覆，背恩叛主，滔天逆神，乃敢僭號。恃江湖之險阻，王誅未加。比年已來，復遠遣船，越渡大海，多持貨物，誑誘邊民。邊民無知，與之交關；長吏以下，莫肯禁止。至使周賀浮舟百艘，沈滯津岸，貿遷有無。既不疑拒，齎以名馬，又使宿舒，隨賀通好。〔一一〕十室之邑，猶有忠信，陷君於惡，春秋所書也。今遼東、玄菟奉事國朝，紆青拖紫，以千百爲數。戴纚垂纓，咸佩印綬，曾無匡正納善之言。龜玉毀於匱，虎兕出於匣，〔一二〕是誰之過歟？國朝爲子大夫羞之！昔狐突有言，父教子貳，何以事君？策名委質，貳乃辟也。今乃阿順邪謀，脅從姦惑，豈獨父兄之教不詳，子弟之舉習非而已哉！若苗穢害田，隨風烈火，芝艾俱焚，安能白別乎！〔一三〕且又此事固然易見，不及鑒古成敗，書傳所載也。江南海北有萬里之限，遼東君臣無怵惕之患，利則義所不利，貴則義所不貴，此爲厭安樂之居，求危亡之禍，賤忠貞之節，重背叛之名。蠻貊之長，猶知愛禮，以此事人，亦難爲顏！且又宿舒無罪，擠使入吴，奉不義之使，始與家訣，涕泣而行。及至賀死之日，覆衆成山，舒雖脱死，魂魄離身，何所逼迫，乃至於此！今忠臣烈將，咸忿遼東反覆攜貳，〔一四〕皆欲乘桴浮海，期於肆意。朕爲天下父母，加念天下新定，既不欲勞動干戈，遠涉大川，費役如彼；又悼邊陲遺餘黎民，迷誤如此。故遣郎中衞慎、邵瑁等且先奉詔示意。若股肱忠良，能効節立信，以輔時君，反邪就正，以建大功，福莫大焉。儻恐自嫌，已爲惡逆，所見染汙，不敢倡言，永懷伊戚！其諸與賊使交通，皆赦除之，與之更始。」

權遣使張彌、許晏等，齎金玉珍寶，立淵爲燕王。〔一五〕淵亦恐權遠不可恃，且貪貨物，誘致其使，悉斬送彌、晏等首。〔一六〕

魏略載淵表曰：〔一七〕「臣前遣校尉宿舒、郎中令孫綜，〔一八〕甘言厚禮，以誘吴賊。幸賴天道福助大魏，使此賊虜，暗然迷惑，違戾羣下，不從衆諫，承信臣言，遠遣船使，多將士卒，〔一九〕來致封拜。臣之所執，得如本志，雖憂罪釁，私懷幸甚。賊衆本號萬人，舒、綜伺察，可七八千人，到沓津。〔二〇〕僞使者張彌、許晏與中郎將萬泰、校尉裴潛，〔二一〕將吏兵四百餘人，齎文書、命服、什物，下到臣郡。泰、潛別齎致遺貨物，欲因市馬。軍將賀達、虞咨領餘衆在船所。臣本欲須涼節，乃取彌等。而彌等人兵衆多，見臣不便承受吴命，意有猜疑。懼其先作，變態妄生，即進兵圍取，斬彌、晏、泰、潛等首級。其吏從兵衆，皆士伍小人，給使東西，不得自由，面縛乞降，不忍誅殺；輒聽納受，徙充邊城。別遣將韓起等，率將三軍，馳行至沓。使領長史柳遠設賓主禮，〔二二〕誘請達、沓，三軍潛伏，以待其下；又驅羣馬貨物，欲與交市。達、咨懷疑不下，使諸市買者五六百人下，欲交市。起等金鼓始震，鋒矢亂發，斬首三百餘級，被創赴水没溺者可二百餘人，其散走山谷，來歸降及藏竄飢餓死者，不在數中。得銀印、銅印、兵器、資貨，不可勝數。謹遣西曹掾公孫珩奉送賊權所假臣節、印綬、符策、九錫、什物，及彌等僞節、印綬、首級。」又曰：「宿舒、孫綜前到吴，賊權問臣家内小大，舒、綜對臣有三息，脩别屬亡弟。權敢姦巧，便擅拜命。謹封送印綬符策。臣雖無昔人洗耳之風，慚爲賊權汙損所加，既行天誅，猶有餘忿。」又曰：「臣父康昔殺權使，結爲讎隙。今乃譎欺，遣使誘致，令權傾心，虚國竭禄，遠命上卿，寵授極位，震動南土，備盡禮數。又權待舒、綜，契闊委曲，君臣上下，畢歡竭情。而令四使見殺，梟示萬里，士衆流離，屠戮津渚，慙恥遠布，痛辱彌天。權之怨疾，將刻肌骨。若天衰其業，使至喪隕，權將内傷，憤激而死。若期運未訖，將播毒螫，必恐長虵，來爲寇害。徐州諸屯及城陽諸郡，與相接近，如有船衆後年向海門，得其消息，乞速告臣，使得備豫。」又曰：「臣門户受恩，實深實重。自臣承攝即事以來，連被榮寵，殊特無量；分當隕越，竭力致死。而臣狂愚，意計迷闇，不即禽賊，以至見疑。前章表所陳情趣事勢，實但欲罷弊此賊，使困自絶，誠不敢背累世之恩，附僭盜之虜也。而後愛憎之人，緣事加誣，僞生節目，卒令明聽疑於市虎，移恩改愛，興動威怒，幾至沈没，長爲負忝。幸賴慈恩，猶垂三宥，使得補過，解除愆責。如天威遠加，不見假借，早當糜碎，辱先廢祀，何緣自明，建此微功？臣既喜於事捷，得自申展，悲於疇昔，至此變故，餘怖踴躍，未敢便寧。唯陛下既崇春日生全之仁，除忿塞隙，抑弭纖介，推今亮往，察臣本心，長令抱戴，銜分三泉。」又曰：「臣被服光榮，恩情未報，而以罪釁，自招譴怒，分當即戮，爲衆社戒。所以越典詭常，僞通於吴，誠自念窮迫，報効未立，而爲天威督罰所加，長恐奄忽不得自洗。故敢自闕替廢於一年，遣使誘吴，知其必來。權之求郡，積有年歲，初無倡答一言之應。今權得使，來必不疑，至此一舉，果如所規。上卿大衆，翕赫豐盛，財貨賂遺，傾國極位；到見禽取，流離死亡，千有餘人，滅絶不反。此誠暴猾賊之鋒，摧矜夸之巧，昭示天下，破損其業，足以慚之矣！臣之悽悽，念効於國，雖有非常之過，亦有非常之功。願陛下原其踰闕之愆，采其毫毛之善，使得國恩，保全終始矣。」

明帝於是拜淵大司馬，對樂浪公，〔二三〕持節領郡如故。〔二四〕

魏名臣奏載中領軍夏侯獻表曰：〔二五〕「公孫淵昔年敢違王命，廢絶計貢者，實挾兩端。既恃阻險，又怙孫權，故敢跋扈，恣睢海外。宿、舒親見賊權軍衆府庫，知其弱少，不足憑恃，是以決計，斬賊之使。又高句麗、濊貊與淵爲仇，並爲寇鈔。今外失吴援，內有胡寇，心知國家能從陸道，勢不得不懷惶懼之心。因斯之時，宜遣使示以禍福。奉車都尉鮻弘，〔二六〕武皇帝時，始奉使命，開通道路。文皇帝即位，欲通使命，遣弘將妻子還歸鄉里，賜其車、牛，絹百匹。弘以受恩，歸死國朝，無有還意；乞留妻子，身奉使命。公孫康遂稱臣妾。以弘奉使稱意，賜爵關內侯。弘性果烈，乃心於國，夙夜拳拳，念自竭効。冠族子孫，少好學問，博通書記，多所關涉。口論速捷，辯而不俗，附依典誥，若出胸臆。加仕本郡，常在人右，彼方士人，素所敬服。若當遣使，以爲可使弘行。弘乃自舊土，習其國俗，爲説利害，辯足以動其意，明足以見其事；才足以行之，辭足以見信。若其計從，雖酈生之降齊王，陸賈之説尉佗，亦無以遠過也。欲進遠路，不宜釋騏驥；將已篤疾，不宜廢扁鵲。願察愚言也。」

使者至，淵設甲兵爲軍陣，出見使者，又數對國中賓客出惡言。

吳書曰：魏遣使者傅容、聶夔拜淵爲樂浪公。淵計吏從洛陽還，語淵曰：「使者左駿伯，使皆擇勇力者，非凡人也。」淵由是疑怖。容、夔至，住學館中。淵先以步騎圍之，乃入受拜。容、夔大怖，由是還洛言狀。

景初元年，乃遣幽州刺史毌丘儉等齎璽書徵淵。淵遂發兵，逆於遼隧，〔二七〕與儉等戰。儉等不利而還。淵遂自立爲燕王，置百官有司。遣使者持節，假鮮卑單于璽，封拜邊民。誘呼鮮卑，侵擾北方。〔二八〕

魏書曰：淵知此變非獨出儉，遂爲備。遣使謝吳，自稱燕王，求爲與國。然猶令官屬上書自直於魏曰：「大司馬長史臣郭昕、參軍臣柳蒲〔二九〕等七百八十九人言：奉被今年七月己卯詔書，伏讀懇切，精魄散越，不知身命所當投措。昕等伏自惟省，螻蟻小醜，器非時用，遭值千載，被受公孫淵祖考以來光明之德，惠澤沾渥，滋潤榮華，無尺寸之功，有負乘之累。〔三〇〕遂蒙褒獎，登名天府，並以駑蹇，附龍託驥，紆青拖紫，飛騰雲梯。感恩惟報，死不擇地。臣等聞明君在上，聽政采言；人臣在下，得無隱情。是以因緣訴讓，冒犯愬冤。郡在藩表，密邇不羈，〔三一〕平昔三州，〔三二〕轉輸費調，以供賞賜，歲用累億，虛耗中國。然猶跛扈，虔劉邊陲，烽火相望。〔三三〕羽檄相逮，城門晝閉，路無行人，州郡兵戈，奔散覆沒。淵祖父度，初來臨郡，承受荒殘，開日月之光，建神武之略，聚烏合之民，埽地爲業。威震燿于殊俗，德澤被于羣生。遼土之不壞，實度是賴。孔子曰：微管仲，吾其被髮左袵。向不遭度，則郡早爲丘墟，而民係於虜廷矣。遺風餘愛，永存不朽。度既薨殂，吏民感慕，欣戴子康，尊而奉之。康踐統洪緒，克壯徽猷，文昭武烈，邁德種仁，乃心京輦，翼翼虔恭，佐國平亂，效績紛紜，功隆事大，勳藏王府。度、康當值武皇帝休明之會，合策名之計，〔三四〕夾輔漢室，降身委質，卑己事魏。匪處小厭大，畏而服焉。乃慕託高風，懷仰盛懿也。武皇帝亦虛心接納，待以不次，功無巨細，每不見忘。又命之曰：海北地土，〔三五〕割以付君，世世子孫，實得有之。皇天后土，實聞德音，臣庶小大，豫在下風，奉以周旋，不敢失墜。淵生有蘭石之姿，〔三六〕少含愷悌之訓，允文允武，忠惠且直，生民欽仰，莫弗懷愛。淵纂戎祖考，君臨萬民，爲國以禮，淑化流行。獨見先覩，羅結遐方，勤王之義，視險如夷，世載忠亮，不隕厥名。孫權慕義，不遠萬里，連年遣使，欲自結援。雖見絶殺，不念舊怨，纖纖往來，求成恩好。淵執節彌固，不爲利迴，〔三七〕守志匪石，確乎彌堅。猶懼丹心，未見保明，乃卑辭厚幣，誘致權使，梟截獻馘，以示無二。吴雖在遠，水道通利，舉帆便至，無所隔限。淵不顧敵讐之深，念存人臣之節，絶彊吴之歡，昭事魏之心，靈祇明鑒，普天咸聞。陛下嘉美洪烈，懿茲武功，誕錫休命，寵亞齊、魯，下及陪臣，普受介福。誠以天覆之恩，當卒終始，得竭股肱，永保禄位。不虞一旦，横被殘酷。惟育養之厚，念積慮之效，〔三八〕悲思不遂，痛切見棄，舉國號咷，拊膺泣血。夫三軍所伐，蠻夷戎狄，驕逸不虔，於是致武，不聞義國，反受誅討。蓋聖王之制，五服之域，有不供職，則脩文德；而又不至，然後征伐。淵小心翼翼，恪恭於位，勤事奉上，可謂勉矣；盡忠竭節，還被患禍。小弁之作，離騷之興，皆由此也。就或佞邪，盜言孔甘，猶當清覽，憎而知善。讒巧似直，惑亂聖聽，尚望文告，使知所由。若信有罪，當垂三宥；〔三九〕若不改寤，計功減降，當在八議。〔四〇〕而潛軍伺襲，大兵奄至，舞戈長驅，衝擊遼土。犬馬惡死，況於人類！吏民昧死，挫辱王師，淵雖冤枉，方臨危殆，猶恃聖恩，悵然重奔，冀必姦臣矯制，妄肆威虐。乃謂臣等曰：漢安帝建光元年，遼東屬國都尉龐奮，受三月乙未詔書曰：收幽州刺史馮煥、玄菟太守姚光。推案無乙未詔書，〔四一〕遣侍御史幽州牧考姦臣矯制者。〔四二〕今刺史或儻謬承矯制乎？臣等議，以爲刺史興兵，摇動天下，殆非矯制，必是詔命。淵乃俛仰歎息，自傷無罪。深惟土地，所以養人，竊慕古公，杖策之岐，〔四三〕乃欲投冠釋紱，逝歸林麓。臣等維持，誓之以死，屯守府門，不聽所執。〔四四〕而七營虎士，五部蠻夷，〔四五〕各懷素飽，不謀同心，奮臂大呼，排門遁出。近郊農民，釋其耨鎛，伐薪制梃，改案爲櫓，奔馳赴難，軍旅行成，〔四六〕雖蹈湯火，死不顧生。淵雖見孤棄，怨而不怒，比遣勑軍，勿得干犯；及手書告語，懇惻至誠。而吏士凶悍，不可解散，期於畢命，投死無悔。淵懼吏士不從教令，乃躬馳騖，自往化解，僅乃止之。一飯之惠，匹夫所死，況淵累葉信結百姓，恩著民心？自先帝初興，爰暨陛下，榮淵累葉，豐功懿德，策名褒揚，辯著廊廟，勝衣舉履，誦詠明文，以爲口實，埋而掘之，〔四七〕古人所恥。小白、重耳，衰世諸侯，猶慕著信，以隆霸業。詩美文王，作孚萬邦，論語稱仲尼去食存信；信之爲德，固亦大矣！今吴、蜀共帝，鼎足而居，天下摇蕩，無所統一。臣等每爲陛下，懼此危心。淵據金城之固，仗和睦之民，國殷兵彊，可以横行。策名委質，守死善道，忠至義盡，爲九州表。方今二敵闚闟，〔四八〕未知孰定，是之不戒，而淵是害。茹柔吐剛，非王者之道也。臣等雖鄙，誠竊恥之。若無天乎？臣一郡吉凶，尚未可知；若云有天，亦何懼焉！臣等聞仕於家者，二世則主之，三世則君之。臣等生於荒裔之土，出於圭竇之中，無大援於魏，世隸於公孫氏，報生與賜，在於死力。昔蒯通言直，漢祖赦其誅；〔四九〕鄭詹辭順，晉文原其死。〔五〇〕臣等頑愚，不達大節，苟執一介，披露肝膽，言逆龍鱗，罪當萬死。惟陛下恢崇撫育，亮其控告，使疏遠之臣，永有保恃。」

二年春，遣太尉司馬宣王征淵；六月，軍至遼東。漢晉春秋曰：公孫淵自立，稱紹漢元年。聞魏人將討，復稱臣於吴，乞兵北伐以自救。吴人欲戮其使，〔五一〕羊衜曰：〔五二〕「不可。是肆匹夫之怒，而捐霸王之計也。不如因而厚之，遣奇兵潛往，以要其成。若魏伐淵不克，而我軍遠赴，是恩結遐夷，義蓋萬里；〔五三〕若兵連不解，首尾離隔，則我虜其傍郡，驅略而歸。亦足以致天之罰，報雪曩事矣。」權曰：「善。」乃勒兵大出。〔五四〕謂淵使曰：「請俟後問，當從簡書，〔五五〕必與弟同休戚，〔五六〕共存亡，雖隕于中原，吾所甘心也。」又曰：「司馬懿所向無前，深爲弟憂也。」〔五七〕

淵遣將軍卑衍、楊祚等〔五八〕步騎數萬屯遼隧，圍塹二十餘里。〔五九〕宣王軍至，令衍逆戰。宣王遣將軍胡遵等擊破之。〔六〇〕宣王令軍穿圍，引兵東南向，而急東北，即趨襄平。〔六一〕衍等恐襄平無守，夜走。諸軍進至首山，〔六二〕淵復遣衍等迎軍殊死戰。復擊，大破之。遂進軍造城下，爲圍塹。〔六三〕會霖雨三十餘日，遼水暴長，運船自遼口徑至城下。〔六四〕雨霽，起土山修櫓，爲發石連弩射城中。淵窘急，糧盡，人相食，死者甚多。將軍楊祚等降。〔六五〕八月丙寅夜，大流星長數十丈，從首山東北墜襄平城東南。〔六六〕壬午，淵衆潰，與其子修將數百騎突圍東南走，大兵急擊之，當流星所墜處，斬淵父子。城破，斬相國以下首級以千數，傳淵首洛陽。〔六七〕遼東、帶方、樂浪、玄菟悉平。〔六八〕

〔一〕錢大昕曰：「明帝以黄初七年即位，其明年改元太和。傳以明帝即位承太和二年之下，誤也。位字當是衍文。」沈家本曰：「錢説是。明紀：太和二年，遼東太守公孫恭兄子淵，劫奪恭位，遂以淵領遼東太守。曰遂，曰即，其義一也。」

〔二〕明紀：「太和四年，以遼東太守公孫淵爲車騎將軍。」此作揚烈將軍，互異。劉曄傳：「遼東太守公孫淵奪叔父位，擅自立，遣使表狀。曄以爲公孫氏漢時所用，世官相承，絶遠難制。不如因其新立，有黨有仇，先其不意，以兵臨之，開設賞募，可不勞師而定也。後淵竟反。」

〔三〕吴志孫權傳：「嘉禾元年三月，遣將軍周賀、校尉裴潛乘海之遼東。九月，魏將田豫要擊，斬賀于成山。十月，魏遼東太守公孫淵遣校尉宿舒、郎中令孫綜稱藩于權，并獻貂馬。權大悦，加淵爵位。」晉書宣帝紀：「公孫淵作公孫文懿。避唐諱，故稱其字也。」

〔四〕一本「無」作「无」。

〔五〕即校尉裴潛也。

〔六〕北宋本「志」作「忘」。

〔七〕宋本「諂」作「謅」。

〔八〕説苑尊賢篇：「宗衞相齊，遇逐，罷歸舍。召門尉田饒等而問焉。曰：士大夫誰能與我赴諸侯者乎？田饒對曰：廚中有臭肉，則門下無死士。君不能用所輕之財，而欲使士致所重之死，豈不難乎哉！」

〔九〕史記樂毅傳：「樂毅賢好兵，趙人舉之。及武靈王有沙丘之亂，乃去趙適魏。」

〔一〇〕史記陳丞相世家：「陳平懼誅，乃封其金與印，使使歸項王，遂至修武降漢。」范書耿弇傳：「弇父況，字俠游，爲上谷太守。及光武於廣阿，加況大將軍、興義侯。」

〔一一〕胡三省曰：「姓譜：宿本風姓，伏羲之後，封於宿。風俗通，漢有雁門太守宿詳。」

〔一二〕元本「匣」作「柙」。

〔一三〕宋本「白」作「自」。

〔一四〕局本「咸」誤作「感」。

〔一五〕吳志孫權傳：「嘉禾(元)〔二〕年三月，遣舒、綜還，使太常張彌、執金吾許晏、將軍賀達將兵萬人，金寶珍貨，九錫備物，乘海授淵。」

〔一六〕淵殺彌、晏事，詳見吳志孫權傳嘉禾二年注引吳書。

〔一七〕官本考證曰：「魏略，北宋本作魏書。」

〔一八〕胡三省曰：「晉志，王國置郎中令。淵未封王，僭置之也。」

〔一九〕局本「多」作「名」，誤。

〔二〇〕沓津解見齊王紀景初三年。吳孫權嘉禾三年欲攻公孫淵，陸瑁諫曰：「沓渚去淵，道里尚遠。」一統志：「沓氏故城，在今遼陽州界。」時公孫淵居襄平，吳師航海遼東，登自沓渚。考襄平實鐵嶺故地，遼陽西北至承德，承德西北至鐵嶺，道里數百，故云遠矣。

〔二一〕錢大昭曰：「此又是一人，非河東裴文行也。」

〔二二〕局本「主」誤作「王」。

〔二三〕樂浪見明紀青龍元年。

〔二四〕毛本「郡」作「衆」。

〔二五〕晉書職官志：「中領軍將軍，魏官也。漢建安四年，魏武丞相府自置。及拔漢中，以曹休爲中領軍。文帝踐阼，始置領軍將軍，以曹休爲之。主五校、中壘、武衞等三營。」

〔二六〕左傳昭公二十九年：「昔有飂叔安，有裔子曰董父，氏曰豢龍，封諸鬷川，鬷夷氏其後也。」萬姓統譜：「鬷，魯邑宮，音故，鬷夷氏之後。說文作鬷。」

〔二七〕漢書地理志：「遼東郡遼隊。」師古曰：「隊，音遂。」水經大遼水注：「大遼水南逕遼隊縣故城西，公孫淵遣將軍畢衍拒司馬懿于遼隊，即是處也。」小遼水注：「小遼水西南逕襄平縣，又逕遼隊縣入大遼水。司馬宣王之平遼東，斬公孫淵于斯水之上也。」一統志：「遼隊故城，今奉天府海城縣西。」謝鍾英曰：「遼隧，建武初省。毌丘儉傳，景初元年，儉徙幽州刺史，率幽州諸軍至襄平，屯遼隧。蓋桓、靈後復立。」錢坫曰：「今奉天府海城縣西之牛莊。」

〔二八〕明紀：「景初元年七月，遣幽州刺史毌丘儉率諸軍及鮮卑、烏丸屯遼東南界。璽書徵公孫淵，淵發兵反，儉進軍討之。會連雨十日，遼水大漲，詔儉引軍還右北平。淵自儉還，遂自立爲燕王，置百官，稱紹漢元年。」

〔二九〕宋本「蒲」作「浦」。

〔三〇〕易：「負且乘，致寇至。」

〔三一〕鹽鐵論：「不牧之地，不羈之民。」

〔三二〕青、幽、冀也。

〔三三〕官本考證云：「監本誤作鋒。」

〔三四〕宋本「名」作「明」。官本考證云：「明疑應作名，局本改作名。」

〔三五〕宋本作「土地」。

〔三六〕論衡：「石生而堅，蘭生而香。稟蘭石之性，故有堅香之驗。」

〔三七〕何焯校作「囘」。

〔三八〕宋本「慮」作「累」。

〔三九〕周禮秋官司刺：「掌三宥之灋。壹宥曰不識，再宥曰過失，三宥曰遺忘。」禮記：「王三宥然後制刑。」

〔四〇〕周禮小司寇：「以八辟麗邦灋，附刑罰。一曰議親之辟，二曰議故之辟，三曰議賢之辟，四曰議能之辟，五曰議功之辟，六曰議貴之辟，七曰議勤之辟，八曰議賓之辟。」范書應劭傳：「廣引八議，求生之端。」

〔四一〕范書安帝紀：建光元年正月，幽州刺史馮焕，率二郡太守討高句驪、穢貊不克。四月甲戌，遼東屬國都尉龐奮承僞璽書，殺玄菟太守姚光。惠棟曰：「馮焕殘碑，焕字平侯，巴郡宕渠人。」

〔四二〕陳景雲曰：「建光初，諸州未置牧，牧當作收。收考，謂收繫考問也。」

〔四三〕詩大雅緜之篇：「古公亶父，來朝走馬，率西水滸，至于岐下。」孟子：「孟子對滕文公曰：昔者太王居邠，狄人侵之。去邠，踰梁山，邑于岐山之下，居焉。」胡玉縉曰：「莊子讓王篇：大王亶父曰：且吾聞之，不以所用養害所養。因杖策而去之。呂氏春秋審爲篇、淮南子道應篇同。尚書大傳亦云：不可以吾私害民也。遂策杖而去。（詩緜篇孔疏引。）又史記劉敬傳説高帝云：大王以狄伐故去豳，杖馬箠居岐。此爲杖策二字所本，而實皆從來朝走馬生義。伏作策杖，其義一也。」

〔四四〕馮本「執」作「埶」，誤。

〔四五〕潘眉曰：「晉書匈奴傳云：建安中，魏武帝始分其衆爲五部，其左部都尉所統，可萬餘落，居於太原故泫氏縣；右部都尉可六千餘落，居祁縣；南部都尉可三千餘落，居蒲子縣；北部都尉可四千餘落，居新興縣；中部都尉可六千餘落，居太陵縣。」

〔四六〕册府作「成行」。

〔四七〕毛本「埋」誤作「理」。國語：「諺曰，狐埋之，而狐搰之，是以無成功。」

〔四八〕元本「闇」作「鬬」。

〔四九〕漢書蒯通傳：「上曰：若教韓信反，何也？通曰：當彼時，臣獨知齊王韓信，非知陛下也。上迺赦之。」

〔五〇〕國語：「文公伐鄭，曰：予我詹而師還。詹請往，鄭伯弗許。詹固請，曰：一臣可以赦百姓而定社稷，君何愛於臣也？鄭人以詹予晉，晉人將亨之。詹就亨號曰：自今以往，知忠以事君者，與詹同！乃命弗殺，厚爲之禮而歸之。」

〔五一〕胡三省曰：「欲報張彌、許晏之忿也。」

〔五二〕衜，古道字。羊衜事見吴志孫權傳赤烏二年。

〔五三〕通鑑「蓋」作「形」。

〔五四〕一云，「大」疑作「不」。通鑑作「乃大勒兵」。

〔五五〕胡三省曰：「左傳：狄伐邢，管敬仲言於齊侯曰：詩云，豈不懷歸，畏此簡書。簡書，同惡相恤之謂也。請救邢以從簡書。」

〔五六〕胡三省曰：「淵遣使謝吴，自稱燕王，求爲兄弟之國，故權因而稱之爲弟。」弼按：與上文復稱臣於吴之語不合，蓋權譎之也。

〔五七〕晉書宣帝紀：「文懿聞魏師之出也，請救於孫權，權亦出兵，遥爲之聲援。遺文懿書曰：司馬公善用兵，變化若神，所向無前，深爲弟憂之。」胡三省曰：「此晉史臣爲此語耳，權必無此言。」

〔五八〕胡三省曰：「姓譜：卑，卑耳國之後。或云，鮮卑之後。蔡邕胡太傅碑有太傅掾鴈門卑登。」

〔五九〕通鑑考異曰：「晉宣紀云，南北六七十里。今從淵傳。」

〔六〇〕錢大昭曰：「胡遵，安定人，見鍾會傳注。」

〔六一〕通鑑：「景初二年六月，司馬懿軍至遼東，公孫淵使大將軍卑衍、楊祚將步騎數萬屯遼隧，圍塹二十餘里。諸將欲擊之，懿曰：賊所以堅壁，欲老吾兵也。今攻之，正墮其計。且賊大衆在此，其巢窟空虚，直指襄平，破之必矣。乃多張旗幟，欲出其南，衍等盡鋭趣之。懿潛濟水出其北，直趣襄平。」

〔六二〕胡三省曰：「首山在襄平西南。」趙一清曰：「方輿紀要，首山在遼東都司西南十五里，一名手山。以山頂石上，有文如指掌，故名。」潘眉曰：「首山在今遼陽州西南十五里，接海城縣界。」

〔六三〕趙一清曰：「御覽卷三百三十七引司馬彪戰略曰：太尉司馬軍到襄平圍之，北面、東面有圍不合。連車置水中，積石鎮其上，以鹿角塞之。去城百步，穿重塹，豎連柵，安諸營，立樓櫓。其近水沙地，不得作圍塹，而車輪以大弋椽穿中，又豎輪障其前。」

〔六四〕胡三省曰：「遼口，遼水津渡之口也。」謝鍾英曰：「疑即渾河入遼河之口。」

〔六五〕通鑑：「秋七月，大霖雨，月餘不止，平地水數尺。三軍恐，欲移營。懿令軍中敢有言徙者，斬。都督令史張靜犯令，斬之，軍中乃定。賊恃水，樵牧自若。諸將欲取之，懿皆不聽。司馬陳珪曰：「昔攻上庸，八部並進，晝夜不息，故能一旬之半，拔堅城，斬孟達。今者遠來，而更安緩，愚竊惑焉。」懿曰：「孟達衆少而食支一年，將士四倍於達，而糧不淹月。以一月圖一年，安可不速以四擊一？正令失半而克，猶當爲之，是以不計死傷，與糧競也。今賊衆我寡，賊飢我飽，水雨乃爾，功力不設，雖當促之，亦何所爲？自發京師，不憂賊攻，但恐賊走。今賊糧垂盡，而圍落未合，掠其牛馬，抄其樵采，此故驅之走也。夫兵者詭道，善因事變。賊憑衆恃雨，故雖飢困，未肯束手，當示無能以安之。取小利以驚之，非計也。」朝廷聞師遇雨，咸欲罷兵。帝曰：「司馬懿臨危制變，禽淵可計日待也。」雨霽，懿乃合圍，作土山地道，楯櫓鉤衝，晝夜攻之，矢石如雨。淵窘急，糧盡，人相食，死者甚多。其將楊祚等降。」

〔六六〕晉書宣帝紀：「時有長星，色白有芒鬣，自襄平城西南流于東北，墜於梁水。」水經注：「大梁水出北塞外，西南流至遼陽，入小遼水。司馬宣王斬公孫淵父子於斯水之上。」謝鍾英曰：「今遼陽州東南太子河，一名東梁河，又名大梁水。」

〔六七〕通鑑：「八月，淵使相國王建、御史大夫柳甫請解圍卻兵，當君臣面縛。懿命斬之，檄告淵曰：「楚、鄭列國，而鄭伯猶肉袒牽羊迎之。孤天子上公，而建等欲孤解圍退舍，豈得禮邪！二人老耄，傳言失指，已相爲斬之。若意有未已，可更遣年少有明決者來。」淵復遣侍中衛演乞克日送任。懿謂演曰：「軍事大要有五，能戰當戰，不能戰當守，不能守當走。餘二事惟有降與死耳。汝不肯面縛，此爲決就死也，不須送任。」壬午，襄平潰，淵與子修將數百騎突圍東南走，大兵急擊之，斬淵父子於梁水之上。」

〔六八〕胡三省曰：「漢帶方縣屬樂浪郡。公孫氏分立郡。」一統志：「帶方故城，今平壤南境。」謝鍾英曰：「今豐德郡東南臨津江之南。」

初淵家數有怪，犬冠幘絳衣上屋，炊有小兒蒸死甑中。襄平北市生肉，長圍各數尺，有頭目口喙，無手足而動摇。占曰：「有形不成，有體無聲，其國滅亡。」始度以中平六年據遼東，至淵三世，凡五十年而滅。〔一〕

魏略曰：始淵兄晃爲恭任子，在洛，聞淵劫奪恭位，謂淵終不可保。數自表聞，欲令國家討淵。帝以淵已秉權，故因而撫之。及淵叛，遂以國法繫晃。晃雖有前言，冀不坐，然内以骨肉，知淵破則己從。及淵首到，晃自審必死，與其子相對啼哭。時上亦欲活之，而有司以爲不可，遂殺之。〔二〕

〔一〕侯康曰：「史通雜説上引魚豢魏略議曰：當青龍、景初之際，有彗星出於箕而上徹，是爲埽除遼東而更置也。苟其如此，人不能達則德教不設，而淫濫首施，以取族滅，殆天意也。」

〔二〕高柔傳：「公孫淵兄晃爲叔父恭任内侍。先淵未反，數陳其變。及淵謀逆，帝不忍市斬，欲就獄殺之。高柔上疏諫，帝不聽，竟遣使賜金屑飲晃及其妻子，賜以棺衣，殯斂於宅。」胡三省曰：「晃數陳淵之必反，非同逆者也。帝欲殺之，以絶其類，刑之於市則無名，故欲就獄殺之。」

張燕，〔一〕常山真定人也。〔二〕本姓褚。黄巾起，燕合聚少年爲羣盜，在山澤閒轉攻；還真定，衆萬餘人。博陵張牛角亦起衆，〔三〕自號將兵從事，與燕合。燕推牛角爲帥，俱攻廮陶。〔四〕牛角爲飛矢所中，被創且死，令衆奉燕。告曰：「必以燕爲帥。」牛角死，衆奉燕，故改姓張。燕剽捍，捷速過人，〔五〕故軍中號曰飛燕。其後人衆寖廣，〔六〕常山、趙郡、中山、上黨、河内諸山谷皆相通。其小帥孫輕、王當等，各以部衆從燕，衆至百萬，號曰黑山。〔七〕靈帝不能征，河北諸郡被其害。燕遣人至京都乞降，拜燕平難中郎將。〔八〕

九州春秋曰：張角之反也，〔九〕黑山、白波、〔一〇〕黃龍、左校、牛角、五鹿、羝根、〔一一〕苦蝤、〔一二〕劉石、平漢、〔一三〕大洪、司隸、緣城、羅市、雷公、浮雲、飛燕、白爵、〔一四〕楊鳳、于毒等〔一五〕各起兵，大者二三萬，小者不減數千。靈帝不能討，乃遣使拜楊鳳爲黑山校尉，領諸山賊，得舉孝廉計吏。後遂彌漫，不可復數。

典略曰：黑山、黃巾諸帥，本非冠蓋，自相號字，謂騎白馬者爲張白騎，〔一六〕謂輕捷者爲張飛燕，謂聲大者爲張雷公，其饒鬚者則自稱于羝根，〔一七〕其眼大者自稱李大目。

張璠漢記云：又有左校、郭大賢、〔一八〕左髭丈八〔一九〕三部也。〔二〇〕

是後董卓遷天子於長安，天下兵數起，燕遂以其衆與豪傑相結。袁紹與公孫瓚爭冀州，燕遣將杜長等助瓚，與紹戰，爲紹所敗，人衆稍散。〔二一〕太祖將定冀州，燕遣使求佐王師，〔二二〕拜平北將軍；率衆詣鄴，封安國亭侯，邑五百户。燕薨，子方嗣；方薨，子融嗣。〔二三〕

陸機晉惠帝起居注曰：〔二四〕門下通事令張林，飛燕之曾孫。林與趙王倫爲亂，未及周年，位至尚書令、〔二五〕衞將軍，封郡公。尋爲倫所殺。

〔一〕錢大昭曰：「按承祚志中，張燕、張繡、典韋、朱建平、劉封，皆不書表字。」

〔二〕郡國志：「冀州常山國真定。」常山國，高帝置。建武十三年，省真定國，以其縣屬。建安十一年，國除爲郡，常山治元氏。一統志：「元氏故城，今直隸正定府元氏縣西北；真定故城，今直隸正定府正定縣南。」

〔三〕范書桓帝紀：「延熹元年六月，分中山置博陵郡，以奉孝崇皇園陵。」章懷注：「博陵郡故城，在今瀛州博野縣，後徙安平。」十三州志曰：「本初元年，蠡吾侯繼孝質，是爲孝桓帝。追尊考蠡吾侯翼爲孝崇皇帝，陵曰博陵，因以爲郡。」吴增僅曰：「輿地廣記云：博野本漢蠡吾，桓帝分置博陵縣。水經滱水注：漢桓帝追尊父翼陵曰博陵，因以爲縣，又置郡焉。漢末罷還安平。據此，則博陵郡、縣爲桓帝同時所置也。建安初年，魏武遷常林爲博林太守，十八年省州併郡。獻帝起居注所載冀州統郡，其一博陵，迨入魏朝，遂無可考。則酈注所謂漢末罷還安平者，確乎可信矣。」一統志：「蠡吾故城，在今直隸保定府博野縣西南。」趙一清曰：「張牛角即後漢書袁紹傳之青牛角。」沈家本曰：「范史朱儁、袁紹二傳俱作青牛角。」

〔四〕廮陶見武紀建安十七年。

〔五〕趙一清曰：「或疑剽捍當作剽悍，非也。」潘眉曰：「捍與悍訓勇者，異義。史記貨殖傳：雕捍少慮注云：如雕性之捷捍，即此捍字。」沈家本曰：「案，捍字之訓衛也，禦也，蔽也，距也，突也，張也；扞格不入也，扞格堅不可入之皃，韓也，挽也。捍，謂拾也，言可以捍弦也。堅皃，引也，忮也。見於諸書者如此，無訓爲捷者。攷史記漢興以來將相名臣年表屬國捍，索隱亦作悍。楚世家豐悍，春申君傳索隱作捍。然則捍、悍古書通用。貨殖之雕捍，亦當訓作勇悍之悍。此傳剽捍，亦當作剽悍解。且下文方言、捷速過人；如捍已訓爲捷，無乃重沓乎！趙、潘二説未是。」

〔六〕馮本「寖」作「寢」，誤。

〔七〕杜佑曰：「衞州衞縣，漢朝歌縣也。紂都朝歌，在今縣西，縣西北有黑山。」洪亮吉曰：「朝歌縣有黑山，漢末眭固、白繞等起此，聚衆十餘萬，號黑山賊。」一統志：「朝歌故城，今河南衞輝府洪縣東北。」黑山互見武紀初平二年。

〔八〕范書朱儁傳：「拜燕平難中郎將，使領河北諸山谷事，歲得舉孝廉、計吏。燕後漸寇河內，逼近京師。於是出儁爲河內太守，將家兵擊卻之。其後，諸賊多爲袁紹所定。」

〔九〕范書靈紀：「中平元年二月，鉅鹿人張角自稱黃天，其部師有三十六萬，皆著黃巾，同日反叛。」

〔一〇〕范書靈紀：「中平五年二月，黃巾餘賊郭太等起於西河白波谷，寇太原、河東。」章懷注引薛瑩書曰：「黃巾郭泰等起於西河白波谷，時謂之白波賊。」

〔一一〕潘眉曰：「羝根，典略作于羝根。范史朱儁傳作于氐根。氐與羝通。或稱羝，或稱于羝，聲有緩急，如於越爲越，其實一也。」

〔一二〕范書朱儁傳作「苦哂」。

〔一三〕趙一清曰：「平漢乃陶升也。故爲内黄小史，見范書袁紹傳及注。」

〔一四〕范書朱儁傳「大洪」作「大計」，「緣城」作「椽哉」，「白爵」作「白雀」。又有白繞、畦固（通鑑作眭固）二部，而無羅市。

〔一五〕范書朱儁、袁紹傳俱作「干毒」。本志武紀：「初平二年，黑山賊于毒、白繞、眭固等十餘萬衆，略魏郡。」

〔一六〕龐悳傳：「張白騎叛於弘農，悳隨馬騰征之，破白騎於兩殽閒。」

〔一七〕左傳「于思于思」杜注：「于思，多鬚之貌。」

〔一八〕趙一清曰：「郭大賢疑是左校之帥，故下云三部。」

〔一九〕范書袁紹傳作「文八」，通鑑同。

〔二〇〕范書袁紹傳：「初平四年三月，黑山賊干毒等數萬人，共覆鄴城，殺郡守。六月，紹出軍入朝哥鹿腸山蒼巖谷口討干毒，圍攻五日，破之，斬毒及其衆萬餘級。紹遂尋山北行，進擊諸賊左髭文八等，皆斬之。又擊劉石、青牛角、黄龍、左校、郭大賢、李大目、于氐根等，復斬數萬級，皆屠其屯壁。」

〔二一〕范書紹傳：「紹與黑山賊張燕及四營屠各、雁門烏桓戰於常山，燕精兵數萬，騎數千匹，連戰十餘日，燕兵死傷雖多，紹軍亦疲，遂各退。」

〔二二〕范書獻紀：「建安十年四月，黑山賊張燕率衆降。」

〔二三〕毛本奪「方蕘子融嗣」五字。或曰，燕識力出羣盗上，遂得令終。

〔二四〕沈家本曰：「隋志，梁有惠帝起居注二卷，亡。唐志不著録。世説各篇注引惠帝起居注十三事，不著撰人。隋志有元康起居注一卷，梁有永平元康永寧起居注六卷，亡。舊唐志有晉永平起居注八卷，李軌撰。新志卷同，而無撰人。案，永平、永康、永寧並惠帝年號，起居注不得有二書，陸機所撰，似已在此各卷中，特與李軌所撰年時有先後耳。」黄逢元曰：「宋書蔡廓傳，傅亮與蔡廓書引陸士衡起居注，魏志張燕、裴潛傳注引陸機惠帝起居注，世説言語、文學、賞譽各篇注，均引惠帝起居注，不著撰人。黄奭漢學堂叢書輯存十二事，章宗源隋志攷證載書鈔、御覽引惠帝起居注各條，辭繁不録。」

〔二五〕局本「位」下奪「至」字。

張繡，武威祖厲人，〔一〕驃騎將軍濟族子也。〔二〕邊章、韓遂爲亂涼州，金城麴勝襲殺祖厲長劉雋。繡爲縣吏，閒伺殺勝，郡内義之。遂招合少年，爲邑中豪傑。董卓敗，濟與李傕等擊呂布，爲卓報仇，語在卓傳。繡隨濟，以軍功稍遷至建忠將軍，封宣威侯。〔三〕濟屯宏農，〔四〕士卒飢餓，南攻穰，〔五〕爲流矢所中，死。繡領其衆，屯宛，〔六〕與劉表合。太祖南征，軍淯水，〔七〕繡等舉衆降。太祖納濟妻，繡恨之。太祖聞其不悦，密有殺繡之計。計漏，繡掩襲太祖，太祖軍敗，二子没。〔八〕繡還保穰，〔九〕

傅子曰：繡有所親胡車兒，勇冠其軍。太祖愛其健，手以金與之。繡聞之，〔一〇〕疑太祖欲因左右刺之，遂反。

吳書曰：繡降，淩統〔一一〕用賈詡計，乞徙軍就高道，道由太祖屯中。繡又曰：「車少而重，乞得使兵各被甲。」太祖信繡，皆聽之。繡乃嚴兵入屯，掩太祖。太祖不備，故敗。

太祖比年攻之，不克。〔一二〕太祖拒袁紹於官渡，〔一三〕繡從賈詡計，復以衆降，語在詡傳。〔一四〕繡至，太祖執其手，與歡宴，爲子均取繡女，拜揚武將軍。官渡之役，繡力戰有功，遷破羌將軍。從破袁譚於南皮，復增邑凡二千户。是時天下户口減耗，十裁一在，諸將封未有滿千户者，而繡特多。從征烏丸於柳城，〔一五〕未至，薨，謚曰定侯。

魏略曰：五官將數因請會，發怒曰：「君殺吾兄，何忍持面視人邪！」繡心不自安，乃自殺。〔一六〕

子泉嗣，坐與魏諷謀反，誅，國除。〔一七〕

〔一〕班志：「安定郡祖厲。」應劭曰：「祖，音置。」師古曰：「厲，音賴。」王鳴盛曰：「南監本置作罝，是。」全祖望曰：「祖，本作䙡。其作祖者，後世之省文也，故易溷於祖，而竟忘其爲䙡祝之䙡矣。」郡國志：「涼州武威郡租厲，故屬安定。」惠棟曰：「前書武紀及志皆作祖厲。李斐云：音嗟賴。案司農夫人碑，其字作祖，今誤租。」趙一清曰：「祖字从衣，不从示。」弼按：明監本作「祖」。沈家本曰：「前志作祖厲，續志作租厲，無从衣旁者。惟玉篇衣部祖又子邪切，縣名。廣韻九麻子邪切，下祖，縣名；集韻九麻咨邪，下祖厲，縣名。字並从衣。」王先謙曰：「水經注，河水東北流，逕祖厲縣故城西北，又東北有祖厲川注之。寰宇記，祖厲城一名馬城，晉志省。亦見輿地廣記。」一統志：「祖厲故城今甘肅蘭州府靖遠縣西南。」靖遠衛志：「城中無清泉，祖厲舊在衛西，復醶苦；汲者必涉祖厲而後達於河，遇雨潦即漲溢不可渡。乃截其上流，使北入河，於是故道堙平，往來便易。」

〔二〕真誥卷十二：「張姜子，西州人，張濟妹也。」注：「濟，後漢末西涼州人，即張繡從叔也。」

〔三〕陳景雲曰：「宣威非縣，蓋鄉亭之屬，侯上疑有脱字。」錢大昭曰：「續漢志武威郡有宣威縣，或疑鄉亭之屬，非也。」一統志：「宣威故城今甘肅涼州府鎮番縣南。」

〔四〕宏農見武紀卷首。晉書食貨志：「魏武移司隸校尉居宏農，即此。」寰宇記：「故城在靈寶西南二十里。」方輿紀要：

「今陜州靈寶縣西南三十里。」

〔五〕穰見武紀建安二年，今河南南陽府鄧州東南。

〔六〕宛，兩漢志南陽郡治。方輿紀要：「今南陽府治。」

〔七〕淯水見武紀建安二年。方輿紀要：「淯水在今南陽府城東三里。」

〔八〕錢大昭曰：「一子謂豐愍王昂，其一子武帝紀以爲弟子安民，非武帝子。」弼按：昂字子修，進馬於操，操得免而昂死。母丁夫人常言：將我兒殺之，都不復念。遂哭泣無節。操忿之，遣歸家。見武紀注及后妃傳。

〔九〕本志典韋傳：「太祖征荆州，至宛，張繡迎降。太祖甚悅，延繡及其將帥，置酒高會。韋持大斧立後，繡及將帥莫敢仰視。後十餘日，繡反，襲太祖營。太祖出戰，不利，輕騎引去。韋殊死戰，大罵而死。」

〔一〇〕宋本、元本「之」作「而」。

〔一一〕「淩統」二字未詳。

〔一二〕荀攸傳：「建安三年，從征張繡。攸曰：繡與劉表，相恃爲彊。然繡以遊軍仰食於表，表不能供也，勢必離；不如緩軍以待之，可誘而致也。若急之，其勢必相救。太祖不從，遂進軍之穰。與戰，繡急，表果救之，軍不利。」通鑑云：「會袁紹亡卒詣操云：田豐勸紹襲許，操解穰圍而還。繡率衆追之。五月，劉表遣兵救繡，屯於安衆，守險以絶軍後。操軍前後受敵。操乃夜鑿險僞遁，表、繡悉軍來追，操縱奇兵，步騎夾攻，大破之。」

〔一三〕官渡見武紀建安四年。

〔一四〕武紀：「建安四年十一月，張繡率衆降，封列侯。」

〔一五〕柳城見武紀建安十二年。

〔一六〕毛本「殺」誤作「没」。

〔一七〕魏諷事見武紀建安二十四年。

張魯字公祺，〔一〕沛國豐人也。〔二〕祖父陵，客蜀，學道鵠鳴山中，〔三〕造作道書，〔四〕以惑百姓。從受道者，出五斗米，故世號米賊。〔五〕陵死，子衡行其道；〔六〕衡死，魯復行之。〔七〕益州牧劉焉以魯爲督義司馬，〔八〕與別部司馬張修將兵擊漢中太守蘇固，魯遂襲修殺之，奪其衆。〔九〕焉死，子璋代立，以魯不順，盡殺魯母家室。〔一〇〕魯遂據漢中，以鬼道教民，自號「師君」。〔一一〕其來學道者，初皆名「鬼卒」；受本道已信，號「祭酒」。〔一二〕各領部衆，多者爲「治頭大祭酒」。〔一三〕皆教以誠信不欺詐，有病自首其過，〔一四〕大都與黄巾相似。諸祭酒皆作義舍，如今之亭傳。又置義米肉，懸於義舍，行路者量腹取足，若過多，鬼神輒病之。犯法，三原，〔一五〕然後乃行刑。不置長吏，皆以祭酒爲治，民夷便樂之。〔一六〕雄據巴、漢，垂三十年。

典略曰：熹平中，妖賊大起，三輔有駱曜。光和中，東方有張角，漢中有張脩。駱曜教民緬匿法，角爲太平道，脩爲五斗米道。太平道者，師持九節杖爲符祝，教病人叩頭思過，因以符水飲之。得病或日淺而愈者，則云此人信道；其或不愈，則爲不信道。〔一七〕脩法略與角同，〔一八〕加施靜室，使病者處其中思過。又使人爲姦令祭酒，祭酒主以老子五千文，使都習，號爲姦令。〔一九〕爲鬼吏，主爲病者請禱。請禱之法，書病人姓名，説服罪之意。作三通，其一上之天，著山上；其一埋之地，其一沈之水，謂之三官手書。〔二〇〕使病者家出米五斗以爲常，故號曰五斗米師。實無益於治病，但爲淫妄；〔二一〕然小人昏愚，競共事之。後角被誅，脩亦亡。及魯在漢中，因其民信行脩業，遂增飾之。教使作義舍，以米肉置其中，以止行人；又教使自隱。有小過者，當治道百步，〔二二〕則罪除。又依月令，春夏禁殺，又禁酒。流移寄在其地者，不敢不奉。

臣松之謂：張修應是張衡。非典略之失，則傳寫之誤。〔二三〕

漢末，力不能征，遂就寵魯爲鎮民中郎將，〔二四〕領漢寧太守，〔二五〕通貢獻而已。民有地中得玉印者，〔二六〕羣下欲尊魯爲漢寧王。〔二七〕魯功曹巴西閻圃諫魯曰：〔二八〕「漢川之民，戶出十萬，財富土沃，四面險固。〔二九〕上匡天子，則爲桓、文；次及竇融，不失富貴。今承制署置，勢足斬斷，不煩於王。願且不稱，勿爲禍先。」魯從之。韓遂、馬超之亂，關西民從子午谷奔之者數萬家。〔三〇〕

〔一〕范書劉焉傳：「魯字公旗。」華陽國志及宋濂漢天師世家敘均作公祺。

〔二〕豐見明紀景初二年。

〔三〕范書劉焉傳：「魯祖父陵，順帝時客於蜀，學道鶴鳴山中。」章懷注：「山在今益州晉原縣南。」元和志：「鶴鳴山在晉原縣西北七十九里，絕壁千尋。」一統志：「鶴鳴山在四川成都府崇慶州西北。」李兆洛曰：「晉原縣，今四川成都府崇慶州東十里。」方輿紀要卷六十七：「崇慶州有鶴鳴山，州西八十里，絕壁千尋。唐十道志，劍南道名山之一也。本傳作鵠鳴，范書、水經注作鶴鳴，御覽作鳴鵠，互異。」

〔四〕范書劉焉傳作「造作符書」。

〔五〕胡三省曰：「陵即今所謂天師者也。後魏寇謙之祖其道。」

〔六〕宋濂天師世家敘云：「衡字靈真。」

〔七〕水經沔水注云：「陵學道于蜀鶴鳴山，傳業衡，衡傳于魯，魯至行寬惠，百姓親附，供道之費，米限五斗，故世號五斗米道。」趙一清曰：「御覽卷六百六十二引真誥曰：（御覽引作貞誥。）陵字輔漢，本大儒，晚學長生之道，得九鼎丹經。聞蜀中多名山，乃入鳴鵠山，著道書二十餘篇。（真誥卷五云：「徐季道學道在鵠鳴山中。」）李膺益州記曰：「張陵避病瘧於丘社中，得咒鬼術書，遂解使鬼法，入鵠鳴山，自稱天師。漢熹平末，爲蟒蛇所噏，子衡奔走尋尸無所，乃假説權方，以表靈化，生縻鶴跡，置石崖頂。光和二年，遣信告曰：正月七日，天師昇元都，衡爲係師，衡子魯爲嗣師。杭世駿補注亦引此。方輿紀要卷六十八：閬中縣文成山有張道陵元都臺。宋濂漢天師世家敍云：道陵字輔漢，建武十年生於吴之天目山。暨長，博習羣書，中直言極諫科，拜巴郡江州令。棄官隱洛陽北邙山，脩煉形之術。章帝以博士徵，不赴。和帝即位，召爲太傅，封冀侯，亦不就。乃杖策游淮，入鄱陽，上龍虎山，合九天神丹。訪西仙源，獲制命五嶽、攝召萬靈及神虎祕文於壁魯洞。俄往嵩山石室，得黄帝九鼎丹書。及道既成，聞巴、蜀沴氣爲人菑，鋭意入蜀。初居陽平山，遷鶴鳴山，感玄元老君屢授以經籙之法，於是分形示化，復立二十四治，增以四治，以應二十八宿。妖厲爲之衰熄。如發鹹泉、破鬼城之事甚多，不能備載。永壽二年，復還渠亭山，出三五斬邪雌雄劒二，陽平治都功印一，授嗣天師衡，使世世相傳。乃乘雲上升，壽蓋一百二十又三云。見宋學士文集翰苑文集卷六。」弼按：張道陵生於東漢光武建武十年，死於靈帝光和二年，蓋一百五十七年，與宋濂敍文不合。潘眉曰：「法苑珠林破邪篇云：沛人張陵，客游蜀土。聞古老相傳，昔漢高祖應二十四氣，祭二十四壇，遂王有天下。陵遂殺牛祭祀二十四所，置以土壇，戴以草屋，稱二十四治。治館之興，始于此也。二十三所在蜀地尹喜，一所在咸陽。又天師世家敍云：衡字靈真，有長材，詔徵黄門侍郎，避隱居陽平山，誓以忠孝導民。君子謂其有繼宗開緒、納俗安善之功。衡生京師。」胡玉縉曰：「天師二字，始見於莊子徐无鬼篇。其文曰：黄帝將見大隗乎？具茨之山，至於襄城之野，適遇牧馬童子曰：夫爲天下者，亦奚以異乎牧馬者哉，亦去其害馬者而已矣。黄帝再拜稽首，稱天師而退。是黄帝之意，蓋謂已見大隗，天師，即指大隗也。張陵造作道書，愚惑百姓，實爲害馬。乃自稱天師，而子孫之襲其術者，世人且相與天師之，甚矣，經之不正者久矣！」

〔八〕胡三省曰：「洪氏隸釋云：劉焉在蜀，創置督義司馬、助義褒金校尉；劉表在荆，亦置綏民校尉。漢衰，諸侯擅命，率意各置官屬。」

〔九〕趙一清曰：「水經沔水注：濜水南逕張魯城東。初平中，劉焉以魯爲督義司馬，住漢中，斷絶谷道，用遠城治。因即崤嶺周迴五里，東臨濬谷，杳然百尋；西、北二面，連峯接崖，莫究其極。從南爲盤道，登涉二里有餘。又南逕張魯治東水，西山上有張天師堂，於今民事之。庾仲雍謂山爲白馬塞，堂爲張魯治，東對白馬城，一名陽平關。」范書靈帝紀：「中平元年七月，巴郡妖巫張脩反，寇郡縣。」注引劉艾紀曰：「時巴郡巫人張脩療病，愈者雇以五斗米，號爲五斗米師。」惠棟曰：「華陽國志云：扶風蘇固爲漢中太守，魯遣其黨張脩攻固。成固人陳調（續漢志：「漢中郡，成固。」一統志：「今陝西漢中府城固縣西北十八里。」）素游俠，學兵法，固以爲門下掾。説固守杆禦寇之術，固不能用，踰牆投走南鄭趙嵩，嵩將俱逃。賊盛，固遣嵩求隱避處，嵩未還，固又令鈴下偵賊，賊得鈴下，遂得殺固。嵩痛憤，仗劍直入，調亦聚其賓客百餘人攻脩，戰死；魯遂有漢中，數害漢使。調字元化，仲卿孫；嵩字伯高。」

〔一〇〕范書劉焉傳：「魯母有姿色，兼挾鬼道，往來焉家。」

〔一一〕通鑑：「建安十八年，魯以馬超爲都講祭酒。」胡三省曰：「都講祭酒者，魯使學者都習老子五千文，置都講祭酒，位次師君。」

〔一二〕錢大昭曰：「隸續載米巫祭酒張普題字：熹平二年三月一日，天表鬼兵胡九（原闕二字）仙麻道成，元施延命，道正一元，布於伯氣，定召祭酒張普、萌生、趙廣、王盛、黄長、楊奉等，諭受微經十二卷。祭酒約施天師道法元極耳。此碑有天師道法、祭酒、鬼兵字，而云受微經十二卷，蓋諸張妖黨，指傳授之。約觀其詞，以是姓胡老初入米賊社中，故召諸祭酒，授以經法，頗合史氏所載。」

〔一三〕范書劉焉傳「治」作「理」。何焯曰：「理本治字，避高宗名。」

〔一四〕范書劉焉傳「首」作「𦣻」。𦣻，音式救反。何若瑶曰：「西域傳注，𦣻猶服也。」

〔一五〕胡三省曰：「原，赦也。」宋本「神」作「道」，「法」下有「者」字。

〔一六〕范書劉焉傳：「諸祭酒各起義舍於路，同之亭傳，（傳，音陟戀反。）懸置米肉，以給行旅。食者量腹取足，過多則鬼能病之。犯法者，先加三原，（原，免也。）然後行刑。不置長吏，以祭酒爲理，民夷信向。」杭世駿曰：「隋書地理志曰：漢中之人，好犯鬼神，尤多忌諱。家人有死，輒離其故宅，崇重道教，猶有張魯之風焉。」潘眉曰：「是時從受道者，類皆兵民脅從，無知名之士，至晉世則及士大夫矣。如何充傳云，郗愔及弟曇，奉天師道。王羲之傳云，王氏世事張氏五斗米道，凝之彌篤。孫恩之亂，凝之入靖室請禱，出語將佐曰：吾已請大道，許鬼兵相助，賊自破矣。遂爲孫恩所害。孫恩傳言，恩世奉五斗米道。殷仲堪傳云，仲堪少奉天師道。桓玄來攻，猶勤請禱，終爲追兵所獲，逼令自殺。王恭傳云，虞珧子妻裴氏，有服食之術，常衣黄衣，狀如天師，王道子甚悦之。法苑珠林破邪篇載晉程道惠世奉五斗米道，常云古來正道，莫踰李老，惟不立鬼卒、鬼吏、祭酒、姦令祭酒、治頭大祭酒諸名耳。」

〔一七〕范書劉焉傳注引此，「爲」作「云」。

〔一八〕范書皇甫嵩傳：「鉅鹿張角自稱大賢良師，奉事黄、老道。畜養弟子，跪拜首過，符水呪説以療病。病者頗愈，百姓信仰之。角因遣弟子八人，使於四方，以善道教化。天下轉相誑惑，十餘年閒，衆徒數十萬。」

〔一九〕章懷注引此無「爲」字。

〔二〇〕錢大昭曰：「此三官之始也。道藏書以爲唐宏、葛雍、周實三人，並無實據。」

〔二一〕何焯云：「謂淫祀妄言也。」

〔二二〕章懷注「治」作「循」，避唐諱。

〔二三〕陳景雲曰：「衡事見魯傳，裴氏蓋據本傳言之。後漢書靈帝紀，張角、張修並以中平元年反。章懷注修事引漢侍中劉艾紀，與典略之文合。劉紀出典略之前，不應有誤。修、衡二人雖同爲五斗米道，而衡匿跡深山，無阻兵作亂事，與反逆之妖賊自異也。」又曰：「劉艾嘗爲董卓長史，所記皆耳目近事，在魏臣魚豢典略之前，不應有誤。」錢大昭曰：「按張魯本傳，魯即張衡之子。又云益州牧劉焉以魯爲督義司馬，與別部司馬張修將兵擊漢中太守蘇固，典略所云漢中張修，即劉焉之别部司馬，亦習五斗米道。後漢書靈帝紀所謂巴郡妖巫是也。安得以張魯之父當之？裴説非是。」惠棟曰：「劉焉司馬張修與魯同擊漢中，魯襲殺修，非其父也。」弼按：惠説本通鑑考異。

〔二四〕范書劉焉傳作「鎮夷中郎將。」

〔二五〕曹公入南鄭，復漢寧郡爲漢中，詳見武紀建安二十年。

〔二六〕何焯曰：「米道之後，云自陵傳有玉印，豈因魯常得之，猶假以欺人耶？」

〔二七〕趙一清曰：「建言欲魯舉號者，是李勝之父李休，見曹爽傳注。」

〔二八〕華陽國志：「圃，巴西安漢人。」

〔二九〕趙一清曰：「文選陳孔璋爲曹洪與魏文帝書云：漢中地形，實有險固，四嶽三塗，皆不及也。彼有精甲數萬，臨高守要，一夫揮戟，萬人不得進；而我軍過之，若駭鯨之決細網，奔兕之觸魯縞，未足以喻其易。」

〔三〇〕一統志：「子午谷在陝西西安府長安縣南。」漢書王莽傳：「元始五年秋，莽以皇后有子孫瑞，通子午道，從杜陵直絶南山，徑漢中。」顔師古注：「子，北方也；午，南方也。言通南北道相當，故謂之子午。今京城直南山有谷通梁、漢道，名子午谷。」三秦記：「子午，長安正南山名。秦嶺谷名子午，一名樊川。」玉海：「南山大谷凡六，謂子午、儻駱、褒斜、南北分列也。」趙一清曰：「方輿紀要卷五十六，子午道南口曰午，在今漢中府洋縣東百六十里；北口曰子，在今西安府南百里，有子午關。谷長六百六十里，或曰即古蝕中也。」謝鍾英曰：「在今鎮安、寧陝閒。」

建安二十年，太祖乃自散關出武都征之，至陽平關。〔一〕魯欲舉漢中降，其弟衛不肯，率衆數萬人拒關堅守。太祖攻破之，遂入蜀。

魏名臣奏載董昭表曰：「武皇帝承涼州從事及武都降人之辭，説張魯易攻，陽平城下南北山相遠，不可守也。信以爲然。及往臨履，不如所聞，乃歎曰：他人商度，少如人意。攻陽平山上諸屯，〔二〕既不時拔，士卒傷夷者多。〔三〕武皇帝意沮，便欲拔軍，截山而還；〔四〕遣故大將軍夏侯惇、將軍許褚呼山上兵還。會前軍未還，夜迷惑，誤入賊營，賊便退散。侍中辛毗、劉曄等在兵後，語惇、褚言：「官兵已據得賊要屯，賊已散走。」猶不信之。惇前自見，乃還白武皇帝，進兵定之，幸而克獲。此近事，吏士所知。」又楊暨表曰：〔五〕「武皇帝始征張魯，以十萬之衆，身親臨履，指受方略，因就民麥以爲軍糧。張衞之守，蓋不足言。地險守易，雖有精兵虎將，勢不能施。對兵三日，欲抽軍還，言作軍三十年，一朝持與人，如何？此計已定，天祚大魏，魯守自壞，因以定之。」〔六〕

世語曰：魯遣五官掾降，弟衞橫山築陽平城以拒，王師不得進。魯走巴中。軍糧盡，太祖將還，西曹掾東郡郭諶曰：「不可。魯已降，留使既未反，衞雖不同，偏攜可攻。縣軍深入，以進必克，退必不免。」太祖疑之。夜有野麋數千，突壞衞營，軍大驚。夜，高祚等誤與衞衆遇，祚等多鳴鼓角會衆。衞懼，以爲大軍見掩，遂降。〔七〕

魯聞陽平已陷，將稽顙，〔八〕圃又曰：「今以迫往，功必輕；不如依杜濩赴朴胡相拒，〔九〕然後委質，功必多。」於是乃奔南山入巴中。〔一〇〕左右欲悉燒寶貨倉庫，魯曰：「本欲歸命國家，而意未達。今之走，避鋭鋒，非有惡意。寶貨倉庫，國家之有。」遂封藏而去。太祖入南鄭，〔一一〕甚嘉之。又以魯本有善意，遣人慰喻。〔一二〕魯盡將家出，太祖逆拜魯鎮南將軍，待以客禮，封閬中侯，〔一三〕邑萬户。封魯五子及閻圃等，皆爲列侯。〔一四〕

臣松之以爲：張魯雖有善心，要爲敗而後降。今乃寵以萬户，五子皆封侯，過矣！習鑿齒曰：魯欲稱王，而閻圃諫止之，今封圃爲列侯。夫賞罰者，所以懲惡勸善也。苟其可以明軌訓於物，無遠近幽深矣。今閻圃諫魯勿王，而太祖追封之，將來之人孰不思順！塞其本源，而末流自止，其此之謂與？若乃不明於此，而重燋爛之功，〔一五〕豐爵厚賞止於死戰之士，則民利於有亂，俗競於殺伐，阻兵仗力，〔一六〕干戈不戢矣。太祖之此封，可謂知賞罰之本；雖湯、武居之，無以加也。

魏略曰：黄初中，增圃爵邑，在禮請中。〔一七〕後十餘歲，病死。

晉書云：西戎司馬閻纘，圃孫也。〔一八〕

爲子彭祖取魯女。〔一九〕魯薨，謚之曰原侯。〔二〇〕子富嗣。〔二一〕

魏略曰：劉雄鳴者，藍田人也。〔二二〕少以採藥射獵爲事，嘗居覆車山下，〔二三〕每晨夜，出行雲霧中，以識道不迷，而時人因謂之能爲雲霧。郭、李之亂，人多就之。建安中，附屬州郡，州郡表薦爲小將。馬超等反，不肯從；超破之。後詣太祖，太祖執其手，謂之曰：「孤方入關，夢得一神人，即卿邪？」乃厚禮之，表拜爲將軍，遣令迎其部黨。部黨不欲降，遂劫以反，諸亡命皆往依之，有衆數千人，據武關道口。〔二四〕太祖遣夏侯淵討破之，雄鳴南奔漢中。漢中破窮，無所之，乃復歸降。太祖捉其鬚曰：「老賊，真得汝矣！」復其官，徙渤海。〔二五〕時又有程銀、侯選、李堪，皆河東人也。興平之亂，各有衆千餘家。建安十六年，並與馬超合。超破走，堪臨陣死。銀、選南入漢中。漢中破，詣太祖降，皆復官爵。〔二六〕

〔一〕散關、武都、陽平關均見武紀建安二十年。
〔二〕通鑑下有「山峻難登」四字。
〔三〕通鑑下有「軍食且盡」四字。
〔四〕胡三省曰：「截山者，防其尾追也。」

〔五〕楊曁字休先，滎陽人，見劉曄、田豫傳。

〔六〕何焯曰：「此操不敢取蜀之實録。其後徼於夏侯授首，亦無意復爭漢川也。然持勝之道，莫善於此。」

〔七〕范書劉焉傳：「魯弟衛率衆數萬，拒關固守。操破衛，斬之。」通鑑考異曰：「武帝紀：公至陽平，張魯使弟衛等據關，攻之，不拔，乃引還。賊守備解散。公乃密遣解慓等乘險夜襲，大破之。劉曄傳曰：太祖欲還，令曄督後諸軍。曄策魯可克，馳白太祖，不如致攻。遂進兵，魯乃奔走。」

〔八〕范書「將稽顙」下有「歸降」二字。沈家本曰：「將稽顙三字，語意不完，疑奪歸降二字。」弼按：蜀志先主傳：「廬江雷緒稽顙」，語意相同。

〔九〕杜濩、朴胡見武紀建安二十年。通鑑「灌」作「濩」。胡三省曰：「杜濩，賨邑侯也；朴胡，巴七姓夷王也。余拒板楯蠻渠帥有羅、朴、督、鄂、度、夕、龔七姓，不輸租賦。此所謂七姓夷王也。其餘户歲入賨錢口四十，故有賨侯。孫盛曰：朴，音浮；濩，音户。」陳景雲曰：「灌當作濩，見武紀及蜀志黃權、王平二傳。」錢大昭曰：「朴胡，人姓名；巴七姓夷王也。胡嘗爲巴東太守。」趙一清曰：「方輿紀要卷六十八，巴渝蠻亦謂之板楯蠻，以常挾楯爲戰具也。有七姓，曰羅、朴、督、鄂、度、夕、龔，皆爲渠帥。其渠長爲賨侯。閻圃勸張魯依度濩赴朴胡，度濩，賨侯之名，朴胡，七姓之一也。」侯康曰：「華陽國志敘魯事有巴夷杜濩、朴胡、袁約三人，此作杜灌，乃筆誤耳。」

〔一〇〕南山在今陝西漢中府沔縣南，四川保寧府南江縣北。諸葛亮徙府營於南山，即此。巴中見武紀建安二十年。謝鍾英曰：「方輿紀要，自南鄭而南，循山嶺達於四川保寧府巴州，爲米倉道。米倉山在南鄭西南一百四十里。鍾英按：當在沔縣直南南江縣北。」惠棟曰：「華陽國志云：魯走巴中，先主將迎之，而閻圃説魯北降，歸魏武；不然，西結劉備以歸之。魯勃然曰：寧爲曹公作奴，不爲劉備上客。遂委質魏武。棟案：魯本漢賊，安肯附漢？同惡相濟，宜其甘心爲曹公奴也。」

〔一一〕南鄭見武紀建安十六年漢中郡注。胡三省曰：「南鄭縣，漢中郡治所。」惠棟曰：「沔水注耆舊傳云：南鄭之號，始於鄭桓公死于犬戎，其民南奔，故以南爲稱。」方輿紀要：「今漢中府城東北二里。」

〔一二〕馮本「慰」作「尉」。

〔一三〕章懷注：「閬中屬巴郡，今隆州縣。」王先謙曰：「前漢縣，三國蜀巴西郡治此。常志，閬水迂曲逕其三面，縣處其中，故名。」一統志：「閬中故城，今保寧府閬中縣治。」弼按：華陽國志作「封襄平侯」。

〔一四〕潘眉曰：「魯五子，見於本傳者一人，名富，襲爵爲閬中侯。見於宋濂天師世家敍者一人，名盛，字元宗，魏太祖封都亭侯，弗受。始自漢中還，就龍虎山創三元，曰升壇受籙。見於太平御覽五百十八引魏志者一人，名廣，字嗣宗，魯第二子也。魯雅爲魏武所寵，諸子未勝纓，並遣中使拜受官爵。（今魏志無此文。）閻圃初封亭侯，勸進表稱平樂亭侯是也。黄初中，進封鄉侯。晉書閻纘傳稱圃封平樂鄉侯是也。」

〔一五〕通鑑「燋」作「焦」。胡三省曰：「此引前書徐福焦頭爛額事。」

〔一六〕宋本「仗」作「杖」。

〔一七〕宋本「請」作「謂」。官本考證曰：「監本作在禮爲中，毛本作在禮謂中。按蜀志劉封傳注詔轉（儀拜）〔拜儀〕樓船將軍，在禮請中。請猶奉朝請之請，毛本、監本均失之。今改正。」

〔一八〕趙一清曰：「晉書瓚傳：纘字續伯，巴西安漢人。祖圃，爲張魯功曹，勸魯降魏，封平樂鄉侯。璞嗣爵，仕吴，至牂牁太守。纘僑居河南新安。一清案：圃以勸降之功，仕魏封侯，其子又襲爵矣，不知何以事吴也？傳不明言，可謂疏略。纘姓字亦見管輅傳注。」

〔一九〕潘眉曰：「彭祖，燕王宇字。御覽五百十八引南鄭城碑云：位尊上將，體極人臣，五子十室，榮並爵均。童年嬰稚，抱拜王人，命婚帝族，或尚或嬪。蓋謂此也。」趙一清曰：「水經沔水注：黄沙水南注漢水南，有女郎山。山上有女郎冢，遠望山墳，嵬嵬狀高，及即其所，裁有墳形。山上直路下出，不生草木，世人謂之女郎道。下有女郎廟及擣衣石，言張魯女也。有小水北流入漢，謂之女郎水。」

〔二〇〕沈家本曰：「之字疑衍。」
〔二一〕趙一清曰：「今張氏子孫盛於江西廣信府貴溪縣之龍虎山。山在縣西南八十里，道書以爲第二十九福地，相傳張道陵修煉於此。方輿紀要卷八十五引圖經云：後漢末，張魯之子自漢中徙居於此。」
〔二二〕藍田見武紀建安十七年。
〔二三〕元和志：「藍田山一名玉山，一名覆車山，在縣東二十八里。郭緣生述征記云：山形如覆車之象。後魏風土記云：山巔方二里，仙聖游集之所，劉雄鳴學道於此。」
〔二四〕武關見武紀初平元年。
〔二五〕局本「徙」誤作「徒」。
〔二六〕是時龐悳亦隨魯降。胡三省曰：「程銀、侯選，關中部帥也。渭南冀城之敗，皆奔張魯。」何焯曰：「此屬皆大亂之時，塢壁自保，因爲雄長者也。金末封建九公，亦因而用之之法。力不能平，反假以禄位，使爲扞禦也。」

評曰：公孫瓚保京，坐待夷滅。度殘暴而不節，淵仍業以載凶，祗足覆其族也。陶謙昏亂而憂死，張楊授首於臣下，皆擁據州郡，曾匹夫之不若，固無可論者也。燕、繡、魯，舍羣盜，列功臣，去危亡，保宗祀，則於彼爲愈焉。